Jurisdição e Direitos Fundamentais

ANUÁRIO 2004/2005 – Volume I, Tomo II

ESCOLA SUPERIOR DA MAGISTRATURA
DO RIO GRANDE DO SUL – AJURIS

Anuário 2004/2005 - Volume I, Tomo II
da Escola Superior da Magistratura do Rio Grande do Sul - AJURIS

ASSOCIAÇÃO DOS JUÍZES DO RIO GRANDE DO SUL

BIÊNIO 2004 - 2005

Desembargador Carlos Rafael dos Santos Júnior - Presidente.
Doutora Denise Oliveira Cezar - Vice-Presidente Administrativo.
Doutor Cláudio Luís Martinewski - Vice-Presidente do Patrimônio Financeiro.
Doutor Ricardo Pippi Schmidt - Vice-Presidente Cultural.

ESCOLA SUPERIOR DA MAGISTRATURA
Professor Doutor Eugênio Facchini Neto - Diretor.
Professor Desembargador Nereu José Giacomolli - Vice-Diretor.

CONSELHO EDITORIAL:
Coordenador: Ingo Wolfgang Sarlet;
Almir Porto da Rocha Filho; Antonio Guilherme Tanger Jardim;
Antônio Janyr Dall'Agnol Júnior; Carlos Alberto Alvaro de Oliveira;
Eugênio Facchini Neto; José Antônio Paganella Boschi;
Juarez Freitas; Luiz Felipe Brasil Santos; Nereu José Giacomolli;
Paulo de Tarso Vieira Sanseverino; Plínio Saraiva Melgaré;
Ricardo Pippi Schmidt; Rogério Gesta Leal; Ruy Rosado de Aguiar Neto;
Sérgio Gischkow Pereira; Voltaire Lima de Moraes; Wellington Pacheco Barros.

J95   Jurisdição e direitos fundamentais: anuário 2004/2005 / Escola
        Superior da Magistratura do Rio Grande do Sul – AJURIS;
        coord. Ingo Wolfgang Sarlet. – Porto Alegre: Escola Supe-
        rior da Magistratura: Livraria do Advogado Ed., 2006.
        v. 1, t. 2.; 23 cm.

        ISBN 85-7348-431-4

        1. Direito Constitucional. 2. Direitos e garantias individuais.
        3. Poder Judiciário. I. Sarlet, Ingo Wolfgang, coord.

                                                        CDU - 342

Índices para o catálogo sistemático:

Direito Constitucional
Direitos e garantias individuais
Poder Judiciário

(Bibliotecária responsável: Marta Roberto, CRB-10/652)

Ingo Wolfgang Sarlet
Coordenador

Jurisdição e Direitos Fundamentais

ANUÁRIO 2004/2005 – Volume I, Tomo II

ESCOLA SUPERIOR DA MAGISTRATURA
DO RIO GRANDE DO SUL – AJURIS

Porto Alegre, 2006

© dos autores, 2006

Capa, projeto gráfico e diagramação de
Livraria do Advogado Editora

Revisão
Rosane Marques Borba

Direitos desta edição reservados por
Livraria do Advogado Editora Ltda.
Rua Riachuelo, 1338
90010-273 Porto Alegre RS
Fone/fax: 0800-51-7522
editora@livrariadoadvogado.com.br
www.doadvogado.com.br

Escola Superior da Magistratura do Rio Grande do Sul - AJURIS
Rua Celeste Gobbato, 229
90110-160 Porto Alegre RS
Fone/fax (51) 3289-0000
esm@ajuris.org.br

Impresso no Brasil / Printed in Brazil

Sumário

Apresentação: notas preliminares do coordenador
Ingo Wolfgang Sarlet 7

1ª Parte
Temas de Direitos Humanos e Fundamentais

I – Direitos Sociais e Econômicos? Lições da África do Sul
Cass R. Sunstein 11

II – Colisões entre direitos fundamentais e interesses públicos
Daniel Sarmento 29

III – Elementos e problemas da dogmática dos direitos fundamentais
Dimitri Dimoulis 71

IV – La dignidad de la persona como valor supremo del ordenamiento jurídico español y como fuente de todos los derechos
Francisco Fernández Segado 99

V – Derechos humanos, interculturalidad y racionalidad de resistencia
Joaquín Herrera Flores 129

VI – Os direitos humanos sociais
Jörg Neuner 145

VII – Direitos de personalidade, figuras próximas e figuras longínquas
Paulo Ferreira da Cunha 169

VIII – Um olhar sobre os direitos fundamentais e o estado de direito – breves reflexões ao abrigo de uma perspectiva material
Plínio Melgaré 193

IX – El derecho a la vivienda a diez años de la reforma de la Constitución
Sebastián Tedeschi 209

2ª Parte
Temas de Direito Constitucional, Internacional e Processual

X – Federação, Confederação ou "Forma anômala de Comunidade Política"?
Os novos contornos da Europa a partir da vigência da Constituição Européia
Alexandre Coutinho Pagliarini 239

XI – O Processo Civil na perspectiva dos direitos fundamentais
C. A. Alvaro de Oliveira 251

XII – Legislación y las políticas antidiscriminatorias en México:
el inicio de un largo camino
Christian Courtis 265
XIII – Formação da convicção e inversão do ônus da prova segundo as peculiaridades
do caso concreto
Luiz Guilherme Marinoni 293
XIV – Legitimidad y conveniencia del control constitucional a la economia
Rodrigo Uprimny 307
XV – A função jurisdicional no mundo contemporâneo e o papel das escolas judiciais
Ruy Rosado de Aguiar Júnior 345

Apresentação:
notas preliminares do coordenador

Tendo em conta o número de contribuições recebidas, a qualidade dos trabalhos, bem como a expressiva adesão de importantes juristas estrangeiros, tanto o Conselho Editorial, quanto a Direção da Escola Superior da Magistratura do Rio Grande do Sul (AJURIS) e a Livraria do Advogado Editora, ora representados pelo signatário na condição de coordenador e organizador do primeiro volume do Anuário da Escola da Magistratura, versando sobre a temática do Poder Judiciário e os Direitos Fundamentais, resolveram lançar este segundo tomo do primeiro volume, assegurando de tal sorte o acesso por parte da comunidade jurídica aos textos recebidos para publicação. Também desta feita integram a obra diversos textos que, mesmo não priorizando ou mesmo enfocando diretamente o papel do Poder Judiciário na implementação das promessas embutidas nos direitos fundamentais, abordam temas cruciais da teoria dos direitos humanos e fundamentais, no contexto da teoria constitucional (inclusive em perspectiva supranacional), ou mesmo abordagens de temas mais específicos, que apontam perspectivas concretas e desafios específicos dos direitos fundamentais. Diversamente do primeiro tomo, as contribuições foram agrupadas em duas partes, a primeira versando sobre temas gerais de direitos humanos e direitos fundamentais, a segunda abrangendo contribuições diversas sobre tópicos relacionados à jurisdição, ao processo e ao direito internacional e constitucional, muito embora relacionados com a temática dos direitos humanos e fundamentais.

Dispensando aqui uma apresentação individualizada dos textos e dos autores, importa aqui registrar, mais uma vez e em primeiro lugar, os agradecimentos efusivos aos ilustres autores que tornaram possível a edição desta coletânea, assegurando-lhe o almejado padrão de qualidade. Igualmente credores de gratidão os tradutores e revisores, devidamente indicados nos textos respectivos. Além disso, cabe destacar o empenho e incentivo por parte da Direção da Escola da Magistratura (AJURIS), por intermédio do valioso e competente esforço dos seus Diretores, PAULO DE TARSO VIEIRA SANSEVERINO e MARIA ARACY MENEZES DA COSTA, que deram seqüência e apoio integral ao projeto dos ex-diretores da Escola da Magistratura, EUGÊNIO FACCHINI NETO e NEREU GIACOMOLLI, que viabilizaram a realização do projeto de um anuário de natureza temática, que, juntamente com a já prestigiada e difundida REVISTA DA AJURIS, propiciará ainda maior inserção da ESCOLA e da ASSOCIAÇÃO DOS JUÍZES DO RIO GRANDE DO SUL no âmbito da produção científica nacional e internacional, impulsionando o seu papel de agente ativo na promoção da discussão qualificada e aberta dos temas centrais do Direito, da Política e da Sociedade. Por derradeiro, impõe-se o registro de que novamente o projeto não teria sido concretizado sem o eficiente trabalho da equipe da LIVRARIA DO ADVOGADO EDITORA.

Porto Alegre, abril de 2006.

INGO WOLFGANG SARLET

Coordenador e Organizador do primeiro volume (tomos I e II),
Juiz de Direito em Porto Alegre e Professor Titular de Direito Constitucional
nos cursos de Graduação e Pós-Graduação da PUCRS e na
Escola Superior da Magistratura (AJURIS).

1ª Parte

Temas de Direitos Humanos e Fundamentais

— I —
Direitos Sociais e Econômicos?
Lições da África do Sul

CASS R. SUNSTEIN
Professor de Direito na Universidade de Chicago

Tradução de **Fabiano Holz Beserra** e **Eugênio Facchini Neto**[1]

Sumário: O debate e a decisão; Um debate contínuo; O contexto; Grootboom e Wallacedene; A Constituição; Grootboom na Corte Constitucional; Artigo 26: Direitos e Recursos; Artigo 28: direitos especiais para crianças?; Cidadania, Cortes e Vidas Decentes; Lições mais amplas.

Tenho sustentado que o princípio da contrariedade à desigualdade (*anticaste principle*) representa uma parte importante do compromisso de uma constituição democrática com a igualdade; mas também tenho dito que este princípio não exaure o significado da igualdade como ideal constitucional. Deveria uma constituição democrática também tentar garantir que pessoas não vivam em condições desesperadoras? Deveria ela criar direitos contra a fome ou a falta de moradia?

As respostas a essas questões apontam em direção para o que pode ser a mais notável diferença entre os direitos constitucionais do final do século XVIII e do início do século XIX e os direitos constitucionais do período contemporâneo. Antes do século XX, as constituições democráticas não faziam menção aos direitos a alimentação, moradia e saúde. Em tempos mais recentes, direitos desse tipo são expressamente garantidos. É notável a existência de um quase consenso internacional no sentido de que os direitos socioeconômicos merecem proteção constitucional. A principal exceção a esse consenso é representada pelos Estados Unidos, onde a maioria das pessoas pensa que o lugar de tais direitos não é na Constituição.

---

[1] Fabio Holz Beserra é Procurador Federal e Mestrado em Direito pela PUCRS.
Eugênio Facchini Neto é Professor da Faculdade de Direito e do Programa de Pós-Graduação em Direito da PUCRS

Jurisdição e Direitos Fundamentais

Meu objetivo neste capítulo é lançar luz sobre essas questões, especialmente através da discussão de uma extraordinária decisão da Corte Constitucional da África do Sul, que traz lições significativas para o futuro. Nessa decisão, a Corte lançou uma nova e extremamente promissora abordagem para a proteção judicial dos direitos socioeconômicos. Essa abordagem exige uma atenção especial aos interesses humanos em disputa, além de uma aguçada habilidade para estabelecer prioridades, mas sem cair no simplismo de ordenar proteção para qualquer pessoa cujas necessidades socioeconômicas estejam em perigo. A virtude de tal abordagem da Corte é que ela respeita as prerrogativas democráticas e os limites naturais dos recursos públicos, ao passo que também exige especial atenção decisória para aqueles cujas necessidades mínimas não estão sendo satisfeitas. A orientação da Corte Constitucional apresenta-se como poderosa resposta àqueles que sustentam a idéia de que os direitos socioeconômicos não devem integrar uma Constituição. Ela sugere que tais direitos podem servir não para impedir deliberações democráticas, mas para assegurar atenção democrática para importantes interesses que poderiam, de outra maneira, ser negligenciados no debate ordinário. Ela também ilumina a idéia, enfatizada pela própria Corte, de que todos os direitos, incluindo os mais convencionais e incontroversos, impõem custos que devem ser suportados por todos os contribuintes.

É evidente que ainda é cedo para dizer se a abordagem da Corte pode aplacar as inquietações daqueles que se opõem à proteção judicial dos direitos socioeconômicos. Mas, pela primeira vez na história mundial, uma corte constitucional iniciou um processo que pode ser bem-sucedido no empenho em assegurar tal proteção sem colocar os tribunais num inaceitável papel de administrador. Esse ponto tem grande implicação sobre como pensamos em relação a cidadania, democracia e necessidades sociais e econômicas mínimas.

O debate e a decisão

Generalidades. Há muito tempo que se debate sobre se os direitos sociais e econômicos, também conhecidos como direitos socioeconômicos, devem integrar uma constituição. O debate tem ocorrido com especial intensidade no leste europeu e na África do Sul. É claro que a Constituição dos Estados Unidos, assim como a maioria das constituições anteriores ao século XX, protegeram os direitos de liberdade de expressão, liberdade religiosa, inviolabilidade do domicílio, sem criar direitos a uma subsistência minimamente decente. Contudo, no final do século XX e início do século XXI, a tendência é outra, pois tanto documentos internacionais, como a maioria das constituições, prevêem direitos a alimentação, moradia e outros.

Alguns céticos têm dúvidas sobre se tais direitos fazem sentido do ponto de vista do modelo constitucional. Por um lado, uma constituição deveria proteger direitos "negativos", não direitos "positivos". Direitos constitucionais deveriam ser vistos como uma proteção do indivíduo contra a agressão do Estado, não como direitos subjetivos a serem protegidos pelo Estado. Uma constituição que protege direitos socioeconômicos pode, nessa visão, pôr em perigo os direitos constitucionais como um todo, pelo enfraquecimento de sua função central de prevenção contra o exercício abusivo ou opressivo do poder governamental.

Mas há diversos problemas com esse enfoque. Até os tradicionais direitos individuais, como o direito à liberdade de expressão e à propriedade privada, necessitam ações governamentais. Propriedade privada não pode existir sem um aparato governamental pronto e apto a assegurar a propriedade das pessoas como tal. Os assim chamados direitos negativos são enfaticamente direitos positivos. Na verdade, todos os direitos, até os mais tradicionais, têm custos. Direitos de propriedade e liberdade contratual, tanto como os de liberdade de expressão e de liberdade religiosa, necessitam de significativo suporte por parte dos contribuintes. De qualquer modo, podemos imaginar que o exercício abusivo ou opressivo do poder governamental consiste não apenas em prender arbitrariamente pessoas, ou em impedi-las de se expressar, mas também em produzir um estado em que as necessidades mínimas das pessoas não se encontram satisfeitas.

Se as preocupações centrais são a cidadania e a democracia, a linha divisória entre direitos positivos e negativos é difícil de ser mantida. O direito à proteção constitucional da propriedade privada tem uma forte justificação democrática: se as propriedades particulares estão sujeitas a uma constante intervenção governamental, as pessoas não têm a segurança e a independência que o *status* de cidadão exige. O direito à propriedade privada não deveria ser visto como um esforço para proteger pessoas ricas; ele ajuda a garantir a própria democracia. Mas a mesma coisa pode ser dita em relação à proteção mínima contra a fome, a falta de moradia e a miséria extrema. Para que as pessoas tenham condições para agir como cidadãs, e para que elas mesmas se considerem como tal, elas devem poder gozar de um tipo de independência que essa proteção mínima propicia.

Por outro lado, uma constituição democrática não protege todos os direitos e interesses que deveriam ser protegidos numa sociedade justa ou minimamente decente. Talvez se deva confiar nos legisladores ordinários; se assim for, não há necessidade de proteção constitucional. A razão básica para as garantias constitucionais é para responder a problemas que ocorrem na vida política ordinária de uma nação. Se direitos socioeconômicos mínimos devem ser protegidos democraticamente, por que envolver a constituição? A melhor resposta é que efetivamente tais direitos estão

Jurisdição e Direitos Fundamentais

sistematicamente em risco, possivelmente porque seus beneficiários carecem de poder político. Não está claro se isso é verdadeiro em todas as nações. Mas certamente é verdadeiro em muitos países.

É interessante notar que os críticos dos direitos socioeconômicos fundamentam suas posições nas diferentes atribuições das instituições estatais. Em particular, eles sustentam que os direitos socioeconômicos estão além da competência judicial. Nessa visão, os tribunais carecem de instrumentos para assegurar tais garantias. Se tentarem fazer isso, eles se colocarão em uma insustentável posição de gerenciamento, o que pode desacreditar o projeto constitucional como um todo. Como seria possível aos tribunais supervisionarem a fixação das prioridades orçamentárias? Se um Estado provê muito pouca ajuda para aqueles que procuram moradia, talvez seja porque o Estado esteja empenhado na criação de empregos ou em programas de saúde pública ou na educação infantil. Deveria o Judiciário fiscalizar toda a gama de programas governamentais, para assegurar que o Estado esteja dando ênfase às áreas corretas? Como podem os tribunais adquirir o conhecimento, ou formar juízos de valor, que lhes possibilitariam desempenhar tal tarefa? Um esforço judicial para proteger direitos socioeconômicos pode acarretar o comprometimento, ou a neutralização, da deliberação democrática sobre questões cruciais.

Seria possível responder de várias formas a essas preocupações institucionais. Talvez as constituições simplesmente não devessem incluir direitos sociais e econômicos. Ou talvez tais direitos pudessem ser previstos, mas com o explícito entendimento de que o legislador, e não os tribunais, seria encarregado de sua implementação. A constituição da Índia expressamente segue este caminho, tentando estimular a atenção do Legislativo para esses direitos, sem envolver o Judiciário. A vantagem dessa orientação é que ela assegura que os tribunais não vão estar envolvidos com a administração de programas sociais. A desvantagem é que sem o controle judicial, há o risco de as garantias constitucionais serem meras "barreiras de papel" (*perchment barriers*), vazias e sem significado no mundo real.

O caso da África do Sul. Debateu-se intensamente a melhor orientação a adotar para os direitos socioeconômicos, por ocasião da ratificação da constituição da África do Sul. A idéia de nela incluir direitos socioeconômicos foi grandemente estimulada pelo direito internacional, acima de tudo pela Convenção Internacional de Direitos Sociais, Econômicos e Culturais. Muito do debate envolveu o papel apropriado do Judiciário. Em parte, tratou-se de um debate relativamente abstrato, centrado em uma questão concreta, do mundo real, mas fundado no conjunto de considerações teóricas acima referidas, envolvendo competências judiciais e o papel apropriado, se existente, dos direitos socioeconômicos numa constituição democrática. Mas exceto por esses pontos, o debate foi grandemente influenciado pelo particular legado do *apartheid* e pelas exigências sobre o que fazer a respeito, no nível constitucional. Na visão de muitos daqueles envolvidos na elaboração constitucional, o sistema do *apartheid* não poderia ser plausivelmente separado do persistente problema da exclusão social e econômica. Ao fim, o apelo dos direitos socioeconômicos foi irresistível, em grande parte porque tais garantias pareciam um meio indispensável para expressar o compromisso com a superação do legado do *apartheid* – meta capital do nova constituição.

Recorde-se aqui que algumas constituições são conservadoras ou *preservativas*; buscam manter práticas existentes. Mas outras constituições são *transformativas*; elas fixam certas aspirações que são enfaticamente compreendidas como um desafio a práticas muito antigas. A constituição sul-africana é o principal exemplo mundial de constituição transformativa. Uma grande parte de tal documento representa um esforço para eliminar o apartheid pela raiz. Constituições são freqüentemente descritas como estratégias pré-comprometidas, criadas para servir de barreira contra decisões míopes ou equivocadas da política ordinária. Se é apropriado descrever a constituição sul-africana nesses termos, isso é porque o documento foi projetado para assegurar que futuros governos não se tornassem presa de males semelhantes aos da era *apartheid*. A criação de direitos socioeconômicos é melhor compreendida sob essa luz.

Um debate contínuo

Mas qual, em particular, é a relação entre direitos socioeconômicos, tribunais e legislativo? A constituição sul-africana dificilmente fala sem ambigüidade sobre esse tópico. Os direitos em questão tipicamente seguem a seguinte forma, num evidente reconhecimento da falta de recursos:

1.Todos têm direito a (um relevante bem).

2.O Estado deve adotar razoáveis medidas legislativas e de outra natureza, dentro dos recursos disponíveis, para alcançar a realização progressiva desses direitos.

Essa é a forma básica para um direito a um "meio ambiente não prejudicial para a sua saúde e bem estar" (artigo 24); moradia (artigo 26); e saúde, comida, água e seguridade social (artigo 27).

Uma cláusula desta natureza nem exige nem evita a intervenção judicial para sua efetivação. Com base no texto isolado, seria fácil imaginar uma decisão judicial concluindo que tal aplicação é atribuição de atores não-judiciais dentro do Estado. Sob tal ponto de vista, a constituição sul-africana é, relativamente à intervenção judicial, muito semelhante à constituição indiana. Mas também seria fácil imaginar uma decisão judicial concluindo que os tribunais são chamados a vigiar os direitos relevantes,

Jurisdição e Direitos Fundamentais

verificando se o Estado efetivamente adotou "medidas legislativas e administrativas razoáveis, dentro dos seus recursos disponíveis, para alcançar a efetivação de tais direitos." Se, por exemplo, o Estado tem feito pouco para prover as pessoas com alimentação decente e cuidado com a saúde, e se o Estado é financeiramente capaz de fazer muito mais, pareceria que o Estado teria violado a garantia constitucional.

Validando a constituição, a Corte Constitucional Sul-Africana resolveu essa questão nesse sentido, concluindo que os direitos socioeconômicos são sujeitos ao escrutínio judicial. A Corte disse que tais direitos "são, no mínimo em certa extensão, justiciáveis". O fato de eles dependerem de recursos materiais para sua implementação não foi tido como relevante, uma vez que isso era verdade também para "muitos dos direitos civis e políticos entrincheirados" na constituição. A Corte corretamente disse que muitos direitos, incluindo também os chamados direitos negativos, "iriam causar similar implicações orçamentárias sem comprometer sua justiciabilidade.". Mas ao final do acórdão, a Corte acrescentou nova ambigüidade ao sugerir que "no mínimo, os direitos socioeconômicos podem ser protegidos negativamente contra invasões impróprias". Essa última frase adicionou considerável ambigüidade porque ela não disse se e quando os tribunais podem ir além do "mínimo" para proteger, "positivamente", tais direitos; também não deixou inteiramente claro o que poderia significar invadir direitos socioeconômicos "negativamente". Talvez a sugestão da corte tenha sido a de que quando o Estado, ou qualquer outro ente, efetivamente priva alguém de moradia, por exemplo, despejando-o da única habitação disponível, a protetora intervenção judicial seria apropriada. Mas se isso é tudo o que a Corte queria dizer, os direitos socioeconômicos dificilmente seriam justiciáveis; isso seria um uso extremamente estreito e limitado da autoridade judicial na supervisão e no controle de relevantes direitos.

O resultado definitivo do debate sobre proteção judicial dos direitos socioeconômicos apresenta um interesse particular e outro geral. É de particular interesse da África do Sul, onde um substancial percentual da população vive em situação de pobreza desesperadora. A constituição faz alguma coisa para ajudá-la? Por exemplo, pode o judiciário exercer um papel para assegurar que as prioridades governamentais estejam seguindo o caminho que a constituição aparentemente indicou? Ou pode a participação judicial na proteção dos direitos socioeconômicos comprometer os esforços legislativos para fixar as prioridades sensíveis? O resultado tem interesse geral porque ele pode nos dizer muito sobre as conseqüências sociais e democráticas, boas ou más, das cláusulas constitucionais criando direitos socioeconômicos. Até o presente, a discussão dessa questão tem sido altamente especulativa e desinformada sobre a prática efetiva. A experiência sul-africana vai inevitavelmente fornecer uma grande quantidade de informações.

A Corte Constitucional agora proferiu sua primeira grande decisão envolvendo esses direitos, em um caso envolvendo o direito à moradia. É dele que vamos tratar agora.

O contexto

A Escassez de moradia e o legado do *Apartheid*

É impossível entender a discussão sul-africana sobre o direito à moradia, ou o processo na Corte Constitucional, sem referência aos efeitos do *apartheid*. O ponto central é que, na visão da maioria dos observadores, o sistema do *apartheid* é diretamente responsável pela extrema escassez de moradias em muitas áreas do país.

Um dos componentes centrais do sistema do *apartheid* era o sistema de "controle de afluxo" (*influx control*) que limitava a ocupação de africanos nas áreas urbanas. No cabo oeste (*Western Cape*), o governo tentou excluir todos os africanos e dar preferência para a comunidade branca. O resultado foi congelar a provisão de habitações para os africanos na Península do Cabo em 1962. Todavia, os africanos continuaram a se deslocar para a área à procura de empregos. Carentes de moradias formais, um grande número deles se mudou para acomodações informais, constituídas de cabanas e habitações semelhantes, por toda a península. O resultado inevitável da combinação dos movimentos para áreas urbanas com a inadequada provisão de moradias foi a produção de escassez, na casa de mais de cem mil unidades, por volta de meados da década de 90. Desde então, os governos em nível nacional e local editaram uma grande quantidade de leis para lidar com o problema. Todavia, milhares de pessoas ainda carecem de moradias decentes. Ao mesmo tempo, o governo sul-africano dispunha de recursos limitados para fazer frente a uma grande variedade de necessidades, originadas pela crise da Aids, pelo desemprego difuso (cerca de 40%), além da persistente e difusa pobreza.

Grootboom e Wallacedene

O caso *Grootboom* foi trazido por novecentos demandantes, dos quais 510 eram crianças. Por um longo período, os demandantes viveram num conjunto habitacional informal invadido chamado *Wallacedene*. A maioria das pessoas era desesperadamente pobre. Todos eles viviam em barracos, sem água, esgoto e serviço de recolhimento de lixo. Apenas 5% dos barracos tinham eletricidade. A demandante que encabeçava a ação, Irene Grootboom, vivia com sua família e a de sua irmã em um barraco de cerca de vinte metros quadrados.

Muitos daqueles que estavam no conjunto habitacional *Wallacedene* haviam se inscrito em programas de habitações de baixo custo da prefeitura municipal. Eles foram colocados na lista de espera, onde permaneceram por vários anos. No final de 1988, ficaram frustrados com as intoleráveis condições de vida de *Wallacedene*. Eles saíram e instalaram seus barracos e abrigos em um terreno desocupado, que era uma propriedade privada formalmente destinada para moradias de baixo custo. Poucos meses depois, o proprietário obteve um mandado de reintegração de posse (*ejectement order*) contra eles. Mas Grootboom e os outros se recusaram a sair, argumentando que o local onde viviam anteriormente estava agora ocupado e que não tinham nenhum outro lugar para ir. Ao final, eles foram obrigados a sair, e suas casas, queimadas e derrubadas. Seus bens foram todos destruídos. A essa altura, eles encontraram abrigo em um campo de esportes de *Wallacedene*, debaixo de estruturas temporárias constituídas de folhas plásticas. Era esse o estágio em que se encontravam quando argumentaram que seus direitos constitucionais haviam sido violados. Vale a pena meditar sobre a natureza da existência humana daqueles que estavam em *Wallacedene*. Para eles, insegurança era um fato da vida diária. Não pode haver controvérsia de que o *status* de cidadão estava totalmente comprometido para pessoas que se encontrassem naquela situação.

A Constituição

Dois dispositivos foram de central importância para o pleito dos demandantes. O primeiro é o artigo 26, que prevê:

1) Todos têm direito a ter acesso à moradia adequada.

2) O Estado deve adotar adequadas medidas legislativas e outras medidas razoáveis, dentro de seus recursos disponíveis, para alcançar a realização progressiva desse direito.

3) Ninguém pode ser despejado de sua casa, ou ter sua casa demolida, sem uma ordem judicial proferida depois de consideradas todas as circunstâncias relevantes. Nenhuma lei pode permitir despejos arbitrários.

O segundo foi o artigo 28 (1)(c), limitado às crianças. O artigo diz: "Toda criança tem o direito (...) ao cuidado familiar ou dos pais, ou a cuidados alternativos apropriados quando retirado do ambiente familiar (e) (...) à nutrição básica, abrigo, serviços de saúde básicos e serviço social."

Devem ser feitas, inicialmente, algumas considerações sobre tais dispositivos. Em primeiro lugar, o artigo 26(3) impõe uma obrigação ao setor privado, e não apenas para o governo. De acordo com esse artigo, é inconstitucional uma pessoa privada despejar outra pessoa privada, ou demolir sua casa, sem permissão judicial. Do ponto de vista constitucional, isso é uma notável inovação, uma vez que constituições comumente não impõem obrigações a proprietários privados. Do ponto de vista da política econômica, o dispositivo também levanta várias questões interessantes. Obviamente, o objetivo do artigo 26(3) é assegurar que as pessoas pobres continuem tendo moradia; mas a criação de um tipo de direito de propriedade de ocupação continuada provavelmente poderá acarretar algumas não-desejadas conseqüências negativas. Se for difícil despejar pessoas, os proprietários terão diminuído o interesse em construir casas. O resultado pode ser a diminuição do estoque de casas privadas. Outro resultado possível pode ser uma seleção rigorosa dos futuros inquilinos, uma vez que os locatários estarão conscientes de que, uma vez iniciada a locação, será muito difícil encerrá-la. A extensão destes efeitos é certamente uma questão empírica.

Para fins de uma interpretação constitucional, o maior desafio refere-se à relação entre os artigos 26 e 28. Seria possível ler o artigo 28 como dando às crianças direitos irrestritos a vários bens – assegurando que as crianças teriam aqueles bens mesmo que os recursos fossem escassos. Nessa visão, o governo teria o dever absoluto de assegurar que as crianças comam, tenham um lar, cuidados de saúde e serviços sociais. Sob essa interpretação, o artigo 26 cria direitos limitados para todos ("realização progressiva"), ao passo que o artigo 28 confere um direito ilimitado e irrestrito para as crianças em particular. Essa é uma leitura textual plausível, ainda que discutível se correta ou não.

A corte inferior agiu exatamente desta maneira, afirmando que o artigo 28 criou um direito absoluto e irrestrito (*freestanding*), por parte das crianças, à mencionada proteção. Nessa interpretação, os direitos não são limitados pelas cláusulas de "recursos disponíveis" ou de "realização progressiva". Talvez às crianças tenham sido assegurados, por essa clausula, dois tipos de direitos: primeiro, ao cuidado dos adultos, preferencialmente dos pais; segundo, ao custeio estatal das necessidades básicas.

Grootboom na Corte Constitucional

No caso Grootboom, a Corte Constitucional rejeitou essa interpretação do artigo 28. Ao mesmo tempo, ela considerou que o artigo 26 impõe um dever para o governo, judicialmente exigível; que a "razoabilidade" é exigida; e que os direitos constitucionais dos demandados tinham sido violados, por causa da ausência de um programa capaz de garantir "alívio temporário" para aqueles desabrigados. Em síntese, a Corte sustentou que a constituição exigia a adoção não apenas de um plano de longo prazo para prover moradias para pessoas de baixa renda, mas também um sistema que assegurasse ajuda a curto prazo para as pessoas que não tivessem um lugar para viver. Acredito que esta tenha sido a primeira vez que uma alta corte de qualquer nação tenha emitido um pronunciamento com esse teor. O que é mais notável sobre esse pronunciamento é a distinta e nova abordagem dos direitos socioeconômicos, requerendo não moradia para todos, mas sim o estabelecimento de adequada prioridade, com particular atenção para as demandas daqueles que são mais necessitados. Discorrerei sobre isso mais aprofundadamente abaixo, começando pela exposição da explicação da corte para sua decisão.

Artigo 26: Direitos e Recursos

Uma nota de Direito Internacional. O movimento pelos direitos socioeconômicos não pode ser entendido sem fazer uma referência ao direito internacional, que firmemente reconhece tais direitos e que aparenta ter atrás de si o peso da opinião internacional. Em conseqüência, a Corte começou por enfatizar a importância do Pacto Internacional Sobre Direitos Sociais, Econômicos e Culturais (um pacto assinado, mas ainda não ratificado pela África do Sul).

O artigo 11.1 do Pacto prevê que os Estados "reconhecem o direito de todos a um adequado padrão de vida para si mesmo e sua família, incluindo alimentação adequada, vestuário e moradia, e ao contínuo aprimoramento das condições de vida". Em conseqüência, "os Estados tomarão as providências apropriadas para assegurar a realização desses direitos". Um dispositivo mais genérico do Pacto, aplicável a todos os direitos relevantes (*relevant rights*), estabelece o compromisso "de que sejam adotadas providências... dentro do máximo possível dos recursos disponíveis, com vista a alcançar progressivamente a realização completa dos direitos reconhecidos no Pacto através de todos os meios apropriados, incluindo particularmente a adoção de medidas legislativas".

Mas o que isso significa? O Comitê das Nações Unidas para os Direitos Econômicos, Sociais e Culturais está encarregado de monitorar a performance dos Estados quanto ao previsto no Pacto. Em seu comentário interpretativo, o Comitê exige que os Estados assumam uma "obrigação nuclear mínima", consistente no dever de "assegurar a satisfação de, pelo menos, um nível mínimo essencial de cada um dos direitos". A Corte Constitucional invocou essa idéia com certo interesse, sugerindo a possibilidade de uma "obrigação nuclear mínima" imposta pelo artigo 28. Mas na visão da Corte, esta idéia apresenta muitos problemas, porque a exigibilidade judicial iria requerer uma grande quantidade de informações a ser colocada perante a Corte, para que "determinasse a obrigação nuclear mínima num dado contexto". No caso *sub judice*, carecia-se de informação suficiente, e, de qualquer sorte, a Corte pensava não ser necessário definir a obrigação nuclear mínima para solucionar o caso Grootboom.

Texto e contexto. A análise mais específica da Corte sobre o artigo 26 começou enfatizando que ninguém tem direito à moradia independentemente de disponibilidades financeiras, mas sim, o direito à edição de leis e à adoção de outras medidas destinadas a alcançar "a progressiva realização desse direito." Ao mesmo tempo, o Estado e "todas as outras entidades e pessoas" são constitucionalmente compelidos a "desistir de impedir ou prejudicar o direito de acesso à moradia adequada". Essa idéia, por si mesma, é muito ambígua; o que se considera impedir ou prejudicar?

A Corte explicou que, para implementar o direito, o Estado se depara com dois tipos de deveres. Relativamente "àqueles que podem pagar por uma moradia adequada," o dever estatal é de "destrancar o sistema, provendo acesso ao estoque de moradias e um arcabouço legislativo favorável à construção da moradia própria, através de leis de planejamento e acesso a financiamento." O que é mais notável aqui é a ênfase feita pela corte sobre o papel "destrancador" da Constituição. Numa interpretação, pelo menos, o Estado está sob o dever de banir o sistema de monopólio do mercado imobiliário – a fim de criar mercados suficientemente flexíveis para prover moradia para aqueles que podem pagar por ela. Não está claro se isso é tudo, ou a maior parte, do que a Corte tinha em mente. A idéia de "leis de planejamento" (ou planificação) e "acesso a financiamento" podem ser tidos como algo mais, ou em adição a, do que um competitivo mercado habitacional. Mas certamente vale a pena chamar a atenção de que a análise do dever para "aqueles que podem se dispor a pagar" opera ao longo do seu próprio caminho separado, requerendo um tipo de mercado habitacional aberto para aqueles que têm recursos para participar.

Para as pessoas pobres, a obrigação estatal obviamente é diferente. Aqui o dever constitucional pode ser implementado através de "programas para prover adequada assistência social para aqueles que, de outra maneira, são incapazes de sustentar a si mesmos e a seus dependentes." No caso em discussão, a questão central era se o governo havia adotado medidas "razoáveis" para assegurar a progressiva realização do direito. A Corte concluiu que não havia, não obstante o extenso aparato estatal para facilitar o acesso à moradia. A razão para a conclusão era simples: "não há disposições expressas que propiciem ou facilitem o acesso ao alívio temporário para pessoas que não têm acesso à terra, nem teto sobre suas cabeças, para pessoas que estão vivendo em condições intoleráveis e para pessoas que estão em crise em razão de desastres naturais, tais como enchentes ou incêndios ou porque seus lares estão sob ameaça de demolição."

A corte reconheceu que seria aceitável a inexistência de tais dispositivos relativamente àqueles que estivessem em condições desesperadoras "se o programa nacional de habitação resultasse em casas adquiríveis pela maioria das pessoas num curto espaço de tempo." Note-se que "a maioria das pessoas" não significa todas as pessoas; como conseqüência surge a clara implicação de que a privação de moradia para alguns não seria neces-

Jurisdição e Direitos Fundamentais

sariamente desarrazoada ou discrepante com o plano constitucional. A esse respeito, o direito constitucional significava mais a criação de um *sistema* de um certo tipo do que a criação de proteções integralmente individuais. Mas, considerando os termos do programa nacional de habitação existente, não poderia ser dito que "a maioria das pessoas" teria "casas adquiríveis" num razoável curto espaço de tempo. Conseqüentemente, o programa nacional de moradia é constitucionalmente inaceitável, na medida em que "deixa de reconhecer que o Estado deve prover o alívio parra aqueles que estão em condições desesperadoras... é essencial que parte do orçamento do programa nacional de habitação deva ser destinado a isso, mas a precisa alocação é coisa para ser decidida em primeiro lugar pelo governo nacional."

A Corte também reconheceu que a obrigação constitucional poderia ser adequadamente implementada em nível local, e que o governo local, Cape Metro, tinha posto em ação seu próprio programa de assentamento especificamente para lidar com as necessidades desesperadoras. Mas aquele programa não havia sido implementado, em grande parte devido à ausência de um adequado suporte orçamentário por parte do governo nacional. "Reconhecimento de tais necessidades no programa nacional de habitação exige" que o governo nacional "planeje, inclua no orçamento, e monitore o atendimento das necessidades imediatas e o gerenciamento das crises." Isso deve assegurar que um significativo número de pessoas em desesperado estado de necessidade possa obter alívio, embora nem todas elas devam recebê-lo imediatamente.

Na visão da Corte, a Constituição não criou um "direito à moradia imediatamente exigível". Mas sim, criou o direito a um programa coerente e coordenado destinado a atender à determinação constitucional. Por conseguinte, a obrigação do Estado era criar tal programa, incluindo medidas razoáveis especificamente destinadas "a prover alívio para pessoas que não têm acesso à terra, nem teto sobre suas cabeças, para pessoas que estão vivendo em condições intoleráveis ou em situação de crise." É aqui que nós podemos encontrar um novo, distinto e promissor enfoque para os direitos constitucionais socioeconômicos, questão esta que vou tratar com mais detalhes abaixo.

Artigo 28: direitos especiais para crianças?

Deve ser recordado que o artigo 28 fora interpretado pela instância inferior como constituindo um direito absoluto à moradia para crianças. A Corte Constitucional recusou-se a interpretar o artigo 28 dessa forma. Em vez disso, entendeu o artigo 28 como uma pequena adição às exigências básicas do artigo 26. Na visão da Corte, o artigo 28 não criou direitos socioeconômicos independentes. Essa foi uma leitura extremamente limitada do artigo 28, evidentemente um produto de considerações pragmáticas. Vale a pena referir a sensibilidade da Corte frente a tais considerações pragmáticas, especialmente na medida em que sugere uma relutância judicial em introduzir-se excessivamente no estabelecimento de prioridades pelos órgãos democráticos.

O entendimento fulcral da Corte foi que, relativamente às crianças, a obrigação de prover moradia e similares "é imposta prioritariamente aos pais e à família, e apenas alternativamente ao Estado." Isso significa que, quando as crianças são retiradas de seus pais, o Estado deve proteger tais direitos como, por exemplo, assegurar que as crianças estão abrigadas e alimentadas. Mas o artigo 26 "não cria nenhuma obrigação primária de prover moradia, sob demanda dos pais e seus filhos, se as crianças estão sob o cuidado de seus pais ou de seus familiares."

Para ser mais exato, o Estado tem alguns deveres constitucionais relativamente às crianças que estão sob o cuidado de seus pais ou de seus familiares. O Estado "deve prover a estrutura legal e administrativa necessária para assegurar" a observância do disposto no artigo 28, através, por exemplo, "da criação de leis e mecanismos que garantam a manutenção de crianças, sua proteção contra maus tratos, abuso, negligência ou degradação". O Estado é obrigado também a observar as várias garantias independentes dos direitos socioeconômicos. Mas o artigo 28 não criou nenhum dever imperativo (*freestanding*) de o Estado fornecer abrigo para crianças que estejam sob o cuidado de seus pais ou de seus familiares. Desde que as crianças de *Grootboom* estejam sob o cuidado de seus pais, o Estado não é obrigado a abrigá-los, "nos termos do artigo 28."

Num primeiro olhar, essa é uma leitura confusa do artigo 28, dificilmente, preordenada (*foreordedained*) pelo texto do dispositivo. Aparentemente a Corte foi conduzida àquela leitura por ter visto como "resultado anômalo" o fato de se dar àqueles com crianças "um direto e exigível direito à moradia", sob o pálio daquele artigo, enquanto restariam desprovidos aqueles "que não têm filhos ou cujos filhos são adultos." Isso seria anômalo porque poderia permitir que pais tivessem especial acesso à moradia apenas em razão de terem filhos. Em qualquer caso, um entendimento nesse sentido poderia tornar as crianças "degraus para a obtenção de moradia·pelos pais." Mas seria isso realmente anômalo? Parece fazer sentido dizer que crianças deveriam ter uma prioridade particular aqui – que seu direito poderia ser mais absoluto – conseqüentemente, que adultos com crianças deveriam ter uma posição privilegiada. Por que seria esse ponto de vista especialmente peculiar?

A Corte também expressou uma preocupação mais forte. Se as crianças tivessem um direito absoluto à moradia, as limitações dos direitos

Jurisdição e Direitos Fundamentais

socioeconômicos expressas no texto estariam sendo completamente negligenciadas. O "cuidadosamente construído plano constitucional voltado à progressiva realização dos direitos socioeconômicos faria pouco sentido se pudesse ser perturbado quando invocados os direitos das crianças." Aqui, penso eu, está o coração do ceticismo da Corte sobre a idéia de que o artigo 26 deveria ser interpretado como criador de direitos absolutos. Se o artigo 26 fosse assim entendido, ele colocaria em xeque até razoáveis conjuntos de prioridades, com isso não permitindo que o Estado decida, tendo em vista a existência de recursos muito limitados, que certas necessidades são ainda mais prementes que outras.

Cidadania, Cortes e Vidas Decentes

O que vou destacar aqui é que o enfoque da Corte Constitucional Sul-Africana responde a várias questões sobre a relação adequada entre direitos socioeconômicos, Direito Constitucional e as decisões democráticas. Ninguém discorda que pessoas que vivem em condições desesperadoras não podem viver vidas dignas. Pessoas que vivem em tais condições também são incapazes para gozar o *status* de cidadão.

Por outro lado, o legislativo, nos países pobres, e talvez naqueles menos pobres, não pode assegurar facilmente que todos vivam em condições decentes. Uma preocupação especialmente plausível a respeito dos direitos socioeconômicos é a dificuldade, para os tribunais, de estabelecer uma posição intermediária entre duas posições extremas: 1) de que os direitos socioeconômicos não são justiciáveis e 2) de que os direitos socioeconômicos criam um dever absoluto, da parte do governo, de assegurar proteção para todos que dele necessitam. A segunda posição corresponde à abordagem padrão da maioria das cortes constitucionais. Se o governo tiver violado o direito de alguém à liberdade de expressão, ou à liberdade de religião, isso não deixa de ser uma grave violação pelo simples fato de ter respeitados os direitos da maioria das pessoas, ou de quase todos os outros.

Como tenho enfatizado, todos os direitos têm custos. O direito de liberdade de expressão não será protegido a menos que os contribuintes estejam dispostos a financiar um sistema judiciário disposto e apto a proteger aquele direito. Na realidade, um sistema comprometido com a liberdade de expressão provavelmente também demanda recursos dos contribuintes a serem destinados a manter abertas certas arenas onde tal liberdade poderá ser exercitada, como ruas e parques. Ao proteger os direitos mais convencionais, o governo deve engajar-se em fixar uma certa ordem de prioridades. Mas quando os casos vão aos tribunais, os direitos convencionais são e podem ser integralmente protegidos apenas no nível individual, e não através da criação de algum tipo "razoável" de sistema integral de proteção. A existência de um razoável sistema integral para a proteção da liberdade de expressão não serve como argumento de defesa em uma demanda, num caso concreto, em que direito à liberdade de expressão tenha sido violado.

Por sua própria natureza, os direitos socioeconômicos são diferentes nesse aspecto, especialmente em razão da cláusula da "realização progressiva". Ninguém pensa que cada indivíduo possui um direito exigível à proteção integral dos interesses em jogo. Nessas circunstâncias, é muito difícil identificar uma abordagem que evite a criação de direito individuais e que evite a conclusão da não-justiciabilidade. A única alternativa a esses extremos reside em abordar o Direito Público em uma forma que é geralmente incomum no Direito Constitucional, mas comuníssimo no Direito Administrativo, forma essa que preside o controle judicial das agências administrativas: a exigência de um julgamento fundamentado, incluindo a fixação razoável de prioridades.

Em um típico caso de Direito Administrativo, uma agência se defronta com o ônus da explicação. Ela deve demonstrar porque adotou o programa escolhido; ela deve prestar contas porque não adotou um programa diverso. Para os tribunais, o especial atrativo desta situação é que ela protege contra arbitrariedades, ao mesmo tempo em que também reconhece a natureza democrática da agência e o fato da limitação de recursos. Se a agência tiver alocado recursos em um sentido racional, ela terá atuado em conformidade com o Direito.

O que a Corte Constitucional Sul-Africana basicamente fez foi adotar um *modelo de direito administrativo dos direitos socioeconômicos*. Tribunais que usam tal modelo dificilmente estão dispostos a invalidar escolhas de agências administrativas como sendo arbitrárias. Na verdade, isso é o que foi dito pela Corte Constitucional no caso *Grootboom*. A Corte exigiu que o Governo desenvolvesse e financiasse um programa pelo qual um grande número de pessoas pobres tivesse acesso à moradia emergencial. O que a Corte exigia era a existência de um plano razoável, destinado a assegurar que alívio seria brevemente levado a um significativo percentual de pessoas pobres. Nessa visão, a Constituição compele o governo não a assegurar que todos recebam abrigo, mas sim a destinar mais recursos para resolver o problema da insuficiência de moradia para as pessoas pobres. Mais especificamente, a Corte exigiu que o governo mantivesse um plano destinado a conceder alívio emergencial àqueles que dele necessitassem. Essa é a lacuna específica que foi tida como inaceitável no caso *Grootboom*.

Mas há uma distorção aqui. Para aquelas pessoas cujos direitos socioeconômicos tenham sido violados, o problema real é a inércia governamental – a falha na implementação de um programa do tipo que a constituição exige. No caso *Grootboom,* os demandantes estavam buscando uma ação

Jurisdição e Direitos Fundamentais

governamental que, até aquele momento, não estava próxima de realização, na forma particular de assistência emergencial. Conseqüentemente, a orientação da Corte no Caso *Grootboom* está mais proximamente conectada ao subconjunto (*subset*) de princípios de direito administrativo que orientam o controle judicial da inação das agências governamentais. Em casos desse tipo, todos sabem que a agência dispõe de recursos limitados e que, em face de um orçamento limitado, qualquer razoável conjunto de prioridades será válido e talvez até imune ao controle judicial. Ao mesmo tempo, há um dever de observar a razoabilidade no estabelecimento do conjunto de prioridades, e uma decisão da agência que desconsidere critérios legais ou que não leve suficientemente a sério as metas e os objetivos definidos em lei será considerada inválida. Isso foi o que a Corte Sul-Africana decidiu no caso *Grootboom*.

O ponto principal aqui é que um direito constitucional à moradia, ou à alimentação pode fortificar a posição daqueles que não têm condições de fazer avançar muito suas reivindicações na arena política, talvez por serem figuras antipáticas, ou talvez por serem desorganizados e sem poder político. Uma garantia socioeconômica pode desempenhar uma função de resistência. Ela pode cumprir esse papel ao promover um certo tipo de deliberações, não previamente definidas, como resultado de dirigir a atenção política para interesses que de outra forma seriam desconsiderados na vida política ordinária.

Lições mais amplas

Pode uma constituição proteger direitos sociais e econômicos? É certamente relevante que, se as necessidades básicas não estiverem satisfeitas, as pessoas realmente não podem gozar o *status* de cidadão. O direito a garantias econômicas e sociais mínimas pode ser justificado não apenas sob o fundamento de que pessoas em condições desesperadoras não terão vidas dignas, mas também sob o fundamento de que a democracia exige uma certa independência e segurança para todos. Mas há aqui muitas complexidades. Um governo pode tentar atender às necessidades das pessoas de formas variadas, talvez mediante criação de incentivos para assegurar que as pessoas possam ajudar-se a si mesmas, antes de procurar ajuda governamental. Talvez não haja necessidade especial para garantias constitucionais aqui; talvez isso seja uma questão que possa ser resolvida democraticamente. De qualquer forma, as garantias econômicas e sociais ameaçam colocar os tribunais num papel para o qual eles não estão bem preparados. Enquanto as constituições modernas tendem a proteger aquelas garantias, temos que entender o juízo que se formou, em alguns países, no sentido de que isso poderia criar mais problemas do que soluções.

No caso *Grootboom*, a Corte Constitucional Sul-Africana foi confrontada, pela primeira vez, com a questão de como, exatamente, proteger os direitos socioeconômicos. A orientação da Corte sugere, também pela primeira vez, a possibilidade de prover tal proteção de uma forma que respeitasse as prerrogativas democráticas e o simples fato de orçamentos limitados.

Deixando claro que os direitos socioeconômicos não são conferidos aos indivíduos como tais, a Corte esforçou-se para dizer que o direito à moradia não era absoluto. Essa sugestão ressalta a interpretação estreita do dispositivo envolvendo crianças e também a não-ambígua sugestão de que o Estado não precisa prover habitação para todos os que dela necessitam. O que o direito fundamental exige não é habitação disponível, mas um razoável programa para assegurar acesso à habitação para as pessoas, incluindo algum tipo de programa para assegurar atendimento emergencial. Essa orientação assegura respeito por um sensato conjunto de prioridades, e atenção a necessidades particulares, sem substituir as decisões democráticas sobre como estabelecer prioridades. Essa é a atual orientação que prevalece acerca dos direitos socioeconômicos no Direito Constitucional Sul-Africano.

É claro que a orientação deixa muitas questões não resolvidas: suponha-se que o governo tenha assegurado um certo nível de fundos para um programa de ajuda emergencial; suponha-se ainda que tal nível específico é questionado como insuficiente. A decisão da Corte sugere que, qualquer que seja o total alocado, deve ser demonstrada sua razoabilidade; mas qual é o parâmetro a ser utilizado para resolver essa questão? O problema mais profundo é que qualquer recurso que for destinado para prover habitação será desviado de outra destinação – por exemplo, para tratamento e prevenção da AIDS, para compensação pelo desemprego, para alimentação, para sustentação de renda básica. Indubitavelmente, a Corte constitucional vai ouvir cuidadosamente os argumentos do governo no sentido de que os recursos não destinados à habitação estão sendo utilizados em outros locais. Indubitavelmente, esses argumentos serão mais fortes se sugerirem que parte ou todos os recursos estão sendo utilizados para a proteção de direitos socioeconômicos de outra natureza.

O que é mais importante, no entanto, é a adoção, pela Corte Constitucional, de uma nova e altamente promissora orientação para a proteção judicial dos direitos socioeconômicos. Os últimos efeitos dessa orientação estão por serem vistos. Mas, ao exigir programas razoáveis, com especial atenção para limitações orçamentárias, a Corte sugeriu a possibilidade de conhecer pleitos sobre violação constitucional sem, ao mesmo tempo, requerer mais do que os recursos existentes permitem. E, assim agindo, a Corte forneceu a mais convincente refutação àqueles que têm sustentado,

---

Jurisdição e Direitos Fundamentais

de forma plausível no nivel abstrato, que a proteção judicial dos direitos socioeconômicos possivelmente não seria uma boa idéia. Agora nós temos razões para acreditar que uma constituição democrática, até num país pobre, é apta a fornecer proteção àqueles direitos, e fazer isso sem colocar um peso indevido na órbita judicial.

— II —

Colisões entre direitos fundamentais e interesses públicos

DANIEL SARMENTO

Mestre e Doutor em Direito Constitucional pela UERJ, Professor Adjunto de
Direito Constitucional da UERJ (Graduação, Mestrado e Doutorado),
da Fundação Getúlio Vargas (Pós-Graduação), da Escola da Magistratura do
Estado do Rio de Janeiro e da Escola Superior de Advocacia Pública.
Procurador Regional da República.

Sumário: 1. Introdução; 2. Pessoa, Sociedade e Constituição; 2.1. Organicismo; 2.2. Utilitarismo; 2.3. Individualismo; 2.4. Personalismo e a ordem constitucional brasileira: entre o comunitarismo e o liberalismo; 3. As Restrições aos Direitos Fundamentais e os Interesses Públicos; 3.1. Convergência entre interesses públicos e direitos fundamentais; 3.2. Conflitos entre direitos fundamentais e interesses públicos e inexistência de prioridades absolutas; 3.3. Formas de limitação aos direitos fundamentais; 3.4. Reserva legal; 3.5. Proporcionalidade e interesse público; 3.6. A Prioridade "Prima Facie" do Direito Fundamental em face do Interesse Público Concorrente; 3.6. Núcleo Essencial dos Direitos Fundamentais; 4. Observações Finais.

*Each person possess and inviolability founded
on justice that even the welfare of the
society as a hole cannot override.*

John Rawls

1. Introdução

É ponto incontroverso na doutrina a importância dos direitos fundamentais no ordenamento brasileiro após a Constituição de 88. Tornou-se corrente, neste sentido, a afirmação de que os direitos fundamentais incorporam uma relevante dimensão moral à ordem jurídica, exigindo do Estado e da sociedade em geral a adoção de um tratamento digno em relação a cada pessoa humana. A gramática dos direitos fundamentais, com fundas raízes na ordem constitucional brasileira, baseia-se na idéia de que todos devem ser tratados como seres livres e iguais, e de que o Estado e a ordem jurídica devem ser estruturados de forma a respeitar e a promover este inarredável imperativo ético.

Não obstante, existe uma outra noção, extremamente difundida no Direito Público brasileiro, de que os interesses públicos sempre prevaleceriam sobre os particulares em casos de conflito. Porém, parece-nos que estas duas concepções são incompatíveis: ou bem se atribui primazia aos direitos fundamentais, inclusive sobre os interesses majoritários da sociedade, ou bem se afirma a supremacia do interesse público sobre o particular.

De fato, a doutrina nacional[1] alude freqüentemente ao referido princípio implícito da supremacia do interesse público sobre o particular, ao qual atribui importância capital na definição do regime jurídico-administrativo. Tal princípio é empregado para justificar uma série de prerrogativas detidas pela Administração Pública, na qualidade de tutora e guardiã dos interesses da coletividade, como a imperatividade do ato administrativo, sua presunção de legitimidade, a autotutela administrativa, a competência do Estado para promover desapropriações, as cláusulas exorbitantes nos contratos administrativos e os privilégios processuais conferidos à Fazenda Pública, para citar apenas alguns exemplos. Deste princípio decorreria a verticalidade das relações travadas entre Administração Pública e administrados, caracterizada pelo desequilíbrio, sempre em favor do Estado.

De acordo com o grande publicista Celso Antônio Bandeira de Mello, um dos mais ferrenhos defensores do princípio em questão,

> Trata-se de um verdadeiro axioma reconhecível no moderno Direito Público. Proclama a superioridade do interesse da coletividade, firmando a prevalência dele sobre o particular, como condição até mesmo, da sobrevivência e asseguramento deste último. É pressuposto de uma ordem social estável, em que todos e cada um possam sentir-se garantidos e resguardados.[2]

Contudo, de um tempo para cá, vozes autorizadas vêm-se levantando na doutrina para contestar a existência do princípio em pauta,[3] ou para dar

---

[1] Confira-se, entre outros, MEIRELLES, Hely Lopes. *Direito Administrativo Brasileiro*. São Paulo: Malheiros, 2001, p. 43; OSÓRIO, Fábio Medina. "Existe uma Supremacia do Interesse Público sobre o Privado no Direito Administrativo Brasileiro?". *In: RDA* 220: 69-107, Rio de Janeiro: Renovar, 2000; GASPARINI, Diógenes. Direito Administrativo. 4ª ed., rev. e ampl. São Paulo: Saraiva, 1995. p.13/14; CARVALHO FILHO, José dos Santos. *Manual de Direito Administrativo*. 9ª ed., rev.,ampl. e atualizada. Rio de Janeiro: Lumen Juris, 2002, p. 19.

[2] BANDEIRA DE MELLO, Celso Antônio. *Curso de Direito Administrativo*. São Paulo: Malheiros, 2003, p. 60.

[3] Vide, neste ponto, os artigos de Alexandre Aragão, Gustavo Binenbojm, Humberto Ávila, Paulo Ricardo Schier, e também do autor destas linhas, reunidos na coletânea SARMENTO, Daniel (Org.). *Interesses Públicos v. Interesses Privados*. Rio de Janeiro: Lumen Juris, 2005; e ainda BAPTISTA, Patrícia. *Transformações no Direito Administrativo*. Rio de Janeiro: Renovar, 2003, p. 181-219; e JUSTEN FILHO, Marçal. *Curso de Direito Administrativo*. São Paulo: Saraiva, 2005, p. 39-47.

a ele uma nova formulação,[4] mais compatível com os direitos fundamentais do administrado e o estatuto axiológico do Estado Democrático de Direito.

. Nosso escopo no presente ensaio será não só o de questionar a existência do referido princípio, como o de esboçar uma proposta alternativa para solução das colisões entre interesses públicos e direitos fundamentais para o direito brasileiro. Mãos à obra, porque a tarefa não é pequena...

2. Pessoa, Sociedade e Constituição

As ordens jurídicas baseiam-se, de forma mais ou menos explícita, em alguma idéia sobre o ser humano. Por vezes, tal idéia subjaz ao ordenamento, integrando o senso comum das pessoas a ele submetidas, mas não é normativamente fixada. Já em outras hipóteses, esta "premissa antropológica" da ordem jurídica pode ser diretamente extraída de normas vigentes e aplicáveis. E esse é, em nossa perspectiva, o caso do Brasil, em que, a partir de princípios e valores fundamentais inscritos na Constituição, é possível delinear, pelo menos nas suas linhas mais gerais, um conceito sobre a pessoa e a sua relação com a sociedade política envolvente.

O que se examinará neste item é a compatibilidade da idéia de supremacia do interesse público sobre os direitos individuais com o conceito de pessoa que parece ter sido acolhido pela Constituição de 88. Portanto, embora, ao longo de nossa exposição, tenhamos de visitar algumas categorias fundamentais da teoria moral, o caminho que nos propomos a percorrer pode ser trilhado, sem maiores problemas, por um adepto do positivismo jurídico moderado,[5] que negue a subordinação do Direito a valores morais

---

[4] Nessa linha, destaque-se o magistério de Odete Medauar, que, apesar de reconhecer a vigência do princípio da preponderância do interesse público sobre o particular, afirmou que ele "vem sendo matizado pela idéia de que à Administração cabe realizar a ponderação de interesses presentes numa determinada circunstância, para que não ocorra o sacrifício 'a priori' de nenhum interesse." (*O Direito Administrativo Moderno*. 5ª ed., São Paulo: RT, 2001, p. 153).
Vale registrar também o posicionamento de Juarez Freitas, que, em vez de referir-se ao princípio da supremacia do interesse público sobre o particular, prefere falar apenas em "princípio do interesse público". O mestre gaúcho, embora ressaltando que o princípio em questão prescreve que "em caso de colisão, deve preponderar a vontade geral legítima sobre a vontade egoisticamente articulada", não deixou de consignar que o "princípio do interesse público exige a simultânea subordinação das ações administrativas à dignidade da pessoa humana e o fiel respeito aos direitos fundamentais." (*O Controle dos Atos Administrativos e os Princípios Fundamentais*. 3ª ed., São Paulo: Malheiros, 2004, p. 34-36). Este também parece ser o entendimento de Luís Roberto Barroso, que, embora tenha sustentado a existência do princípio de supremacia do interesse público sobre o privado, traçou conceito de interesse público que já absorve a proteção dos direitos fundamentais. Nas suas palavras, "em um Estado de direito democrático, assinalado pela centralidade e supremacia da Constituição, a realização de um interesse público primário muitas vezes se consuma apenas pela satisfação de determinados interesses privados. Se tais interesses forem protegidos por uma cláusula de direito fundamental, não há de haver qualquer dúvida" ("Prefácio: O Estado Contemporâneo, os Direitos Fundamentais e a Supremacia do Interesse Público". In: SARMENTO, Daniel (Org.) *Interesses Públicos v, Interesses Privados. Op. cit.*, p.xiv).
[5] Existe uma freqüente associação entre o positivismo e o formalismo jurídico, e este último, de fato, não trabalhava com princípios e valores, mas apenas com regras. Contudo, parece procedente a crítica

que lhe sejam externos, mas reconheça a vinculatividade jurídica daqueles valores já incorporados à ordem jurídica, extraídos do próprio tecido normativo – muito embora não seja essa a nossa posição pessoal.

Parece-nos que a afirmação da supremacia do interesse da coletividade sobre os direitos pertencentes a cada um dos seus componentes pode, do ponto de vista de uma teoria moral, ser justificada a partir de duas perspectivas diferentes, que, no entanto, mantêm alguns denominadores comuns: o organicismo e o utilitarismo. Para o organicismo, o interesse público seria algo superior e diferente ao somatório dos interesses particulares dos membros de uma comunidade política, enquanto, para o utilitarismo, ele confundir-se-ia com tais interesses, correspondendo a uma fórmula para a sua maximização. Já a tese da supremacia incondicionada dos direitos individuais sobre os interesses da coletividade assenta-se sobre o individualismo. É a posição que defenderemos neste trabalho, de que a prevalência há de ser aferida mediante uma ponderação equilibrada dos interesses públicos e dos direitos fundamentais, pautada pelo princípio da proporcionalidade, mas modulada por alguns parâmetros substantivos relevantes, baseia-se numa concepção personalista. Tentaremos, a seguir, explicar e discutir tais visões, desvelando suas implicações para o nosso tema. Advertimos, porém, que as categorias analisadas são complexas e revestem-se de uma infinidade de nuanças, que não teríamos como explorar detidamente nos estreitos limites do presente estudo.

2.1. Organicismo

O organicismo é uma teoria que concebe as comunidades políticas como uma espécie de "todo vivo", composto por indivíduos que nela desempenhariam papel semelhante a um órgão dentro do corpo humano. Para o organicismo, as comunidades políticas possuem fins, valores e objetivos

---

de Alfonso García Figueiroa, de que os não-positivistas tendem a satanizar a visão positivista do Direito, "mediante la imputación al positivismo de uma concepción muy estrecha del derecho, que no deja lugar a estándares abiertos como los princípios" (*Princípios y Positivismo Jurídico*. Madrid: Centro de Estudios Constitucionales, 1998, p. 81). Na verdade, os autores positivistas mais importantes da atualidade, como Herbert Hart, Genaro Carrió, Joseph Raz, e, no Brasil, Celso Antônio Bandeira de Mello, não abraçam as teses do formalismo jurídico. Se considerarmos, na linha de Robert Alexy, que a distinção capital entre teorias positivistas e não-positivistas do Direito está na relação entre direito e moral – separação para os positivistas e vinculação para os não-positivistas ("El problema del positivismo jurídico". In: *El Concepto y la Validez del Derecho*. Trad. Jorge M. Sena. Barcelona: GEDISA, 1994, p. 13-19, p. 13-14) – fica claro que o positivismo não formalista pode, sim, recorrer a princípios e valores, desde que estes não sejam externos a um dado ordenamento, mas possam ser dele extraídos. Sobre as diferentes "versões" do positivismo jurídico, veja-se BOBBIO, Norberto. *O Positivismo Jurídico*. Trad. Márcio Pugliesi. São Paulo: Ícone, 1995, p. 131-238; e STRUCHINER, Noel. "Algumas Proposições Fulcrais acerca do Direito: O Debate Jusnaturalismo *vs*. Juspositivismo". In: MAIA, Antônio Cavalcanti; MELO, Carolina de Campos; CITTADINO, Gisele; PROGREBINSCHI, Thamy (Orgs.). *Perspectivas Atuais da Filosofia do Direito*. Rio de Janeiro: Lumen Juris, 2005, p. 399-415.

próprios, que transcendem aqueles dos seus integrantes.[6] Trata-se de concepção que prima pela rejeição à ética liberal, valorizando sempre o público em detrimento do privado. Se, para o individualismo, a primazia axiológica é do indivíduo, sendo ele o fim que justifica a existência das sociedades políticas e do Estado, para o organicismo dá-se justamente o inverso: prioriza-se o Estado e a comunidade política em detrimento do indivíduo, partindo-se da premissa de que a realização dos fins coletivos, sob a responsabilidade do organismo superior encarnado pelo Estado, deve constituir o objetivo máximo de cada componente da comunidade. Portanto, a perspectiva organicista traz em seu bojo uma justificativa para a idéia da supremacia do interesse público sobre o privado.

Como destacou Norberto Bobbio, "toda a história do pensamento político está dominada por uma grande dicotomia: organicismo (holismo) e individualismo (atomismo)".[7] Mas, se o organicismo é antigo, deitando as suas raízes no pensamento de Aristóteles,[8] o individualismo é doutrina mais recente, produto do Iluminismo, com forte eco nas teorias contratualistas sobre o Estado, que justificavam a formação da sociedade civil a partir dos interesses dos indivíduos.

O organicismo antigo tinha como um dos seus traços característicos o reconhecimento da desigualdade intrínseca entre as pessoas. Da mesma forma que órgãos diferentes desempenham funções diversas no corpo humano – algumas mais, outras menos nobres, mas todas necessárias – também aos indivíduos caberiam funções e tarefas distintas na vida social, visando ao bom funcionamento do corpo coletivo. E era desempenhando as funções para as quais existiam – que não resultavam de escolhas, mas já estavam prefiguradas, de forma imutável, no seio da comunidade política – que cada um poderia alcançar sua realização pessoal. O bem comum

---

[6] Cf. ZIPPELIUS, Reinhold. *Teoria Geral do Estado*. Trad. Karin Praefke-Aires Coutinho. Lisboa: Fundação Calouste Gulbenkian, 1997, p. 35.

[7] BOBBIO, Norberto. "Individualismo e Organicismo". In: *Liberalismo e Democracia*. Trad. Marco Aurélio Nogueira , 5ª ed., p. 45-48, p. 45.

[8] Há uma passagem clássica de Aristóteles, na sua obra *Política*, que exprime com perfeição a idéia organicista. Apesar de pouco longa, compensa o esforço de transcrevê-la: "Hence, it is evident that the state is a creation of nature, and that man is by nature a political animal. And he who by nature is without a state, is either a bad man or above humanity (...). And it is a characteristic of man that alone has any sense of good and evil, of just and unjust, and the like, and the association of living beings who have this sense makes a family and a state.
Further, the state is by nature clearly prior to the family or individual, since the whole is of necessity prior to the part; for example, if the whole body be destroyed, there will be no foot or hand, except in a equivocal sense (...) The proof that the state is a creation of nature and prior to the individual is that the individual, when isolated, is not self-sufficing; and therefore he is like a part in relation to the hole. But he who is unable to live in society, or has no need because he is sufficient for himself, must be either a beast or a god: he is no part of the state. A social instinct is implanted in all men by nature, and yet he who first founded the state was the greatest of benefactors". (Aristotle. "Politics". In: *The Works of Aristotle*, vol II. Trad. Benjamin Jowett. Chicago: Encyclopedia Britannica Inc., 21st print., 1978, p. 445-548, p. 446).

Jurisdição e Direitos Fundamentais

fornecia a justificativa para tratamentos desiguais, dispensados a indivíduos pertencentes a estamentos diferentes da sociedade.

Contudo, o organicismo moderno, presente em pensadores da grandeza de Hegel, pôde prescindir deste traço desigualitário, mas sem despojar-se da visão do indivíduo como parte no todo, que só se realiza no interior do Estado, que passa a ser cultuado como um verdadeiro "Deus na Terra".[9]

Sob a nossa ótica, o organicismo, mesmo na sua versão moderna, pode e deve ser refutado em vários planos. Ele pode ser objetado a partir da constatação de que o ser humano, apesar do seu natural impulso gregário, é muito mais que um órgão dentro de um todo maior. Na verdade, o organicismo não "leva a sério" a pessoa humana, desconsiderando que cada indivíduo é um valor em si, independentemente do papel que desempenhe na sociedade; que em cada pessoa existe todo um universo de interesses, objetivos e valores próprios, irredutíveis ao "todo" de qualquer entidade coletiva; que a vida humana tem uma importante dimensão pública, mas que ela não faz sentido sem a sua dimensão privada, que deve ser cultivada através da persecução de projetos e objetivos próprios de cada indivíduo, autônomos em relação aos interesses da comunidade política.

Ademais, diante da evidência de que nem a sociedade política, nem muito menos o Estado configuram autênticos organismos, a analogia com o corpo só poderia basear-se numa idealização de comunhão plena entre indivíduos no seio social, através da partilha de valores, fins e identidades comuns. Porém, esta imagem não corresponde à realidade da sociedade moderna, que tem no pluralismo cosmovisivo uma das suas características mais marcantes. O "desencantamento" do mundo – de acordo com a conhecida expressão weberiana – causado por múltiplos fatores, como a quebra da unidade religiosa após a reforma, e o avanço das ciências, ocasionou a "dissolução das mundividências integradoras".[10] As antigas "comunidades", em que os vínculos associativos eram fortes e profundos, associados ao compartilhamento de horizontes de sentido calcados na tradição, foram

---

[9] A passagem seguinte de Hegel é ilustrativa desta concepção: "O Estado, como realidade em ato da vontade substancial, realidade que esta adquire na consciência particular de si universalizada, é o racional em si e para si: esta unidade substancial é um fim absoluto, imóvel, nele a liberdade obtém o seu valor supremo, e assim este último fim possui um direito soberano perante os indivíduos que em serem membros do Estado têm o seu mais elevado ser.

Quando se confunde o Estado com a sociedade civil, destinando-o à segurança e proteção da propriedade e das liberdades pessoais, o interesse dos indivíduos, enquanto tais, é o fim supremo para que se reúnem, do que resulta ser facultativo ser membro do Estado. Ora, é muito diferente a sua relação com o indivíduo. Se o Estado é o espírito objetivo, então só como membro é que o indivíduo tem objetividade, verdade e moralidade. A associação como tal é o verdadeiro conteúdo e o verdadeiro fim, e o destino dos indivíduos está em participarem de uma vida coletiva; quaisquer outras satisfações, atividades e modalidades de comportamento têm seu ponto de partida e o seu resultado neste ato substancial e universal". (HEGEL, Georg Wilhelm Friedrich. *Princípios de Filosofia do Direito*. Trad. Orlando Vitorino. São Paulo: Martins Fontes, 2003, p. 217)

[10] ZIPPELIUS, Reinhold. *Op. cit.*, p. 51.

substituídas pelas modernas sociedades, onde os laços sociais são mais tênues e artificiais.[11]

Por outro lado, o organicismo deve ser combatido pelo perigo que representa para a liberdade. Como bem lembrou Paulo Bonavides – sobre o qual não paira qualquer suspeita de alinhamento com a ideologia liberal-burguesa – "os organicistas, na teoria da Sociedade e do Estado, se vêem arrastados quase sempre, por conseqüência lógica, às posições direitistas e antidemocráticas, ao autoritarismo, às justificações reacionárias do poder, à autocracia, até mesmo quando se dissimulam em concepções de democracia orgânica (concepção que é sempre a dos governos e ideólogos predispostos já à ditadura)".[12] No organicismo, a prioridade absoluta do coletivo sobre o individual acaba asfixiando a individualidade, que passa a ser instrumentalizada em proveito de um suposto "organismo superior". A grande vítima é sempre a liberdade humana, imolada em nome de ideais coletivos, tantas vezes vagos e incorpóreos, quando não meras fachadas para o arbítrio dos governantes.

Trata-se, em suma, de filosofia autoritária e liberticida, que não reflete a relação mantida no mundo moderno pelos indivíduos com as sociedades políticas em que se inserem. Pelo prisma jurídico, o organicismo se revela absolutamente incompatível com o princípio da dignidade da pessoa humana, que impõe sejam as pessoas sempre tratadas como fim, e nunca como meios – consoante o célebre imperativo categórico kantiano –, confrontando-se também com todo o ideário do Estado Democrático de Direito, que se baseia no reconhecimento do valor fundamental da autonomia pública e privada do cidadão. Portanto, independentemente das preferências filosóficas e ideológicas nutridas pelo intérprete, não há como sustentar a compatibilidade entre o organicismo e uma Constituição como a de 88, que, já no seu art. 1º, define o Estado brasileiro como Estado Democrático de Direito, e tem, no seu epicentro axiológico, o princípio da dignidade da pessoa humana.

É visivelmente organicista a idéia de que existiria um interesse público inconfundível com os interesses pessoais dos integrantes de uma sociedade política e superior a eles. Só que, no Estado Democrático de Direito, ela não se sustenta. Sua assunção, como salientou, com palavras fortes, Marçal Justen Filho, "é o primeiro passo para o reconhecimento de interesses supra-individuais, de configuração totalitária e cuja lamentável afirma-

---

[11] A distinção entre comunidade e sociedade é um dos temas centrais da sociologia, tendo sido elaborada originariamente por Ferdinand Tönnies. Veja-se, a propósito, o verbete "comunidade", elaborado por O'HIGGINS, Tim. In: ARNAUD, André Jean (Org.). *Dicionário Enciclopédico de Teoria e Sociologia do Direito*. Trad. Vicente de Paula Barreto. Rio de Janeiro: Renovar, 1999, p. 121-126.

[12] BONAVIDES, Paulo. *Ciência Política*. 10ª ed., São Paulo: Malheiros, p. 56.

Jurisdição e Direitos Fundamentais

ção se verificou nos regimes do nacional-socialismo alemão e do stalinismo".[13]

Mas, diante da inviabilidade do organicismo, talvez seja possível encontrar um fundamento ético alternativo para o princípio da supremacia do interesse público. E um bom candidato seria o utilitarismo, como se demonstrará a seguir.

2.2. Utilitarismo

Considerada uma das mais importantes teorias morais da Modernidade,[14] o utilitarismo[15] se apresenta como a doutrina segundo a qual a melhor solução para cada problema político-social é sempre aquela apta a promover em maior escala os interesses[16] dos membros da sociedade.[17] Dentro desta perspectiva, o interesse público seria encarado não como algo diverso e superior ao somatório da totalidade dos interesses dos componentes da comunidade política, mas como a fórmula que, em cada caso, maximizasse os interesses dos integrantes da sociedade, individualmente considerados.

O utilitarismo – é bom que se diga – não constitui uma nova roupagem para o organicismo. Pelo contrário, trata-se de teoria política professada por importantes pensadores liberais, como Jeremy Bentham, Adam Smith e Stuart Mill, que não supõe a existência de qualquer organismo coletivo axiologicamente superior aos indivíduos. Na verdade, a doutrina utilitarista baseia-se nos interesses dos indivíduos que integram a sociedade política, buscando promovê-los de forma racional. Assim, exatamente por reconhecer a igualdade intrínseca entre todas as pessoas, e rejeitar qualquer suporte

---

[13] Op. cit., p. 41.

[14] Costuma-se dizer que as primeiras manifestações do utilitarismo no pensamento político remontam ao século XVIII, com Hutcheson, David Hume, Adam Smith e Jeremy Bentham. De acordo com Ernst Tugendhat, o princípio básico do utilitarismo foi expresso pela primeira vez por Hutcheson, em obra públicada em 1725, em que afirmou que "a melhor conduta é aquela que proporciona a maior felicidade para o maior número." (TUGENDHAT, Ernst. *Lições sobre Ética*. Trad. Róbson Ramos dos Reis *et alii*. Petrópolis: Editora Vozes, 2000, p. 349)

[15] Para uma discussão profunda sobre o utilitarismo, veja-se SEN, Amartya & WILLIAMS, Bernard (Ed.). *Utilitarianism and Beyond*. Cambridge: Cambridge University Press, 1982.

[16] Usou-se aqui a palavra "interesses" em sentido neutro, para evitar a controvérsia existente dentro do próprio utilitarismo sobre que "utilidade" buscaria o utilitarismo maximizar. Há, neste sentido, quem defenda que é o prazer (Bentham), a felicidade (Stuart Mill), a satisfação de preferências individuais, quaisquer que sejam elas, ou ainda a satisfação de preferências racionais. Sobre a questão, veja-se KYMLICKA. Will. *Contemporary Political Philosophy*. 2nd. ed., Oxford: Oxford University Press, 2002., p. 13-20.

[17] Confronte-se, neste sentido, a definição sintética de KYMLICKA, Will, no sentido de que "utilitarism, in its simplest formulation, claims that the morally right act or policy is that which produces the greatest happiness for the members of society". (Op. cit., p. 10). Veja-se também a definição de Rawls do utilitarismo, segundo ele baseada em Sigwick, segundo a qual sua principal idéia seria a de que "society is rightly ordered, and therefore just, when its major institutions are arranged so as to achieve the greatest net of balance of satisfaction summed over all the individuals belonging to it". (RAWLS, John. *A Theory of Justice*. 20th. print.,Cambridge: Harvard University Press, 1994, p. 22).

36   *Daniel Sarmento*

religioso ou metafísico como fundamento para escolhas públicas,[18] o utilitarismo advoga a tese de que o melhor caminho a ser seguido em cada caso será aquele que promover, em maior escala, o bem-estar, o prazer, a felicidade ou as preferências racionais do maior número de pessoas.[19] Diz-se, neste sentido, que o utilitarismo é uma concepção ética conseqüencialista, porque o juízo sobre um determinado ato depende não da sua conformidade com princípios morais anteriores, mas das conseqüências que ele produzirá sobre interesses dos membros da sociedade.[20]

---

[18] Como destacaram Amartya Sen e Bernard Williams, o utilitarismo pode ser pensado como uma teoria de moralidade pessoal, que sirva para orientar a conduta de cada indivíduo, e como uma teoria de escolha pública, que indique, numa sociedade, quais as medidas e soluções mais justas e adequadas. ("Introduction". In: SEN, Amartya; WILLIAMS. Bernard. *Utilitarianism and Beyond. Op. cit.*, p. 01-21). No presente contexto, interessa apenas discutir o utilitarismo como teoria de escolha pública.

[19] A questão aqui não é apenas quantitativa e relativa ao número de pessoas cujos interesses serão sacrificados ou promovidos em cada escolha. Na verdade, a maioria das concepções utilitaristas leva em consideração também a intensidade dos interesses para cada indivíduo, além dos dados quantitativos. Portanto, na moldura da teoria utilitarista, é possível sacrificar interesses "fracos", digamos, com "peso 2", de 4 pessoas, em proveito de um interesse "forte" de uma única pessoa, ao qual se atribua, por exemplo, um peso 10. Isto não decorre de qualquer viés desigualitário no utilitarismo, mas do reconhecimento que nem todos os interesses que as pessoas têm possuem para elas as mesmas importâncias.

[20] Neste ponto, é importante destacar que existem duas versões diferentes para o utilitarismo: o utilitarismo dos atos e o utilitarismo das normas. Para o utilitarismo dos atos, determinado comportamento é considerado justo se dele resulta a maximização dos interesses dos membros de uma sociedade. Então, por exemplo, não seria errado para esta forma de utilitarismo o assassinato pela polícia de um conhecido homicida e traficante que, mesmo dentro da prisão, continuasse a comandar atos ilícitos, desde que se constatasse que, com este ato, os interesses sacrificados seriam menores que os interesses promovidos, considerando o ponto de vista de todos os indivíduos integrantes da coletividade, inclusive do próprio criminoso. Já para o utilitarismo das normas, o foco deixa de ser cada ato humano, passando a concentrar-se nas regras gerais de conduta. Assim, no utilitarismo das normas, provavelmente não se aceitaria o assassinato deste mesmo bandido, em razão da consideração de que uma regra que permitisse este tipo de conduta geraria grande insegurança para a população em geral, que poderia tornar-se vítima de atos arbitrários por parte de polícia. A aplicação da norma permissiva traria mais prejuízos do que vantagens para os interesses da maioria dos membros da coletividade, o que levaria à sua rejeição. Mas, cumpre notar, rejeita-se a possibilidade de assassínio do criminoso não em razão de uma preocupação especial relativa aos seus direitos fundamentais à vida e ao devido processo legal, mas pela consideração de que a admissão desta prática seria prejudicial aos interesses majoritários na sociedade.
Portanto, é verdade que o utilitarismo de regras é menos perigoso para os direitos fundamentais do que o utilitarismo dos atos. Contudo, ainda assim, ele não se afasta da perniciosa idéia de que os direitos fundamentais estão condicionados aos interesses da maioria. Veja-se o seguinte exemplo: uma sociedade dividida, em que as pessoas de uma ampla maioria étnica ou religiosa experimentem grande desconforto com o convívio com os integrantes da minoria, poderia estabelecer uma regra criando um tipo de *apartheid*. Esta regra, ainda que representasse uma profunda humilhação para os membros da minoria, poderia ser aceita pelo utilitarismo de normas, desde que se verificasse que da sua aplicação resultaria a promoção, em mais larga escala, dos interesses de um maior número de pessoas – os integrantes da maioria.
A partir deste exemplo, torna-se possível visualizar um dos mais graves defeitos do utilitarismo: o fato de que interesses individuais profundamente ilegítimos – como aqueles da maioria que não quer se misturar com a minoria – entram, em igualdade de condições com outros interesses, no cálculo realizado para aferir-se a justiça de uma regra ou de um ato. Isto porque o utilitarismo se recusa a valorar a moralidade das preferências individuais, tanto na versão do utilitarismo dos atos, como na mais sofisticada teoria do utilitarismo das normas. Veja-se, no particular, KIMLICKA, Will. *Op. cit.*, p. 26-32. Em sentido contrário, defendendo o utilitarismo de normas, confronte-se HARSANYI, John C. "Morality and the theory of rational behavior". In: SEN, Amartya; WILLIAMS, Bernard (Ed.). *Op. cit.*, p. 39-62.

Jurisdição e Direitos Fundamentais

Os utilitaristas partem da premissa de que os indivíduos têm às vezes interesses conflitantes, e que, nestes casos, deve-se atribuir um peso igual aos interesses de cada um, na busca da solução mais justa. Assim, justifica-se o sacrifício dos interesses de um membro da comunidade sempre que este sacrifício for compensado por um ganho superior nos interesses de outros indivíduos.

Mas porque seria uma tal concepção incompatível com a Constituição brasileira, se esta, tal como a teoria utilitarista, baseia-se no reconhecimento da igualdade entre as pessoas e recusa fundamentações religiosas ou metafísicas para as decisões públicas? Simplesmente porque, na nossa opinião, o utilitarismo não trata adequadamente os direitos fundamentais como direitos situados acima dos interesses das maiorias. Para o utilitarismo, os direitos fundamentais devem ser respeitados se isto convier à promoção do bem-estar geral – identificando-se este com os interesses individuais prevalecentes em cada sociedade. Só que a idéia de estabelecer constitucionalmente direitos fundamentais – e, mais do que isso, de protegê-los, como cláusulas pétreas (art. 60, § 4º, inciso IV, CF), diante do próprio poder constituinte derivado – desvela, a nosso ver, o firme propósito do constituinte de colocá-los fora do comércio político, acima dos desígnios e interesses das maiorias de cada momento. Os direitos fundamentais são protegidos, portanto, mesmo quando contrariem os interesses da maioria dos membros da coletividade.

É certo que, em inúmeros contextos, se torna possível defender direitos fundamentais a partir de argumentos utilitaristas. Recorde-se, por exemplo, a famosa sustentação da liberdade de expressão feita por Stuart Mill.[21] Para ele, fervoroso adepto do utilitarismo, não seria legítimo ao governo calar um indivíduo que defendesse pontos de vista contrários à maioria, não porque com isto se prejudicasse injustamente a este indivíduo – o que ele considerava algo de menor importância, a *"simply private injury"*, nas suas palavras[22] – mas sobretudo porque um ato como este comprometeria a possibilidade das pessoas em geral de buscarem e encontrarem a verdade, através do livre confronto de idéias. Em suma, para os utilitaristas, o que justifica a garantia de direitos fundamentais é a sua potencial contribuição à maximização da felicidade e do bem-estar geral, e não o reconhecimento da intrínseca dignidade de que são portadores todos os indivíduos.

Ocorre que nem sempre a proteção e promoção dos direitos fundamentais leva à maximização dos interesses da maioria. Pelo contrário, muitas vezes os direitos fundamentais representam obstáculos impostos contra as preferências manifestadas pela maior parte dos integrantes de uma socie-

---

[21] MILL, Stuart. "On Liberty". In: Britannica Gerat Books 43: *American State Papers, The Federalist, J. S. Mill.* 22th. print., Chicago: Encyclopedia Britannica Inc., 1978, p. 267-323, p. 274-275.

[22] Idem, ibidem, p. 275.

dade política. E este é, aliás, um dos papéis mais importantes dos direitos fundamentais, que acaba sendo completamente esvaziado pela teoria utilitarista.

Na verdade, o utilitarismo parece equiparar as sociedades a indivíduos – aproximando-se neste ponto do organicismo. Isto porque a justiça, para as teorias utilitaristas, equivalerá à procura da medida mais favorável ao bem-estar geral, que será definido através do cômputo dos interesses de todos os membros da sociedade. Só que, com isso, estas teorias justificam a perda de direitos sofridos por uns, desde que em benefício de um bem-estar maior usufruído por outros. Não há uma preocupação com a distribuição deste bem-estar dentre os diferentes componentes da sociedade, mas apenas com a maximização geral do bem-estar. Tal como no organicismo, os indivíduos acabam sendo tratados como partes no todo, e não como fins em si, porque não se atribui relevância moral à separabilidade e à independência das pessoas. É este o ponto fundamental da crítica de Rawls ao utilitarismo, que o levou a afirmar, contrapondo-se às teses daquela doutrina:

> Each person possess an inviolability founded on justice that even the welfare of the society as a hole cannot override. For this reason justice denies that the loss of freedom for some is made right by a greater good shared by others. It does not allow that the sacrifice imposed on a few are outweighted by the larger sum of advantage enjoyed by many. Therefore in a just society the liberties of equal citizenship are taken as settled; the rights secured by justice are not subjected to political bargaining or to the calculus of social interests.[23]

Embora a teoria da justiça de Rawls possa ser criticada em vários dos seus aspectos, esta sua contestação ao utilitarismo parece inobjetável. Ademais, além de filosoficamente bem fundada, ela se apresenta em consonância com a concepção, subjacente ao reconhecimento constitucional da dignidade da pessoa humana, de que nenhum indivíduo pode ser tratado como meio para o atingimento de fins sociais, por mais relevantes que sejam estes.[24]

Portanto, independentemente das preferências de cada um, parece-nos que numa ordem constitucional como a brasileira, centrada no princípio da dignidade da pessoa humana, o utilitarismo não configura a filosofia moral adequada para lidar com os conflitos entre interesses privados e coletivos.[25] Assim, este também não pode ser o fundamento para a afirmação da supre-

---

[23] *A Theory of Justice. Op. cit.,* p. 03-04.

[24] Cf. NINO, Carlos Santiago. *Ética y Derechos Humanos.* Buenos Aires: Editorial Astrea, 1989, p. 242.

[25] Cf. VIEIRA, Oscar Vilhena. "A Gramática dos Direitos Humanos". In: *Revista do ILANUD nº 17.* São Paulo: Ilanud, 2001, p. 23-46, p. 26, que destacou: "(...) se quisermos 'levar os direitos a sério', na expressão de Dworkin, pouco podemos esperar do utilitarismo, uma vez que a agregação de utilidade, e não o reconhecimento da dignidade, é que constitui sua razão última".

macia dos interesses públicos sobre os individuais no ordenamento brasileiro.[26]

2.3. Individualismo

Percorridas estas teorias morais que poderiam justificar a supremacia dos interesses da coletividade sobre os de cada particular, cabe agora voltar os nossos olhos para a direção oposta. Cumpre, neste momento, analisar o individualismo, que tende a afirmar a primazia dos interesses particulares de cada um sobre aqueles pertencentes à coletividade.

O individualismo foi a filosofia subjacente ao Estado Liberal-Burguês,[27] que floresceu na Europa e nos Estados Unidos no século XIX e na fase inicial do século XX, e que no presente, dentro da crise do Estado Social, está experimentando um certo *revival*, pelas mãos do pensamento neoliberal. Baseia-se ele numa concepção atomizada da sociedade, que relega a um papel secundário os laços de solidariedade e os interesses comuns compartilhados pelas pessoas no meio social.[28] Esta era a idéia que se deixava entrever nas constituições, e, sobretudo, nos códigos civis do passado, que desempenhavam papel verdadeiramente constitucional no Estado Liberal.[29]

---

[26] Vale a pena trazer à colação um exemplo que demonstra bem o absurdo a que pode conduzir a doutrina utilitarista, o que faremos recorrendo criticamente ao magistério daquele que talvez seja o mais conhecido – e polêmico – dos pensadores utilitaristas em atividade, o australiano Peter Singer, que se notabilizou pela defesa dos direitos dos animais. Singer, no seu livro sobre a Ética Prática (SINGER, Peter. *Questions d'Etique Pratique*. Trad. Max Marcuzzi. Paris: Bayard Éditions, 1997), partindo de argumentos utilitaristas, defende a legitimidade do infanticídio, bem como do assassinato, de forma não-dolorosa, de pessoas acometidas por gravíssimas deficiências mentais – o que eufemisticamente chamou de *"eutanásia não voluntária" (Idem, ibidem,* p. 176-185). Para ele, nem os recém-nascidos, nem as pessoas que padecem de seríssimo comprometimento de suas faculdades mentais possuem racionalidade, autoconsciência ou autonomia moral, razão pela qual suas vidas, consideradas a partir de uma perspectiva "objetiva", valeriam menos. Portanto, se a manutenção destas vidas causasse grande sofrimento para seus pais ou parentes, e não gerasse felicidade para mais ninguém, isto justificaria, dentro de um estrito cálculo utilitarista, de custo/benefício, a admissão dos atos homicidas. Acreditamos que muitos utilitaristas não subscreveriam esta tese hedionda, mas, ainda assim, parece-nos que o exemplo revela com eloqüência como a relativização de certos valores morais, que caracteriza o utilitarismo, pode conduzir a soluções eticamente inaceitáveis.

[27] Sobre o Estado Liberal, pedimos vênia para remeter ao nosso artigo "Os Direitos Fundamentais nos Paradigmas Liberal, Social e Pós-Social (Pós-Modernidade Constitucional?)". In: SAMPAIO, José Adércio Leite. *Crises e Desafios da Constituição*. Belo Horizonte: Del Rey, 2004, p. 375-414, p. 377-385.

[28] Cf. BARCELLONA, Pietro. *Diritto Privato e Società Moderna*. Napoli: Jovene, 1996, p. 320.

[29] Durante o Estado Liberal, o Código Civil desempenhou, nos países de tradição jurídica romano-germânica, o papel de uma espécie de constituição da sociedade. Neste sentido, a lição de Michele Giorgianni: "esse significado 'constitucional' dos códigos civis (...) é imanente neles, se se fixar a idéia de que propriedade privada e contrato, que constituíam, como se disse, as colunas do sistema, vinham, por assim dizer 'constitucionalizar' uma determinada concepção de vida econômica, ligada, notoriamente, a idéia liberal." (GIORGIANNI, Michele. "O Direito Privado e suas Atuais Fronteiras". In: *RT* nº 747, 1988, p. 35-55, p. 41). Naturalmente, os códigos exprimiam os valores mais caros à burguesia, tendo como pilares fundamentais a proteção da propriedade e a liberdade de contratar. Conforme

Os indivíduos eram vistos como abstrações incorpóreas; como verdadeiras "vontades ambulantes", que não tinham carências materiais, não sentiam fome nem frio. Iguais perante a lei, eles eram sujeitos de direito que, através da sua vontade livre, celebravam contratos e faziam circular a riqueza na sociedade. A ordem jurídica liberal-burguesa cerrava seus olhos para os constrangimentos de fato à autonomia individual, decorrentes da hipossuficiência econômica e da desigualdade de poder presentes na sociedade. Embora, com a abolição dos privilégios do Antigo Regime e o fim da escravidão, fossem todos os indivíduos dotados de personalidade jurídica, o evidente protagonista do sistema era o burguês, porque só ele possuía propriedades; só ele tinha bens para proteger e comprometer através do contrato. Naquele contexto, o papel essencial do Direito Público era o de limitar o Estado, impedindo que perturbasse a fruição das liberdades individuais e interferisse no funcionamento do mercado, e o do Direito Privado era garantir as regras do jogo, o que ele fazia assentando toda a sua estrutura sobre dois grandes pilares: propriedade e contrato – ambos vistos como expressões necessárias da autonomia individual.

Neste modelo, como destacou Habermas, "(...) uma sociedade econômica, institucionalizada através do direito privado (principalmente através dos direitos de propriedade e de liberdade de contratos), deveria ser desacoplada do Estado enquanto esfera de realização do bem comum e entregue à ação espontânea dos mecanismos de mercado".[30] A sociedade política, dentro desta perspectiva, é equiparada ao mercado: nela, estariam presentes atores individuais perseguindo egoisticamente os seus interesses privados, de forma concorrencial.[31]

De forma um tanto caricatural, pode-se afirmar que, para a cosmovisão individualista, a sociedade é o *locus* da competição, e não da cooperação, e é bom que assim seja, pois a competição faz com que prosperem os mais aptos, de forma a aperfeiçoar a Humanidade. Trata-se do darwinismo social, em sua versão mais crua.

Para o individualismo, o ser humano era antes o *homo economicus* do que o cidadão. A esfera privada, dentro da qual inseriam-se as relações econômicas, era considerada prioritária em relação à pública, e esta última

---

Konrad Hesse (*Derecho Constitucional y Derecho Privado*. Trad. Ignacio Gutierrez-Gutierrez. Madrid: Civitas, 1995, p. 33-45.), tarefa muito mais modesta cabia às constituições da época, seja pela limitação do seu objeto – não tratavam de relações privadas – seja pela sua reduzida eficácia jurídica, decorrente da visão legicentrista então prevalecente e da carência de instrumentos de jurisdição constitucional que permitissem sua efetivação. Veja-se, a propósito, o nosso *Direitos Fundamentais e Relações Privadas*. Rio de Janeiro: Lumen Juris, 2004, p. 69-107.

[30] HABERMAS, Jürgen. *Direito e Democracia entre Facticidade e Validade*. v . II. Trad. Flávio Bueno Siebeneichler. Rio de Janeiro: Tempo Brasileiro, 1997, p. 138.

[31] Cf. HABERMAS, Jürgen. "Three Normative Models of Democracy: liberal, republican, procedural". In: KEARNEY, Richard; DOOLEY, Mark (Ed.) *Questioning Ethics*. London: Routledge, 1999, p. 135-144, p. 135-136.

limitava-se às relações travadas com o Estado. Este deveria ser o menor possível, porque sua existência constituía em si um perigo para a liberdade. Assim, a doutrina do *laissez faire, laissez passer* não se alicerçava apenas sobre argumentos econômicos. Ela baseava-se também em fundamento ético, exprimindo o reconhecimento da superioridade do privado – espaço das relações regidas por regras supostamente imutáveis, porque derivadas da razão humana – sobre o público – reino do efêmero e do contingente. Se o privado era superior ao público, este último tinha de ser limitado ao menor tamanho possível. Em suma, preferia-se a "ordem espontânea" representada pelo mercado à "ordem artificial" construída pela intervenção do Estado.[32]

Sob esta ótica, os direitos fundamentais eram vistos essencialmente como direitos de defesa em face dos governantes. E tais direitos eram tidos como naturais, porque anteriores e superiores ao Estado, já que presentes no Estado da Natureza, e mantidos pelos indivíduos após a celebração do contrato social.[33] Não se cogitava da necessidade de intervenção do Estado para asseguramento destes direitos, já que eles configuravam direitos negativos, que envolviam abstenções, e não prestações. Por isso, fazia sentido proclamar que os direitos do indivíduo deviam ser sempre postos acima do alcance da ação do Estado.

Porém, quando, com o advento do Estado Social, se passou a reconhecer a necessidade de intervenção do Estado, através de políticas públicas, para proteção dos mais débeis diante do arbítrio dos mais fortes, e garantia das condições materiais básicas de existência, aquela idéia da supremacia incondicional do direito individual sobre o interesse coletivo não teve como subsistir. A consagração dos direitos sociais, bem como a relativização das liberdades econômicas e dos institutos que lhe são correlatos, como propriedade e autonomia contratual, criaram nova correlação de forças entre os interesses públicos e privados. Foi o ocaso do individualismo possessivo.

No entanto, a história das idéias não é linear, mas às vezes parece percorrer verdadeiros ciclos. E assim, eis que o individualismo burguês, na sua versão mais extremada, ressurge no final do século XX, pela voz dos autores ditos libertários, cujo magistério encontrou algum eco no contexto de crise do Estado Social. Os libertários, como Friedrich von Hayek, o casal Friedman e Robert Nozick, não se contentam em afirmar a primazia dos

---

[32] Sobre os conceitos "ordem espontânea" e "ordem artificial", em sentido ultraliberal, veja-se HAYEK, Friedrich A. *Law, Legislation and Liberty*. Vol. I. Chicago: Chicado University Press, 1983, p. 35-54. Em sentido crítico, recusando o caráter "espontâneo" do mercado, visto como uma criação de instituições humanas, veja-se SUNSTEIN, Cass. *The Second Bill of Rights. Op. cit.*, p. 17-34.

[33] Cf. LOCKE, John. "Segundo Tratado sobre o Governo". In: *Os Pensadores: Locke*. Trad. Anoar Aiex e E. Jacy Monteiro, 2ª ed., São Paulo: Abril Cultural, p. 33-131, p. 71-84.
Destaque-se, porém, que a partir do século XIX, em que tais idéias individualistas foram incorporadas aos códigos civis, a fundamentação jusnaturalista para os direitos cede espaço àquela positivista, de que sua validade decorreria de sua previsão pelo legislador.

indivíduos sobre a sociedade e o Estado – tese que também encampamos. Eles vão muito além disso, ao defender o Estado mínimo, com base numa leitura reducionista dos direitos fundamentais, que não atribui nenhuma importância à igualdade substantiva e à solidariedade e nega o próprio conceito de justiça distributiva – e nisso os libertários diferenciam-se profundamente dos chamados liberais igualitários, como John Rawls e Ronald Dworkin. Confira-se, no particular, o magistério de Nozick, em famosa obra originalmente publicada em 1974, em que defendeu, de forma paradigmática, o individualismo mais exacerbado:

> Indivíduos têm direitos. E há coisas que nenhuma pessoa ou grupo pode fazer com os indivíduos (sem lhes violar os direitos). Tão fortes e de tão alto alcance são esses direitos que colocam a questão do que o Estado e seus servidores podem, se é que podem, fazer. Que espaço os direitos individuais deixam ao Estado? (...)
>
> Nossa principal conclusão sobre o Estado é que um Estado mínimo, limitado a funções restritas de proteção contra a força, o roubo, a fraude, de fiscalização do cumprimento de contratos e assim por diante justifica-se; que o Estado mais amplo violará os direitos das pessoas de não serem forçadas a fazer certas coisas, e que não se justifica; e que o Estado mínimo é tanto inspirador quanto certo. Duas implicações dignas de nota são que o Estado não pode usar sua máquina coercitiva para obrigar certos cidadãos a ajudarem a outros ou para proibir atividades a pessoas que desejam realizá-las, para o seu próprio bem ou proteção.[34]

Em síntese, na leitura estritamente individualista, a igualdade jurídica é a mera igualdade formal, com a recusa a qualquer pretensão de utilização do Direito para fins redistributivos. A solidariedade não é um princípio normativo, mas apenas uma virtude humana, que escapa às considerações da ordem jurídica. E a liberdade é a não-intervenção; a simples ausência de impedimentos externos para o comportamento individual, afigurando-se irrelevante a existência ou não da possibilidade real do agente de fazer suas escolhas e de agir em conformidade com elas.[35]

Mas não é preciso gastar muita tinta para demonstrar que tal visão não se compatibiliza com a Constituição de 1988. De fato, a Constituição de 1988 apresenta uma série de características que permitem que nela se divise uma típica Constituição social. Ela proclama, logo no seu art. 3º, que a República brasileira tem, dentre os seus objetivos, *"construir uma sociedade livre, justa e solidária"* (inciso I) e *"erradicar a pobreza e a marginalização e reduzir as desigualdades sociais e regionais"* (inciso III). Consagra um generoso elenco de direitos sociais (arts. 6º a 11) e condiciona a tutela da propriedade ao cumprimento da sua função social (arts. 5º, XXIII, e 170, II). Proclama que o objetivo da ordem econômica é "assegurar

---

[34] NOZICK, Robert. *Anarquia, Estado e Utopia*. Trad. Ruy Jungmann. Rio de Janeiro: Jorge Zahar Editor, 1994, p. 10.

[35] Cf. BERLIN, Isaiah. "Dois conceitos de liberdade". In: *Estudos sobre a Humanidade*. Trad. Rosaura Eichenberg. Rio de Janeiro: Companhia das Letras, 2002, p. 226-272.

Jurisdição e Direitos Fundamentais

a todos uma existência digna, conforme os ditames da justiça social" (art. 170, *caput*) e enuncia em seguida um série de princípios interventivos, que temperam, com um condimento solidarista, os valores liberais que ela também hospeda. Trata-se, em suma, de uma Constituição que "não se ilude com a miragem liberal de que é o Estado o único adversário dos direitos do homem",[36] não se baseando nos mesmos pressupostos ideológicos que erigiram uma separação absoluta entre Estado e sociedade civil.

Na Constituição brasileira, a igualdade não é só um limite, mas antes uma meta a ser perseguida pelo Estado, justificadora de enérgicas políticas públicas de cunho redistributivo, que podem gerar forte impacto sobre os direitos patrimoniais dos particulares. A solidariedade[37] também deixa de ser apenas uma virtude altruística, promovida por pontuais ações filantrópicas, convertendo-se em princípio constitucional, capaz de gerar direitos e obrigações inclusive na esfera privada, e de fundamentar restrições proporcionais às liberdades individuais.[38] E a própria liberdade não é relegada a um segundo plano, mas, ao contrário, vê-se enriquecida por preocupações mais realistas e menos metafísicas. Ela deixa de ser vista como um dado *a priori*, convertendo-se num objetivo, cuja prossecução depende, na prática, da garantia para os excluídos das condições materiais de liberdade, que podem ser identificadas com o que a doutrina vem chamando de "mínimo existencial".[39] E o seu foco se amplia, diante do reconhecimento de que a pessoa humana deve ser livre não apenas da opressão exercida pelo Estado, mas também daquela presente nas múltiplas instâncias da própria sociedade, e que a intervenção estatal, nestas instâncias, faz-se muitas vezes em favor da liberdade, e não contra ela.[40]

---

[36] SARMENTO, Daniel. *Direitos Fundamentais e Relações Privadas*. Op. cit., p. 279.

[37] De acordo com Wieacker, "o *pathos* da sociedade de hoje (...) é o da solidariedade: ou seja, da responsabilidade, não apenas dos poderes públicos, mas também da sociedade e de cada um dos seus membros individuais, pela existência social (e mesmo cada vez mais pelo bem-estar) de cada um dos membros da nossa sociedade" (WIEACKER, Franz. *A História do Direito Privado Moderno*. Trad. A. M. Botelho Hespanha, 2ª ed., Lisboa: Fundação Calouste Gulbenkian, 1980, p. 718).

[38] Cf. MORAES, Maria Celina Bodin de. "O Princípio da Solidariedade". In: PEIXINHO, Manoel Messias; GUERRA, Isabela Franco; NASCIMENTO FILHO, Firly (Orgs.). *Os Princípios na Constituição de 1988*. Rio de Janeiro: Lumen Juris, 201, p. 167-190.

[39] Hoje, há um forte consenso, do qual estão excluídos apenas os autores libertários, no sentido de que para a promoção da liberdade é necessária a garantia de condições materiais básicas para todas as pessoas. Veja-se, neste sentido, RAWLS, John., *Liberalismo Político*. *Op.cit.*, p. 31. Na doutrina brasileira, cumpre destacar o magistério de Ricardo Lobo Torres, que, mesmo se opondo ao Estado Social e à fundamentalidade dos direitos sociais, vem defendendo, em diversas obras, a garantia integral do mínimo existencial pelo Estado, como condição para a liberdade (e.g. "A Metamorfose dos Direitos Sociais em Mínimo Existencial". In: SARLET, Ingo Wolfgang (Org.). *Direitos Fundamentais Sociais: Estudos de Direito Constitucional, Internacional e Comparado*. Rio de Janeiro: Renovar, 2003, p. 01-46).

[40] Cf. BOBBIO, Norberto. *Igualdad y Libertad*. Trad. Pedro Aragon Rincón. Barcelona: Ediciones Paidós, 1993, p. 143; e BÖCKENFÖRDE, Ernst-Wolfgang. *Escritos sobre Derechos Fundamentales*. Trad. Juan Luis pagés e Ignácio Menéndez. Baden-Baden: Nomos Verlagsgesellschaft, 1993, p. 75.

Portanto, a visão individualista, que atribuía primazia incondicional aos direitos individuais sobre os interesses coletivos, não se sustenta na ordem constitucional brasileira. Esta, na verdade, lastreia-se sobre uma visão personalista, como se analisará a seguir.

2.4. Personalismo e a ordem constitucional brasileira: entre o comunitarismo e o liberalismo

A visão personalista continua vendo na pessoa humana, e não no Estado, *"a medida de todas as coisas"*- de acordo com a célebre máxima de Protágoras – , mas enxerga na pessoa humana não uma razão desencarnada, mas um ser concreto, situado, com necessidades materiais, carências, fragilidades. Esta nova perspectiva enjeita a crença de que o Estado seja o adversário, por excelência, dos direitos humanos. Embora continue sendo essencial proteger as pessoas do arbítrio do Estado, os poderes públicos são agora concebidos como responsáveis pela promoção e defesa dos direitos fundamentais, diante dos perigos que rondam as pessoas na própria sociedade. Isto justificará uma ingerência estatal muito mais profunda e extensa em questões que, para o ideário do liberalismo clássico, pertenciam com exclusividade à sociedade civil.

Sem embargo, é de capital importância assentar que esta intervenção estatal, numa ordem constitucional tão ciosa com o respeito à liberdade e à privacidade individuais, não pode ser movida por propósitos perfeccionistas.[41] Deve caber sempre às pessoas a eleição dos seus objetivos e planos de vida, que têm de ser respeitados, desde que não violem direitos de terceiros. O papel do Estado é o de auxiliar na criação das condições necessárias para que cada um realize livremente as suas escolhas e possa agir de acordo com elas, e não o de orientar as vidas individuais para alguma direção que se repute mais adequada aos "valores sociais", ou mais conforme aos interesses gerais da coletividade. Daí a diferença essencial entre o personalismo e o organicismo: enquanto, para aquele, a autonomia individual é salvaguardada e fomentada, reconhecendo-se em cada mulher ou homem um ser racional e responsável, com a competência moral necessária para escolher o norte da própria existência, para este último, as vidas humanas podem e devem ser planejadas "de cima para baixo", para que se ajustem a

---

[41] Carlos Santiago Nino, um dos autores que mais se dedicou à refutação do perfeccionismo na teoria constitucional, o definiu com precisão como concepção que sustenta "(...) que lo que es bueno para un individuo o lo que satisface sus intereses es independiente de sus propios deseos o de su elección de forma de vida y que el Estado puede, a través de distintos médios, dar preferencia a aquellos intereses y planes de vida que son objetivamente mejores".(*Ética y Derechos Humanos. Op.cit.*, p. 205.). Contra o perfeccionismo, o grande jurista argentino propôs o reconhecimento de um princípio de autonomia da pessoa, que definiria o conteúdo dos direitos individuais, e que vedaria quaisquer restrições à liberdade individual quando a ação humana não afetasse interesses de terceiros, mas apenas os do próprio agente. (*Op. cit.*, p. 199-236)

Jurisdição e Direitos Fundamentais

objetivos sociais prefigurados. O personalismo parte de uma visão mais realista da autonomia do que o individualismo clássico, pois reconhece os múltiplos obstáculos materiais para o seu exercício, que devem ser removidos, com o auxílio do Estado, para que a liberdade saia do plano metafísico e ganhe concretude na vida de seres humanos de carne e osso. Mas, diferentemente do organicismo, ele se norteia pelo profundo respeito a esta autonomia individual, recusando-se a instrumentalizá-la em proveito de objetivos coletivos.

A Corte Constitucional alemã, em diversos julgados, fez referência à imagem de pessoa subjacente à Lei Fundamental de 1949. Em importante julgamento proferido em 1954, por exemplo, ela afirmou que "a imagem de Homem da Lei Fundamental não é aquela de um indivíduo isolado e soberano. Pelo contrário, a Lei Fundamental decidiu a tensão entre indivíduo e sociedade em favor da coordenação e interdependência deste com a comunidade, sem tocar o intrínseco valor individual da pessoa".[42] Em outro caso, apreciado em 1977, o Tribunal referiu-se à base antropológica do conceito de dignidade da pessoa humana – considerado o valor mais elevado da ordem constitucional alemã – explicitando que dito princípio "se baseia numa concepção de Homem como ser moral-espiritual dotado de liberdade de autodeterminação e desenvolvimento. A liberdade, no sentido da Lei Fundamental não é a de um indivíduo isolado e auto-centrado, mas, pelo contrário, de uma pessoa com relações e vínculos com a comunidade".[43]

É possível afirmar que tais observações do Tribunal alemão também caberiam como luva à ordem constitucional brasileira. Ela também situou a dignidade da pessoa humana no seu epicentro axiológico, baseando-se na idéia de que é o Estado que deve estar a serviço das pessoas, e não o contrário, mas não perfilhou uma concepção insular do ser humano, captando antes o indivíduo na teia de relações sociais em que está imerso.[44]

Assim, firmadas estas premissas, parece-nos importante fazer breve referência a um dos debates mais relevantes da filosofia política e moral contemporâneas, com fortes reflexos também no campo do Direito, que põe em pólos opostos os liberais e os comunitaristas, e que tem um dos seus focos exatamente na concepção de pessoa.[45] É relevante verificar como a

---

[42] 4 BVerfGE 7 (1954), *apud*: KOMMERS, Donald P. *The Constitucional Jurisprudence of the Federal Republic of Germany*. 2nd. ed., Durhan: Duke University Press, 1997, p. 302.

[43] 45 BVerfGE 187 (1977), apud: *Idem, ibidem*, p. 307-308.

[44] Sobre o princípio da dignidade da pessoa humana na ordem jurídica brasileira, veja-se, em especial, SARLET, Ingo Wolgang. *Dignidade da Pessoa Humana e Direitos Fundamentais*. 3ª ed., Porto Alegre: Livraria do Advogado, 2004; bem como BARCELLOS, Ana Paula de. *A eficácia Jurídica dos Princípios Constitucionais: O Princípio da Dignidade da Pessoa Humana*. Rio de Janeiro: Renovar, 2002, p. 103-301.

[45] Há extensa bibliografia sobre a questão, mas permitimo-nos remeter o leitor a duas importantes coletâneas, que contêm as principais idéias dos combatentes dos dois lados do *front*: MULHALL, Stephen & SWIFT, Adam. *Liberals & Comunitarians*. 2nd. ed. Oxford: Blackell Publishers., 1996, e

Constituição de 88 se encaixa neste debate, o que pode ter importantes implicações sobre questão dos conflitos entre direitos individuais e interesses coletivos.

De forma bastante esquemática e simplificada, pode-se afirmar que os liberais – tendo à proa John Rawls e Ronald Dworkin – defendem a plena liberdade e a competência moral e racional dos indivíduos para conformação das suas concepções de mundo e projetos de vida. Para não comprometer esta liberdade, o Estado deve manter uma postura de neutralidade em relação às diversas idéias de mundo e da vida presentes na sociedade. Os direitos fundamentais, especialmente as chamadas *"liberdades básicas"*,[46] assumem, neste contexto, importância ímpar, reconhecendo-se a sua absoluta prioridade em relação aos interesses da coletividade, derivada da necessidade impostergável de salvaguarda da autonomia moral dos indivíduos.

Já os comunitaristas, como Michael Sandel, Michael Walzer e Alasdyr Macintyre, criticam esta visão, afirmando que ela negligencia a importância dos laços sociais para a constituição da personalidade humana. Para eles, a antropologia liberal vê no indivíduo um ser desenraizado (*unencumbered self*),[47] por desprezar o fato de que as pessoas já nascem no interior de comunidades que estão impregnadas de valores e sentidos comuns compartilhados, e são socializadas neste contexto, nele forjando as suas identidades. Por isso, as cosmovisões e os planos de vida não estão à disposição das pessoas, que não são meros "consumidores num mercado de idéias", mas seres engajados em contextos culturais específicos, que partilham valores, objetivos, interesses e afetos com seus concidadãos. A visão liberal, na sua ótica, não só estaria errada do ponto de vista descritivo, mas também pecaria do ponto de vista normativo, pela sua potencialidade centrífuga, ao fragilizar os vínculos sociais, incentivar o egocentrismo e criar uma atmosfera propícia à "solidão na multidão". Enfatizando a importância da lealdade à comunidade e do respeito às tradições, os comunitaristas combatem a idéia de neutralidade estatal em relação aos projetos de vida, afirmando que um dos papéis do Estado é exatamente o de reforçar os liames existentes na

---

BERTEN, André; SILVEIRA Pablo da & POURTOIS, Hervé. *Libéraux et Communautariens*. Paris: PUF, 1997. E, na literatura brasileira, veja-se CITTADINO, Gisele. *Pluralismo, Direito e Justiça Distributiva*. Rio de Janeiro: Lumen Juris, 1999.

[46] É relevante destacar que o conceito de liberdades básicas, empregado por liberais como Rawls e Dworkin, não abrange as liberdades econômicas, o que revela o distanciamento destes autores em relação aos libertários, defensores do Estado mínimo (cf. RAWLS, John. *Liberalismo Político. Op. cit.*, p. 270-3339; DWORKIN, Ronald. "What Rights Do We Have?". In: *Taking Rights Seriuolsly*. Cambridge: Harvard University Press, 1978, p. 266-278). Aliás, uma das características básicas da linha do "liberalismo igualitário", em que se inserem Rawls e Dworkin, é a sua aguda preocupação com a justiça distributiva, o que permite que os situemos à esquerda do espectro político-ideológico.

[47] A expressão é de Michael Sandel e é empregada no título de artigo de sua lavra, que constitui um dos mais importantes escritos comunitaristas: "The Procedural Republic and the Unencumbered Self". In: GOODIN, Robert ; PETIT, Philip (Ed.). *Contemporary Political Philosophy. Op. cit.*, p. 246-256.

sociedade, avalizando e promovendo as concepções morais coletivamente compartilhadas. Por outro lado, a ênfase dos liberais nos direitos é substituída, dentre alguns autores comunitaristas, pelo cultivo às virtudes.[48]

Mas como se situa a Constituição de 88 neste debate? Será correto afirmar, como fez a Professora Gisele Cittadino, que a Constituição brasileira é comunitarista?[49] Parece-nos que a tutela ultra-reforçada conferida às liberdades fundamentais, a consagração do pluralismo político como fundamento da República (art. 1º, inciso V, CF), ao lado do princípio da laicidade estatal (art. 19, inciso I, CF), desautorizam qualquer interpretação que abra espaço para um Estado perfeccionista, que, em nome de tradições coletivas, ou de alguma visão majoritária sobre o bem comum, busque tutelar paternalisticamente a vida de cada um, passando por cima da autonomia individual. O sistema constitucional brasileiro tampouco se coaduna com qualquer tipo de discurso que desvalorize os direitos fundamentais, transferindo o foco para as virtudes morais ou para os deveres cívicos dos cidadãos. E a dimensão organicista do comunitarismo, de desvalorização do indivíduo em face da comunidade, pode também ser liminarmente descartada, numa Constituição como a nossa, centrada na dignidade da pessoa humana.

Porém, não há como negar que a Constituição de 88 abre-se para os valores comunitários, não mantendo em relação a eles uma postura de completa neutralidade. Ela preocupa-se com a proteção e promoção da cultura nacional (arts. 215 e 216 da CF), consagra direitos transindividuais, de titularidade coletiva, e institui alguns limites para o exercício de direitos individuais, decorrentes não da tutela de outros direitos de terceiros, mas da proteção a interesses gerais da coletividade.

Portanto, talvez seja lícito afirmar, correndo alguns riscos, que a Constituição de 88 pode ser lida pelas lentes de um "comunitarismo liberal" ou de um "liberalismo comunitarista", já que visa a conciliar aspectos divergentes destas doutrinas políticas, ficando no meio do caminho entre elas. Se, por um lado, ela não legitima o perfeccionismo, no qual o comunitarismo acaba fatalmente resvalando, por outro, ela também não parece avalizar a visão desenraizada de pessoa professada por certas vertentes do liberalismo.

Mas, se é possível extrair da Constituição uma certa moldura para a calibragem entre as dimensões comunitária e liberal da ordem jurídica, parece-nos que a sintonia fina não cabe à Lei Maior. Afinal, não seria prudente que uma Constituição, que se pretende aberta, fixasse em detalhes a

---

[48] Cf. MACINTYRE, Alasdair. *Depois da Virtude*. Trad. Jussara Simões. Bauru: EDUSC, 2001, p.379-428.

[49] *Pluralismo, Direito e Justiça Distributiva*. Rio de Janeiro: Lumen Juris, 1999, p. 43-73.

resposta para uma questão tão permeável às mudanças políticas e cosmovisivas, que é a concernente à forma de relacionamento entre indivíduos e sociedade.

Portanto, o personalismo latente na Constituição de 88 afasta-se tanto do organicismo e do utilitarismo, como do individualismo burguês. Ele não corresponde nem ao modelo "puro" do liberalismo, nem à fórmula padrão do comunitarismo, localizando-se em algum ponto entre estes extremos. O personalismo afirma a primazia da pessoa humana sobre o Estado e qualquer entidade intermediária, e reconhece no indivíduo a capacidade moral de escolher seus projetos e planos de vida. Mas não adota uma leitura abstrata e metafísica da pessoa, pressupondo, ao contrário, tanto a existência de carências humanas materiais – que devem ser superadas com o apoio estatal – como a importância dos vínculos sociais na constituição da própria personalidade. Para o personalismo, é absurdo falar em supremacia do interesse público sobre o particular, mas também não é correto se atribuir primazia incondicionada aos direitos individuais em detrimento dos interesses da coletividade. É esta a questão que pretendemos explorar no próximo item, agora com aportes da dogmática de direitos fundamentais.

3. As Restrições aos Direitos Fundamentais e os Interesses Públicos

Já se tornou lugar-comum a afirmação de que, apesar da relevância ímpar do papel que desempenham nas ordens jurídicas democráticas, os direitos fundamentais não são absolutos. A necessidade de proteção de outros bens jurídicos diversos, também revestidos de envergadura constitucional, pode justificar restrições aos direitos fundamentais.[50] Tem-se entendido que o caráter principiológico das normas constitucionais protetivas dos direitos fundamentais[51] permite ao legislador que, através de uma ponderação constitucional dos interesses em jogo,[52] estabeleça restrições

---

[50] Sobre as restrições aos direitos fundamentais, consulte-se a obra exaustiva, de mais de 1000 páginas, de NOVAIS, Jorge Reis. *As Restrições aos Direitos Fundamentais não Autorizadas pela Constituição*. Coimbra: Coimbra Editora, 2003.

[51] Cf. ALEXY, Robert. *Teoria de los Derechos Fundamentales*. Trad. Ernesto Garzón Valdés, Madrid: Centro de Estudios Constitucionales, 1993, p. 81-172.

[52] Cumpre destacar que nem toda a doutrina aceita bem a idéia de que as limitações aos direitos fundamentais possam ser estabelecidas através de uma ponderação de interesses. Há uma corrente minoritária, conhecida como "teoria interna" das limitações aos direitos fundamentais, que sustenta que a correta definição do âmbito de proteção destes direitos já bastaria para evitar colisões. Esta definição deveria levar em consideração os outros bens jurídicos protegidos pela Constituição, cabendo ao aplicador, em casos de tensões aparentes, encontrar a norma mais adequada para o caso, à luz das suas circunstâncias específicas, ao invés de ponderar princípios. Não haveria então propriamente restrição a direitos fundamentais, mas sim, a definição da sua abrangência, através da fixação de "limites imanentes". Esta corrente critica a idéia de ponderação, sob a alegação de que se trataria de procedimento irracional e incontrolável, que geraria incerteza jurídica e confundiria as funções do Judiciário com a dos poderes eleitos, não se conciliando por isso com a democracia.

Jurisdição e Direitos Fundamentais

àqueles direitos, sujeitas, no entanto, a uma série de limitações (são os chamados "limites dos limites").[53]

A doutrina e a jurisprudência dominantes, no Brasil e no Direito Comparado, admitem também a realização de restrições a direitos fundamentais operadas no caso concreto, através de ponderações de interesses feitas diretamente pelo Poder Judiciário, em casos de conflitos entre princípios constitucionais não solucionados previamente pelo Legislativo, ou quando o equacionamento da questão empreendido por ele se revele inconstitucional. Em algumas hipóteses, tem-se aceitado até mesmo a ponderação de interesses feita diretamente pela Administração Pública.[54]

3.1. Convergência entre interesses públicos e direitos fundamentais

Antes de cogitar-se em ponderação, é necessário verificar se, de fato, existe na situação concreta um verdadeiro conflito entre interesse público e direitos fundamentais. E aqui é importante destacar que, com grande freqüência, a correta intelecção do que seja o interesse público vai apontar não para a ocorrência de colisão, mas sim, para a convergência entre este e os direitos fundamentais dos indivíduos. Isto porque, embora tais direitos tenham valor intrínseco, independente das vantagens coletivas eventualmente associadas à sua promoção, é fato inconteste que a sua garantia, na maior

---

Todavia, o preço que ela paga por recusar as idéias de restrições a direitos fundamentais e de ponderação são, na nossa opinião, caros demais. Por um lado, o âmbito de proteção dos direitos fundamentais tem de ser drasticamente reduzido, para evitar os conflitos potenciais com outros bens constitucionalmente tutelados. E, por outro, o juízo sobre a adequação das normas aos casos concretos, que substituiria, para esta teoria, o recurso à ponderação, acaba se revelando ainda mais subjetivo e incontrolável do que a própria ponderação. Ou seja, os maiores problemas debitados à ponderação – debilitação dos direitos fundamentais, insegurança metodológica e falta de legitimidade democrática do Judiciário para operá-la – não são solucionados, mas antes agravados pela teoria interna.

Tem prevalecido, não só na doutrina, mas também na jurisdição constitucional brasileira e estrangeira, a chamada "teoria externa", que tende a tratar os direitos fundamentais como princípios, admitindo restrições a eles com base no método da ponderação de interesses. Há, porém, uma crescente preocupação em criar parâmetros para realização destas ponderações, no afã de reduzir as margens de incerteza e de arbítrio judicial na sua realização, e evitar a fragilização dos direitos fundamentais. Para uma defesa da teoria interna, veja-se SERNA, Pedro; TOLLER, Fernando. *La Interpretación Constitucional de los Derechos Fundamentales: Uma Alternativa a los Conflictos de Derechos*; e ainda CIANCIARDO, Juan. *El Conflictivismo en los Derechos Fundamentales*. Pamplona: EUNSA, 2000. Veja-se também, na linha da corrente majoritária da teoria externa a que aderimos, ALEXY, Robert. *Teoria de los Derechos Fundamentales*. *Op. cit.*, p. 298-321; e MENDES, Gilmar Ferreira. Os Direitos Individuais e suas Limitações: Breves Reflexões". In: MENDES, Gilmar Ferreira; COELHO, Inocêncio Mártires e BRANCO, Paulo Gustavo Gonet. *Hermenêutica Constitucional e Direitos Fundamentais*. Brasília: Brasília Jurídica, 2000, p. 223-225.

[53] Cf. MENDES, Gilmar Ferreira. "Os Direitos Individuais e suas Limitações: Breves Reflexões". *Op. cit.*, p. 241-280; e ANDRADE, José Carlos Vieira de. *Os Direitos Fundamentais na Constituição Portuguesa de 1976*. Coimbra: Almedina, 1998, p. 215-253.

[54] Veja-se, a propósito, RODRIGUEZ DE SANTIAGO, José Maria. *La Ponderación de Bienes e Intereses en el Derecho Administrativo*. Madrid: Marcial Pons, 2000.

parte dos casos, favorece, e não prejudica, o bem-estar geral. As sociedades que primam pelo respeito aos direitos dos seus membros são, de regra, muito mais estáveis, seguras, harmônicas e prósperas do que aquelas em que tais direitos são sistematicamente violados.

Muitas vezes aponta-se conflito inexistente, em razão de incorreta identificação do interesse público. Tome-se como exemplo um caso em que a Administração quisesse proibir a realização de uma manifestação no centro de uma metrópole, sob o argumento de que ela comprometeria gravemente o trânsito de vias importantes, invocando, para tal fim, a supremacia do interesse público sobre o particular. Talvez, a maioria das pessoas daquela comunidade até apoiasse a medida, por não se identificar politicamente com os objetivos da manifestação, e sentir-se prejudicada por ela nos seus interesses mais imediatos. Mas, decerto, a leitura mais adequada do interesse público seria aquela que prestigiasse em primeiro lugar não as conveniências do trânsito de veículos, mas sim a relevância do exercício da liberdade de reunião para o bom funcionamento de uma sociedade democrática. Portanto, aqui, a rigor, não existiria conflito, mas convergência entre os interesses público e os direitos fundamentais.

Por outro lado, os próprios direitos fundamentais hoje não são mais concebidos dentro de uma perspectiva individualista. Neste ponto, é de se destacar a importância do reconhecimento doutrinário da chamada dimensão objetiva dos direitos fundamentais,[55] que se liga à compreensão de que eles não só conferem aos particulares direitos subjetivos – a tradicional dimensão subjetiva –, mas constituem também as próprias "bases jurídicas da ordem jurídica da coletividade".[56] Como se sabe, a idéia da dimensão objetiva prende-se à visão de que os direitos fundamentais cristalizam os valores mais essenciais de uma comunidade política,[57] que devem se irradiar por todo o seu ordenamento, e atuar não só como limites, mas também como impulso e diretriz para a atuação dos Poderes Públicos. Sob esta ótica, tem-se que os direitos fundamentais protegem os bens jurídicos mais valiosos, e o dever do Estado não é só o de abster-se de ofendê-los, mas também

---

[55] O tema da dimensão objetiva dos direitos fundamentais é extremamente complexo, e fugiria ao escopo deste trabalho examiná-lo detidamente, apontando todas as suas potencialidades. Por isso, pedimos vênia ao leitor para remetê-lo a outro trabalho de nossa lavra, em que examinamos o tema de modo mais detido: "A Dimensão Objetiva dos Direitos Fundamentais: Fragmentos de uma Teoria". In: SAMPAIO, José Adércio Leite (Coord.). *Jurisdição Constitucional e Direitos Fundamentais*. Belo Horizonte: Del Rey, 2003, p. 251-314.

[56] HESSE, Konrad. *Elementos de Direito Constitucional da República Federal da Alemanha*. Trad. Luís Afonso Heck, Porto Alegre: Sergio Antonio Fabris, 1998, p. 239.

[57] Paradigmática, neste sentido, a lição de José Carlos Vieira de Andrade, para quem a dimensão objetiva evidencia "que os direitos fundamentais não podem ser pensados apenas do ponto de vista dos indivíduos, enquanto faculdades ou poderes de que estes são titulares, antes valem juridicamente também do ponto de vista da comunidade, como valores ou fins que esta se propõe a prosseguir." (*Os Direitos Fundamentais na Constituição Portuguesa de 1976*. Coimbra: Almedina, 1997, p. 144-145).

Jurisdição e Direitos Fundamentais

o de promovê-los e salvaguardá-los das ameaças e ofensas provenientes de terceiros. E para um Estado que tem como tarefa mais fundamental, por imperativo constitucional, a proteção e a promoção dos direitos fundamentais dos seus cidadãos, a garantia destes direitos torna-se também um autêntico interesse público.

Portanto, o quadro que se delineia diante dos olhos é muito mais o de convergência entre interesses públicos e os direitos fundamentais do que o de colisão. Tal situação, repita-se, não constitui a exceção, mas a regra. Na imensa maioria dos casos, a coletividade se beneficia com a efetiva proteção dos interesses dos seus membros.[58] Até porque, o interesse público, na verdade, é composto pelos interesses particulares dos componentes da sociedade, razão pela qual se torna em regra impossível dissociar os interesses públicos dos individuais. Como ressaltou Gustavo Binenbojm, "muitas vezes, a promoção do interesse público – entendido como conjunto de metas gerais da coletividade – consiste, justamente, na preservação de um direito individual, na medida do possível".[59]

Ademais, com o reconhecimento, pela ordem jurídica brasileira, de direitos fundamentais de titularidade transindividual, como o direito ao meio ambiente ecologicamente equilibrado (art. 225, CF), esta convergência se acentua, pois nestes casos o interesse da coletividade já é, por si só, direito fundamental, existindo plena identidade conceitual entre ambos.

3.2. Conflitos entre direitos fundamentais e interesses públicos e inexistência de prioridades absolutas

Apesar da freqüente convergência entre os direitos fundamentais e os interesses públicos, existem situações em que o interesse da coletividade pode, de fato, chocar-se com direitos fundamentais.[60] Isto porque, de um lado, os direitos fundamentais valem independentemente dos benefícios que possam granjear à sociedade em geral, não constituindo assim meros meios para a promoção de interesses públicos. E, por outro turno, embora a proteção e a promoção dos direitos fundamentais também seja interesse

---

[58] Neste sentido a lição de HÄBERLE, Peter. *Le Libertà Fondamentali nello Stato Costituzionale.* Trad. Alessandro Fusillo e Romolo Rossi. Roma: La Nuova Itália Scientifica, 1993, p. 53: "Se os direitos fundamentais têm igual importância constitutiva seja para os indivíduos seja para a comunidade, se não são garantidos apenas em favor do indivíduo, se desempenham uma função social e se formam o pressuposto funcional da democracia, então decorre disto que a garantia dos direitos fundamentais e o exercício deles sejam caracterizados pela convergência entre interesses públicos e individuais". (Se i diritti fondamentalli hanno un'uguale importanza costitutiva sia per individui che per la comunità, se non sono garantiti soltanto a favore dell' individuo, se adempiono ad una funzione sociale e se formano il presupposto funzionale della democrazia, allora consegue da cio che la garanzia dei diritti fondamentali e lesercizio di questi sono caratterizzati dalla concorrenza tra interessi publici i individuali.)

[59] *Op. cit.*, p. 29-30.

[60] Cf. ALEXY, Robert. "Derechos Individuales y Bienes Colectivos". In: *El Concepto y la Validez del Derecho.* Trad. Jorge M Seña. Barcelona: Gedisa, 1994, p. 179-208, p. 200-203.

público, como acima destacado, há outros autênticos interesses públicos cuja prossecução não corresponde a nenhum tipo de direito fundamental. Pense-se, por exemplo, no interesse público referente à melhoria do trânsito, ou no concernente ao controle da dívida pública. São genuínos interesses públicos, que, não obstante, podem eventualmente colidir com direitos fundamentais.

Neste contexto, a primeira questão que pode ser posta é sobre a possibilidade de restrição de direitos fundamentais visando exclusivamente à tutela de interesses coletivos, o que foi respondido negativamente por autores liberais do porte de Ronald Dworkin e John Rawls.

Com efeito, quando Dworkin apresentou sua célebre distinção entre regras e princípios[61] – que atribuía às regras a forma de incidência pautada pela lógica do "tudo ou nada", enquanto os princípios ostentariam uma dimensão de peso –, ele destacou que os princípios (em sentido amplo) se dividirem em duas espécies: princípios em sentido estrito e diretrizes políticas (*policies*). Para Dworkin, os princípios em sentido estrito seriam sempre relativos a direitos, enquanto as diretrizes políticas estabeleceriam metas coletivas.[62] Nas suas palavras, "principles are propositions that describe rights; policies are propositions that describe goals".[63] A partir daí, Dworkin, radicalizando a sua visão liberal e anti-utilitarista do Direito, afirmou que os princípios em sentido estrito, relacionados aos direitos fundamentais, não poderiam ser ponderados com as diretrizes políticas, devendo sempre sobrepujá-las. Direitos, para ele, podem ser afastados apenas em razão de outros direitos, mas não por considerações relacionadas ao interesse coletivo. E, com base nesta visão, Dworkin sustentou que os direitos valeriam como "trunfos", que prevaleceriam sempre diante de quaisquer outras razões relacionadas à promoção de objetivos da comunidade.[64]

No mesmo diapasão, John Rawls, partindo de premissas muito parecidas, sustentou a prioridade absoluta das chamadas "liberdades básicas" sobre os interesses coletivos. Para Rawls, "la prioridad de la libertad implica, en la práctica que una libertad básica pueda limitarse o negarse unicamente en favor de una o más libertades básicas diferentes, y nunca (...) por razones de bien público o de valores perfeccionistas".[65]

Contudo, tais idéias não parecem aplicáveis às realidades constitucionais de países, como o Brasil, que adotaram constituições sociais. Note-se

---

[61] *Taking Rights Seriosly. Op. cit.*, p. 21-28.

[62] *Idem, ibidem*, p. 90-100.

[63] Idem, ibidem, p. 90.

[64] De acordo com a definição de Dworkin, direitos seriam "trumps over some background justification for political decisions that states a goal for the comunity as a hole." (*A Matter of Principle*. Cambridge: Harvard University Press, 1985, p. 359).

[65] Liberalismo Político. *Op. cit.*, p. 274-275.

Jurisdição e Direitos Fundamentais

que não se questiona aqui a noção de que o entrincheiramento constitucional dos direitos fundamentais implica o estabelecimento de limites para as decisões possíveis no âmbito do processo político, em nome da proteção da dignidade humana. Nem tampouco discorda-se da premissa de que o legislador democraticamente legitimado, e por maioria de razões a Administração Pública, estejam vinculados ao estrito respeito dos direitos fundamentais, que não devem ser sacrificados por razões ligadas a qualquer concepção majoritária sobre o que constitua, em cada momento, o interesse público. O que se discute é se esta posição privilegiada dos direitos fundamentais, que se baseia não só em sólidos fundamentos morais, mas antes no próprio sistema constitucional, vai ao ponto de lhes atribuir uma prevalência absoluta e integral sobre outros bens jurídicos, mesmo os revestidos de estatura constitucional, não importa em que contexto fático.[66]

Na nossa opinião, a recusa à possibilidade de qualquer ponderação entre direitos fundamentais e interesses coletivos não parece conciliar-se com a premissa antropológica personalista, subjacente às constituições sociais. O personalismo, como já se destacou acima, não concebe o indivíduo como uma ilha, mas como ser social, cuja personalidade é composta também por uma relevante dimensão coletiva.

Ademais, é importante lembrar que a distinção entre os direitos fundamentais e as diretrizes políticas, embora relevante, tende a esmaecer-se à luz da teoria contemporânea dos direitos fundamentais, que afirma que a efetivação destes direitos – não apenas os sociais, mas também os individuais e políticos – demanda a formulação e implementação de políticas públicas pelo Estado, e não meras práticas abstenteístas.

Assim, parece-nos constitucionalmente possível a restrição de direitos fundamentais com base no interesse público. Mas será que os direitos fundamentais sempre cedem diante dos interesses da coletividade? Será que seu âmbito de proteção deve ser desenhado de modo a excluir qualquer tutela jurídica sobre exercícios que contrariem interesses da coletividade?

Na Alemanha, o Tribunal Federal Administrativo (*Bundesverwaltungsgericht*) elaborou, na década de 50 do século passado, doutrina que ficou conhecida como teoria da "cláusula de comunidade", segundo a qual a proteção dos direitos fundamentais cessaria quando o exercício destes direitos ameaçasse bens jurídicos da comunidade.[67] Esta teoria foi, no entanto, severamente criticada pela quase unanimidade da doutrina, e acabou

---

[66] Cf., no mesmo sentido, ALEXY. Robert. "Derechos Individuales y Bienes Colectivos". In: *Concepto y Validez Del Derecho. Op. cit.* p. 185-186; NOVAIS, Jorge Reis. Op.cit., p. 604-608; e MÜLLER, Friedrich. *Discours de la Méthode Juridique.* Trad. Olivier Juanjan. Paris: PUF, 1993, p. 288-289.

[67] Cf. NOVAIS, Jorge Reis. *Op. cit.* p. 445-449; GAVARA DE CARA, Juan Carlos. *Derechos Fundamentales y Desarrollo Legislativo.* Madrid: Centro de Estudios Constitucionales, 1994, p. 281-282; e STEINMETZ. Wilson Antônio. *Colisão de Direitos Fundamentais e Princípio da Proporcionalidade.* Porto Alegre: Livraria do Advogado, 2001, p. 50-51.

sendo revista. Dizia-se que ela abria amplas possibilidades para abusos e arbitrariedades, em razão do seu caráter vago e indeterminado, pondo os direitos fundamentais à disposição dos Poderes Públicos. Ademais, argumentava-se, com razão, que ela degradava os direitos fundamentais, na medida em que permitia o seu sacrifício em nome de interesses da coletividade que muitas vezes sequer possuíam estatura constitucional. Tamanha fragilização da força normativa dos direitos fundamentais não seria compatível com regime constitucional que lhes atribui eficácia reforçada, e coloca num primeiro plano o princípio da dignidade da pessoa humana.

Na Espanha, a "cláusula de comunidade" também foi rechaçada, na Sentença nº 22/1984 da Corte Constitucional.[68] Tratava-se de caso em que se discutia um conflito entre o direito fundamental à inviolabilidade do domicílio e interesses públicos, e no qual o *Fiscal General del Estado* tinha alegado exatamente que "*el ejercicio de un derecho fundamental no puede alegarse para entorpecer un fin social, que, de general, es de rango superior*". Na decisão, de lavra do juiz Diez Picazo, refutou-se veementemente esta proposição, aduzindo-se que a afirmação da superioridade dos fins sociais sobre os direitos fundamentais:

(...) conduce ineludivelmente al entero sacrifício de todos los derechos fundamentales de la persona y de todas las libertades públicas a los fines sociales, lo que es inconciliable con los valores superiores del ordenaniento jurídico que nuestra Constitución proclama.

Existen, ciertamente, fines sociales que deben considerarse de rango superior a algunos derechos individuales, pero há de tratarse de fines sociales que constituyan en si mismos valores constitucionalmente reconocidos y la prioridad há de resultar de la propia CE.[69]

Ora, estas mesmas conclusões valem para o princípio da supremacia do interesse público sobre o particular, afirmado pela doutrina brasileira, cuja incidência sobre os direitos fundamentais teria o condão de esvaziá-los por completo. Note-se, neste particular, que é bem diferente afirmar que a Administração deve perseguir interesses públicos, afetos à coletividade, e não aqueles dos governantes – o que pode justificar o reconhecimento de um princípio de tutela do interesse público – e sustentar que estes interesses da coletividade devam prevalecer sobre os direitos fundamentais dos cidadãos.

---

[68] Cf. OTTO Y PARDO, Ignácio. "La regulación del ejercicio de los derechos y libertades. La garantia de su contenido esencial en el artículo 53.1 de la Constitución". In: MARTIN-RETORTILLO, Lorenzo & OTTO Y PARDO, Ignácio. *Derechos Fundamentales y Constitución*. Madrid: Editorial Civitas, 1988, p. 95-172, p. 112.

[69] O excerto da decisão foi extraído de LORCA NAVARRETE, José F. *Derechos Fundamentales y Jurisprudência*. Madrid: Ediciones Pirâmide, 1994, p. 66.

Jurisdição e Direitos Fundamentais

3.3. Formas de limitação aos direitos fundamentais

O dogma vigente entre os publicistas brasileiros, da supremacia do interesse público sobre o particular, parece ignorar nosso sistema constitucional, que tem como uma das suas principais características a relevância atribuída aos direitos fundamentais.[70] O discurso da supremacia encerra um grave risco para a tutela de tais direitos, cuja preservação passa a depender de valorações altamente subjetivas feitas pelos aplicadores do direito em cada caso.[71]

Recorde-se, por outro lado, que a compreensão sobre a preeminência dos direitos fundamentais na ordem jurídica tem levado a melhor doutrina administrativista a repensar a definição clássica de poder de polícia, que, infelizmente, ainda hoje se pode encontrar na maioria dos manuais nacionais, segundo a qual tratar-se-ia de atividade administrativa voltada à submissão dos direitos individuais aos interesses da coletividade. Esta, na verdade, era uma concepção própria do Estado de Polícia, e que não se concilia com o ideário do Estado de Direito, que postula a plena vinculação dos poderes públicos aos direitos fundamentais. É o que afirmam com toda ênfase Eduardo García de Enterría e Tomás-Ramón Fernandez, no seu célebre *Curso de Derecho Administrativo:*

> Es absolutamente inadmisible afirmar, como resulta de ciertas exposiciones y aun de algunas decisiones jurisprudenciales, que la Administración disponga de un poder general implícito o derivado de la cláusula general del orden público (...) para poder condicionar, limitar o intervenir los derechos y libertades constitucionalmente proclamados en orden a una hipotética articulación de los mismos con la utilidad común o general. Esta es uma tesis rigorosamente procedente del absolutismo (...) pero totalmente incompatible con la construción moderna del Estado de Derecho.[72]

Na verdade, parece-nos que a questão das restrições aos direitos fundamentais justificadas com base no interesse público não pode ser enfrentada com soluções simplistas, como a baseada na suposta supremacia do interesse público sobre o particular. Elas demandam um exame mais complexo, que leve em consideração toda a constelação de limites às restrições de direitos fundamentais, que vem sendo desenvolvida pela doutrina. Assim, é preciso primeiramente recordar que os limites aos direitos fundamentais podem apresentar-se, basicamente, sob três formas diferentes: (a) podem estar estabelecidos diretamente na própria Constituição; (b) podem

---

[70] Cf. ÁVILA, Humberto. Repensando o "Principio da supremacia do interesse público sobre o particular". *Op. cit.*, p. 109-110.

[71] Neste ponto, é preciso o magistério de Paulo Ricardo Schier, quando afirma que "a assunção prática da supremacia do interesse público sobre o privado, como cláusula geral de restrição de direitos fundamentais tem possibilitado a emergência de uma política autoritária de realização constitucional, onde os direitos, liberdades e garantias fundamentais devem, sempre e sempre, ceder aos reclamos do Estado que, qual Midas, transforma em interesse público tudo o que toca". (Op. cit., p. 56).

[72] *Curso de Derecho Administrativo*. 7ª ed., Madrid: Civitas Ediciones, 2000, p. 63-64.

estar autorizados pela Constituição, quando esta prevê a edição de lei restritiva; e (c) podem, finalmente, decorrer de restrições não expressamente referidas no texto constitucional.[73]

O primeiro caso não suscita maiores problemas. Ao positivar um determinado direito fundamental, o poder constituinte pode definir seu âmbito de proteção de modo a excluir previamente determinadas hipóteses e situações, seja em atenção a outros direitos fundamentais, seja em reverência a algum interesse geral da coletividade. Na ordem jurídica brasileira, por exemplo, o constituinte estabeleceu, com clareza, que a liberdade de reunião não inclui o direito de reunir-se com armas (art. 5º, inciso XVI, CF). Neste sentido, é claro que o Poder Público pode, visando a promover algum interesse público ou necessidade social, desapropriar um bem particular, mediante o pagamento de prévia e justa indenização. E, para isto, não é necessário buscar fundamento em qualquer abstrato princípio da supremacia do interesse público sobre o privado.[74] Basta a singela leitura do dispositivo constitucional pertinente (art. 5º, inciso XXIV, CF), que traz uma delimitação ao conteúdo do direito de propriedade. Nestas hipóteses, não há sentido em recorrer aqui a qualquer critério apriorístico de solução de antinomias entre interesses públicos e privados, uma vez que a ponderação entre eles já foi realizada de antemão, *in abstracto,* pelo próprio constituinte, ao definir os contornos do direito fundamental em causa.[75]

Por vezes, a Constituição também autoriza expressamente o legislador a operar a restrição de um direito fundamental,[76] ao invés de fazê-lo diretamente. Nestes casos, o constituinte pode preestabelecer, ou não, as hipóteses e finalidades da restrição. Quando não há qualquer definição constitucional sobre o sentido e a finalidade da restrição a ser estabelecida pelo legislador, fala-se em direitos fundamentais submetidos à reserva legal simples, e, no caso contrário, alude-se a direitos fundamentais submetidos à reserva de lei qualificada. Como bem sintetizou Gilmar Ferreira Mendes, "no primeiro caso, limita-se o constituinte a autorizar a intervenção legis-

---

[73] Cf. CANOTILHO. *Op. cit.,* p. 1142-1143.

[74] Aliás, como bem observou Gustavo Binenbojm (*Op. cit.,* p. 37), a solução do constituinte no caso não foi, como se costuma dizer, a de privilegiar o interesse público, subordinando integralmente o privado – o que teria ocorrido se o texto constitucional houvesse autorizado o confisco – mas a de buscar a acomodação entre os interesses público e privado envolvidos, exigindo, como requisito para a desapropriação, o pagamento prévio de indenização justa ao expropriado.

[75] Cf. SCHIER, Paulo Ricardo. *Op. cit.,* 69.

[76] Note-se, todavia, que nem sempre que a Constituição alude à lei, em norma consagradora de direitos fundamentais, se trata de autorização para restrição. Muitas vezes, a remissão à lei indica a necessidade de edição de norma para conformação, complementação e disciplina do direito, não contendo permissivo para restrição, como acontece, por exemplo, quando a Constituição Federal determina que "o Estado promoverá, na forma da lei, a defesa do consumidor" (art. 5º, XXXII), ou quando reconhece "a instituição do júri, com a organização que lhe der a lei" (art. 5º, XXXVIII). Veja-se, a propósito, TOLEDO, Suzana de Barros. *O Princípio da Proporcionalidade e o Controle de Constitucionalidade das Leis Restritivas de Direitos Fundamentais.* Brasília: Brasília Jurídica, 1996, p. 161.

Jurisdição e Direitos Fundamentais

lativa sem fazer qualquer exigência quanto ao conteúdo ou à finalidade da lei; na segunda hipótese, eventual restrição deve-se fazer tendo em vista a persecução de determinado objetivo ou ao atendimento de determinado requisito expressamente definido na Constituição".[77] Tome-se como exemplo de reserva de lei simples, o direito previsto no art. 5°, inciso LVII, do texto magno, segundo o qual "o civilmente identificado não será submetido à identificação criminal, salvo nas hipóteses previstas em lei", e como paradigma de reserva de lei qualificada, o direito à liberdade profissional, delineado no art. 5°, inciso XIII, da Carta de 88, que prescreve ser "livre o exercício de qualquer trabalho, ofício ou profissão, atendidas as qualificações profissionais que a lei estabelecer".

Note-se, contudo, que a atribuição ao legislador de expressa competência para criação de restrição a direito fundamental não implica a outorga a ele de um "cheque em branco", que o autorize a estabelecer qualquer tipo de limitação ao direito em causa. Entram aí em questão os chamados "limites dos limites", que, de acordo com a sistematização doutrinária mais freqüente, envolvem: (a) sua previsão em leis gerais, não casuísticas e suficientemente densas; (b) o respeito ao princípio da proporcionalidade, em sua tríplice dimensão – adequação, necessidade e proporcionalidade em sentido estrito; e (c) o não-atingimento do núcleo essencial do direito em questão.

E, no caso dos direitos fundamentais sujeitos à reserva qualificada, pode-se acrescentar a este elenco mais um "limite dos limites": o enquadramento da restrição instituída pelo legislador aos termos preconizados pelo constituinte. Assim, se o constituinte só quis autorizar a realização de interceptações telefônicas "por ordem judicial (...) para fins de investigação criminal ou instrução processual penal" (art. 5°, inciso XII, CF), não pode o legislador, em nome do interesse público, permitir a quebra do sigilo das comunicações telefônicas em procedimento administrativo disciplinar, por mais grave que tenha sido a infração, ou mesmo em ação cível em que se apure ato de improbidade administrativa.

Analisaremos, logo abaixo, estas limitações às restrições de direitos fundamentais, vendo seu impacto na discussão sobre a colisão entre interesses públicos e os referidos direitos. Mas antes disso, por conveniência à nossa ordem expositiva, é interessante abordar as restrições aos direitos fundamentais não expressamente autorizadas pelo texto constitucional, já que os "limites dos limites" acima mencionados aplicam-se também a elas.

À primeira vista, poderia causar certa estranheza a aceitação da possibilidade de restrição de direitos fundamentais sem expressa autorização constitucional. Afinal de contas, tais direitos não se encontram à disposição

---

[77] "Os Direitos Individuais e suas Limitações: Breves Reflexões". *Op. cit.*, p. 232.

do legislador, mas representam vínculos que o constrangem, cerceando, em prol da dignidade humana, a sua liberdade de conformação. A estatura constitucional destes direitos representaria óbice para as limitações operadas por normas de inferior hierarquia.

Contudo, a possibilidade de restrições não autorizadas deriva da própria Constituição. Ela se origina do fato de que as constituições em geral – e a nossa não é exceção – hospedam com alguma freqüência direitos e outros princípios que podem colidir em casos concretos, e, na maioria, o constituinte não fixa de antemão os critérios para solução destes conflitos. Esta circunstância torna muitas vezes necessário, em nome do postulado da unidade da Constituição, que, mesmo sem expresso permissivo constitucional, se consinta com o estabelecimento de restrições aos direitos fundamentais, visando a possibilitar o seu convívio com outros bens de estatura constitucional.[78] E é preferível que tais restrições sejam fixadas de antemão pelo legislador, do que se fique sempre a depender das ponderações casuísticas feitas em face das situações concretas pelo aplicador do Direito, seja ele o juiz ou, pior ainda, o administrador. O caráter legislativo da restrição confere, por um lado, maior previsibilidade e segurança jurídica ao cidadão, e, por outro, crisma com maior legitimidade democrática a ponderação realizada.

Mas parece certo que, nestas hipóteses de restrições não expressamente autorizadas, a justificativa para a limitação ao direito fundamental deve ser a proteção de algum bem jurídico também dotado de envergadura constitucional – seja ele outro direito fundamental, seja algum interesse do Estado ou da coletividade. Do contrário, admitir-se-ia que interesses de nível legal ou infralegal comprometessem a tutela de direitos constitucionais, o que não só afrontaria o princípio da supremacia da Constituição, como também causaria significativa debilitação ao regime de proteção dos direitos fundamentais.[79]

Esta é, aliás, uma razão adicional para a recusa à admissão de um princípio da supremacia do interesse público como critério de limitação de direitos fundamentais. Como nem todo interesse público possui berço constitucional, não há como postular sua prevalência sobre tais direitos.

---

[78] Cf. ALEXY, Robert. *Teoria de los Derechos Fundamentales. Op. cit.,* p. 119-124; OTTO Y PARDO, Ignácio. *Op. cit.,* p. 107-110; e STEINMETZ, Wilson Antonio. *Op. cit.,* p. 57-61.

[79] Cf. HESSE, Konrad. *Elementos de Direito Constitucional da República Federal da Alemanha.* Trad. Luís Afonso Heck. Porto Alegre: Sergio Antônio Fabris, 1998, p. 250; CANOTILHO, J. J. Gomes. *Op. cit.,* p. 304; e ANDRADE, José Carlos Vieira. *Op. cit.,* p. 232.
Em sentido contrário, há quem argumente, com base no princípio democrático, que seria lícito ao legislador eleger outros fins, além daqueles contidos implícita ou explicitamente na Constituição, e na persecução destes fins restringir direitos fundamentais, desde que respeitados outros limites, como o princípio da proporcionalidade. Veja-se, neste sentido, o magistério de NOVAIS, Jorge Reis. *Op. cit.,* p. 610-626; e PEREIRA, Jane Reis Gonçalves. *Direitos Fundamentais e Interpretação Constitucional.* Tese de doutorado ainda inédita, defendida na Universidade do Estado do Rio de Janeiro em 2004, p. 289-291.

Jurisdição e Direitos Fundamentais

3.4. Reserva legal

A limitação dos direitos fundamentais, como já se destacou no item anterior, deve ter como pressuposto a sua previsão em lei geral, abstrata e suficientemente densa e determinada, de modo a gerar previsibilidade e segurança jurídica.[80] Interessa-nos aqui sobretudo a questão da determinabilidade da norma restritiva. E o fato é que restrições a direitos fundamentais erigidas em termos muito vagos são consideradas inválidas, porque permitem ingerências imprevisíveis no âmbito de proteção do direito, conferindo ao aplicador da norma uma discricionariedade exagerada, que pode resvalar para o arbítrio.[81] Elas fazem com que penda sobre a cabeça dos titulares dos direitos verdadeira "espada de Dâmocles", já que o cidadão só pode programar sua própria vida se souber de antemão quais são os limites para sua liberdade de ação consentidos pela ordem jurídica.

Na verdade, a admissão de cláusulas muito gerais de restrição de direitos fundamentais – como a da supremacia do interesse público – implica também violação aos princípios democráticos e da reserva de lei, em matéria de limitação de direitos, já que transfere para a Administração a fixação concreta dos limites ao exercício de cada direito fundamental. Ademais, dita indeterminação pode comprometer a sindicabilidade judicial dos direitos fundamentais, por privar os juízes de parâmetros objetivos de controle.

Nos Estados Unidos, por exemplo, a jurisprudência vem recusando a constitucionalidade de restrições muito amplas às liberdades fundamentais, tendo construído, neste particular, a chamada *Void for Vagueness Doctrine*, incidente sobretudo em questões envolvendo a aplicação da 1ª Emenda.[82] De acordo com esta doutrina, as restrições às liberdades constitucionais são inválidas por excessiva vagueza, quando as regras limitadoras forem tão indefinidas que a linha entre a conduta válida e a inválida do particular se torne matéria controvertida entre pessoas de boa-fé e inteligência mediana. Esta indefinição é considerada inconstitucional, entre outras razões, por conta do perigo para a liberdade individual decorrente da discricionariedade excessiva conferida aos aplicadores do direito, provocada pela inexistência de *standards* balizadores explícitos.

Em Portugal, o Tribunal Constitucional também rechaçou a possibilidade de instituição de restrições a direitos fundamentais em termos excessivamente vagos, no acórdão nº 285/92, em que consta o seguinte:

---

[80] Cf. CANOTILHO, J. J. Gomes. *Direito Constitucional e Teoria da Constituição*. Coimbra: Almedina, 1998, p. 1145; QUEIROZ, Cristina M.M. *Direitos Fundamentais (Teoria Geral)*. Coimbra: Coimbra Editora, 2002, p. 207.

[81] Cf. SIQUEIRA CASTRO, Carlos Roberto. *A Constituição Aberta e os Direitos Fundamentais*. Rio de Janeiro: Forense, 2003, p. 220-221.

[82] TRIBE, Laurence. *American Constitucional Law*. 2nd. ed., Mineola: The Foundation Press, 1988, p. 1033-1035.

(...) o grau de exigência de determinabilidade e precisão da lei há-de ser tal que garanta aos destinatários da normação um conhecimento preciso, exacto e atempado dos critérios legais que a Administração há-de usar, diminuindo dessa forma os riscos excessivos que, para esses destinatários, resultariam de uma normação indeterminada quanto aos próprios pressupostos de actuação da Administração; e que forneça à Administração regras de conduta dotadas de critérios que, sem jugularem a sua liberdade de escolha, salvaguardem o 'núcleo essencial' da garantia dos direitos e interesses dos particulares constitucionalmente protegidos (...); e finalmente que permitam aos tribunais um controlo objectivo efectivo da adequação das concretas actuações da Administração face ao conteúdo da norma legal que esteve na sua base e origem.[83]

Ora, seria difícil pensar numa limitação mais vaga e indeterminada aos direitos fundamentais do que a proteção do interesse público. Afinal, o que é o interesse público? Certamente, pessoas idôneas, de boa-fé, divergirão profundamente sobre o que o interesse público postula em cada caso. Na verdade, como destacou Odete Medauar, hoje a doutrina reconhece a "(...) indeterminação e dificuldade na definição do interesse público, a sua difícil e incerta avaliação e hierarquização, o que gera crise na sua pretensa objetividade".[84] De fato, numa sociedade plural e heterogênea, em que grupos diversos defendem interesses não convergentes, mas nem por isso menos legítimos, todos merecedores de tutela estatal, fragmenta-se ao extremo a noção de interesse público, cuja definição, em cada caso, torna-se cada vez mais dependente de decisões discricionárias.[85] Neste contexto, não é preciso professar a ideologia neoliberal de Hayek para concordar com o seu ceticismo em relação à possibilidade de definição do interesse público:

The commom welfare or the public good has to the present time remainded a concept most recalcitrant to any precise definition and therefore capable of being given almost any concept suggested by the interests of the ruling group.[86]

Por isso, não seria possível instituir por lei, nem muito menos reconhecer, à falta dela, a existência de uma cláusula geral de limitação dos direitos fundamentais, baseada na supremacia do interesse público. Além de todos os outros problemas já suscitados, o certo é que uma restrição desta ordem debilitaria em excesso os direitos fundamentais, tornando-os reféns de valorações altamente subjetivas e refratárias à parametrização por parte dos aplicadores do Direito.

---

[83] *Apud* NOVAIS, Jorge Reis. *Op. cit.*, p. 771.

[84] O Direito *Administrativo em Evolução*. Op. cit., p. 181-182.

[85] Cf. GIANNINI, Massivo Severo. *Diritto Amministrativo*, v. II. Milano: Giuffrè, 1988, p. 111; e MARQUES NETO, Floriano Peixoto de Azevedo. *Regulação Estatal e Interesses Público*. Op. cit., p. 148-157.

[86] *Law, Legislation and Liberty*, v. II. Chicago: The University of Chicago Press, 1976, p. 1.

Jurisdição e Direitos Fundamentais

3.5. Proporcionalidade e interesse público

Talvez a mais séria objeção dogmática ao princípio da supremacia do interesse público sobre o particular seja a de que ele não é compatível com o princípio da proporcionalidade, que constitui importantíssimo parâmetro para aferição da constitucionalidade das restrições aos direitos fundamentais. Com efeito, o princípio da proporcionalidade, cuja vigência no ordenamento brasileiro é hoje reconhecida, em uníssono pela doutrina e pela jurisprudência, estabelece critérios intersubjetivamente controláveis para resolução de colisões envolvendo interesses constitucionais. De acordo com a posição dominante, cujas origens remontam à dogmática germânica, este princípio poderia ser desdobrado em três subprincípios, assim sintetizados por Luís Roberto Barroso: "(a) da adequação, que exige que as medidas adotadas pelo Poder Público se mostrem aptas a atingir os objetivos pretendidos; (b) da necessidade ou exigibilidade, que impõe a verificação da inexistência de meio menos gravoso para atingimento dos fins visados; e da (c) proporcionalidade em sentido estrito, que é a ponderação entre o ônus imposto e o benefício trazido, para constatar se é justificável a interferência na esfera dos direitos do cidadão".[87]

O emprego do princípio da proporcionalidade busca otimizar a proteção aos bens jurídicos em confronto, evitando o sacrifício desnecessário ou exagerado de um deles em proveito da tutela do outro. Neste sentido, ele é de especial importância no campo dos direitos fundamentais, como fórmula de limitação de medidas que restrinjam estes direitos. Um dos seus objetivos, como o nome já revela, é a busca de uma justa e adequada "proporção" entre os interesses em pugna. Por isso, a aplicação do princípio da proporcionalidade exige a realização de ponderações minuciosas e devidamente motivadas, nas quais se torna fundamental a atenção sobre as particularidades da situação concreta sob análise.

Só que o princípio da supremacia do interesse público sobre o particular, ao afirmar a superioridade *a priori* de um dos bens em jogo sobre o outro, elimina qualquer possibilidade de sopesamento, premiando de antemão, com a vitória completa e cabal, o interesse público envolvido, inde-

---

[87] *Interpretação e Aplicação da Constituição.* São Paulo: Saraiva, 1996, p. 209. Sobre os subprincípios em questão, veja-se também ALEXY, Robert. *Teoria de los Derechos Fundamentales. Op. cit.,* p. 111-115; CANOTILHO, J. J. Gomes. *Direito Constitucional e Teoria da Constituição. Op. cit.,* p. 262-263; BONAVIDES, Paulo. *Curso de Direito Constitucional.* São Paulo: Malheiros, 1999, p. 360-361; GUERRA FILHO, Willis Santiago. *Processo Constitucional e Direitos Fundamentais.* São Paulo: Celso Bastos Editor, 1999, p. 66-68; BARROS, Suzana de. *O Princípio da Proporcionalidade e o Controle de Constitucionalidade das Leis Restritivas de Direitos Fundamentais. Op. cit.,* p. 148-153; STUMM, Raquel Denize. *O Princípio da proporcionalidade no Direito Constitucional Brasileiro.* Porto Alegre: Livraria do Advogado, 1995, p. 79-82 ; SARMENTO, Daniel. *A Ponderação de Interesses na Constituição Federal.* Rio de Janeiro: Lumen Juris, 2000, p. 87-90; ÁVILA, Humberto. *Teoria dos Princípios.* 4ª ed., São Paulo: Malheiros, 2004, p. 116-125; e PEREIRA, Jane Reis Gonçalves. *Op. cit.,* p. 288-317.

pendentemente das nuanças do caso concreto, e impondo o conseqüente sacrifício do direito fundamental contraposto.[88] Em vez da procura racional de solução equilibrada entre o interesse público e os direitos fundamentais implicados no caso, prestigia-se apenas um dos pólos da relação, o que se afigura também incompatível com o princípio de hermenêutica constitucional da concordância prática, que obriga o intérprete a buscar, em casos de conflitos, solução jurídica que harmonize, na medida do possível, os bens jurídicos constitucionalmente protegidos, sem optar pela realização integral de um, em prejuízo do outro.[89].

3.6. A Prioridade "Prima Facie" do Direito Fundamental em face do Interesse Público Concorrente

É verdade que se pode defender a vigência do princípio da supremacia do interesse público sobre o particular numa versão mais fraca do que a que foi acima exposta. De acordo com esta versão mais moderada, em casos de conflito, em vez de uma primazia *a priori* e absoluta do interesse público sobre o particular, ter-se-ia apenas uma regra de precedência *prima facie*. Para esta concepção, que parece ter sido adotada dentre nós por Fábio Medina Osório,[90] os interesses públicos normalmente prevalecem em face dos direitos individuais, mas é possível que, em algumas circunstâncias especiais, o oposto aconteça. Haveria um ônus argumentativo maior para quem defendesse o direito fundamental, num caso de colisão com interesse público, pois seriam necessárias razões muito fortes para que o primeiro derrotasse o segundo, na ponderação a ser realizada pelo aplicador do direito.

Todavia, esta visão também é francamente incompatível com o nosso sistema constitucional, por fragilizar em demasia os direitos fundamentais. Com efeito, se é verdade, como afirmamos acima, que o entrincheiramento dos direitos fundamentais não significa a sua imunização absoluta diante

---

[88] Neste sentido, ÁVILA, Humberto. "Repensando ...". Op. cit., p. 112-117; e BINENBOJM, Gustavo. *Op. cit.*, p. 21-29.

[89] Cf. STERN, Klaus. *Derecho del Estado de la Republica Federal Alemana*. Trad. Javier Pérez Royo y Pedro Cruz Villalón. Madrid: Centro de Estudios Constitucionales, 1987, p. 293-294: "Ningún bien jurídico debe ser protegido como de rango superior a costa de outro valor protegido, a menos que la propia constitución ordene la diferencia de rango. De la unidad de la constitución se deduce la tarea de 'optimización' o 'armonización' de las normas constitucionales, en la medida en que se tiene que producir un equilíbrio, que ciertamente impone limites a una norma jurídica, preo que no niega por eficácia".
No mesmo sentido, HESSE, Konrad. Escritos de Derecho Constitucional. 2ª ed., Trad. Pedro Cruz Villalón. Centro de Estúdios Constitucionales, 1992: "(...) los bienes jurídicos constitucionalmente protegidos deben ser coordinados de tal modo en la solución del problema que todos ellos conserven su entidad. Allí donde se produzcan colisiones no se debe (....) realizar uno a costa del outro. Pero el contrario, el principio de la unidad de la Constitución exige unalabor de 'optimización: se hace preciso establecer los limites de ambos bienes a fin de que ambos alcancen una efectividad óptima. La fijación de limites debe responder en cada caso concreto al princípio de proporcionalidad."

[90] Op. cit.

Jurisdição e Direitos Fundamentais

da possibilidade de ponderações com interesses coletivos, também parece certo, por outro lado, que, no mínimo, há de se exigir no processo ponderativo uma fortíssima carga argumentativa para superação do direito fundamental em proveito do interesse público em confronto.

Porém, para a teoria "fraca" da supremacia do interesse público sobre o particular – como aqui a batizamos –, dá-se o contrário, pois os direitos fundamentais, já na largada do processo ponderativo, partem em franca desvantagem em relação aos interesses públicos. Esta teoria desconsidera que os direitos fundamentais, pela sua própria natureza, visam a resguardar para os particulares certos bens jurídicos considerados essenciais para a promoção da sua dignidade, e que devem por isso beneficiar-se de vigorosa proteção diante dos poderes públicos, inclusive quando estes afirmem estar perseguindo interesses da coletividade. Enfim, a teoria "fraca" – e muito mais ainda a "forte", por óbvias razões – debilita a proteção dos direitos fundamentais, subtraindo a exigência de que qualquer restrição a eles seja submetida a um rigoroso escrutínio, em que caiba à medida restritiva, ainda que inspirada no interesse público, e não ao direito contraposto, a maior carga argumentativa.

Portanto, esta concepção mostra-se em flagrante descompasso com a ordem constitucional brasileira, que se notabiliza pela ferrenha defesa dos direitos fundamentais. E, neste passo, parece relevante recordar brevemente algumas marcantes características da Carta de 88, reveladoras do seu espírito.

É preciso lembrar que a Constituição surgiu num momento histórico de superação de uma visão autoritária sobre o Estado e sua relação com as pessoas, que relegava os direitos fundamentais a um plano secundário e periférico. Assim, reagindo contra um passado que se queria exorcizar, a Constituição inverteu o que era até então a tradição nacional, e consagrou no seu corpo os direitos fundamentais antes das normas relacionadas à estrutura, aos poderes e às competências do Estado. Tal fato não foi mera coincidência. Ele é sintoma de uma clara opção do constituinte, que perfilhou a idéia de que os direitos fundamentais não são dádivas do poder público, mas antes a projeção normativa de valores morais superiores ao próprio Estado. O constituinte também não quis que o generoso e não exaustivo elenco de direitos que reconhecera quedasse inefetivo, consagrando assim o princípio da aplicabilidade imediata dos direitos fundamentais (art. 5º, § 1º, CF). Não bastasse, fortaleceu as garantias processuais dos direitos, bem como a jurisdição constitucional, que visa a protegê-los diante dos eventuais abusos perpetrados do legislador. Ademais, pela primeira vez na nossa história, os direitos fundamentais foram explicitamente convertidos à condição de cláusulas pétreas, limitando o próprio constituinte derivado.

Estas particularidades, dentre outras, revelam com eloqüência que, na tábua de valores constitucionais, os direitos fundamentais despontam com absoluto destaque e centralidade. Portanto, parece-nos de meridiana clareza que concepções que não atribuem a merecida preeminência a estes direitos – como as subjacentes ao princípio da supremacia do interesse público, seja na sua versão "forte", seja na sua alternativa mais "débil" –, devem ser descartadas, não só porque moralmente perigosas, como também pela sua franca inadequação à ordem constitucional brasileira.

E mais, por todas as razões acima aventadas, entendemos que, diante de conflitos entre direitos fundamentais e interesses públicos de estatura constitucional, pode-se falar, na linha de Alexy, numa *"precedência prima facie"* dos primeiros.[91] Esta precedência implica a atribuição de um peso inicial superior a estes direitos no processo ponderativo, o que significa reconhecer que há um ônus argumentativo maior para que interesses públicos possam eventualmente sobrepujá-los.[92] Assim, o interesse público pode até prevalecer diante do direito fundamental, após um detido exame calcado sobretudo no princípio da proporcionalidade, mas para isso serão necessárias razões mais fortes do que aquelas que permitiriam a "vitória" do direito fundamental. E tal idéia vincula tanto o legislador – que se realizar ponderações abstratas que negligenciarem esta primazia *prima facie* dos direitos fundamentais poderá incorrer em inconstitucionalidade – como os aplicadores do Direito – juízes e administradores – quando se depararem com a necessidade de realização de ponderações *in concreto*.

Em linha semelhante, Ana Paula de Barcellos, ao versar sobre parâmetros materiais para a ponderação de interesses, sustentou que, como regra geral, "diante de um conflito que exija o recurso à ponderação, os direitos fundamentais, previstos pela Constituição, devem preponderar sobre os demais enunciados normativos e normas".[93] Além de outros argumentos de

---

[91] Alexy, na verdade, refere-se às colisões entre direitos individuais e interesses coletivos, assim se manifestando: "Se sostendrá que una determinación substancial general de la relación entre derechos individuales y bienes colectivos está impuesta por razones normativas en virtud de una precedencia *prima facie* de los derechos individuales. El argumento principal consiste en (...) la necesidad de un orden normativo de la vida social que tome el individuo en serio. El concepto de tomar en serio no implica que las posiciones de los indivíduos no puedan ser eliminados o restringidas em aras de bienes colectivos pero si que para ello tiene que ser possible una justificación suficiente. (...) Esta precedencia prima facie se expresa en una carga de la argumentación en favor de los derechos individuales y en contra de los bienes colectivos" ("Derechos Individuales y Bienes Colectivos". *Op. cit.*, p. 207).

[92] Esta idéia da preferência *a priori* dos direitos fundamentais sobre os interesses coletivos também foi defendida por Oscar Vilhena Vieira, que ressaltou: "Se direitos só existem em sociedade e se pressupõem uma decisão da sociedade de preservar certos valores ou interesses, por intermédio do meio legal, é fundamental que eles sejam em primeiro lugar capazes de se conciliar com direitos alheios, e em segundo lugar compatibilizar-se com interesses coletivos, *ainda que numa posição de superioridade presumida em relação a eles*" (grifo nosso). In: *A Gramática dos Direitos Humanos. Op. cit.*, p. 27.

[93] Alguns Parâmetros Normativos para a Ponderação Constitucional". In: BARROSO, Luís Roberto (Org.). *A Nova Interpretação Constitucional: Ponderação, Direitos Fundamentais e Relações Privadas*. Rio de Janeiro: Renovar, 2003, p. 49-118, p. 107.

Jurisdição e Direitos Fundamentais

natureza filosófica, a autora sustentou tal critério com base em dados normativos inquestionáveis. Nas suas palavras, "é absolutamente consensual, na doutrina e na jurisprudência que a Constituição de 1988 fez uma opção material clara pela centralidade da dignidade da pessoa humana, e, como decorrência direta, dos direitos fundamentais. Isto decorre, de modo muito evidente da leitura do preâmbulo, dos primeiros artigos da Carta e do *status* de cláusula pétrea conferido a tais direitos. (...) Há, portanto, uma justificativa normativa para o critério escolhido: a própria Constituição decidiu posicionar a dignidade humana e os direitos fundamentais no centro do sistema por ela criado".[94]

3.6. Núcleo Essencial dos Direitos Fundamentais

Não se pode deixar de considerar, na análise do tema em questão, o "limite dos limites" concernente à obrigação de respeito ao núcleo essencial do direito fundamental. A tutela de interesses públicos encontra também um limite na proteção do núcleo essencial destes direitos, o que constitui razão adicional para que se rejeite um critério de resolução de colisões como o princípio da supremacia do interesse público.

Na verdade, a proteção ao núcleo ou conteúdo essencial dos direitos fundamentais encontra-se consagrada em Constituições como a alemã (art. 19, inciso III), a espanhola (art. 53, nº 1) e a portuguesa (art. 18, nº 3), mas não foi expressamente prevista pela ordem constitucional brasileira.[95] Tal garantia, nas palavras de Otto y Pardo, representa o "límite de los límites porque limita la posibilidad de limitar, porque señala un límite má allá del cual no es posible la actividad limitadora de los derechos fundamentales y de las libertades públicas".[96]

Ela surgiu historicamente no direito germânico como tentativa de proteção dos direitos fundamentais diante do perigo de esvaziamento representado pela ação corrosiva do legislador. Tratava-se de uma reação contra a visão que prevalecera durante a Constituição de Weimar, em que se atribuía às normas constitucionais de direitos fundamentais um caráter meramente programático, não se conferindo assim a tais direitos uma proteção que excedesse àquela já proporcionada pelo princípio da legalidade. Naquele contexto, partia-se da premissa de que os direitos fundamentais va-

---

[94] *Idem, ibidem*, p. 108-109.

[95] Isto, porém, não é suficiente para que se recuse sua existência no ordenamento constitucional brasileiro. Neste sentido, o magistério de Raquel Denize Stumm: "A falta de previsão textual da proteção do núcleo essencial não significa que ela não vigore no sistema jurídico brasileiro. Ao contrário, ela se faz presente como um reflexo da supremacia da Constituição e do significado dos direitos fundamentais na estrutura constitucional nos países de constituições rígidas". (*O Princípio da Proporcionalidade no Direito Constitucional Brasileiro*. Porto Alegre: Livraria do Advogado, 1995, p. 141-142)

[96] "La regulación ...". *Op. cit. ,* p. 125.

liam no âmbito das leis, o que acabava conferindo ao legislador um poder praticamente ilimitado para restringi-los.[97] Daí, a garantia do núcleo essencial visava a atribuir uma vinculação constitucional mínima do legislador aos direitos fundamentais.

Hoje, contudo, trava-se intensa polêmica acerca do significado da garantia do conteúdo essencial dos direitos fundamentais, e há quem aponte a ociosidade desta proteção, em face da concepção contemporânea da vinculação plena do legislador aos direitos fundamentais, aliada ao princípio da proporcionalidade. Formaram-se na doutrina, em síntese, dois pares de teorias, que podem ser associadas em diferentes combinações e que se abrem para modalidades mistas: teorias absoluta e relativa, e teorias subjetiva e objetiva.

De forma muito simplificada, pode-se dizer que a teoria absoluta postula a existência de um último reduto inexpugnável do direito fundamental, que não poderia ser restringido em nenhuma hipótese.[98] Ela concebe os direitos fundamentais como círculos concêntricos, no qual o mais externo demarcaria o âmbito de proteção, e o mais interno, o núcleo essencial. Este representaria uma esfera intocável do direito, o seu "coração", cuja afetação poderia desnaturá-lo ou implicar a perda do seu sentido útil. Porém, contra esta teoria, objeta-se que é quase impraticável definir a essência do direito fundamental, discernindo-a do seu campo periférico de proteção. E aduz-se, ainda, que existiriam situações da vida em que fatalmente ocorreria o confronto entre núcleos essenciais de dois direitos fundamentais, ou entre núcleo essencial de um direito fundamental e de outro princípio constitucional. Para estas hipóteses mais difíceis, a teoria absoluta não apresentaria solução.

Já a teoria relativa reconduz o problema da definição do núcleo essencial a uma questão de ponderação. Para ela, "há violação do conteúdo essencial dos direitos fundamentais quando a afectação destes vai para além do que é estrita e incondicionalmente exigido pela necessidade de prossecução do bem que justifica a restrição".[99] Assim, para a teoria relativa, a proteção do núcleo essencial é móvel e dinâmica e acaba se confundindo com o próprio princípio da proporcionalidade.[100] Porém, seus adversários argumentam que, em sistemas constitucionais em que há expressa previsão da proteção do núcleo essencial dos direitos fundamentais, como Alemanha, Espanha e Portugal, torna-se problemático sustentar tese que implique a superfluidade desta garantia, e é isso que ocorre na teoria relativa, quando

---

[97] Cf. NOVAIS, Jorge Reis. *Op. cit.,* p. 779-780; e MENDES, Gilmar Ferreira. "Direitos Individuais e suas Limitações: Breves Reflexões". *Op. cit.,* p. 241-242.

[98] Esta teoria é defendida em Portugal por MIRANDA, Jorge. *Manual de Direito Constitucional.* Tomo IV. Coimbra: Coimbra Editora, 1988, p. 309.

[99] NOVAIS, Jorge Reis, *idem,* p. 781.

[100] Cf. ALEXY, Robert. *Teoria de los Derechos Fundamentales,* p. 286-291, que defende a teoria relativa.

Jurisdição e Direitos Fundamentais

esta identifica a garantia do núcleo essencial ao princípio da proporcionalidade.

Se a polêmica entre as teorias absoluta e relativa diz respeito ao valor da proteção conferida pela garantia do núcleo essencial, a contenda entre as teorias subjetiva e objetiva concerne ao objeto de proteção.[101] Para a teoria subjetiva, a garantia visa a resguardar a posição do titular do direito fundamental afetado pela medida restritiva. Trata-se, em suma, de avaliar se, com a restrição, sobra para este titular uma esfera na qual o exercício do direito fundamental mantenha ainda sua importância e significação. No caso negativo, concluir-se-á que a medida restritiva ofendeu ao núcleo essencial do direito. A favor desta teoria, pesa a constatação de que a vocação última dos direitos fundamentais é a proteção de pessoas concretas, e não de instituições ou normas jurídicas, mas contra ela argumenta-se que não corresponderia a necessidades incontornáveis da ordem social.[102]

Já para a teoria objetiva, o objeto da proteção é a garantia geral e abstrata do direito, considerando-se a globalidade dos seus titulares, e não as posições jurídicas de qualquer deles em especial. Afirma ela que a proteção do núcleo essencial visa a preservar o sentido útil do direito fundamental na ordem jurídica, tomando como referência a norma objetiva que o consagra.[103] Pela sua ótica, os reflexos, ainda que drásticos, das restrições aos direitos fundamentais na esfera de algum titular concreto não bastam para que se conclua pela ofensa ao núcleo essencial. Porém, impugna-se dita teoria, afirmando que ela ignora o real significado da proteção dos direitos fundamentais no Estado de Direito, que é o de proporcionar garantias aos indivíduos.

Refugiria ao escopo deste trabalho tomar partido nesta complexa e interminável controvérsia. Basta-nos, por ora, apenas apontar para o fato de que a proteção do núcleo essencial dos direitos fundamentais – não importa a forma como nós a concebamos –, também não se compatibiliza com a atribuição de uma primazia dos interesses públicos sobre os direitos fundamentais.

Portanto, a solução para a colisão entre direitos fundamentais e interesses públicos não é singela. A busca da solução constitucionalmente adequada deve respeitar os chamados "limites dos limites" dos direitos fundamentais, e certamente não passa por qualquer princípio de supremacia do interesse público. Aceitar que a solução destes conflitos se dê através da

---

[101] Cf. CANOTILHO, J.J. Gomes. *Direito Constitucional e Teoria da Constituição. Op. cit.*, p. 418.

[102] Tome-se o exemplo, sugerido por Jorge Reis Novais, da condenação a uma extensa pena privativa de liberdade de pessoa idosa, cuja expectativa de vida futura seja muito inferior ao tempo da pena (*Op. cit.,* p. 784). Esta medida, aceita pelos ordenamentos em geral, poderia ser considerada incompatível com a proteção do núcleo essencial, se adotada a teoria subjetiva.

[103] Na doutrina portuguesa, José Carlos Vieira de Andrade sustenta este posicionamento (cf. *Os Direitos Fundamentais na Constituição Portuguesa de 1976. Op. cit.*, p. 237-238).

aplicação do princípio em referência seria, para usar a famosa expressão de Dworkin, não levar a sério os direitos fundamentais. E pode-se dizer tudo da Constituição de 88, menos que ela não tenha levado a sério estes direitos.

4. Observações Finais

Negar a supremacia do interesse público sobre o particular e afirmar a superioridade *prima facie* dos direitos fundamentais sobre os interesses da coletividade pode parecer para alguns uma postura anticívica. Numa "sociedade de indivíduos",[104] em que os laços sociais se afrouxaram, esta perspectiva pode soar como um estímulo para o egocentrismo; como um combustível para as tendências centrífugas já tão disseminadas no mundo contemporâneo. E, no contexto brasileiro, a fragilidade das nossas tradições republicanas e o ambiente cultural de patrimonialismo e de rarefação do civismo podem ser vistos como um solo que, germinado por idéias tão liberais – que dêem tanta ênfase ao discurso dos direitos –, produza como fruto certo, ainda que indesejado, a consagração da "Lei de Gerson" como regra maior da nossa moralidade social.

Mas esta visão não se justifica. O bom civismo, cujo cultivo interessa ao Estado Democrático de Direito, não é o do nacionalismo à *outrance* – que tanto mal já fez à Humanidade –, nem o que prega a entrega incondicional do indivíduo às causas da coletividade. O civismo que interessa é o do "patriotismo constitucional",[105] que pressupõe a consolidação de uma cultura de direitos humanos. Afinal, numa sociedade pluralista como a nossa, não parece possível fundar a lealdade ao Estado exclusivamente no compartilhamento de alguma identidade cultural. O engajamento em causas comuns e a cooperação solidária carecem também de outros alicerces. E um destes alicerces pode ser a percepção de cada pessoa de que vive sob a égide de um regime constitucional que trata a todos com o mesmo respeito e consideração; a compreensão de que não se é súdito do Estado, mas cidadão; partícipe da formação da vontade coletiva, mas também titular de uma esfera de direitos invioláveis; sujeito, e não objeto da História. Só que isto requer um Estado que respeite profundamente os direitos dos seus cidadãos.

---

[104] A expressão é de Norbert Elias, numa importantíssima obra em que estuda a evolução da relação entre indivíduo e sociedade: *A Sociedade dos Indivíduos*. Trad. Vera Ribeiro. Rio de Janeiro: Jorge Zahar Editor, 1994.

[105] O conceito do *"patriotismo constitucional"*, empregado por Jürgen Habermas, relaciona-se à possibilidade de construção de uma identidade nacional a partir não de fatores étnicos, religiosos ou culturais – tendo em vista o pluralismo existente na sociedade – mas do respeito e da vivência de princípios universalistas ligados à democracia e aos direitos fundamentais, presentes na Constituição de um Estado Democrático de Direito. Cf. HABERMAS, Jürgen. "Cidadania e Identidade Nacional". In: *Direito e Democracia entre facticidade e validade*. v. II., Op. cit., p. 279-305; e MAIA, Antônio Cavalcanti. "Diversidade Cultural, Identidade Nacional brasileira e Patriotismo Constitucional". Disponível em http://www.casaruibarbosa.gov.br/, acesso em 22.02.2005.

Jurisdição e Direitos Fundamentais

— III —

Elementos e problemas da dogmática dos direitos fundamentais

DIMITRI DIMOULIS

Doutor e Pós-Doutor em Direito
Professor da Universidade Metodista de Piracicaba - SP

Sumário: 1. Introdução; 2. Definição dos direitos fundamentais; 3. Categorias de direitos fundamentais; 3.1. A tripartição clássica; 3.1.1. Direitos de status negativus (de defesa); 3.1.2. Direitos de status positivus (sociais, prestacionais); 3.1.3. Direitos de status activus (políticos, de participação); 3.1.4. Crítica e defesa da tripartição; 3.2. Direitos coletivos?; 4. Garantias de organização; 5. Deveres fundamentais; 6. Garantias fundamentais; 7. Titularidade dos direitos e garantias fundamentais; 7.1. Titularidade dos direitos de defesa do art. 5º CF; 7.2. Titularidade dos direitos sociais; 7.3. Titularidade dos direitos políticos; 7.4. Titularidade dos direitos coletivos; 7.5. As pessoas jurídicas como titulares dos direitos fundamentais; 7.6. Titularidade das garantias fundamentais; 8. Início e fim dos direitos fundamentais; 9. Efeitos vinculantes dos direitos fundamentais; 10. Conflitos entre direitos fundamentais; 10.1. Situação de conflito; 10.2. Tipos de conflitos e de limitações; 10.3. Conceitos básicos; 10.4. Limitações genéricas; 10.4.1. Concretização mediante lei; 10.4.2. Reserva legal; 10.4.3. Limitações constitucionais gerais em casos excepcionais; 10.5. Limitações casuísticas; 10.6. Limites dos limites da intervenção; 10.7. Crítica do critério da proporcionalidade stricto sensu; Anexo: Roteiros de exame de constitucionalidade de medidas limitadoras dos direitos fundamentais; Bibliografia.

1. Introdução

Nas últimas décadas, os direitos fundamentais encontram-se no centro dos interesses político e jurídico brasileiro. Podemos distinguir três abordagens distintas. A primeira é de cunho *retórico*, baseada na exaltação da "prevalência" dos direitos humanos e dos valores por eles expressos. Tais discursos são politicamente importantes em tempos de autoritarismo, mas perdem utilidade na medida em que os países consolidam suas estruturas liberais e democráticas, como é o caso do Brasil dos últimos vinte anos. O problema não é celebrar a idéia dos direitos fundamentais, e sim, indicar, de forma juridicamente fundamentada, quais direitos e porque prevalecem em cada caso concreto e quais as formas de sua implementação.

Jurisdição e Direitos Fundamentais

A segunda abordagem pode ser denominada *superficialmente demo-crática*. Constata a impossibilidade de satisfazer simultaneamente todos os direitos proclamados pelo texto constitucional e aguarda a solução do legislador ordinário. Essa postura, que predominou na França por dois séculos e influenciou o pensamento constitucional mundial, despreza o valor jurídico do texto constitucional, considerando-o como uma espécie de manifesto político e atribuindo relevância somente às normas legislativas de maior concretude.

A terceira abordagem, que nos parece ser a mais adequada, é de natureza jurídico-constitucional. Aqui se analisam os direitos fundamentais em sua configuração jurídica, oferecendo instrumentos para resolver conflitos. Nessa perspectiva, o estudo dos direitos fundamentais pode ser dividido em três partes:

- *Dogmática geral*: definição dos conceitos básicos e elaboração de métodos de harmonização de direitos fundamentais conflitantes.

- *Dogmática especial*: análise das dimensões de cada direito constitucionalmente garantido, considerando e avaliando sua concretização legislativa e jurisprudencial.

- *Teoria dos direitos fundamentais*: estudo das justificações filosófico-políticas e das críticas formuladas em relação aos direitos fundamentais.[1]

O presente trabalho objetiva analisar aspectos da dogmática geral dos direitos e garantias fundamentais, oferecendo esclarecimentos conceituais e indicando métodos de solução de conflitos.

2. Definição dos direitos fundamentais

Direitos fundamentais são direitos subjetivos de pessoas (físicas ou jurídicas), garantidos por normas de nível constitucional que limitam o exercício do poder estatal.

Esta definição indica os sujeitos da relação criada pelos direitos fundamentais (pessoa *vs.* Estado), a finalidade desses direitos (limitação do poder estatal) e sua posição no sistema jurídico (supremacia constitucional ou fundamentalidade formal).[2] Mesmo assim há controvérsias sobre alguns de seus elementos.

---

[1] Binoche, 1988; Gosepath/Lohmann (org.), 1999; Schute/Hurley (org.), 1993. Uma visão panorámica é oferecida por Sampaio, 2004.

[2] Alexy, 1996, p. 473; Sarlet, 2004, p. 86. Discordamos da definição ampla dos direitos fundamentais que não inclui sua garantia constitucional (Amaral, 2001, p. 90). Não pode ser considerado como fundamental um direito criado pelo legislador ordinário e passível de abolição na primeira mudança da maioria parlamentar. É simetricamente equivocado considerar que somente são fundamentais os direitos que correspondem a cláusulas pétreas (Martins Neto, 2003, p. 83-94). O art. 60, § 4°, CF protege, perante a atuação do poder constituinte reformador, somente "os direitos e garantias *individuais*". A

Em primeiro lugar, é discutível se os direitos fundamentais são sempre individuais ou se há titularidade de grupos de pessoas, das gerações futuras ou até da natureza como um conjunto. Em segundo lugar, discute-se se os direitos fundamentais vinculam exlusivamente o poder estatal ou também os particulares. Finalmente, parece problemático definir os direitos fundamentais com exclusiva referência a normas constitucionais, já que alguns autores invocam fontes extra ou supraconstitucionais (direito internacional público, princípios jusnaturalistas e morais) e, mesmo no âmbito do direito positivo nacional, não podemos negar o impacto do direito infraconstitucional na concretização dos direitos fundamentais.

Faremos em seguida referências aos problemas da titularidade e da vinculação de terceiros (itens 7 e 9). Em relação às fontes dos direitos fundamentais, a nossa posição é a seguinte. Negamos em absoluto a relevância jurídica de normas não positivadas, tendo ou não a denominação de "direito natural". Em relação às normas de procedência internacional, consideramos que o ordenamento nacional continua sendo o único relevante para a esmagadora maioria dos casos conflitivos. As normas internacionais só possuem interesse jurídico para o ordenamento nacional a partir de sua incorporação segundo normas do próprio direito nacional. Finalmente, a relevância do direito infraconstitucional é incontestável, mas se faz sempre necessário avaliar a conformidade constitucional de cada norma geral ou decisão sobre casos concretos, preservando a supremacia das previsões constitucionais.

3. Categorias de direitos fundamentais

3.1. A tripartição clássica

Para compreender a função dos direitos fundamentais, devemos imaginar a relação entre o Estado e a pessoa que é titular de um direito fundamental[3] como relação entre *duas esferas* em interação. Os direitos fundamentais garantem a autonomia de cada esfera e regulamentam seus contatos. Indicando a esfera do Estado com a letra E a esfera do indivíduo com a letra I, podemos distinguir *três* categorias de direitos fundamentais, conforme o tipo de relacionamento entre E e I. Estabelece-se, assim, uma distinção conceitual entre direitos de defesa, sociais e políticos, conforme a tipologia desenvolvida por Georg Jellinek (1892, p. 86-87, 95-186) e amplamente utilizada pela doutrina contemporânea.[4]

---

interpretação que inclui todos os direitos fundamentais a esse termo ou às cláusulas pétreas implícitas (Bonavides, 2002, p. 593-599; Sarlet, 2003) é politicamente progressista, mas do ponto de vista jurídico não é convincente. Devemos, assim, distinguir entre direitos fundamentais constitucionalmente garantidos e o subgrupo de direitos "super-fundamentais" que constituem as cláusulas pétreas.

[3] Utilizamos os termos pessoa e indivíduo como sinônimos para indicar o titular de um direito fundamental. Sobre o problema da titularidade das pessoas jurídicas cf. item 7.5.

[4] Alexy, 1996, p. 229-248; Pieroth/Schlink, 1999, p. 16-19; Branco, 2000, p. 139-152; Farias, 2000, p. 101-116; Barros, 2003, p. 135-137.

Jurisdição e Direitos Fundamentais

3.1.1. Direitos de status negativus (de defesa)

Trata-se de direitos que permitem aos indivíduos defender-se contra uma possível atuação do Estado. Aqui E (esfera do Estado) não deve interferir em I (esfera do indivíduo). Esses direitos protegem a liberdade do indivíduo, limitando as possibilidades de atuação estatal (proibição de agir ou "competência negativa"). Esses direitos foram proclamados já nas primeiras Declarações do século XVIII. Correspondem à concepção liberal que deseja limitar o poder estatal para preservar a liberdade pessoal que inclui a atuação econômica e o usufruto da propriedade. A possibilidade de repelir interferências estatais é indicada pelo termo "direito de defesa".

3.1.2. Direitos de status positivus (sociais, prestacionais)

Essa categoria engloba direitos que permitem ao indivíduo exigir a atuação do Estado no intuito de melhorar as condições de vida: o Estado deve atuar no sentido indicado pela Constituição, adentrando na esfera do indivíduo para oferece-lhe algo (E deve interferir no I). As prestações estatais são de duas espécies.[5] As prestações materiais (*faktische positive Handlungen*) consistem no oferecimento de bens ou serviços a pessoas que não podem adquiri-los no mercado (alimentação, educação, saúde, etc.) ou no oferecimento de serviços monopolizados pelo Estado (segurança pública). As prestações normativas (*normative positive Handlungen*) consistem na criação de normas jurídicas que tutelam interesses individuais, como ocorre com a obrigação estatal de legislar sobre as férias remuneradas (art. 7°, XVII, CF).

Referimo-nos a direitos sociais, porque o objetivo das prestações é a melhoria de vida de vastas categorias da população com medidas de política social. Esses direitos foram amplamente garantidos desde as primeiras décadas do século XX na Rússia pós-revolucionária e em outros países com forte presença do movimento socialista. Porém, encontram-se alguns direitos sociais já nas primeiras Constituições de finais do século XVIII e inícios do século XIX. A Constituição brasileira de 1824 incluía entre os direitos fundamentais os "socorros públicos" e a "instrução primária" gratuita (art. 179, XXXI-XXXII). Isso indica que é inexato se referir a "gerações" dos direitos fundamentais, considerando que os direitos sociais sejam posteriores aos direitos de inspiração liberal-individualista.

3.1.3. Direitos de status activus (políticos, de participação)

Essa categoria de direitos oferece a possibilidade de participar na determinação da política estatal de forma ativa (o I pode interferir no E),

---

[5] Alexy, 1996, p. 179-181; Arango, 2001, p. 95-99; Sarlet, 2004, p. 200-222.

principalmente com a escolha dos representantes políticos e com a participação direta na formação da vontade política.

A participação popular na tomada de decisões políticas era prevista nas Declarações e Constituições do século XVIII e constitui a base dos regimes democráticos (*governo do povo pelo povo*). Os direitos políticos conheceram historicamente uma contínua extensão de seus titulares (diminuição da idade mínima; direito de voto para as classes populares, para as mulheres e, em alguns países, para estrangeiros) e multiplicaram-se com a introdução de formas de democracia direta (leis de iniciativa popular, referendo, orçamentos participativos).

3.1.4. Crítica e defesa da tripartição

A classificação de Jellinek foi submetida a várias críticas,[6] mas, em nossa opinião, sistematiza de forma satisfatória as relações entre as esferas do Estado e do indivíduo. Jellinek propõe uma bipartição fundamental da relação entre essas esferas. Por um lado, temos um poder de ação do indivíduo (direitos políticos) e um dever de intervenção do Estado (direitos prestacionais). No primeiro caso, estamos diante de normas permissivas; no segundo, diante de normas de obrigação de fazer (já que o Estado não possui direitos). Por outro lado, há dois deveres de abstenção, isto é, dois conjuntos de normas proibitivas: proibição de intervenção estatal no caso dos direitos de defesa; proibicão de resistência do indivíduo ao exercício do poder estatal (dever de obediência às normas estatais) que Jellinek (1892, p. 86, 103) designava com os termos "sujeição" e "*status* passivo". A sujeição do indivíduo não aparece na tripartição porque não corresponde a direitos individuais, mas é fundamental para entender a perfeição lógica da classificação que apresenta as quatro possíveis relações entre Estado e indivíduo.[7]

3.2. Direitos coletivos?

A classificação de Jellinek não contempla a possibilidade de reconhecer a titularidade coletiva de direitos fundamentais. Ora, as Constituições modernas garantem uma série de direitos coletivos e isso parece indicar a insuficiência da tripartição. Entre os direitos com titularidade coletiva devemos distinguir duas categorias (Sarlet, 2004, p. 184-187). A primeira compreende os *direitos coletivos tradicionais*, conhecidos desde o início do constitucionalismo. Encontramos aqui direitos de defesa, políticos ou

---

[6] Referências em: Alexy, 1996, p. 243-248; Sarlet, 2004, p. 165-169.

[7] Essa classificação é preferível ao esquema binário que divide os direitos fundamentais em direitos de defesa e prestacionais, inserindo os direitos políticos nos direitos de defesa (Sarlet, 2004, p. 179-192; Queiroz, 2002, p. 70). Tal esquema não leva em consideração a função e finalidade específica dos direitos políticos, que é devidamente contemplada pela classificação de Jellinek.

prestacionais, que só podem ser exercidos por um grupo de pessoas, tal como ocorre com o direito de reunião. Trata-se de direitos de titularidade individual, mas "de expressão coletiva" (Silva, 1998, p. 198) que se enquadram perfeitamente na proposta de Jellinek.

Diferente é a configuração dos *novos direitos coletivos* que surgiram no século XX, sobretudo após a Segunda Guerra Mundial, e constituem verdadeiros direitos de titularidade coletiva ou mesmo difusa. Isso ocorre com o direito ao meio ambiente, os direitos de solidariedade, os direitos dos consumidores que exprimem valores comuns e deveres de mútuo respeito entre países e grupos sociais (direito ao desenvolvimento econômico e à paz) (Sarlet, 2004, p. 56-58).

Nos novos direitos coletivos, os titulares continuam sendo pessoas humanas, mas seu exercício nem sempre é individual e falta clareza sobre a titularidade em cada caso. O consumidor é defendido muitas vezes por associações ou autoridades estatais como categoria composta por pessoas nem sempre identificáveis. O mesmo ocorre com o meio ambiente, cuja tutela transcende a ação e a vontade individual. Ninguém possui uma fatia da natureza para poder usufruir dela ou até destruí-la. Todos possuem o direito e o dever de preservação para que todos (incluindo nesse termo as gerações futuras) usufruam de sadia qualidade de vida (art. 225 CF).

Esses direitos pertencem a todos, mas não podem ser exercidos a título individual, já que isso contraria sua natureza (tutela ambiental, solidariedade) ou é inviável na prática (tutela do consumidor). A legislação e a doutrina referem-se a direitos transindividuais de natureza indivisível (Barroso, 2000, p. 101-102, 216-220). Tais termos indicam a complexidade do tema, mas não respondem ao problema de determinação da titularidade e da decisão que deve ser tomada em caso de conflito de interesses entre os próprios titulares.

4. Garantias de organização

Carl Schmitt distingiu, ao lado dos direitos e garantias fundamentais, uma categoria de disposições constitucionais que a doutrina posterior denominou "garantias de organização" (*Einrichtungsgarantien* – Pieroth/Schlink, 1999, p. 19). Seu objetivo é criar e manter instituições que sustentem o exercício dos direitos fundamentais.[8] Com efeito, pouco serviria ter garantido o direito de propriedade se não existisse uma rede de instituições para tutelar seu efetivo exercício (cartórios, tribunais, oficiais de justiça, polícia).

A proposta de Schmitt apresenta particular relevância para o entendimento da estrutura dos direitos fundamentais. Escrevendo nas primeiras

---

[8] Schmitt, 1993, p. 170-173; Schmitt, 2003, p. 213-216. Na doutrina brasileira cf. Bonavides, 2002, p. 491-500; Aranha, 1999, p. 194-212.

décadas do século XX, o autor deixou claro que a tutela dos direitos de defesa pressupõe a atuação de instituições estatais, sendo que grande parte do orçamento estatal objetiva garantir o exercício de direitos fundamentais. Isso, por um lado, destrói o mito, ainda presente na doutrina brasileira, de que os direitos de defesa podem ser tutelados "a custo zero", sendo suficiente a abstenção estatal, e, por outro lado, indica que é inexato apresentar a teoria sobre o "custo dos direitos" como uma recente descoberta da doutrina estadunidense (Amaral, 2001, p. 71-80).

Segundo Schmitt, há *duas* espécies de garantias de organização:

- *Garantias de instituições privadas* (*Institutsgarantien*), tais como a família e o casamento, a propriedade e a possibilidade de organizar associações. Além da liberdade de agir, o indivíduo pode exigir do Estado uma regulamentação jurídica e a tomada de medidas práticas que possibilitem o exercício efetivo do respectivo direito.

- *Garantias de instituições públicas* (*institutionelle Garantien*), isto é, de organismos estatais cuja presença é imprescindível para que os titulares de direitos possam exercê-los (administração pública, tribunais, estrutura eleitoral).

5. Deveres fundamentais

Além de conferir direitos, a Constituição estabelece deveres das pessoas enquanto membros da sociedade. Essa idéia encontra-se freqüentemente nos discursos conservadores, mas, do ponto de vista jurídico, não carece de fundamento.

O capítulo I do Título II da CF, apesar de tratar oficialmente dos "deveres individuais e coletivos", não estabelece explicitamente deveres. Mas há de convir que a garantia de um direito pressupõe o reconhecimento de um respectivo dever das demais pessoas e, sobretudo, das autoridades estatais. Vale assim a regra de que *existem tantos deveres implícitos quantos direitos explicitamente declarados*. Esses deveres podem consistir em ação ou omissão, dependendo da natureza do direito.

Além disso, a CF estabelece uma série de deveres específicos. Podemos indicar o serviço militar (art. 143) e a educação como dever da família (art. 205). Em outros casos, o direito de defesa é limitado pelo dever de seu exercício de forma solidária. Isso ocorre com o direito de propriedade que deve ser exercido conforme "sua função social" (art. 5º, XXIII).

6. Garantias fundamentais

Trata-se de disposições constitucionais que objetivam "fazer valer" os direitos fundamentais garantidos pela Constituição (Silva, 1998, p. 413).

Há garantias preventivas e repressivas. Fazem parte das primeiras (*garantias da Constituição* – Bonavides, 2002, p. 485-491; Sarlet, 2004, p. 192) os princípios de organização e fiscalização das autoridades estatais que objetivam limitar o poder estatal e concretizam o princípio da separação dos poderes. As garantias repressivas (*remédios constitucionais*) visam a impedir violações de direitos ou sanar lesões decorrentes de tais violações (*habeas corpus*, mandado de segurança, ação popular etc.).

7. Titularidade dos direitos e garantias fundamentais

Os termos "direitos humanos" ou "da pessoa humana" sugerem que os direitos fundamentais valem para todos. O próprio art. 5°, CF, utiliza termos como "todos", "ninguém" e "qualquer pessoa" reforçando a idéia da titularidade universal. Mas, na realidade, a Constituição, com poucas exceções, garante *os direitos fundamentais para determinadas categorias de pessoas*, excluindo implicitamente os demais. O estudo detalhado da questão é de crucial importância, já que somente o titular pode acionar as garantias fundamentais reconhecidas pelo ordenamento jurídico.

7.1. Titularidade dos direitos de defesa do art. 5°, CF

No *caput* do art. 5°, CF, encontramos um direito de titularidade universal: "todos são iguais perante a lei, sem distinção de qualquer natureza". Qualquer pessoa possui o direito de beneficiar-se das leis brasileiras sem discriminação. Os demais direitos enunciados no *caput* do art. 5° referem-se, ao contrário, a dois grupos específicos de pessoas: os brasileiros e os estrangeiros residentes no País. Pertencem aos brasileiros todas as pessoas que possuem a nacionalidade brasileira, independentemente do modo de aquisição. O termo "estrangeiros residentes no País" designa as pessoas que, sem possuir a nacionalidade brasileira, moram, pelo menos temporariamente, no Brasil, tendo criado vínculos de certa duração (família, trabalho etc.).

Pergunta-se quais são os titulares dos direitos garantidos nos incisos do art. 5°, nos quais encontramos termos universalizantes, tais como "todos", "ninguém", "homens e mulheres", "qualquer pessoa"? Importa aqui entender a estrutura do artigo, dada pela relação lógica entre o *caput* e seus incisos. Usemos como exemplo a relação entre o *caput* e o inciso XVI:

Caput: "garantindo-se aos brasileiros e aos estrangeiros residentes no País a inviolabilidade do direito à vida, à liberdade, à igualdade, à segurança e à propriedade, nos termos seguintes:" *Inciso XVI*: "todos podem reunir-se pacificamente".

Está correto afirmar que é titular do direito de reunião qualquer ser humano que se encontra sob jurisdição brasileira? A resposta deve ser negativa. Os incisos não garantem novos direitos, mas especificam o conteúdo dos cinco direitos proclamados no *caput* ("garantindo-se aos brasileiros e aos estrangeiros residentes no País [...] a inviolabilidade do direito [...] nos termos seguintes"). Assim sendo, são titulares dos direitos enunciados nos incisos do art. 5º somente os brasileiros e os estrangeiros residentes no País, sendo que a titularidade conhece uma limitação quando a formulação do inciso é mais restritiva, como é o caso do inciso LXXIII, que reconhece o direito de propor ação popular somente aos cidadãos brasileiros.

De tal modo, a CF fez uma escolha que não se harmoniza com os padrões internacionais. Por que não deve gozar do direito à vida um turista? A explicação histórica é que a CF de 1988 apegou-se à letra da Constituição de 1891, que reconhecia os direitos de defesa somente a brasileiros e estrangeiros residentes. E nenhuma das mais de 50 emendas constitucionais ocupou-se desse problema, ordenando a supressão da longa, deselegante e restritiva frase "brasileiros e estrangeiros residentes no País".

A doutrina constitucional formulou quatro propostas de saída para esse impasse.

a) *Argumento do "óbvio"*. Alguns autores propõem ignorar a escolha do constituinte e interpretam os direitos do art. 5º como se fossem direitos de todos aqueles que se encontram submetidos ao ordenamento jurídico brasileiro, já que o contrário seria anacrônico, equivocado (Bastos, 2000, p. 178) e ignoraria as necessidades de proteção de todos os seres humanos (Araujo/Nunes Jr., 2003, p. 95). Discordando dessa posição, consideramos que os intérpretes/aplicadores do direito não podem desrespeitar a vontade do constituinte quando não lhes parece adequada, sob pena de incoerência teórica e confusão entre o papel do criador e do aplicador da norma.

b) *Argumento dos direitos naturais*. Tampouco satisfaz a referência a direitos naturais, reputados inerentes ao ser humano e inalienáveis. Muitos autores continuam apresentando os direitos fundamentais como atributo natural que o constituinte não pode restringir ou ignorar (Luño, 1999, p. 48-51). Essa teoria é inadmissível no Estado constitucional, dotado de poder constituinte ilimitado. Os direitos "naturais" podem ser vistos como reivindicação política, mas nunca como parte do direito positivo.

c) *Argumento da dignidade humana*. A dignidade da pessoa humana constitui um dos fundamentos do Estado (art. 1º, III CF). Relacionando esta norma com o art. 5º, poderíamos proceder a uma interpretação extensiva deste último e reconhecer a titularidade dos direitos a todos (Silva, 1998, p. 196; Branco, 2000, p. 166). Ora, a dignidade humana é um conceito muito abstrato (Sarlet, 2002, p. 38-62) que não impõe determinadas medidas nem engloba necessariamente todos os direitos garantidos no art. 5º. Além disso, é difícil sustentar que o constituinte se esqueceu no art. 5º, da dignidade humana que tinha exaltado, poucas linhas atrás, no art. 1º. Temos aqui uma

Jurisdição e Direitos Fundamentais

clara escolha no sentido de limitar a titularidade dos direitos do art. 5º, mediante norma especial que prevalece sobre as normas gerais contidas no mesmo texto normativo.

d) *Argumento dos direitos "decorrentes"*. O § 2º do art. 5º prevê que as garantias e os direitos expressos na Constituição não excluem outros que decorrem do regime e dos princípios adotados pela própria Constituição ou dos tratados internacionais que possuem validade no Brasil.

Essa disposição oferece um argumento a favor da ampliação da titularidade dos direitos fundamentais. Quando a CF garante um direito a uma categoria de pessoas, os demais podem exercê-lo em virtude de tratados internacionais que garantem para todos uma série de direitos fundamentais.

Esta argumentação permite corrigir a decisão restritiva do constituinte brasileiro. Surge, porém, um problema. O legislador ordinário pode restringir direitos reconhecidos por tratados internacionais? Segundo a opinião que prevalece na jurisprudência, a lei brasileira pode restringir ou mesmo abolir um tratado internacional anteriormente incorporado ao ordenamento nacional.[9] Essa posição foi plenamente confirmada pela Emenda constitucional nº 45, que atribui valor de lei ordinária aos tratados não aprovados por 3/5 dos membros de cada casa do Congresso Nacional (art. 5º, § 3º, CF).

Assim sendo, o legislador ordinário pode restringir os direitos de estrangeiros não-residentes, sem se submeter às limitações impostas pela Constituição em relação aos direitos fundamentais. Isso significa que a proteção oferecida pelo § 2º do art. 5º não resolve o problema. Os direitos dos brasileiros e estrangeiros residentes são "de primeira categoria", dotados de força constitucional; os estrangeiros não-residentes possuem direitos de "segunda categoria", que o legislador ordinário pode restringir ou abolir.

7.2. Titularidade dos direitos sociais

A questão da titularidade dos direitos sociais pode ser respondida com relativa facilidade. O art. 6º, CF, utiliza termos que indicam o titular (assistência aos desamparados, proteção à maternidade e à infância). Os demais direitos desse artigo não são acompanhados de indicações de titularidade. Devemos entender que titulares são todos aqueles que necessitam de prestações relacionadas à educação, saúde, trabalho, moradia, lazer, segurança e previdência social. Uma interpretação restritiva, por exemplo, o reconhecimento desses direitos somente a brasileiros, seria inaceitável diante do silêncio constitucional. Aliás, a própria CF indica a titularidade universal da maioria desses direitos em outros artigos (saúde: "todos" – art. 196; assistência social: "quem dela necessitar" – art. 203; educação: "todos" – art. 205).

---

[9] Cf. as referências bibliográficas e a crítica a posições contrárias em Sabadell/Dimoulis, 2003, p. 245-247.

Uma segunda questão se relaciona com a definição das pessoas que necessitam das prestações prometidas pelos direitos sociais. Encontramos aqui um dos maiores problemas do direito constitucional moderno que, com algumas honrosas exceções, não despertou o interesse da doutrina, que permanece centrada na análise dos direitos políticos e de defesa.[10]

Os direitos sociais enunciados nos artigos 7º a 11 são, como indica o art. 7º em seu *caput*, direitos dos trabalhadores urbanos e rurais, isto é, de qualquer pessoa trabalha no Brasil em condições de trabalho dependente de qualquer espécie. Em alguns casos, o constituinte amplia, restringe ou modifica a titularidade, por exemplo, quando trata de direitos dos trabalhadores que possuem dependentes, dos desempregados, dos aposentados, dos trabalhadores de grandes empresas (art. 7º) ou mesmo de direitos dos empregadores (art. 10).

Devemos também observar que muitos direitos garantidos nesses artigos e tratados pela doutrina como direitos sociais são, na verdade, direitos de defesa (greve – art. 9º) ou direitos políticos (participação de trabalhadores e empregadores em órgãos públicos – art. 10). Finalmente, nos artigos dedicados aos direitos sociais, encontraremos também proibições de ação dos indivíduos que não se relacionam com a finalidade e a estrutura dos direitos sociais (proibição do trabalho infantil e juvenil – art. 7º, XXXIII).

7.3. Titularidade dos direitos políticos

Os direitos políticos são, via de regra, reservados a quem possui a nacionalidade brasileira e satisfaz uma série de requisitos especificados nos arts. 14 e 15 CF. Dependendo do tipo de direito, varia a titularidade, sendo, por exemplo, condição de elegibilidade para o cargo de Presidente da República a idade de 35 anos.

Duas exceções a favor de estrangeiros devem ser referidas. Em primeiro lugar, o direito de pessoas de nacionalidade portuguesa que residem permanentemente no Brasil de exercer os direitos dos brasileiros (art. 12, § 1º). Em segundo lugar, a possibilidade de estrangeiros atuarem em partidos políticos, já que o art. 17 exige somente o "caráter nacional" dos partidos e o respeito à soberania nacional sem se referir à nacionalidade dos membros dos partidos.[11]

---

[10] Cf., entre os doutrinadores nacionais, principalmente os trabalhos de Ingo Sarlet (Sarlet, 2004; Sarlet, 2003-a; Sarlet (org.), 2003). Cf. Martins Neto, 2003, p. 151-192 e Amaral, 2001. Sobre o tema na doutrina alemã cf. Arango, 2001.

[11] A Lei nº 9.096, de 19-9-1995, que concretiza o art. 17 CF, dispõe, em seu art. 16, que somente eleitores em pleno gozo de seus direitos políticos podem filiar-se a partidos políticos. Esta previsão, que exclui da atuação partidária os estrangeiros, é, a nosso ver, indevidamente restritiva e, por isso, inconstitucional.

Jurisdição e Direitos Fundamentais

7.4. Titularidade dos direitos coletivos

Os direitos coletivos tradicionais pertencem às precitadas categorias de direitos fundamentais e por isso a questão da titularidade já foi respondida. Em relação aos novos direitos, enfrentamos grandes dificuldades. A proteção dos consumidores depende de normas infraconstitucionais que devem definir quem possui essa qualidade em cada caso. O direito ao meio ambiente é reconhecido pelo art. 225 CF a "todos" sem especificação, isto é, independentemente da nacionalidade e dos demais critérios de diferenciação. Finalmente, os titulares dos direitos à solidariedade dificilmente podem ser identificados, por se tratar de direitos extremamente genéricos e assemelhados à enunciação de programas políticos. Só pode ser dito que esses direitos devem beneficiar a todos.

7.5. As pessoas jurídicas como titulares dos direitos fundamentais

As pessoas jurídicas são, conforme regra geral, equiparadas às físicas, desde que o exercício de uma faculdade seja compatível com a natureza da pessoa jurídica. Os direitos sociais e políticos estão vinculados a interesses e necessidades de caráter pessoal e não podem ser exercidos por pessoas jurídicas. O contrário ocorre com grande parte dos direitos de defesa.

Em alguns casos, a CF faz referência expressa a direitos de pessoas jurídicas. Por exemplo, permite às associações representarem seus filiados perante os tribunais (art. 5º, XXI) e aos sindicatos a defesa dos interesses da categoria (art. 8º, III). Em certos casos, são previstos direitos específicos de pessoas jurídicas, como o tratamento preferencial dado a empresas de pequeno porte (art. 170, IX).

No restante, a CF não oferece a pessoas jurídicas a titularidade de direitos fundamentais, tal como ocorre em outros países.[12] Isso torna-se claro no caso do art. 5º, que inclui a maior parte dos direitos que interessam às pessoas jurídicas. A determinação da titularidade com a frase "brasileiros e estrangeiros residentes no País" refere-se a seres humanos, sendo impossível incluir uma pessoa jurídica na categoria de "brasileiro" ou de "estrangeiro residente".

Encontramos aqui, mais uma vez, uma opção do poder constituinte indevidamente restritiva. Como admitir que a pessoa jurídica não goze de direitos de defesa e, principalmente, do direito de propriedade? Parte da doutrina tentou corrigir essa opção, propondo uma interpretação extensiva. Considera-se que a Constituição disse "menos do que pretendia", e a inter-

---

[12] "As pessoas colectivas gozam dos direitos e estão sujeitas aos deveres compatíveis com a sua natureza" (art. 12, § 2 da Constituição de Portugal).

pretação literal seria "superada" (Branco, 2000, p. 165) ou mesmo "absurda" (Bastos, 2000, p. 178; Silva, 1998, p. 195). Disso resulta a proposta de reconhecer às pessoas jurídicas direitos fundamentais compatíveis com sua natureza e finalidade.

De nossa parte, consideramos que a necessidade de oferecer proteção constitucional a interesses das pessoas jurídicas não deve ser projetada no texto constitucional que não contemplou essa exigência. Tal como ocorre em relação aos direitos dos estrangeiros não-residentes, os direitos das pessoas jurídicas não possuem, salvo algumas disposições expressas, *status* constitucional, podendo o legislador ordinário introduzir as limitações que considerar adequadas.

7.6. Titularidade das garantias fundamentais

As garantias preventivas consistem em competências de autoridades estatais que objetivam impedir abusos de poder. Já no caso das garantias repressivas, a regra geral é que podem ser acionadas pelo titular do respectivo direito. Porém, muitas vezes a Constituição estabelece expressamente os titulares das garantias, principalmente quando se trata de garantias de direitos coletivos (exemplos: o mandado de segurança coletivo pode ser impetrado por partidos políticos e associações que satisfazem requisitos de representatividade – art. 5°, LXX; a ação popular pode ser proposta por quem possui direitos políticos – art. 5°, LXXIII). Finalmente, a legislação infraconstitucional pode estender a titularidade das garantias fundamentais, tal como ocorre com o Código de Processo Penal, cujo art. 654 prevê que o *habeas corpus* pode ser impetrado por qualquer pessoa em favor de outrem e também pelo Ministério Público.

8. Início e fim dos direitos fundamentais

A idade é um dos critérios de exercício dos direitos fundamentais, sendo que, em alguns casos, há direitos reconhecidos antes do nascimento ou *post mortem*. O reconhecimento de direitos antes do nascimento se relaciona com o problema da capacidade jurídica do nascituro e, sobretudo, com a existência de seu direito à vida. Sem adentrar na controvérsia, observaremos somente que a Constituição Federal, apesar da opinião comum,[13] não reconhece tal titularidade, deixando a critério do legislador ordinário o reconhecimento de direitos ao nascituro, assim como sua futura supressão. A pessoa física também pode ser titular de direitos fundamentais após a sua morte. Isto vale em relação à honra e ao respeito de opções decorrentes de crenças e de sua última vontade.

---

[13] Cf., por exemplo, Nunes Junior, em Araujo/Nunes Jr., 2003, p. 104.

Jurisdição e Direitos Fundamentais

O critério da idade é adotado pela CF, que garante direitos específicos das crianças e dos adolescentes com limite fixo (inimputabilidade penal dos adolescentes até dezoito anos – art. 228) ou fluído (art. 227) assim como direitos dos idosos, igualmente com limite fixo (65 anos – art. 230 § 2) ou fluído (art. 230 *caput*). Isso se verifica também em relação aos direitos políticos (art. 14 com limites mínimos que variam entre 16 e 35 anos) e na liberdade de trabalho dos menores (14, 16 ou 18 anos, dependendo da natureza do trabalho – art. 7°, XXXIII).

Um último problema se refere à capacidade jurídica de exercício de direitos, nos casos em que a CF não estabelece limite de idade. Devemos distinguir entre capacidade de direito e capacidade de fato? O problema é extremamente delicado, já que no campo dos direitos fundamentais a idéia da representação é de duvidosa aplicabilidade. Como admitir que um menor possa ser representado pelos seus pais no exercício da liberdade religiosa? A nosso ver, os menores não são excluídos da titularidade dos direitos de defesa e dos prestacionais, como ocorre com os políticos. Vale a regra que o exercício dos direitos deve ser amplamente reconhecido e, na medida em que a maturação biológica o permite, as crianças devem ser ouvidas, e seus direitos, respeitados.

9. Efeitos vinculantes dos direitos fundamentais

Uma norma de particular importância encontra-se no art. 5°, § 1°, CF: todos os direitos e garantias fundamentais são direta e imediatamente vinculantes. Isso significa que os direitos fundamentais devem ser respeitados pelas autoridades estatais, *incluíndo o poder legislativo*, que não pode restringir um direito fundamental de forma não permitida pela Constituição. Assim sendo, evidencia-se que os direitos fundamentais não são simples declarações políticas, mas preceitos que vinculam diretamente o poder estatal (Sarlet, 2004, p. 351-362).

O efeito imediato dos direitos e garantias fundamentais não se manifesta plenamente na maioria dos direitos sociais. O § 1° do art. 5° garante a aplicação imediata de normas "definidoras" de direitos, não abrangendo normas que configuram de forma incompleta um direito, como é o caso das normas de baixa densidade normativa (Dimoulis, 2005, p. 13-16).

Ora, mesmo no caso dos direitos sociais, seria equivocado considerar que se trata de simples desejos ou programas políticos. Mesmo que não haja aplicabilidade direta a favor de seu titular, há efeito de vinculação imediata em relação ao legislador, que deve proceder à regulamentação do direito, e também em relação aos tribunais que devem obrigar o legislador a implementar os direitos sociais e, eventualmente, suprir a deficiência mediante o controle de constitucionalidade das omissões legislativas, o mandado de injunção e as demais garantias fundamentais (Sarlet, 2004, p. 253-293).

Disto resulta que o principal sujeito passivo dos direitos e garantias fundamentais é o poder estatal, incluindo-se nesse qualquer autoridade que exerça competências estatais, mesmo mediante concessão de serviço público ou permissão especial. A garantia constitucional dos direitos fundamentais impede que uma autoridade estatal os desrespeite. Isto é o *efeito vertical* dos direitos fundamentais que se manifesta nas relações entre o inferior (indivíduo) e o superior (Estado).

A doutrina e jurisprudência alemã analisou a posssibilidade de reconhecer um *efeito horizontal* que vincularia *diretamente* os particulares em determinadas situações,[14] tema esse que motivou algumas recentes pesquisas no Brasil (Steinmetz, 2004; Sarmento, 2004). A CF não se refere ao efeito horizontal. Na maioria dos casos, os particulares respeitam os direitos fundamentais de forma reflexiva, cumprindo a legislação ordinária. Para que um direito não seja lesionado nas relações entre particulares é suficiente e eficiente aplicar normas infraconstitucionais sem recorrer diretamente à Constituição. São raros os casos nos quais a legislação infraconstitucional apresenta lacunas de proteção do titular de direitos fundamentais. Assim sendo, a vinculação direta de terceiros por normas de direitos fundamentais só pode ser cogitada em casos excepcionais.

10. Conflitos entre direitos fundamentais

10.1. Situação de conflito

Os direitos fundamentais adquirem relevância prática quando são reunidas duas condições. Primeiro, a presença de um conflito em relação ao exercício do direito fundamental; caso contrário, não há motivo para que alguém invoque a tutela constitucional. Segundo, a resistência deve decorrer de norma de grau imediatamente inferior à Constituição. Temos conflito entre direitos fundamentais quando a norma está incluída em lei no sentido formal, tratado internacional não constitucionalizado, medida provisória ou norma infralegal (se não houver lei sobre o tema). A resistência pode também ser devida à omissão normativa que impossibilita o exercício do direito. Quando a conduta de uma autoridade estatal fere norma infraconstitucional, não há conflito entre direitos fundamentais, mas um simples problema de legalidade.

Quando são reunidas essas condições, temos uma *situação de conflito* que pode ser descrita da seguinte maneira:

- considera-se titular de um direito fundamental, sendo impedido em seu exercício, em razão de ação ou omissão de E1 (que, na maioria dos casos, será uma autoridade estatal);

---

[14] Alexy, 1996, p. 475-493; Classen, 1997; Pieroth/Schlink, 1999, p. 43-47.

Jurisdição e Direitos Fundamentais

- protesta; E1 responde: "a lei não permite o exercício do direito";
- afirma que a lei em questão viola a Constituição; E1 discorda;
- E2, provavelmente um tribunal, decidirá se a lei em questão viola a Constituição e, conseqüentemente, se I pode exercer o direito.

A dogmática oferece subsídios para esse trabalho interpretativo, indicando *quem, sob quais condições e em quais situações pode exercer um direito fundamental.*[15] Esse trabalho enfrenta uma série de dificuldades (Pieroth/Schlink, 1999, p. 1-2), a saber:

a) As formulações da Constituição são abstratas e genéricas (baixa densidade normativa), tornando difícil decidir qual das partes tem razão constitucional;

b) Muitos direitos fundamentais não podem ser aplicados sem intervenção concretizadora do legislador. As normas infraconstitucionais estão sempre submetidas a controle de constitucionalidade, mas, ao mesmo tempo, a norma constitucional é muito vaga para permitir um tal controle. Isso cria um círculo vicioso que impossibilita o controle da maioria das normas concretizadoras;

c) Os conflitos sobre direitos fundamentais envolvem fortes interesses políticos e econômicos, e isso dificulta a imparcialidade do intérprete.

Não há solução fácil para tais problemas. A dogmática dos direitos fundamentais deve propor modelos de solução e formular propostas concretas. Seu ponto de partida deve ser o entendimento de que o campo dos direitos fundamentais não é harmónico nem pacífico. Vale a equação: *direitos fundamentais = conflito entre direitos fundamentais.*

10.2. Tipos de conflitos e de limitações

A referência a conflitos entre direitos fundamentais impõe dois esclarecimentos. Primeiro, devemos fazer uma distinção segundo o tipo do conflito. Muitas vezes há um conflito *direto* entre titulares de direitos, como no caso da colisão entre a liberdade de imprensa e o direito à intimidade. A doutrina afirma que o conflito pode também ocorrer entre um direito fundamental e um *interesse geral constitucionalmente tutelado,*[16] como é a segurança pública ou a tributação.

---

[15] Essa opção metodológica inspira nossas atividades de ensino e pesquisa no âmbito do Mestrado em Direito da Universidade Metodista de Piracicaba. Para uma junção da dogmática geral com o tratamento aprofundado de problemas concretos cf. as dissertações de: Pacello, 2004; Sucasas, 2004; Tranquilim, 2005. Cf. também o n. 3 da Revista "Cadernos de Direito" (dezembro 2003) Publicada pelo mesmo Curso de Mestrado.

[16] A terminologia oscila. Encontramos termos como "bem e interesse coletivo" (Pieroth/Schlink, 1999, p. 67); "princípio de interesse geral", "princípio (ou bem) constitucional" (Martins, 2002, p. 27, 29); "bens constitucionalmente garantidos", "bens jurídicos da comunidade e do Estado" (Canotilho, 2002, p. 1255-1256); "bem coletivo ou do Estado", "valores constitucionais", "interesses da comunidade" (Farias, 2000, p. 116-118); "interesses públicos" (Ladeur, 2004, p. 13).

Na verdade, tais interesses gerais se desdobram em direitos fundamentais que justificam a restrição. A segurança pública é um conceito coletivo (*Sammelbegriff*) que inclui direitos fundamentais (segurança, vida, propriedade etc.) de cada pessoa. A tributação se justifica porque permite a redistribuição do produto nacional (implementando direitos sociais) e o funcionamento dos aparelhos estatais que possibilitam o exercício dos direitos fundamentais. Disso resulta que a limitação de um direito se justifica pela necessidade de preservar outros direitos, pelo menos de forma indireta.[17]

Usando como critério o tipo da limitação, diferenciamos entre as genéricas e as casuísticas. No primeiro caso, a limitação é imposta mediante norma geral, independentemente da ocorrência de conflitos. Por exemplo, o limite de velocidade é legalmente estabelecido, sendo considerado idôneo para proteger a vida, a integridade e o patrimônio no trânsito; permanece válido independentemente da presença de veículos na estrada ou da capacidade do motorista. No segundo caso, a limitação só é permitida após a verificação de um conflito concreto entre dois direitos, sendo necessária uma decisão do Executivo ou do Judiciário sobre o direito que deverá prevalecer.

10.3. Conceitos básicos

A construção de modelos para a solução de conflitos entre direitos fundamentais de forma sistemática e racionalmente controlada pressupõe o emprego de algumas categorias conceituais elaboradas pela doutrina alemã e recepcionadas em outros países.[18]

a) *Área de regulamentação*. O direito fundamental se refere a uma situação ou relação real que constitui o suporte fático da norma. Assim, por exemplo, a Constituição pode garantir a liberdade de ir e vir porque os seres humanos efetivamente se locomovem. Essa situação ou relação real constitui a área de regulamentação do direito fundamental, seu campo de referência.

b) *Área de proteção*. A Constituição tutela parte das situações e relações que pertencem à área de regulamentação. É tarefa do aplicador da norma constatar se uma situação ou relação situada na área de regulamentação pertence ou não ao círculo menor – e juridicamente decisivo – da área de proteção. Em especial, quando a Constituição utiliza termos como "salvo se", "a não ser que", "sendo vedado", entendemos que restringe a área de proteção.

c) *Exercício do direito*. O exercício de um direito fundamental consiste na possibilidade de fazer ou de deixar de fazer algo. Há violação de um

---

[17] Para uma defesa da posição contrária, segundo a qual os bens coletivos não se reduzem a direitos fundamentais, cf. Queiroz, 2002, p. 262-263.

[18] Pieroth/Schlink, 1999, p. 50-78; Canotilho, 2002, p. 1239-1286. No âmbito da doutrina brasileira, cfr. Sarlet, 2004; Mendes, 2000; Martins, 2003, p. 24-30.

Jurisdição e Direitos Fundamentais

direito quando o titular é impedido de fazer aquilo que a Constituição permite ou se vê obrigado a fazer aquilo que a Constituição não impõe. No caso dos direitos prestacionais, o exercício do direito constiste na possibilidade de o titular receber o benefício constitucionalmente estabelecido. Observamos que, com a exceção dos direitos-deveres, cujo exercício é obrigatório (exemplos: alistamento eleitoral e voto entre os 18 e 70 anos – art. 14, § 1°; ensino fundamental – art. 208, I), os direitos não podem ser interpretados como deveres do titular.[19]

d) *Intervenção na área do direito*. Como dissemos, o conflito entre direitos fundamentais inicia-se no momento em que alguém, e principalmente uma autoridade estatal, impede o exercício de um direito, invadindo a área de proteção. A intervenção pode ser feita direta ou indiretamente, com ou sem coação, mediante ação ou omissão. Porém, é necessário que a intervenção seja causada por normas ou omissões de autoridade imediatamente inferior à Constituição.

A intervenção provoca a descrita situação de conflito entre direitos fundamentais. O ordenamento jurídico deve dar uma resposta e, para tanto, se faz necessário elaborar critérios para distinguir entre intervenções permitidas e não permitidas. Com efeito, a proibição de uma conduta não causa sempre inconstitucionalidade. É necessário saber se o comportamento se situa na área de proteção de um direito; se a restrição encontra justificativa; se não há conflito entre direitos fundamentais impondo que o titular de determinado direito recue para possibilitar o exercício do outro.

Quando a intervenção não se justifica temos *violação* de um direito fundamental, podendo o interessado acionar os mecanismos de garantia do direito. Para facilitar o exame do caráter lícito ou ilícito de uma intervenção, a doutrina alemã elaborou uma série de roteiros que apresentamos em anexo, modificados e adaptados ao direito brasileiro. As principais categorias de limitações permitidas serão a seguir analisadas com base na distinção entre limitações genéricas e casuísticas.[20]

10.4. Limitações genéricas

10.4.1. Concretização mediante lei

Alguns direitos fundamentais são enunciados de forma genérica, faltando a definição da área de proteção. Em tais casos, o constituinte oferece

---

[19] Isso adquire particular importância no caso do direito à vida, freqüentemente interpretado como dever do titular (cf., por exemplo, Nunes Junior, em Araujo/Nunes Jr., 2003, p. 104). Garantindo o direito à vida, a CF considera-a como *bem disponível* conforme decisão de seu titular, sendo inconstitucional qualquer tentativa do legislador de impor um dever de viver ou de punir a participação de terceiros ao suicídio, como ocorre com o art. 122 do Código Penal.

[20] Pieroth/Schlink, 1999, p. 60-72; Alexy, 1996, p. 249-307.

ao legislador ordinário um amplo *poder de definição*: as normas infraconstitucionais concretizam o direito fundamental, indicando seu conteúdo e função. No caso dos direitos de defesa, a falta de concretização não prejudica o titular, mas a lei concretizadora é, via de regra, necessária no caso dos direitos políticos e sociais. A lógica ensina que a concretização constitui também (de)limitação. Por essa razão, deve ser sempre analisado se a lei concretizadora não limita indevidamente a área de proteção do direito (Pieroth/Schlink, 1999, p. 53-54; Mendes, 2000, p. 217-223).

10.4.2. Reserva legal

Muitas disposições constitucionais estabelecem uma reserva legal (reserva de lei – *Gesetzesvorbehalt*), permitindo ao legislador infraconstitucional restringir a área de proteção do direito. A reserva legal é *plena* (simples ou absoluta), quando a Constituição indica que o direito será exercido "na forma da lei" ou nos "termos da lei" (exemplos: art. 5º, XV, CF). Temos uma reserva legal *limitada* (qualificada ou relativa) quando a Constituição especifica o tipo ou a finalidade da restrição que a lei pode estabelecer, impondo limites ao próprio legislador (exemplo: art. 5º, XXIV, CF) (Mendes, 2000, p. 223-241).

Pergunta-se se é possível reconhecer a existência de uma reserva legal indireta ou tácita, quando a CF não utiliza fórmulas típicas da reserva legal, mas é oportuno que uma lei intervenha para fixar as condições de exercício do direito. O problema apresenta particular relevância no direito constitucional brasileiro, devido ao fato de encontrarmos na CF uma longa série de direitos sem reserva legal.

O entendimento mais condizente com os imperativos da interpretação sistemática é que a não-inserção de reserva legal significa que o constituinte autorizou o pleno exercício do direito e não vislumbrou o risco de conflito. Eventual limitação do direito em questão mediante normas gerais seria inconstitucional: uma restrição só pode ser admitida *in concreto*, quando se constata um efetivo conflito entre direitos fundamentais (Pieroth/Schlink, 1999, p. 73-76; Martins, 2003, p. 29).

Esse entendimento foi por nós anteriormente admitido (Dimoulis, 2001, p. 26). Contudo, a análise de casos concretos indicou problemas. Usemos o exemplo das possíveis limitações do direito à vida privada garantido no art. 5º, X, CF (Pacello, 2004, p. 63-69). Esse direito não inclui cláusula de reserva legal e podemos entender que eventuais conflitos com outros direitos deveriam ser resolvidos em cada caso particular mediante decisão do Executivo ou do Judiciário. Ora, é sabido que a vida privada se encontra em contínuo conflito com outros direitos. Basta pensar nas colisões entre a privacidade e o direito de informação ou entre a privacidade e

---

Jurisdição e Direitos Fundamentais

o dever de tributação. É preferível ter uma intervenção legislativa sem autorização constitucional ou confiar nas intervenções pontuais – mas incessantes – dos demais poderes?

Fazendo a primeira opção, teríamos uma quebra da sistemática constitucional que decidiu (com ou sem razão) diferenciar entre direitos fundamentais com reserva e outros sem reserva legal.[21] Fazendo a segunda opção, confiaríamos a poderes, que normalmente estão submetidos ao império da lei, a competência de impor limitações que negamos ao próprio legislador! Além disso, mesmo se não houver lei, o Poder Judiciário, decidindo repetidamente sobre esses conflitos, acabará cristalizando uma jurisprudência. Porque a limitação do direito à privacidade mediante direito sumulado respeita a Constituição mais do que o estabelecimento de limites legais?

Devemos também levar em consideração que a restrição mediante ato do Poder Legislativo possui as vantagens da democraticidade, da segurança jurídica e da economia processual (Pacello, 2004, p. 66) e não impede a avaliação de sua constitucionalidade pelo Poder Judiciário. O problema se resolve muitas vezes com recurso a outras normas constitucionais que autorizam a intervenção, como é caso do art. 145, § 1°, CF que autoriza a regulamentação legal da quebra do sigilo bancário (Sampaio, 1998, p. 383-384; Pacello, 2004, p. 67). Estamos aqui diante de um problema de dogmática constitucional que mereceria um tratamento monográfico.

Esclarecemos finalmente que, segundo a posição prevalecente na doutrina e na jurisprudência, a reserva legal só se implementa mediante lei no sentido formal ou espécie normativa de igual força jurídica, como a medida provisória e a lei delegada (Silva, 1998, p. 422). Assim sendo, a reserva de lei equivale quase sempre a uma "reserva parlamentar", impossibilitando restrições de direitos fundamentais sem o acordo dos representantes do povo.

10.4.3. Limitações constitucionais gerais em casos excepcionais

A CF estabelece um duplo sistema de legalidade: normal e a excepcional, que vigora em caso de conflitos militares ou graves ameaças à estabilidade política e social. No âmbito da legalidade excepcional, a CF altera as competências das autoridades estatais, reforçando o papel do Poder Executivo federal. Ao mesmo tempo, autoriza uma série de restrições dos direitos fundamentais que seriam claramente inconstitucionais em tempos de paz e sob um regime de normalidade política. A CF prevê três situações

---

[21] Carece de fundamento a alegação de que o art. 5°, II, inclui uma reserva legal subsidiária (Mendes, 2000, p. 240). O inciso proíbe a restrição de direitos *sine legem*, mas não diz que o legislador pode estabelecer as restrições que desejar. Barros, 2003, p. 168-172, admite a possibilidade de limitação mediante reserva legal tácita, mas não oferece argumentoe em favor de sua posição.

excepcionais que autorizam limitações de direitos fundamentais: estado de defesa previsto no art. 136, §§ 1º e 3º; estado de sítio de acordo com o art. 137, I; estado de sítio conforme o art. 137, II (Dimoulis, 2001, p. 26-27).

10.5. Limitações casuísticas

Muitas vezes, verifica-se um conflito entre direitos fundamentais em casos concretos, sem que seja possível oferecer uma resposta aplicando lei ou outra norma geral. O que deve acontecer quando as vagas disponíveis nas UTIs de uma cidade são inferiores ao número de pacientes que precisam urgentemente de tais cuidados? Os direitos dos pacientes são igualmente reconhecidos pela Constituição e pela legislação ordinária, mas não há possibilidade material de exercício simultâneo. Tarefa da doutrina jurídica é refletir sobre a harmonização dos direitos, estudando os típicos casos de colisão e propondo soluções para auxiliar o Poder Judiciário na tomada de decisões de forma fundamentada (Pieroth/Schlink, 1999, p. 72-76; Mendes, 2000, p. 282).

As principais ferramentas para decidir sobre tais casos são duas. Primeiro, a *interpretação sistemática da Constituição*, que permite levar em consideração todas as disposições relacionadas ao caso concreto e encontrar parâmetros de solução estabelecidos pelo constituinte.[22] Segundo, o *princípio da proporcionalidade*, que será analisado em seguida.

10.6. Limites dos limites da intervenção

A restrição de direitos fundamentais mediante intervenções na área de proteção não é ilimitada. A intensidade e duração da limitação depende de fatores que se resumem na necessidade de oferecer uma justificativa com argumentos racionais, demonstrando, em particular, que a limitação ocorre na estrita medida do necessário. Esta é a base da teoria dos limites dos limites (*Schranken-Schranken*).[23]

O principal instrumento utilizado para avaliar a conformidade constitucional de certa intervenção na área de proteção é o princípio da proporcionalidade, amplamente estudado na Alemanha[24] e recepcionado pela doutrina brasileira.[25] Em palavras simples, examinar a proporcionalidade significa analisar a correspondência entre meios e fins da intervenção, isto

---

[22] A interpretação sistemática permite encontrar no texto constitucional indicações sobre a forma de solução de conflitos. Exemplos: o princípio da moralidade administrativa pode justificar uma maior restrição do direito à privacidade dos funcionários públicos; inversamente, a especial tutela constitucional da infância e da juventude impõe particulares exigências de justificação em caso de intervenções em seus direitos.

[23] Pieroth/Schlink, 1999, p. 65; Canotilho, 2002, p. 449-456; Mendes, 2000, p. 241-251.

[24] Cf. a análise exaustiva em Clérico, 2001.

[25] Bonavides, 2002, p. 356-397; Barros, 2003; Mendes, 2000, p. 246-275; Steinmetz, 2001, p. 139-172; Silva, 2002; Tavares, 2003, p. 531-544; Sarmento, 2003; Ávila, 2003, p. 104-117; Martins, 2003, p. 30-40.

é, sua necessidade e justificação. Concretamente, deve-se realizar o exame sucessivo de quatro elementos:

- *A finalidade da intervenção na área de proteção é constitucionalmente permitida*? Se a resposta for negativa, não há motivo para aceitar a intervenção.

- *Os meios empregados são constitucionalmente permitidos*? Ainda que a finalidade seja lícita, como no caso da necessidade de preservar a vida de uma vítima de seqüestro, as autoridades estatais não podem recorrer a meios constitucionalmente vedados, como seria a tortura do seqüestrador para descobrir o paradeiro da vítima.

- *Os meios empregados são adequados*? Essa exigência permite diferenciar entre a possibilidade abstrata de limitar um direito e a aptidão da medida em atingir certa finalidade. É lícito (e necessário) avaliar os conhecimentos e as capacidades de quem pretende exercer a profissão de médico. Porém, exigir que os futuros médicos se submetam a exame de conhecimento de história militar medieval é uma medida que não responde à finalidade de avaliar seu preparo profissional.

- *Os meios empregados são necessários*? A intensidade da intervenção não deve superar a medida do absolutamente necessário para harmonizar os direitos em conflito. Se a polícia pode dissolver uma reunião ilegal avisando verbalmente aos manifestantes, não é permitido que faça uso de força física, intervindo de maneira desnecessariamente intensiva nos direitos dos manifestantes. O critério da necessidade é o mais utilizado na prática, por ser o mais exigente e o mais freqüentemente desrespeitado.[26]

Observamos, finalmente, que grande parte da doutrina considera que um critério que faz parte da proporcionalidade (ou é complementar a essa) é o respeito ao núcleo (ou conteúdo) essencial do direito, que nunca pode ser atingido para resguardar outro direito.[27] Em anterior publicação, admitimos esse critério (Dimoulis, 2001, p. 28). Mas, após melhor reflexão, consideramos que, dada a ausência de previsão normativa, não é possível aplicá-lo no Brasil. Mesmo assim, o princípio da proporcionalidade garante, na prática, a preservação do núcleo do direito, sendo difícil pensar em casos nos quais seria constitucionalmente justificado suspender de forma duradoura um direito para satisfazer outro.

10.7. Crítica do critério da proporcionalidade stricto sensu

Em paralelo ao problema dos "limites dos limites" impostos ao legislador, temos a necessidade de limitar o próprio Poder Judiciário, que avalia

---

[26] Pieroth/Schlink, 1999, p. 68.

[27] Farias, 2000, p. 96-101; Barros, 2003, p. 100-104 Steinmetz, 2001, p. 160-164; Canotilho, 2002, p. 456-458; Queiroz, 2002, p. 211-216.

a constitucionalidade das intervenções legislativas na área de proteção dos direitos fundamentais. Como garantir que o controle de constitucionalidade não seja usado como pretexto para substituir a avaliação política do legislativo pela avaliação, igualmente política, do Judiciário?

Tal afirmação pode ser ilustrada com um exemplo. Quando o legislador fixa a alíquota de um imposto, sua decisão não pode ser entendida como a única certa. Se perguntarmos a vários especialistas, provavelmente receberemos várias respostas sobre a necessidade do imposto e a alíquota indicada. Ora, se a decisão do legislador não é a melhor possível, com certeza é a única que foi tomada pela autoridade competente. Para que um juiz possa modificá-la, será necessário demonstrar que contraria a Constituição. Mas, na maioria dos casos, isso é impossível, devido ao caráter abstrato das normas constitucionais. Para tanto, consideramos necessário estabelecer limites ao controle jurisdicional das decisões do Legislativo, situando-nos na contramão da corrente otimista sobre o potencial fiscalizador do Poder Judiciário (Dimoulis, 2005, p. 32-33).

Para respeitar o imperativo da autolimitação no campo dos conflitos entre direitos fundamentais, o Judiciário não deve utilizar a ferramenta da proporcionalidade de maneira extensiva. Tal uso extensivo ocorre quando é utilizado um ulterior critério de proporcionalidade: a denominada proporcionalidade *stricto sensu*, também conhecida como exigibilidade (*Zumutbarkeit*), ponderação (*Abwägung*) ou proibição de excesso (*Übermaßverbot*).

A maioria dos doutrinadores e muitos tribunais constitucionais considera que, após o exame da adequação e da necessidade de uma restrição, o julgador deve realizar uma ponderação direta dos direitos que se encontram em conflito, avaliando qual possui o maior "peso" no caso concreto e, por essa razão, deve prevalecer.[28] Nesse âmbito, deve ser examinado "se a importância da realização da finalidade justifica a intensidade de uma intervenção nos direitos fundamentais" (Clérico, 2001, p. 140).

Consideramos que a ponderação direta entre direitos *não* deve integrar o princípio da proporcionalidade em sede jurisdicional. Do ponto de vista material, os direitos fundamentais são heterogêneos e isso impede um sopesamento que só seria possível entre elementos comensuráveis. Do ponto de vista formal, os direitos possuem a mesma força jurídica e isso impede a hierarquização indicando a impossibilidade de efetuar uma ponderação fundamentada na Constituição. Assim sendo, quando o julgador constata que uma restrição é adequada e necessária, deve encerrar o exame de constitucionalidade ainda que discorde da opção do legislador.

---

[28] Cf. a definição do critério pelo Tribunal constitucional alemão: *Entscheidungen des Bundesverfassungsgerichts*, vol. 90, p. 185. Entre a doutrina cf. Alexy, 1996, p. 100-104, 143-154; Clérico, 2001, p. 140-250; Canotilho, 2002, p. 270; Steinmetz, 2001, p. 152-153; Silva, 2002, p. 40-41; Barros, 2003, p. 84-86; Sarmento, 2003, p. 89-90, 96; Ávila, 2003, p. 116-117.

Jurisdição e Direitos Fundamentais

Os partidários da expansão do controle do Judiciário observam que o risco da subjetividade da decisão dos juízes pode diminuir, graças ao trabalho da doutrina e também mediante a consolidação jurisprudencial de certos entendimentos (Sarmento, 2003, p. 147). Mas o verdadeiro problema não está na subjetividade dos julgadores, que está sempre presente no exercício de um poder discricionário. O problema está na pergunta *quem* deve tomar uma decisão discricionária e de cunho político, optando por uma alternativa (Martins, 2003, p. 37).

No debate atual, são formuladas duas principais críticas ao emprego do critério da proporcionalidade *stricto sensu* no controle de constitucionalidade. A primeira é política e de inspiração neoliberal. Afirma-se que os inevitáveis conflitos entre os direitos que garantem espaços de liberdade devem ser resolvidos de forma espontânea pela sociedade, através dos mecanismos de mercado e de acordos entre os interessados, sendo inaceitável que o Estado, após ter garantido certas liberdades, venha a restringi-las através de decisões do Legislativo ou do Judiciário (Ladeur, 2004).

Essa crítica que está fundamentada na rejeição do "Estado intervencionista" (*ibidem*, p. 15) não é convincente. Do ponto de vista político e teórico, é reintroduzido o mito da "mão invisível" que promete resolver os conflitos, deixando, na prática, os mais fracos nas "mãos" dos socialmente mais fortes. Juridicamente, essa posição desconhece os imperativos constitucionais que impõem explicitamente a intervenção do legislador. Mesmo quando não há expressa reserva legal, os direitos fundamentais são garantidos pelo Estado e isso indica que, diante de uma colisão, o Estado possui a competência para decidir qual direito deve prevalecer. Uma omissão estatal provocaria antinomias jurídicas, criando uma situação semelhante ao "estado de natureza" que o direito estatal procura evitar.

Basta pensar no exemplo do conflito entre dois direitos de defesa. Como admitir que o legislador não tenha competência para resolvê-lo e que o Poder Judiciário não deve se posicionar na substância, alegando que os interessados devem proceder à negociação direta, como sugere a perspectiva neoliberal (*ibidem*, p. 29, 43, 79)? O problema agrava-se se pensarmos em conflitos entre direitos prestacionais, onde a ausência de regulamentação estatal impossibilitaria o exercício dos respectivos direitos.

A segunda crítica é de cunho constitucional e ressalta a importância do princípio democrático. Sem oferecer uma fundamentação detalhada,[29] observaremos que o exame de proporcionalidade e a hermenêutica constitucional em geral devem respeitar suas próprias limitações, evitando intervir no campo do poder discricionário do legislador. O Poder Judiciário não é um legislador que decide em instância recursal. Ele só pode modificar a

---

[29] Pieroth/Schlink, 1999, p. 67-69; Martins, 2001, p. 146-150; Martins, 2003, p. 36-37.

decisão legislativa se houver um argumento racional que permita fundamentar a contrariedade entre a lei e a Constituição.

A proporcionalidade *stricto sensu* é uma construção irracional, dada a impossibilidade jurídica de quantificar e comparar os direitos fundamentais, decidindo qual possui maior "peso" no caso concreto. Como acreditar que um juiz possa comparar de forma confiável a "valia" de um direito e a "desvalia" do outro (Ávila, 2003, p. 116) ou que tenha a capacidade de avaliar se um direito possui "*peso* suficiente" (Silva, 2002, p. 41)?

Nem a doutrina nem o Poder Judiciário são detentores de uma balança de precisão que permita medir e ponderar direitos. Persistir em tal crença, como parte da doutrina hoje o faz,[30] aplaudida pelas autoridades da justiça constitucional que vêem na proporcionalidade *stricto sensu* um meio para ampliar seus poderes de criação do direito, prejudica a credibilidade da dogmática jurídica e a estrutura do Estado constitucional.

Podemos assim concluir que, não havendo critério constitucional para resolver um conflito, o legislador é o único habilitado para concretizar as normas constitucionais, usando o poder discricionário que lhe ofereceu a Constituição em virtude do caráter abstrato de suas normas (Dimoulis, 2005, p. 14-15). O Poder Judiciário não deveria opor à vontade concretizadora do legislador sua própria avaliação, sob pena de ferir a separação dos poderes.

Anexo:
Roteiros de exame de constitucionalidade de medidas limitadoras dos direitos fundamentais[31]

A. Exame de constitucionalidade de lei que limita direitos de defesa, coletivos e políticos

1. O comportamento contemplado pela lei situa-se na área de proteção de um direito fundamental?

2. A lei intervém na área de proteção de um direito fundamental?

3. A intervenção é justificada constitucionalmente (intervenção permitida)?

a. Há validade formal da lei (competência, respeito das regras do processo legislativo, vigência)?

b. A lei respeita o tipo de reserva legal do direito fundamental?

c. A lei é geral?

d. A lei é clara e concreta?

e. A lei respeita o princípio de proporcionalidade?

---

[30] Uma incondicional defesa da expansão dos poderes do Judiciário mediante interpretações criativas encontra-se em Queiroz, 2002.

[31] Seguimos os esquemas propostos por Pieroth/Schlinck, 1999, p. 3, 78, 120-121 com modificações de nossa responsabilidade. Na doutrina brasileira, encontramos uma apresentação parcial desses modelos em Mendes, 2000, p. 315-317; Barros, 2003, p. 182-184.

f. A lei está em conformidade com todas as disposições constitucionais?

B. Exame de constitucionalidade de medida administrativa ou judiciária que limita os direitos de defesa, coletivos e políticos
1. O comportamento contemplado pela medida situa-se na área de proteção de um direito fundamental?
2. A medida intervém na área de proteção de um direito fundamental?
3. A intervenção é justificada constitucionalmente (intervenção permitida)?
a. A medida possui fundamento legal?
b. A medida aplica a lei (fundamento legal) em conformidade com a Constituição?
c. A medida é clara e concreta?
d. A medida respeita o princípio de proporcionalidade?
e. A medida respeita todas as disposições da Constituição?

C. Exame de conformidade ao princípio da igualdade
1. Constata-se tratamento discriminatório (tratamento dos iguais de forma desigual)?
a. As pessoas ou grupos são comparáveis?
b. As pessoas ou grupos são tratados de forma discriminatória?
2. A desigualdade é juridicamente justificada?
a. Há validade formal da lei?
b. A lei está conforme aos critérios que permitem uma diferenciação?
c. A lei é clara e concreta?
d. Foi respeitado o princípio de proporcionalidade?
e. A finalidade é legítima (não sendo simples pretexto)?

D. Exame de constitucionalidade de omissões relativas a direitos sociais
1. O Estado se omitiu a tomar determinada medida?
2. A Constituição reconhece ao reclamante o direito de exigir do Estado que a medida seja tomada?

Bibliografia

ALEXY, Robert. *Theorie der Grundrechte*. Frankfurt/M.: Suhrkamp, 1996.

AMARAL, Gustavo. *Direito, escassez e escolha*. Rio de Janeiro: Renovar, 2001.

ARANGO, Rodolfo. *Der Begriff der sozialen Grundrechte*. Baden-Baden: Nomos, 2001.

ARANHA, Márcio Iorio. *Interpretação constitucional e as garantias institucionais dos direitos fundamentais*. São Paulo: Atlas, 1999.

ARAUJO, Luiz Alberto David; NUNES Jr., Vidal Serrano. *Curso de direito constitucional*. São Paulo: Saraiva, 2003.

ÁVILA, Humberto. *Teoria dos princípios*. São Paulo: Malheiros, 2003.

BARROS, Suzana de Toledo. *O princípio da proporcionalidade e o controle de constitucionalidade das leis restritivas de direitos fundamentais*. Brasília: Brasília Jurídica, 2003.

BARROSO, Luís Roberto. *O direito constitucional e a efetividade de suas normas. Limites e possibilidades da Constituição brasileira*. Rio de Janeiro: Renovar, 2000.

BASTOS, Celso Ribeiro. *Curso de direito constitucional.* São Paulo: Saraiva, 2000.

BINOCHE, Bertrand. *Critiques des droits de l'homme.* Paris: PUF, 1988.

BONAVIDES, Paulo. *Curso de direito constitucional.* São Paulo: Malheiros, 2002.

BRANCO, Paulo Gustavo Gonet. Aspectos de teoria geral dos direitos fundamentais. In MENDES, Gilmar Ferreira *et al. Hermenêutica constitucional e direitos fundamentais.* Brasília: Brasília Jurídica, 2000, p. 103-194.

CANOTILHO, José Joaquim Gomes. *Direito constitucional e teoria da Constituição.* Coimbra: Almedina, 2002.

CLASSEN, Claus Dieter. Die Drittwirkung in der Rechtsprechung des Bundesverfassungsgerichts. *Archiv des öffentlichen Rechts,* v. 122, 1997, p. 65-105.

CLÉRICO, Laura. *Die Struktur der Verhältnismäßigkeit.* Baden-Baden: Nomos, 2001.

DIMOULIS, Dimitri. Dogmática dos direitos fundamentais. Conceitos básicos. *Caderno de comunicações,* v. 5, n. 2, 2001, p. 11-30.

———. Argüição de descumprimento de preceito fundamental. Problemas de concretização e limitação. *Revista dos Tribunais,* v. 832, 2005, p. 11-36.

FARIAS, Edilsom Pereira de. *Colisão de direitos. A honra, a intimidade, a vida privada e a imagem versus a liberdade de expressão e informação.* Porto Alegre: Fabris, 2000.

GOSEPATH, Stefan/LOHMANN, Georg (org.). *Philosophie der Menschenrechte.* Frankfurt/M.: Suhrkamp, 1999.

JELLINEK, Georg. *System der subjektiven öffentlichen Rechte.* Freiburg: Mohr (Siebeck), 1892 (reimpressão Elibron Classics – sem data).

LADEUR, Karl-Heinz. *Kritik der Abwägung in der Grundrechtsdogmatik.* Tübingen: Mohr, 2004.

LUÑO, Antonio Enrique Pérez. *Derechos humanos, Estado de derecho y Constitución.* Madrid: Tecnos, 1999.

MARTINS, Leonardo. *Die Grundrechtskollision. Grundrechtskonkretisierung am Beispiel des § 41 Abs. 1 BDSG.* Tese de Doutorado, Humboldt Universität, Berlin 2001.

———. Proporcionalidade como critério de controle de constitucionalidade. Problemas de sua recepção pelo direito e jurisdição constitucional brasileiros. *Cadernos de direito,* v. 3, n. 5, 2003, p. 15-45.

MARTINS NETO, João dos Passos. *Direitos fundamentais. Conceito, função e tipos.* São Paulo: Revista dos Tribunais, 2003.

MENDES, Gilmar Ferreira. Os direitos individuais e suas limitações. Breves reflexões. In MENDES, Gilmar Ferreira *et al. Hermenêutica constitucional e direitos fundamentais.* Brasília: Brasília Jurídica, 2000, p. 197-322.

PACELLO, Paulo Ribeiro. *Sigilo bancário, direito de privacidade e dever de tributação.* Dissertação (Mestrado em Direito), Universidade Metodista de Piracicaba, 2004.

PIEROTH, Bodo/SCHLINK, Bernhard. *Grundrechte. Staatsrecht II.* Heidelberg: Müller, 1999.

QUEIROZ, Cristina. *Direitos fundamentais (teoria geral).* Coimbra: Coimbra Editora, 2002.

SABADELL, Ana Lucia; DIMOULIS, Dimitri. Tribunal penal internacional e direitos fundamentais. Problemas de constitucionalidade. *Cadernos de direito,* v. 3, n. 5, 2003, p. 241-259.

SAMPAIO, José Adércio Leite. *Direito à intimidade e à vida privada.* Belo Horizonte: Del Rey, 1998.

———. *Direitos fundamentais. Retórica e historicidade.* Belo Horizonte: Del Rey, 2004.

SARLET, Ingo Wolfgang. *Dignidade da pessoa humana e direitos fundamentais na Constituição Federal de 1988.* Porto Alegre: Livraria do Advogado, 2002.

Jurisdição e Direitos Fundamentais

——. A problemática dos direitos fundamentais sociais como limites materiais ao poder de reforma da Constituição. In SARLET, Ingo Wolfgang (org.). *Direitos fundamentais sociais*. Rio de Janeiro: Renovar, 2003, p. 333-394.

——. Algumas anotações a respeito do conteúdo e possível eficácia do direito à moradia na Constituição de 1988. *Cadernos de direito*, v. 3, n. 5, 2003-a, p. 107-141.

——. *A eficácia dos direitos fundamentais*. Porto Alegre: Livraria do Advogado, 2004.

—— (org.). *Direitos fundamentais sociais*. Rio de Janeiro: Renovar, 2003.

SARMENTO, Daniel. *A ponderação de interesses na Constituição Federal*. Rio de Janeiro: Lumen Juris, 2003.

——. *Direitos fundamentais e relações privadas*. Rio de Janeiro: Lumen Juris, 2004.

SCHMITT, Carl. *Verfassungslehre*. Berlin: Duncker & Humblot, 1993.

——. Grundrechte und Grundpflichten (1932). In SCHMITT, Carl. *Verfassungsrechtliche Aufsätze aus den Jahren 1924-1954*. Berlin: Duncker & Humblot, 2003, p. 181-231.

SCHUTE, Stephen/HURLEY, Susan (org.). *Die Idee der Menschenrechte*. Frankfurt/M.: Fischer, 1993.

SILVA, José Afonso da. *Curso de direito constitucional positivo*. São Paulo: Malheiros, 1998.

SILVA, Luís Virgílio Afonso da. O proporcional e o razoável. *Revista dos Tribunais*, v. 798, 2002, p. 23-50.

STEINMETZ, Wilson. *Colisão de direitos fundamentais e princípio da proporcionalidade*. Porto Alegre: Livraria do Advogado, 2001.

——. *A vinculação dos particulares a direitos fundamentais*. São Paulo: Malheiros, 2004.

SUCASAS, Willey Lopes. *Problemas de constitucionalidade da intervenção jurídico-penal em relação aos entorpecentes*. Dissertação (Mestrado em Direito), Universidade Metodista de Piracicaba, 2004.

TAVARES, André Ramos. *Curso de direito constitucional*. São Paulo: Saraiva, 2003.

TRANQUILIM, Cristiane. *A terapia génica na perspectiva dos direitos fundamentais*. Dissertação (Mestrado em Direito), Universidade Metodista de Piracicaba, 2005.

— IV —

La dignidad de la persona como valor supremo del ordenamiento jurídico español y como fuente de todos los derechos

FRANCISCO FERNÁNDEZ SEGADO

Catedrático de Derecho Constitucional
Facultad de Derecho Universidad Complutense de Madrid

Sumario: 1. La dignidad de la persona como valor jurídico fundamental del constitucionalismo de la segunda postguerra; 2. La proclamación constitucional de la dignidad de la persona en el artículo 10.1 de la Constitución Española de 1978; A) Génesis del precepto; B) Dignidad de la persona y orden valorativo; C) Caracterización de la dignidad de la persona; 3. Naturaleza y virtualidad del mandato acogido en el art. 10.1.; 4. La dignidad de la persona y los derechos fundamentales; A) La dignidad como fuente de todos los derechos; B) Igualdad en dignidad y titularidad de derechos; C) Derechos inherentes a la dignidad; D) La dignidad de la persona como freno frente al ejercicio abusivo de los derechos.

1. La dignidad de la persona como valor jurídico fundamental del constitucionalismo de la segunda postguerra

Uno de los rasgos sobresalientes del constitucionalismo de la segunda postguerra es la elevación de la dignidad de la persona a la categoría de núcleo axiológico constitucional, y por lo mismo, a valor jurídico supremo del conjunto ordinamental, y ello con carácter prácticamente generalizado y en ámbitos socio-culturales bien dispares, como muestran los ejemplos que más adelante ofrecemos. Ello tiene una explicación fácilmente comprensible. Los horrores de la Segunda Guerra Mundial impactarían de tal forma sobre el conjunto de la humanidad, que por doquier se iba a generalizar un sentimiento de rechazo, primero, y de radical rectificación después, que había de conducir en una dirección que entendemos sintetiza con meridiana claridad el primer párrafo del Preámbulo de la Declaración Univer-

Jurisdição e Direitos Fundamentais

99

sal de Derechos Humanos de 10 de diciembre de 1948, en que puede leerse lo que sigue:

Considerando que la libertad, la justicia y la paz en el mundo tienen por base el reconocimiento de la dignidad intrínseca y de los derechos iguales e inalienables de todos los miembros de la familia humana

A partir de esta reflexión, el art. 1º de la misma Declaración proclamará que todos los seres humanos nacen libres e iguales en dignidad y derechos, determinación que, como es bien conocido, recuerda muy de cerca el primer inciso del art. 1º de la Declaración de Derechos del Hombre y del Ciudadano de 26 de agosto de 1789 ("Les hommes naissent et demeurent libres et égaux en droits") y, si seguimos a Jellinek,[1] su modelo de los *"Bills of Rights"* de los Estados de la Unión norteamericana.[2]

El rasgo precedentemente enunciado, como acabamos de decir, lo hallamos en constituciones de ámbitos bien diferentes. Y así, la Constitución del Japón de 1946, en su art. 13, proclama que: "Toda persona tendrá el respeto que merece como tal", para añadir de inmediato que: "El derecho a la vida, a la libertad y a la búsqueda de la felicidad serán, en la medida en que no se opongan al bienestar general, la consideración suprema de la legislación y demás asuntos de Gobierno". A su vez, los derechos fundamentales son conferidos a los miembros de la sociedad y de futuras generaciones en calidad de derechos eternos e inviolables. Y aunque se ha afirmado[3] que el Preámbulo y la declaración de derechos de la Constitución japonesa reflejan mejor las tradiciones y los ideales de la República norteamericana que los del Japón, en base al dirigismo que sobre los constituyentes japoneses ejercieron los Estados Unidos, ello no obsta en lo más mínimo para dejar de apreciar esta sensibilidad humanista.

En un contexto social, cultural y aún religioso tan distinto como es el caso de la República Islámica del Irán, también se aprecia esa sensibilidad. Su Constitución de 1979, tras proclamar en su art. 2º que la República Islámica es un sistema establecido sobre la base del respeto a los valores supremos del hombre, determina que: "la persona, la vida, los bienes, los derechos, la dignidad, el hogar y el trabajo de las personas son inviolables".

También en América Latina podemos constatar ese sentido humanista. Recordemos cómo en la Constitución de Perú de 1979, derogada por la hoy

---

[1] Georg Jellinek: *La Declaración de los Derechos del hombre y del ciudadano,* en G. Jellinek, E. Boutmy, E. Doumergue y A. Posada: *"Orígenes de la Declaración de Derechos del Hombre y del Ciudadano",* edición de Jesús G. Amuchastegui, Editora Nacional, Madrid, 1984, p. 57 y sigs.; en especial, p. 72-76.

[2] Recordemos, por ejemplo, que a tenor del punto I de la Declaración de Derechos acogida en la Constitución de Massachussets, de 2 de marzo de 1780: "All men are born free and equal, and have certain natural, essential and inalienable rights".

[3] Ivo D. Duchacek: *Derechos y libertades en el mundo actual,* Instituto de Estudios Políticos, Madrid, 1976, p. 39.

vigente de 1993, los constituyentes proclamaban su creencia en la primacía de la persona humana y en que todos los hombres, iguales en dignidad, tienen derechos de validez universal, anteriores y superiores al Estado. Y la actual Constitución de Guatemala de 1985 proclama en su art. 4º que todos los seres humanos son libres e iguales en dignidad y derechos, para añadir un poco después que ninguna persona puede ser sometida a servidumbre ni a otra condición que menoscabe su dignidad.

Esa sensibilidad por el ser humano ha teñido hondamente el constitucionalismo occidental europeo, que ha venido a consagrar la dignidad de todo ser humano como valor material central de la Norma fundamental, derivando del mismo un amplísimo reconocimiento de los derechos de la persona y una multiplicidad de mecanismos de garantía.

Este es el caso de la Constitución Italiana, cuyo art. 2º proclama que: "La Repubblica riconosce e garantisce i diritti inviolabili dell'uomo, sia come singolo, sia nelle formazioni sociali ove si svolge la sua personalità, e richiede l'adempimento dei doveri inderogabili di solidarietà politica, economica e sociale", con lo que el constituyente, de modo inequívoco, enuncia, como significara Mortati,[4] dos presupuestos irrenunciables de la forma democrática de Estado: el principio personalista y el igualitario. De esta forma, los derechos inviolables del hombre no pueden ser concebidos como la resultante de una autolimitación del Estado republicano, sino que, como sostiene Paladin,[5] representan "un dato congenito dell'ordinamento statale vigente"; se trata precisamente de aquella decisión que separa al nuevo Estado de la postguerra del Estado totalitario creado por el fascismo. Por lo demás, no es inadecuado recordar que la vigencia efectiva de los derechos del hombre, bien individualmente considerado, bien como integrante de unas formaciones sociales en las que desarrolla su personalidad, requiere del cumplimiento de unos deberes de solidaridad; entre la vigencia de los derechos y el cumplimiento de los deberes se establece una estrecha correlación, por lo que a la "inviolabilità" de los derechos corresponde la "inderogabilità" de los deberes. Y aunque la Constitución no se refiera explícitamente a la dignidad de la persona, debe darse por reconocida en cuanto que los derechos inviolables del hombre son inherentes a esa dignidad y, por lo tanto, se fundan en ella.

La Constitución Italiana va incluso más allá en su finalidad última de alcanzar el pleno desarrollo de la personalidad humana, meta con la que se trata de dar una cierta concreción individualizada al reconocimiento de aquellos derechos inviolables. Y en esa dirección ha de situarse la conocida

---

[4] Costantino Mortati, en su "Comentario al artículo 1º de la Constitución Italiana", en Giuseppe Branca (a cura), *Commentario della Costituzione*, tomo I (*Principi fondamentali*), Nicola Zanichelli Editore-Soc. Ed. del Foro Italiano, Bologna-Roma, 1975, p. 1 y sigs.; en concreto, p. 6-7.

[5] Livio Paladin: *Diritto Costituzionale*. CEDAM, Padova, 1991, p. 562-563.

Jurisdição e Direitos Fundamentais

como "cláusula Lelio Basso" del párrafo segundo del art. 3º, a cuyo tenor: "E compito della Repubblica rimuovere gli ostacoli di ordine economico e sociale, che, limitando di fatto la libertà e l'eguaglianza dei cittadini impediscono il pieno sviluppo della persona umana...". Una cláusula como la transcrita viene a desmentir, como ya sostuviera el propio diputado italiano a quien se atribuye su paternidad, Lelio Basso, todas aquellas afirmaciones constitucionales que dan por realizado lo que aún está pendiente por realizar (la democracia, la igualdad...etc.). Por ello, el precepto asume una virtualidad jurídica que desborda la propia de un mero mandato al legislador, convirtiéndose en una norma llamada a superar esa flagrante contradicción constitucional mediante la transformación de la propia estructura constitucional en un sentido material.[6] Los potenciales efectos transformadores de la cláusula en cuestión quedan perfectamente compendiados en un conocido comentario de Calamandrei, para quien: "per compensare le forze di sinistra della rivoluzione mancata, le forze di destra non si opposero ad accogliere nella costituzione una rivoluzione promessa".[7]

La Ley Fundamental de Bonn de 1949 va a dar pasos muy importantes en análoga dirección. Su misma norma de apertura (art. 1º.1) proclama solemnemente: "La dignidad del hombre es intangible y constituye deber de todas las autoridades del Estado su respeto y protección", para, en el siguiente apartado, el propio artículo (art. 1º.2) añadir: "Conforme a ello, el pueblo alemán reconoce los inviolables e inalienables derechos del hombre como fundamento de toda comunidad humana, de la paz y de la justicia en el mundo". Como ha reconocido el Tribunal Constitucional Federal, este artículo figura entre los principios básicos de la Constitución que dominan todos los preceptos de la Ley Fundamental.[8] Y en otro momento,[9] ha admitido el mismo Tribunal que la dignidad es el valor jurídico supremo dentro del orden constitucional.

La mayor problemática que había de suscitar esta elevación de la dignidad del ser humano a la categoría de núcleo axiológico central del orden constitucional consistía precisamente en definir qué había de entenderse por "dignidad del hombre". Quizá una de las definiciones más citadas sea la de von Wintrich,[10] para quien la dignidad del hombre consiste en que "el hombre, como ente ético-espiritual, puede por su propia naturaleza, cons-

---

6 Umberto Romagnoli: *Il principio d'uguaglianza sostanziale*, en el colectivo editado por Giuseppe Branca,. *Commentario della Costituzione,* op. cit., vol. 1º, p. 162 y sigs.; en concreto, p. 166.

7 Piero Calamandrei: *Introduzione storica sulla Costituente,* en Piero Calamandrei y A. Levi (dirs.), *Commentario sistematico alla Costituzione Italiana*, Firenze, 1960, vol. 1º, p. CXXXV.

8 BVerfGE, 6, 32 y sigs.; en concreto, p. 36.

9 BVerfGE, 45, 187 y sigs.; en concreto, p. 227.

10 von Wintrich: *Zur Problematik der Grundrechte*, 1957, p. 15, cit. por Ekkehart Stein: "Lehrbuch des Staatsrechts", Tübingen, 1968. Traducción española de F. Sainz Moreno, bajo el título "Derecho Político", Aguilar, Madrid, 1973, p. 236.

ciente y libremente, autodeterminarse, formarse y actuar sobre el mundo que le rodea". Las dificultades de una definición del concepto de dignidad se documentan en el extremo de que la doctrina jurídico-constitucional no ha llegado todavía a una definición satisfactoria, permaneciendo atrapados los intentos de definición en formulaciones de carácter general ("contenido de la personalidad", "núcleo de la personalidad humana"...).[11]

No obstante las dificultades precedentemente advertidas, Stein,[12] atendiendo al significado etimológico del término, ha intentado una aproximación al concepto que creemos de utilidad. "Dignidad" (*"Würde"*) es un abstracto del adjetivo "valor" (*"wert"*) y significa, originariamente, la materialización de un valor. Según esto, la referencia del art. 1º.1 habría de entenderse en el sentido de que la cualidad del hombre, como valor, es intangible. Pero como este valor podría ser desplazado por otros valores, Stein considera que para evitar esta posibilidad, la significación del art. 1º.1 ha de ser la de que el hombre es el valor supremo, tesis concordante con la apuntada, como vimos antes, por el Tribunal Constitucional.

Por lo demás, la interpretación precedente casa a la perfección con la formulación constitucional del art. 1º.2 de la *Bonner Grundgesetz*. En efecto, en cuanto el hombre es el valor supremo, el referente axiológico central de todo el orden constitucional, el pueblo alemán reconoce los derechos inviolables e inalienables del hombre, elevándolos a la categoría de fundamento de toda comunidad humana, de la paz y de la justicia en el mundo. Y de ello, a su vez, se hace derivar (art. 1º.3) el principio de vinculatoriedad inmediata de los derechos fundamentales: "los derechos fundamentales que se enuncian a continuación vinculan al Poder Legislativo, al Poder Ejecutivo y a los Tribunales a título de derecho directamente aplicable".

Los derechos fundamentales son inherentes a la dignidad del ser humano y, por lo mismo, se fundan en ella y, a la par, operan como el fundamento último de toda comunidad humana, pues sin su reconocimiento quedaría conculcado ese valor supremo de la dignidad de la persona en el que ha de encontrar su sustento toda comunidad humana civilizada.

A la par, como ya indicamos, la dignidad de la persona bien puede entenderse que consiste o, por lo menos, que entraña ineludiblemente la libre autodeterminación de toda persona para actuar en el mundo que la rodea. Y en perfecta sintonía con esta exigencia, el art. 2º.1 de la Ley Fundamental de Bonn reconoce el derecho de cada persona al libre desenvolvimiento de su personalidad, en tanto no vulnere los derechos de otro y no atente al orden constitucional o a la ley moral.

---

[11] Ingo von Münch: *La dignidad del hombre en el Derecho constitucional*, en Revista Española de Derecho, Constitucional, nº 5, mayo-agosto 1982, p. 9 y sigs.; en concreto, p. 19.

[12] Ekkehart Stein: *Derecho Político*, op. cit., p. 237.

Jurisdição e Direitos Fundamentais

Y si nos referimos por último a la Constitución de la República Portuguesa de 1976, su art. 1º comienza afirmando que "Portugal é uma República soberana, baseada na dignidade da pessoa humana...", lo que ha conducido a Miranda[13] a considerar que la Constitución confiere una unidad de sentido, de valor y de concordancia práctica al sistema de los derechos fundamentales, que a su vez descansa en la dignidad de la persona humana, o sea, en una concepción que hace de la persona fundamento y fin de la sociedad y del Estado.

2. La proclamación constitucional de la dignidad de la persona en el artículo 10.1 de la Constitución Española de 1978

A) Génesis del precepto.

El art. 10, norma de apertura del Título primero, proclama en su apartado uno que: "La dignidad de la persona, los derechos inviolables que le son inherentes, el libre desarrollo de la personalidad, el respeto a la ley y a los derechos de los demás son fundamento del orden político y de la paz social".

Frente a la omisión de todo orden material de valores que inspirase el ordenamiento jurídico en el régimen franquista, la Ley para la Reforma Política, de 4 de enero de 1977, acogía un cambio radical de perspectiva en este punto al determinar en el inciso segundo de su art. 1º.1: "Los derechos fundamentales de la persona son inviolables y vinculan a todos los órganos del Estado", previsión que puede considerarse como el antecedente más inmediato del art. 10.1 de nuestra Norma suprema.

De la necesidad, carácter no redundante y trascendencia política del precepto en cuestión se haría eco la doctrina,[14] que también pondría de relieve que una norma de esta naturaleza supone, ante todo, un correctivo al voluntarismo jurídico y a la omnímoda hegemonía de la ley, así como un reconocimiento de que el poder, en sus orígenes y en su ejercicio, es inseparable de la idea de límite, y el límite, en su base esencial, descansa en los derechos fundamentales que designan como centro de protección a la persona.[15]

En definitiva, el precepto mencionado de la Ley para la Reforma Política venía a entrañar un freno radical frente a todo voluntarismo jurídico, una quiebra de las bases mismas del positivismo jurídico, un rechazo de

---

[13] Jorge Miranda: *Manual de Direito Constitucional*, tomo IV (*Direitos fundamentais*), 2ª ed., Coimbra Editora, Limitada, Coimbra, 1993, p. 166.

[14] Francisco González Navarro: *La nueva Ley Fundamental para la Reforma Política*, Secretaría General Técnica, Presidencia del Gobierno, Colección Informe, nº 14, Madrid, 1977, p. 110.

[15] Antonio Hernández Gil: *El cambio político español y la Constitución*. Planeta, Madrid, 1982, p. 148.

cualquier cobertura formalmente democrática frente a la arbitrariedad de una mayoría contraria a los más elementales valores inherentes a la persona humana, y una reafirmación de que la persona no es un mero reflejo de la ordenación jurídica, sino que, bien al contrario, tiene una existencia previa, y aunque es evidente que el ordenamiento jurídico habrá de dotarla de significación, no lo es menos que en ningún caso podrá ignorar esa preexistencia que se manifiesta en el hecho de que de la persona dimanan unos derechos inviolables que han de ser considerados como inherentes a ella.

A partir del precedente anterior, la Ponencia constitucional incorporaba al Anteproyecto de Constitución un artículo, el 13, del siguiente tenor: "La dignidad, los derechos inviolables de la persona humana y el libre desarrollo de la personalidad, son fundamento del orden político y de la paz social, dentro del respeto a la ley y a los derechos de los demás".[16]

Un total de ocho enmiendas se presentarían al texto anterior. De ellas, sólo una, la número 63, del Sr. Fernández de la Mora, postularía su supresión sobre la base de considerar que el precepto en cuestión no establecía ningún derecho y abarcaba una definición sobre materia no constitucional. Bien es verdad que otra enmienda, la número 2, del Sr. Carro Martínez, propugnaba la eliminación de algunos de los contenidos de mayor trascendencia del precepto.[17] Ninguna de ellas sería aceptada por la Ponencia, al entender que los principios reconocidos "son la base para el desarrollo de las libertades públicas en los artículos siguientes".[18] Tampoco aceptaría la Ponencia, por mayoría, la supresión de la expresión "paz social", solicitada por algunas de las restantes enmiendas. No obstante, la Ponencia, por mayoría, procedía a dar una nueva redacción al artículo, ordenando de una manera más precisa técnicamente los conceptos en él contenidos, situando además al precepto como introductorio del Título primero de la Contitución, relativo a los derechos y deberes fundamentales. Esa nueva redacción sería a la postre la definitiva, puesto que el precepto en cuestión ya no sufriría modificación alguna a lo largo del "iter" constituyente.

B) Dignidad de la persona y orden valorativo.

I. Una lectura detenida del texto del art. 10.1 nos revela que la dignidad de la persona es el primer principio en que están contenidas, como en su simiente, las demás afirmaciones. Como recuerda Sánchez Agesta,[19] los

---

[16] *Boletín Oficial de las Cortes*, n° 44, 5 de enero de 1978, p. 669 y sigs.; en concreto, p. 671.

[17] El texto que proponía la enmienda n° 2, del Sr. Carro Martínez, era el que sigue: "Las libertades públicas, dentro del respeto a la Ley y a los derechos de los demás, son fundamento del orden político y de la paz social".

[18] *Boletín Oficial de las Cortes*, n° 82, 17 de abril de 1978, p. 1530.

[19] Luis Sánchez Agesta: *El sistema político de la Constitución Española de 1978*, Editora Nacional, Madrid, 1980, p. 73.

derechos inviolables de la persona, en cuanto inherentes a su dignidad, se fundan en ella. A su vez, el libre desarrollo de la personalidad da un carácter concreto, individualizado, a esa floración de derechos dimanantes de la dignidad personal. Por último, el respeto a los derechos de los demás no es sino la resultante obligada de la afirmación primigenia, esto es, de que la dignidad es patrimonio común de todos y cada uno de los seres humanos, sin excepción alguna. Y en cuanto al respeto a la ley debe entenderse en el sentido de que la ley es la norma que regula la convivencia pacífica – sin la que carecería de sentido hablar de paz social – de esos seres humanos que, ejercitando los derechos inviolables que le son inherentes, desarrollan libremente su personalidad.

El precepto supone la consagración de la persona y de su dignidad no sólo como el fundamento de la totalidad del orden político, sino, y precisamente por ello mismo, también como el principio rector supremo del ordenamiento jurídico. Se condensa aquí, en clave principal, dirá Parejo,[20] la filosofía, los criterios axiológicos a que responde por entero y que sustentan el orden dogmático constitucional.

El valor último, el principio nuclear, es, como ya ha quedado dicho, la dignidad humana, sin connotación o conexión alguna con un determinado orden económico o social, pero valorada evidentemente como valor propio del individuo en sociedad. Como dijera Goldschmidt,[21] cada persona humana individual es una realidad en sí misma, mientras que el Estado no es más que una realidad accidental, ordenada como fin al bien de las personas individuales; consecuentemente, es del todo oportuno afirmar que el derecho fundamental para el hombre, base y condición de todos los demás, es el derecho a ser reconocido siempre como persona humana.[22]

En cuanto la democracia, como bien afirmara Maritain,[23] es una organización racional de libertades fundada en la ley, y en cuanto la libertad es indivisible y se asienta en la libertad fundamental del individuo, en un derecho radical, entre los fundamentales, del que, como recuerda Peces Barba,[24] traen su causa los demás, esto es, en el derecho a ser considerado como ser humano, como persona, es decir, como ser de eminente dignidad, titular de derechos y obligaciones, el Derecho, el ordenamiento jurídico en su conjunto no quedará iluminado – en términos de Lucas Verdú[25] –, legi-

---

[20] Luciano Parejo Alfonso: *Estado social y Administración Pública*, Civitas, Madrid, 1983, p. 71.

[21] Werner Goldschmidt: *Introducción Filosófica al Derecho*, Depalma, 6ª ed., Buenos Aires, 1983, p. 543.

[22] Luis Legaz Lacambra: *La noción jurídica de persona humana y los derechos del hombre*, en Revista de Estudios Políticos, nº 55, enero-febrero 1951, p. 15 y sigs.; en concreto p. 44.

[23] Jacques Maritain: *El hombre y el Estado*, Encuentro Ediciones, Madrid, 1983, p. 75.

[24] Gregorio Peces Barba: *Derechos Fundamentales*, Latina Universitaria, 3ª ed., Madrid, 1980, p. 91.

[25] Pablo Lucas Verdú: *Curso de Derecho Político*, vol. IV, Tecnos, Madrid, 1984, p. 320.

timado, sino mediante el reconocimiento de la dignidad de la persona humana y de los derechos que le son inherentes, lo que nos permite hablar de la existencia de un sustrato filosófico iuspersonalista que, a nuestro modo de ver, se alimenta ideológicamente de las aportaciones del liberalismo, del socialismo democrático y del humanismo social-cristiano.

Este iuspersonalismo se manifiesta socialmente en lo que se ha denominado[26] el "personalismo comunitario", esto es, en una comunidad social plural. Es desde esta perspectiva como cobran su pleno sentido todos y cada uno de los valores que enuncia el art. 1º.1 de nuestra Carta Magna: la libertad, la igualdad, la justicia y el pluralismo político. Es cierto que desde diferentes sectores de pensamiento se ha tratado de relativizar alguno de esos valores;[27] sin embargo, a nuestro juicio, no sólo no debe excluirse ninguno, sino que todos y cada uno de ellos se complementan de algún modo entre sí.

De la dignidad de la persona humana fluye el principio de libertad, valor que, como ya significara Recaséns Siches,[28] asegura un contenido valorativo al Derecho. Pero es que, además, la libertad y, sobre todo, la igualdad forman parte del contenido y del fin de la justicia;[29] incluso se ha tendido a considerar identificados los valores justicia e igualdad; sin embargo, la justicia, en cuanto valor social por excelencia, es un criterio de valoración destinado a conformar el comportamiento social. En definitiva, la justicia tiene un sentido de totalidad que le lleva a ser no sólo valor, en sí, sino también medida de los demás valores sociales y jurídicos. Por lo demás, el valor absoluto de la justicia, dar a cada uno "lo suyo",[30] se encuentra indestructiblemente vinculado con la dignidad de la persona, en cuanto que cada individuo tiene un fin propio que cumplir, fin intransferible y privativo al que parece apuntar el texto constitucional cuando alude al "libre desarrollo de la personalidad", esto es, a lo que bien puede entenderse

---

[26] *Ibidem.*

[27] Es el caso de Gregorio Peces Barba (en *Reflexiones sobre la Constitución española desde la Filosofía del Derecho*, en Revista de la Facultad de Derecho de la Universidad Complutense, nº 61, invierno 1981, p. 95 y sigs.; en concreto, p. 123-124), quien, tras relativizar la necesidad de la presencia del valor "pluralismo político", ha entendido que "la justicia es también un término innecesario y reiterativo con los términos libertad e igualdad, que constituyen hoy el contenido material de la idea de justicia", reflexión que contrasta con la que, obviamente al margen de la Constitución, sostuviera Castán Tobeñas (en *Los derechos del hombre*, 3ª ed., Reus, Madrid, 1985, p. 61), para quien las nociones de libertad e igualdad son dependientes de la idea de justicia, pues al proyectarse el ideal de justicia sobre aquéllas –admite Castán, siguiendo en ello a Ruiz del Castillo (*Manual de Derecho Político*, Reus, Madrid, 1939, p. 344) –, llena de significación esas ideas que, de otro modo, serían inexplicables.

[28] Luis Recaséns Siches: *Introducción al estudio del Derecho*, Porrúa, México, 1981, p. 334.

[29] Antonio Hernández Gil: *El cambio político...*, op. cit., p. 382.

[30] Creemos que este valor absoluto es perfectamente compaginable con esa dimensión dinámica a que aludiera Carl J. Friedrich (en *La Filosofía del Derecho*, FCE, 1ª ed., 3ª reimpr., México, 1982, p. 286), que se referiría a cómo podía comprenderse la justicia como una realidad cambiante, cuyos cambios ocurren en respuesta al proceso dinámico de la política.

Jurisdição e Direitos Fundamentais

con Ruiz-Giménez[31] como el despliegue de las diferentes potencialidades (psíquicas, morales, culturales, económicas y sociales) de cada ser humano, la conquista de los valores que le satisfagan y de los ideales que le atraigan; el alcance, en suma, de su modelo de ser humano y de miembro activo protagonista en una sociedad determinada.

Y es aquí donde entra en juego el valor "pluralismo político", que aunque con una proyección básicamente estructural, desborda con creces tal perspectiva para incidir de modo muy positivo en que cada ser humano pueda desarrollar en libertad su personalidad. El pluralismo ínsito a cualquier colectivo social no sólo debe ser respetado por el ordenamiento jurídico, sino que éste debe venir informado por aquél.

En resumen, el art. 10.1, desde el punto de vista axiológico, eleva la dignidad de la persona a la categoría de *Grundnorm* en sentido lógico, ontológico y deontológico;[32] justamente por ello, los restantes valores que proclama la Norma suprema han de tener como referente necesario la dignidad de la persona, encontrando en ella su razón de ser última.

II. Las reflexiones precedentes parecen situarnos ante una evidencia: nos hallamos en presencia de un precepto en el que la filosofía política hace acto de presencia de un modo harto elocuente; una filosofía política, que por lo demás no es patrimonio exclusivo de ninguna ideología, penetra de esta forma en el ordenamiento jurídico, y ello, de inmediato, nos plantea la cuestión de si el precepto debe ser entendido en clave iusnaturalista o en clave positivista. Dicho de otra forma, los postulados del art. 10.1, y muy específicamente los tres primeros, ¿tienen carácter suprapositivo, habiendo de considerarse, por su proximidad al pensamiento filosófico iusnaturalista, según criterios iusnaturalistas?, o por el contrario, en cuanto que los textos normativos que tienen su origen en las primeras Declaraciones de Derechos de fines del siglo XVIII han venido recogiendo esos valores, positivándolos, y así han llegado hasta nuestros días, en los que es común la constitucionalización de esos grandes valores, plenamente enraizados en los ordenamientos jurídicos, ¿tales principios han de ser entendidos en clave meramente positivista?

Desde luego, es indiscutible que la proclamación que el art. 10.1 hace de la dignidad de la persona, elevándola a la categoría de fundamento del orden político y de la paz social, no tiene otro sustento que la propia voluntad de la Nación española de la que se hace eco el Preámbulo de la Consti-

---

31 Joaquín Ruiz-Giménez Cortés: *Derechos fundamentales de la persona* (Comentario al artículo 10 de la Constitución), en Oscar Alzaga (dir.), *Comentario a las Leyes Políticas*, tomo I, Editorial Revista de Derecho Privado, Madrid, 1984, p. 45 y sigs.; en concreto, p. 123.

32 Pablo Lucas Verdú: *Estimativa y política constitucionales* (Los valores y los principios rectores del ordenamiento constitucional español), Universidad de Madrid, Facultad de Derecho, Madrid, 1984, p. 117.

tución. Pero como dice González Pérez,[33] es indudable que las mismas expresiones "dignidad de la persona", "derechos inviolables" y "libre desarrollo de la personalidad" suponen la vinculación a una concepción iusnaturalista. Y en análoga dirección se manifiesta la mayoría de la doctrina. Y así, por poner un ejemplo concreto, Pérez Luño,[34] de modo rotundo, considera que nuestra Constitución se inserta abiertamente en una orientación iusnaturalista, en particular de la tradición objetivista cristiana, que considera los derechos de la persona como exigencias previas a su determinación jurídico-positiva y legitimadoras del orden jurídico y político en su conjunto. Dicha inspiración iusnaturalista constituye la innegable fuente del art. 10.1.

Por nuestro lado, creemos con Bachof[35] que el orden material de valores de nuestra Constitución, como el de la *Bonner Grundgesetz* a que se refiriera dicho autor, ha sido considerado por la Constitución como anterior a ella misma por cuanto no ha sido creado por la Constitución, sino que ésta se ha limitado a reconocerlo y garantizarlo, pues su último fundamento de validez se encuentra en los valores determinantes de la cultura occidental, en una idea del hombre que descansa en esos valores. Y en conexión con esta idea, entendemos que bien podría hablarse de la existencia de unos límites inmanentes a la reforma constitucional, cuyo punto focal sería sin ningún género de dudas el art. 10.1, que bien podríamos considerar como revestido de una suerte de inmunidad frente a su supresión o frente a cualquier reforma que lo desnaturalizara. Bien es verdad que, como reconociera Loewenstein,[36] el problema que ahora planteamos no es tanto un problema jurídico cuanto una cuestión de creencias donde no se puede argumentar racionalmente, aun cuando por necesidades prácticas de la convivencia en la comunidad humana está revestida de formas jurídicas. Y es que la cuestión de fondo es la de si estos valores y los derechos fundamentales que de ellos dimanan son traídos consigo por el hombre con su nacimiento a la sociedad estatal, o si por el contrario son otorgados por la sociedad estatal en virtud del orden de la comunidad.

C) Caracterización de la dignidad de la persona.

Ya en un momento anterior hemos puesto de manifiesto las dificultades existentes para llegar a un concepto de lo que ha de entenderse por dignidad de la persona, dificultades que explican el hecho de que, por ejemplo, todavía en Alemania, como recuerda von Münch,[37] los intentos de de-

---

[33] Jesús González Pérez: *La dignidad de la persona*, Editorial Civitas, Madrid, 1986, p. 81.

[34] Antonio E. Pérez Luño: *Los derechos fundamentales*, Editorial Tecnos, Madrid, 1984, p. 115.

[35] Otto Bachof : *Jueces y Constitución*, Civitas, Madrid, 1985, p. 39-40.

[36] Karl Loewenstein: *Teoría de la Constitución*, 2ª ed., Ediciones Ariel, Barcelona, 1970, p. 193.

[37] Ingo von Münch: *La dignidad del hombre en el Derecho Constitucional*, op. cit., pág. 19.

Jurisdição e Direitos Fundamentais

finición permanezcan atrapados en formulaciones de carácter general, de las que constituyen buenos ejemplos su caracterización como "núcleo de la personalidad humana" o como "contenido de la personalidad".

No han faltado quienes entienden (entre otros, Nipperdey, Neumann y Scheuner) que la dignidad de la persona no es un concepto jurídico y significa una apelación a la esencia de la naturaleza humana.

En cualquier caso, en una primera aproximación al concepto, podemos diferenciar dos sentidos en el mismo: una determinada forma de comportamiento de la persona, presidida por su gravedad y decoro, a tenor del Diccionario de la Real Academia,[38] y una calidad que se predica de toda persona, con independencia ya de cual sea su específica forma de comportamiento, pues ni tan siquiera una actuación indigna priva a la persona de su dignidad. Como dice González Pérez,[39] la dignidad es el rango o la categoría que corresponde al hombre como ser dotado de inteligencia y libertad, distinto y superior a todo lo creado, que comporta un tratamiento concorde en todo momento con la naturaleza humana.

La dignidad exige, pues, dar a todo ser humano lo que es adecuado a su naturaleza misma de hombre como ser personal distinto y superior a todo ser animal, en cuanto dotado de razón, de libertad y de responsabilidad. Justamente por ello, la dignidad debe traducirse en la libre capacidad de autodeterminación de toda persona, que, como dijera el Tribunal Constitucional Federal alemán en una conocida Sentencia de 15 de diciembre de 1983,[40] presupone que se conceda al individuo la libertad de decisión sobre las acciones que vaya a realizar o, en su caso, a omitir, incluyendo la posibilidad de obrar de hecho en forma consecuente con la decisión adoptada.

En una posición más casuística y minuciosa, Ruiz-Giménez[41] ha distinguido cuatro niveles o dimensiones en la dignidad personal: a/ la dimensión religiosa o teológica, para quienes creemos en la religación del ser humano con Dios, que entraña un vínculo de filiación y de apertura a El, como "hechos a su imagen y semejanza"; b/ la dimensión ontológica, como ser dotado de inteligencia, de racionalidad, libertad y consciencia de sí mismo; c/ la dimensión ética, en el sentido de autonomía moral, no absoluta, pero sí como esencial función de la conciencia valorativa ante cualquier norma y cualquier modelo de conducta; y de esfuerzo de liberación frente a interferencias o presiones alienantes y de manipulaciones cosificadoras, y d/ la dimensión social, como estima y fama dimanante de un comporta-

---

[38] Real Academia Española: *Diccionario de la Lengua Española*, 20ª ed., tomo I, Madrid, 1984, p. 499.

[39] Jesús González Pérez: *La dignidad de la persona*, op. cit., p. 112.

[40] Puede verse esta Sentencia en el *Boletín de Jurisprudencia Constitucional*, nº 33, enero 1984, p.126-170.

[41] Joaquín Ruiz-Giménez Cortés: *Derechos fundamentales de la persona*, op. cit., p. 113-114.

miento positivamente valioso, privado o público, en la vida de relación. A partir de estos niveles, Ruiz-Giménez entiende con buen criterio que las dimensiones primordialmente asumibles por quienes hayan de aplicar la pauta normativa del art. 10.1 de la Constitución son la de carácter ontológico (racionalidad y libertad del ser humano) y la de carácter ético profundo (autonomía y fin de sí mismo, no medio o instrumento de nadie).

En resumen, de lo hasta aquí expuesto se desprende que la dignidad, en cuanto calidad ínsita a todo ser humano y exclusiva del mismo, se traduce primordialmente en la capacidad de decidir libre y racionalmente cualquier modelo de conducta, con la consecuente exigencia de respeto por parte de los demás. No muy diferente ha sido la doctrina sentada por el Tribunal Constitucional, que tras considerar a la dignidad sustancialmente relacionada con la dimensión moral de la vida humana, entiende que la dignidad es un valor espiritual y moral inherente a la persona, que se manifiesta singularmente en la autodeterminación consciente y responsable de la propia vida y que lleva consigo la pretensión al respeto por parte de los demás.[42]

Si como acabamos de exponer, no deja de resultar notablemente dificultoso determinar de modo plenamente satisfactorio qué es la dignidad de la persona humana, no faltan autores que entienden, por el contrario, que manifiestamente sí es posible fijar cuándo se vulnera la dignidad. Y así, von Münch,[43] a la vista de la doctrina y de la jurisprudencia alemanas, entiende que la dignidad entraña la prohibición de hacer del hombre un objeto de la acción estatal. El Tribunal Constitucional Federal, a la vista de que la persona individual es frecuentemente objeto de medidas por parte del Estado, sin que por ello se viole siempre su dignidad, ha matizado la anterior reflexión en el sentido de que sólo se produce una conculcación de la dignidad de la persona cuando al tratamiento como objeto se suma una finalidad subjetiva: sólo cuando el tratamiento constituye "expresión del desprecio" de la persona, o hacia la persona, aprecia el citado Tribunal una vulneración de la dignidad personal.

Entre nosotros, González Pérez[44] ha enumerado un conjunto de criterios a los que habrá que atender para apreciar cuándo se atenta contra la dignidad de una persona. Creemos que vale la pena recordarlos: a) en primer término, son indiferentes las circunstancias personales del sujeto, pues la dignidad se reconoce a todas las personas por igual y con carácter general, reflexión plenamente compatible con la matización realizada por el Tribunal Constitucional, para el que cuando el intérprete constitucional trata de concretar el principio de dignidad no puede ignorar el hecho obvio de la

---

[42] Sentencia del Tribunal Constitucional (en adelante STC) 53/1985, de 11 de abril, fundamento jurídico 8º.

[43] Ingo von Münch: *La dignidad del hombre en el Derecho constitucional*, op. cit., p. 19-21.

[44] Jesús González Pérez: *La dignidad de la persona*, op. cit., p. 112-114.

Jurisdição e Direitos Fundamentais

especificidad de la condición femenina;[45] b) en segundo lugar, no se requiere intención o finalidad para que pueda apreciarse la conculcación de este valor fundamental. Si objetivamente se menoscaba el respeto debido a la condición humana, es irrelevante la intencionalidad del agente; c) en tercer término, resulta igualmente irrelevante la voluntad de la persona afectada, y d) por último, es preciso valorar las diferentes circunstancias concurrentes llegado el momento de calificar una determinada conducta.

3. Naturaleza y virtualidad del mandato acogido en el art. 10.1.

Aunque, como ha dicho Hernández Gil,[46] si hubiéramos de buscar en la Constitución el precepto menos parecido a una norma de conducta u organizativa, sería preciso citar el art. 10.1, lo cierto es que no estamos en modo alguno ante una mera definición doctrinal o ideológica, ni mucho menos ante una cláusula de limitada o nula eficacia práctica, salvedad hecha de su valor didáctico.[47] Ciertamente que, como ha puesto de relieve Basile,[48] su ubicación al inicio del Título I constituye lo que en términos platónicos se llamaría el "preludio", o sea, la explicación racional que precede a las leyes para que sus destinatarios se persuadan de la bondad de los imperativos que contienen. Y de aquí precisamente vendría su tono didáctico. Pero como el propio Basile recuerda, la experiencia alemana e italiana aconseja, sin embargo, una mayor cautela, porque demuestra que los jueces constitucionales no se detienen ante ninguna declaración constitucional, por genérica que sea o por privada de carácter imperativo que parezca.

El precepto, de entrada, nos pone de relieve que la persona es un *prius* respecto de toda ordenación jurídico-positiva, existe en cuanto tal;[49] por lo mismo, los derechos le son inherentes y constituyen el fundamento de toda comunidad humana. De este principio ha de partir el poder del Estado. Y es a todas luces una evidencia, bien que muchas veces ignorada, olvidada o transmutada, que el hombre no existe para el Estado, sino que es el Estado el que existe para el hombre. Y en perfecta coherencia con lo anterior, el Derecho existe menos por el hombre que para el hombre. Y como dice Stein,[50] si el hombre es el valor supremo, los presupuestos de lo humano se

---

[45] STC 53/1985 de 11 de abril, fund. jur. 8°.

[46] Antonio Hernández Gil: *El cambio político español y la Constitución*, op. cit., p. 419.

[47] Oscar Alzaga: *Comentario sistemático a la Constitución Española de 1978*, Ediciones del Foro, Madrid, 1978, p. 156.

[48] Silvio Basile: *Los "valores superiores", los principios fundamentales y los derechos y libertades públicas*, en Alberto Predieri y E. García de Enterría (dirs.), *La Constitución Española de 1978. Estudio sistemático*, Editorial Civitas, 2ª ed., Madrid, 1981, p. 263 y sigs.; en concreto, p. 273.

[49] Antonio Hernández Gil: *El cambio político español....*, op. cit., p. 422.

[50] Ekkehart Stein: *Derecho Político*, op. cit., p. 237-238.

hallan bajo la protección estatal más enérgica. Tales presupuestos consisten, sobre todo, en la personalidad del hombre, en el sentido de su autodeterminación, y su conexión social en el sentido de su tendencia a la comunicación con los demás hombres.[51]

Retornando al art. 10.1, en él, como se ha puesto de relieve,[52] aún en defecto de que se quisiere entender otra cosa, debe advertirse por lo menos el rechazo de toda visión totalizadora de la vida social; en especial, el rechazo de la idea de organismos colectivos que tengan fines o vida superiores a los de los individuos que los componen. Pero es que, por otra parte, decir que la dignidad de la persona es el fundamento del orden político y de la paz social, no es sólo, como razona Hernández Gil,[53] formular un precepto con fuerza obligatoria para los ciudadanos y los poderes públicos, sino mostrar al exterior, en términos reflexivos explicativos y esclarecedores, cómo entiende el legislador constituyente el fundamento del orden político y de la paz social. Cuando la Constitución establece que la dignidad de la persona es fundamento de la paz social, pone de manifiesto que ésta no es conseguible sin la dignidad de la persona, o lo que es lo mismo: no hay paz social sin dignidad de la persona y no hay dignidad de la persona si falta la paz social.

El Tribunal Constitucional, bien que con excesivas cautelas, ha tenido oportunidad de pronunciarse en algunas ocasiones en torno al art. 10.1. A su juicio,[54] el tenor del mismo no significa ni que todo derecho sea inherente a la persona – y por ello inviolable – ni que los que se califican de fundamentales sean *in toto* condiciones imprescindibles para su efectiva incolumidad de modo que de cualquier restricción que a su ejercicio se imponga devenga un estado de indignidad. Proyectada sobre los derechos individuales, la regla del art. 10.1 implica que en cuanto "valor espiritual y moral inherente a la persona" (STC 53/1985), la dignidad ha de permanecer inalterada cualquiera que sea la situación en que la persona se encuentre (también, qué duda cabe, durante el cumplimiento de una pena privativa de libertad), constituyendo, en consecuencia, un "*minimum* invulnerable" que todo estatuto jurídico debe asegurar, de modo que, sean unas u otras las limitaciones que se impongan en el disfrute de derechos individuales, no conllevan menosprecio para la estima que, en cuanto ser humano, merece la persona.

---

[51] Como señala Eusebio Fernández (en *El problema del fundamento de los derechos humanos*, en "Anuario de Derechos Humanos", 1981, Universidad Complutense, Madrid, enero 1982, p. 73 y sigs.; en concreto, p. 98), los derechos humanos aparecen como derechos morales, es decir, como exigencias éticas y derechos que los seres humanos tienen por el hecho de ser hombres y, por tanto, con un derecho igual a su reconocimiento, protección y garantía por parte del poder político y del Derecho.

[52] Silvio Basile: *Los "valores superiores"*', *los principios fundamentales...*, op. cit., p. 273-274.

[53] Antonio Hernández Gil: *El cambio político español...*, op. cit., p. 421.

[54] STC 120/1990, de 27 de junio, fund. jur. 4°.

Jurisdição e Direitos Fundamentais

113

Por lo demás, el "intérprete supremo de la Constitución" ha dejado inequívocamente claro que las normas constitucionales relativas a la dignidad de la persona y al libre desarrollo de la personalidad consagradas en el art. 10.1 (de la misma forma que los valores superiores recogidos en el art. 1º.1) integran mandatos jurídicos objetivos y tienen un valor relevante en la normativa constitucional, tras lo que el Alto Tribunal ha precisado que tales normas no pretenden la consagración constitucional de ninguna construcción dogmática, sea jurídico-penal o de cualquier otro tipo, y por lo mismo, no cabe fundar la inconstitucionalidad de un precepto en su incompatibilidad con doctrinas o construcciones presuntamente consagradas por la Constitución; tal inconstitucionalidad derivará, en su caso, de que el precepto en cuestión se oponga a mandatos o principios contenidos en el código constitucional explícita o implícitamente.[55]

En definitiva, es claro que el art. 10.1, aun cuando, si se quiere, dentro de un estilo lingüístico más propio de una proposición descriptiva que de otra prescriptiva, presenta un valor que desborda el de una mera declaración rectora de la conducta social de los titulares de los poderes públicos, teñida de una alta carga didáctica, para integrar una auténtica norma jurídica vinculante, un mandato jurídico objetivo que a todos, ciudadanos y poderes públicos, vincula y que reviste una notable relevancia política y, desde luego, jurídica, como se desprende de las diversas funciones que un precepto de esta naturaleza está llamado a cumplir.

Ruiz-Giménez[56] ha puesto de relieve la triple función que a su juicio cumple el art. 10.1 de nuestra *Lex superior*.

a) En primer término, una función legitimadora del orden político, en sí mismo, y del ejercicio de todos los poderes públicos, por cuanto únicamente será legítimo nuestro orden político cuando respete y tutele la dignidad de cada una y de todas las personas humanas radicadas en su órbita, sus derechos inviolables y el libre desarrollo de su personalidad.

El art. 10.1 convierte, pues, a la persona y a su dignidad en el elemento de legitimación del orden político en su conjunto y, justamente por ello, en el principio rector supremo del ordenamiento jurídico, como ya tuvimos oportunidad de señalar. Estamos en presencia de uno de esos principios que De Castro[57] considerara como la expresión de la voluntad rectora del Estado, que al ser constitucionalizado adquiere la eficacia propia de una norma directa e inmediatamente aplicable, con lo que ello entraña de eficacia invalidatoria, esto es, de considerar que toda norma que contravenga o ignore la dignidad de la persona habrá de ser considerada nula. Pero con ser ello

---

[55] STC 150/1991, de 4 de julio, fundamento jurídico 4º.
[56] Joaquín Ruiz-Giménez Cortés: *Derechos fundamentales de la persona*, op. cit., p. 101-105.
[57] Federico De Castro: *"Derecho Civil de España"*, Editorial Civitas, Madrid, 1984, tomo I, p. 424.

importante, la eficacia del principio desborda este efecto para venir a operar como "fuerza ordenadora de las disposiciones jurídicas",[58] esto es, como norma directriz que ha de guiar la actuación del legislador en particular y, más ampliamente aún, de todos los poderes públicos en general.

b) En segundo lugar, una función promocional, en cuanto que ni la dignidad de la persona, ni los derechos inviolables a ella inherentes son elementos estáticos, fijados de una vez para siempre, sino dinámicos, abiertos a un constante enriquecimiento, de lo que bien ilustra la explícita referencia del art. 10.1 al "libre desarrollo de la personalidad", a la que hay que añadir la cláusula interpretativa de las normas relativas a los derechos fundamentales y a las libertades que la Constitución reconoce, del art. 10.2 de la Norma suprema, en la que hay que ver, como muestra a las claras su origen y su génesis en el *iter* constituyente, una cláusula de tutela y garantía de los derechos, enderezada a salvar las dificultades de interpretación de los derechos constitucionalmente reconocidos, recurriendo al efecto a las normas de los Tratados internacionales en materia de derechos humanos.[59] En el ámbito de esta función bien puede entenderse con Ríos Alvarez[60] que la dignidad de la persona puede tener un contenido integrador del vacío que pueda ocasionar la omisión o la falta de reconocimiento de un derecho indispensable para la preservación del ser humano.

c) Por último, una función hermenéutica, de acuerdo con la cual el art. 10.1 opera como pauta interpretativa de todas las normas ordinamentales, correspondiendo a todos los poderes públicos la evaluación del significado objetivo de las diversas disposiciones normativas, sea cual sea su índole, y, consecuentemente, aplicándolas y ejecutándolas con estricta fidelidad a los valores y principios definidos en este art. 10.1. Esta función interpretativa no es, en último término, sino una derivación más del carácter que con anterioridad atribuimos a la dignidad de la persona humana, de principio rector supremo del ordenamiento jurídico. En esta misma dirección, el Tri-

---

[58] *Ibídem*, p. 427.

[59] La trascendencia de la cláusula del art. 10.2 de la Constitución se acentúa si se advierte que, en cuanto "marco de coincidencias lo suficientemente amplio como para que dentro de él quepan opciones políticas de muy diferente signo" (STC 11/1981, de 8 de abril, fund. jur. 7°), la Constitución se limita a consagrar los derechos, otorgarles rango constitucional y atribuirles las necesarias garantías, correspondiendo por ello al legislador ordinario, que es el representante en cada momento histórico de la soberanía popular, confeccionar una regulación de las condiciones de ejercicio de cada derecho, que serán más restrictivas o más abiertas, de acuerdo con las directrices políticas que le impulsen, siempre, claro está, que no exceda de los límites impuestos por las propias normas constitucionales. Quiere ello decir que ante una ordenación normativa de un derecho de carácter restrictivo, bien que respetuosa con las exigencias constitucionales, la cláusula del art. 10.2 salva en todo caso el que el contenido del derecho se acomode a la regulación dada al mismo por el Derecho convencional, lo que entraña una garantía que, en ocasiones, se ha revelado como de gran utilidad.

[60] Lautaro Ríos Alvarez: *La dignidad de la persona en el ordenamiento jurídico español*, en el colectivo, *XV Jornadas Chilenas de Derecho Público*, Universidad de Valparaíso, Valparaíso, 1985, p. 173 y sigs.; en concreto, p. 205.

Jurisdição e Direitos Fundamentais

bunal Constitucional, en un recurso de amparo, aun cuando descartando *a limine* la contrastación aislada de las resoluciones impugnadas con, entre otros, el art. 10.1, por entender que está excluido del ámbito material del amparo constitucional, ha admitido de modo explícito e inequívoco la virtualidad interpretativa del artículo 10.1 de nuestra Norma suprema.[61]

4. La dignidad de la persona y los derechos fundamentales

A) La dignidad como fuente de todos los derechos.

En la República Federal Alemana se viene discutiendo desde antaño acerca de si la dignidad de la persona, que, como vimos, proclama el art. 1°.1 de la *Grundgesetz*, es o no un derecho fundamental. Y así, para Stein,[62] mientras el art. 2°.1 (a cuyo tenor: "Todos tienen derecho al libre desenvolvimiento de su personalidad siempre que no vulnere los derechos de otro ni atente al orden constitucional o a la ley moral"), norma que a su juicio dice fundamentalmente lo mismo que el art. 1°.1, incorpora un verdadero derecho fundamental, el art. 1°.1 consiste sólo en una norma constitucional objetiva que no concede a los particulares ningún derecho subjetivo. Bien es verdad que incluso desde esta perspectiva, a través del art. 2°.1, que contiene una garantía de la libertad general de actuar, es decir, del derecho a hacer y a no hacer lo que se quiera,[63] encontraría en alguna medida recepción constitucional entre los derechos fundamentales el derecho a la dignidad personal.

Con todo, no se puede ignorar que el art. 1°.1 es la norma de apertura del Capítulo primero de la Ley Fundamental de Bonn, cuyo rótulo es *Die Grundrechte*, esto es, "De los derechos fundamentales", por lo que, por pura lógica, bien debiera entenderse que todos y cada uno de los diecinueve artículos que acoge este Capítulo enuncian verdaderos derechos fundamentales, susceptibles todos ellos, caso de una supuesta violación, de dar lugar a un recurso de queja constitucional (*Verfassungsbeschwerde*). No debe extrañar por lo mismo que Dürig[64] entienda que en la idea de los padres de la Constitución el derecho fundamental de la dignidad de la persona humana no debería ser "calderilla". Y von Münch,[65] con cierta claridad, habla de un derecho fundamental de la dignidad de la persona humana, que se protege como derecho del hombre, esto es, de todo ser humano.

---

[61] STC 137/ 1990, de 19 de julio, fund. jur. 3°.

[62] Ekkehart Stein: *Derecho Político*, op. cit., p. 236.

[63] *Ibídem*, p. 215.

[64] G. Dürig, en *Archiv des öffentlichen Rechts*, vol. 81, 1956, p. 117 y sigs.; en concreto, p. 124. Cit. por Ingo von Münch: *La dignidad del hombre en el Derecho Constitucional"*, op. cit., p. 12.

[65] Ingo von Münch: *La dignidad del hombre...*, op. cit., págs. 13 y 15.

En España, la polémica surgida en Alemania carece de cualquier sustento. Es cierto que el art. 10.1 se sitúa en el frontispicio del Título primero, relativo a los derechos y deberes fundamentales, y por tanto dentro del mismo, y desde este punto de vista podría aducirse que estamos ante un derecho fundamental cuando nos referimos a la dignidad de la persona. Pero hay dos aspectos relevantes que han de ser tenidos en cuenta: de un lado, la sistemática del Título, dividido en cinco Capítulos cuyos rótulos reflejan que no en todos ellos se acoge una enunciación de derechos, por lo que de la mera inserción en el Título no debe desprenderse que estemos ante la proclamación de un derecho fundamental, y de otro, que el art. 53, al enumerar las garantías de los derechos, se limita a contemplar los derechos del Capítulo 2º y los derechos (mal llamados principios) del Capítulo 3º. Más aún, el hecho de que el art. 10 se ubique al margen de los cinco Capítulos en que se estructura el Título nos revela la intención del constituyente de enunciar más que unos derechos, unos principios rectores no ya del conjunto de los derechos y libertades que se enuncian en los artículos subsiguientes, sino, más ampliamente, del ordenamiento jurídico en su conjunto.

El Tribunal Constitucional ha corroborado esta tesis, rechazando que la dignidad de la persona, *per se*, pueda ser considerada como un derecho fundamental. Y así, en el recurso de amparo núm. 443/1990, frente a la argumentación del demandante en relación con la supuesta infracción, por violación de la dignidad de la persona, del art. 10.1 de la Constitución, el Alto Tribunal razonará que sólo en la medida en que los derechos individuales sean tutelables en amparo y únicamente con el fin de comprobar si se han respetado las exigencias que, no en abstracto, sino en el concreto ámbito de cada uno de aquéllos, deriven de la dignidad de la persona, habrá de ser ésta tomada en consideración por el Tribunal como referente. No, en cambio, de modo autónomo para estimar o desestimar las pretensiones de amparo que ante él se deduzcan.[66] [67]

Esta doctrina jurisprudencial lo que nos quiere decir es que de la dignidad de la persona dimanan unas exigencias mínimas en el ámbito de cada derecho en particular, o como afirma el Tribunal, y ya tuvimos oportunidad de recordar en un momento precedente, un "*minimum* invulnerable" que todo estatuto jurídico debe asegurar.

Pero si es claro que en nuestro ordenamiento constitucional la dignidad de la persona no puede ser entendida como derecho fundamental, no lo es menos que la dignidad puede ser considerada como la fuente de todos los derechos.

---

[66] STC 120/1990, de 27 de junio, fund. jur. 4º.

[67] En su Sentencia 184/1990, de 15 de noviembre, el Alto Tribunal considerará evidente que el art. 10.1 no puede en modo alguno servir de fundamento, por sí sólo y aisladamente considerado, del derecho a percibir pensión de viudedad a favor de uno de los que convivían extramatrimonialmente cuando el otro fallece (fund. jur. 2º).

Jurisdição e Direitos Fundamentais

Esta idea ha sido acogida por la doctrina de otros países. Y así, para von Münch,[68] es interesante desde el punto de vista dogmático la idea de que en todos y cada uno de los derechos fundamentales se manifiesta un "núcleo de existencia humana" derivado de la dignidad de la persona. Y Miranda[69] entiende de modo directo y evidente que los derechos, libertades y garantías personales, al igual que los derechos económicos, sociales y culturales encuentran su fuente ética en la dignidad de la persona, de todas las personas.

Y ya en relación con nuestro ordenamiento, Ríos Alvarez[70] ha podido afirmar que la dignidad de la persona es la fuente directa y la medida trascendental del contenido de los derechos fundamentales reconocidos, en especial, de los llamados "derechos de la personalidad". Pero no agota allí su inmanencia: es fuente residual del contenido de cualquier derecho imperfectamente perfilado o insuficientemente definido, en cuanto ese contenido sea necesario para el libre y cabal desarrollo de la personalidad.

Por lo demás, la idea creemos que está latente con cierta nitidez en el mismo texto del art. 10.1, que deja claro que de la dignidad de la persona dimanan unos derechos inviolables que son inherentes a aquélla. Como razona Hernández Gil,[71] es muy significativo y coherente con la imagen que la Constitución ofrece de la persona el hecho de que la categoría antropológico-ética de la dignidad aparezca antepuesta, afirmada *per se* y no como una derivación de los derechos. De ello entresaca el citado autor que la persona no es el resultado de los derechos que le corresponden; luego, aun sin derechos, la persona existe en cuanto tal; por lo mismo, los derechos le son inherentes, traen de ella su causa; son exigibles por la dignidad de la persona.

En definitiva, dignidad y derechos no se hallan en el mismo plano.[72] La dignidad se proclama como valor absoluto, con lo que ello entraña de que incluso a una persona que se comporte indignamente deba reconocérsele igual dignidad que a cualquier otra, como ya advertimos en otro momento. Y por lo mismo, la dignidad se convierte en la fuente de los derechos, de todos los derechos independientemente de su naturaleza, de la persona, que dimanan de esa dignidad inherente a todo ser humano.

---

[68] Ingo von Münch: *La dignidad del hombre...*, op. cit., p. 15.

[69] Jorge Miranda: *Manual de Direito Constitucional*, tomo IV (Direitos fundamentais), op. cit., p. 167.

[70] Lautaro Ríos Alvarez: *La dignidad de la persona en el ordenamiento jurídico español*, op. cit., p. 205.

[71] Antonio Hernández Gil: *El cambio político español y la Constitución,* op. cit., pág. 422.

[72] El contraste podríamos encontrarlo en el Pacto Internacional de Derechos Civiles y Políticos, suscrito en Nueva York el 16 de diciembre de 1966, en cuyo Preámbulo (párrafo primero) puede leerse: "Considerando que, conforme a los principios enunciados en la Carta de las Naciones Unidas, la libertad, la justicia y la paz en el mundo tienen por base el reconocimiento de la dignidad inherente a todos los miembros de la familia humana y de sus derechos iguales e inalienables". Es evidente que aquí dignidad y derechos se colocan en idéntico plano.

B) Igualdad en dignidad y titularidad de derechos.

La dignidad, como acabamos de señalar, se proclama en el art. 10.1 en términos absolutos, esto es, no depende ni de la nacionalidad ni de ninguna otra circunstancia personal. Bien podríamos traer a colación aquí el art. 1°.2 de la Convención Americana sobre Derechos Humanos, suscrita en San José de Costa Rica el 22 de noviembre de 1969, a cuyo tenor: "Para los efectos de esta Convención, persona es todo ser humano". Pues bien, para los efectos que aquí nos ocupan, la dignidad es predicable de todo ser humano sin matiz diferencial alguno.

La doctrina social de la Iglesia es un buen ejemplo de constancia e insistencia acerca de este punto fundamental. Y así, por recordar algunos mensajes de esta doctrina, podemos hacernos eco de cómo en la Encíclica del Papa Juan XXIII *"Pacem in Terris"* puede leerse: "Hoy se ha extendido y consolidado por doquier la convicción de que todos los hombres son, por dignidad natural, iguales entre sí". Y en la Constitución Pastoral del Concilio Vaticano II *"Gaudium et Spes"* se dedica un capítulo (Capítulo primero de la Parte primera) a la dignidad de la persona humana. Más allá del mismo, en el parágrafo 29, se afirma:

> Como todos los hombres, dotados de alma racional y creados a imagen de Dios, tienen la misma naturaleza y el mismo origen, y como, redimidos por Cristo, gozan de una misma vocación y de un mismo destino divino, se debe reconocer más y más la fundamental igualdad entre todos.
>
> Cierto que no todos los hombres se equiparan por su variada capacidad física y por la diversidad de las fuerzas intelectuales y morales. No obstante, toda forma de discriminación, ya sea social o cultural, en los derechos fundamentales de la persona, por el sexo, raza, color, condición social, lengua o religión, ha de ser superada y rechazada como contraria a los designios de Dios...
>
> Además, aunque hay justas diferencias entre los hombres, la igual dignidad de las personas exige que se llegue a una más humana y justa condición de vida. Pues demasiado grandes desigualdades económicas y sociales entre los miembros o los pueblos de una misma familia humana llevan al escándalo y se oponen a la justicia social, a la equidad, a la dignidad de la persona humana, así como a la paz social e internacional.[73]

En definitiva, para la doctrina social de la Iglesia, hay una dignidad natural predicable respecto de todo hombre, de todo ser humano, que se traduce en la igualdad esencial entre todos ellos y de la que dimanan unas exigencias insoslayables en el plano de los derechos fundamentales, entendiendo esta expresión no en un sentido técnico-jurídico, y por lo mismo incluyendo dentro de ellos los derechos de naturaleza social y económica.

---

[73] Los textos citados pueden verse en *El Mensaje Social de la Iglesia,* Documentos MC, 2ª ed., Ediciones Palabra, Madrid, 1987.

Jurisdição e Direitos Fundamentais

Si recordamos ahora los cuatro niveles o dimensiones de la dignidad personal a que aludiera Ruiz-Giménez, podríamos con el propio autor[74] entresacar algunas importantes consecuencias de esas dimensiones plurales que nos ofrece la dignidad del ser humano:

a) En primer término, que la "dignidad básica o radical de la persona" no admite discriminación alguna dada la igualdad esencial de todos los seres humanos.

b) En segundo lugar, que la dignidad ontológica, esto es, la que corresponde al hombre como ser dotado de inteligencia, racionalidad y libertad, no está ligada ni a la edad ni a la salud mental de la persona, que tienen, sin duda, incidencia en ciertos aspectos jurídicos de la capacidad de obrar, pero no en la personalidad profunda.

c) Tampoco el ser humano que decae en su vida moral o, incluso, comete hechos tipificados como delitos en el ordenamiento jurídico-penal, pierde por eso su dignidad ontológica.

d) Por último, por convergentes razones, la "dignidad básica" de la persona trasciende las fronteras territoriales y ha de ser respetada no sólo a los ciudadanos de un Estado, sino también a los extranjeros.

De esta última consecuencia ha tenido oportunidad de hacerse eco entre nosotros el "intérprete supremo de la Constitución". En su Sentencia 107/1984, el Alto Tribunal abordó la problemática de la titularidad o capacidad de los derechos fundamentales, ciñéndose a la cuestión de la titularidad de tales derechos por los extranjeros. Tras admitir que aunque los derechos y libertades reconocidos a los extranjeros son derechos constitucionales y, por lo mismo, dotados de la protección constitucional, el Tribunal precisaría que todos ellos sin excepción son en cuanto a su contenido "derechos de configuración legal", para razonar de inmediato como sigue:

> Esta configuración puede prescindir de tomar en consideración como dato relevante para modular el ejercicio del derecho, la nacionalidad o la ciudadanía del titular, produciéndose así una completa igualdad entre españoles y extranjeros, como la que efectivamente se da respecto de aquellos derechos que pertenecen a la persona en cuanto tal y no como ciudadano, o, si se rehuye esta terminología, ciertamente equívoca, de aquellos que son imprescindibles para la garantía de la dignidad humana que, conforme al art. 10.1 de nuestra Constitución, constituye fundamento del orden político. Derechos tales como el derecho a la vida, a la integridad física y moral, a la intimidad, la libertad ideológica, etc., corresponden a los extranjeros por propio mandato constitucional, y no resulta posible un tratamiento desigual respecto a ellos en relación a los españoles.[75]

---

[74] Joaquín Ruiz-Giménez Cortés: *Derechos fundamentales de la persona*, op. cit., p. 115-116.

[75] STC 107/1984, de 23 de noviembre, fund. jur. 3º. Esta doctrina será reiterada en la STC 99/1985, de 30 de septiembre, fund. jur. 2º.

La doctrina jurisprudencial es, pues, inequívoca: todos aquellos derechos que son imprescindibles para garantizar la dignidad humana han de corresponder por igual a españoles y extranjeros, debiendo ser su ordenación normativa idéntica para unos y otros. En definitiva, en estos derechos la "dignidad básica" del ser humano exige la plena titularidad de los mismos sin distingo alguno.

Otra cuestión que se ha suscitado ante nuestro "intérprete supremo de la Constitución" es la relativa a la titularidad de derechos por parte de personas jurídicas.

Aunque, como bien advierte von Münch en relación con la República Federal de Alemania, ni los órganos del Estado ni tampoco las personas jurídicas de derecho privado pueden ser titulares del derecho fundamental de la dignidad de la persona humana, pues este derecho sólo tiene vigencia para las personas en cuanto individuos a causa de su vinculación a la existencia única e irrepetible del individuo,[76] no es menos cierto que se podría admitir alguna extensión analógica del concepto de "dignidad" a las personas colectivas (morales o jurídicas), en la medida en que, como recuerda Ruiz-Giménez,[77] esas "personas colectivas" integran a personas humanas individuales, persiguen fines humanos y logran una suficiente cohesión interna, mediante la cooperación estable de todos sus miembros. Y a partir de esta reflexión, cabría admitir la titularidad de ciertos derechos por parte de aquellas personas colectivas.

Pues bien, como antes advertimos, el Tribunal Constitucional tuvo oportunidad de pronunciarse sobre esta materia en su Sentencia 64/1988, en la que razonará como sigue:[78]

> Es indiscutible que, en línea de principio, los derechos fundamentales y las libertades públicas son derechos individuales que tienen al individuo por sujeto activo y al Estado por sujeto pasivo en la medida en que tienden a reconocer y proteger ámbitos de libertades o prestaciones que los poderes públicos deben otorgar o facilitar a aquéllos. Se deduce así, sin especial dificultad, del art. 10 de la Constitución que, en su apartado primero, vincula los derechos inviolables con la dignidad de la persona y con el desarrollo de la personalidad y, en su apartado segundo, los conecta con los llamados derechos humanos, objeto de la Declaración Universal y diferentes Tratados y Acuerdos internacionales ratificados por España.

> Es cierto, no obstante, que la plena efectividad de los derechos fundamentales exige reconocer que la titularidad de los mismos no corresponde sólo a los individuos aisladamente considerados, sino también en cuanto se encuentran insertos en grupos y organizaciones, cuya finalidad sea específicamente la de defender determinados ámbitos de libertad o realizar los intereses y valores que forman el sustrato último del derecho fundamental.

---

[76] Ingo von Münch: *La dignidad del hombre...*, op. cit., p. 17.
[77] Joaquín Ruiz-Giménez Cortés: *Derechos fundamentales de la persona*, op. cit., p. 116.
[78] STC 64/1988, de 12 de abril, fund. jur. 1º.

Jurisdição e Direitos Fundamentais

El Alto Tribunal ha venido de esta forma a admitir la titularidad de derechos de estas personas colectivas, con una argumentación que bien puede considerarse, al unísono, que, de un lado, admite un cierto trasfondo de "dignidad ontológica" de las personas colectivas, mientras que, de otro, parece sustentarse en la idea de que el reconocimiento de la titularidad de derechos a los grupos en que se insertan los individuos supone una profundización en la efectividad de los derechos fundamentales y, por lo mismo, se vincula, en último término, con la propia dignidad de todo ser humano. Este último argumento creemos que subyace con cierta nitidez en la amplia concepción con que el Alto Tribunal reconoció la legitimación activa para recurrir en vía de amparo constitucional en relación a un derecho tan personalísimo como es el derecho al honor. En efecto, en su Sentencia 214/1991, el Tribunal razonaba de la siguiente forma:[79]

> Tratándose de un derecho personalísimo, como es el honor, la legitimación activa corresponderá, en principio, al titular de dicho derecho fundamental. Esta legitimación originaria no excluye, ni la existencia de otras legitimaciones, ni que haya de considerarse también como legitimación originaria la de un miembro de un grupo étnico o social determinado, cuando la ofensa se dirigiera contra todo ese colectivo, de tal suerte que, menospreciando a dicho grupo socialmente diferenciado, se tienda a provocar en el resto de la comunidad social sentimientos hostiles o, cuando menos, contrarios a la dignidad, estima personal o respeto al que tienen derecho todos los ciudadanos con independencia de su nacimiento, raza o circunstancia personal o social.[80]

C) Derechos inherentes a la dignidad.

La dignidad, como ya expusimos, es la fuente de todos los derechos; de ahí que de ella haga dimanar el art. 10.1 unos derechos inviolables "que le son inherentes". Como ha dicho el Tribunal Constitucional,[81] "el valor jurídico fundamental de la dignidad de la persona", indisolublemente relacionado con el derecho a la vida en su dimensión humana, es reconocido en el art. 10.1 como germen o núcleo de unos derechos que le son inherentes. La relevancia y significación superior de uno y otro valor y de los derechos que los encarnan se manifiesta en su colocación misma en el texto constitucional, ya que el art. 10 es situado a la cabeza del Título destinado a tratar de los derechos y deberes fundamentales.

A partir de la precedente reflexión, se suscita la cuestión de cuáles son los derechos inherentes a la dignidad del ser humano. Garrido Falla,[82] a

---

[79] STC 214/1991, de 11 de noviembre, fund. jur. 3º.

[80] En la misma Sentencia 214/1991, el Tribunal afirma en otro momento (fundamento jurídico 8º) que "el odio y el desprecio a todo un pueblo o a una etnia (a cualquier pueblo o a cualquier etnia) son incompatibles con el respeto a la dignidad humana, que sólo se cumple si se atribuye por igual a todo hombre, a toda etnia, a todos los pueblos".

[81] STC 53/1985, de 11 de abril, fund. jur. 3º.

[82] Fernando Garrido Falla: *Comentario al artículo 10 de la Constitución*, en el colectivo dirigido por él mismo, *Comentarios a la Constitución*, Civitas, 2ª ed., Madrid, 1985, p. 185 y sigs.; en concreto, p. 187.

partir de un argumento tan formalista como el de la diferente protección jurídica de los derechos que proporciona el art. 53 de la *Lex superior*, responde a nuestro anterior interrogante afirmando que los derechos inviolables que son inherentes a la persona son sólo los comprendidos en los artículos 15 a 29 de la Constitución (y en el 30 por lo que se refiere al derecho a la objeción de conciencia). No podemos desde ningún punto de vista suscribir esta interpretación, que carece de toda sustancia material, mientras que, a nuestro juicio, este contenido material, esto es, el núcleo axiológico de la Norma suprema, ha de impregnar todos y cada uno de los preceptos constitucionales.

Como afirmara Maritain,[83] el hecho crucial de nuestro tiempo es que la razón humana ha tomado ahora conciencia, no sólo de los derechos del hombre en cuanto persona humana y persona cívica, sino también de sus derechos en cuanto persona social implicada en el proceso económico y cultural, y, especialmente, de sus derechos como persona obrera. En definitiva, añadiríamos nosotros, hoy existe una conciencia social respecto a la ineludibilidad de contribuir al desarrollo integral de todo ser humano. Y es evidente que ese desarrollo integral o, como dice el art. 10.1, el libre desarrollo de la personalidad, exige atender a todos y cada uno de los derechos de que es titular el hombre en las distintas dimensiones que su vida presenta. Por lo mismo, aun cuando podamos establecer una serie de graduaciones, creemos que todos y cada uno de los derechos que la Constitución enuncia en el Título I son, en mayor o menor grado, inherentes a la persona y a su dignidad radical. Por lo mismo, a nuestro entender, también los derechos que acoge el Capítulo 3º del Título I (bajo el no muy afortunado rótulo de "principios rectores de la política social y económica") han de vincularse con la dignidad personal. ¿No exige la dignidad de toda persona ubicada generacionalmente dentro de lo que se ha dado en llamar tercera edad de unas determinadas prestaciones de los poderes públicos, a las que alude el art. 50? La respuesta es tan obvia y la generalización de ejemplos que podrían aducirse tan patente, que nos exime de cualquier reflexión adicional.

Pero incluso desde una óptica más formal, la ubicación del art. 10, en el frontispicio del Título I, y como artículo aislado de los Capítulos en que se sistematiza el Título en cuestión, ofrece una apoyatura bastante sólida en la que sustentar la proyección general de la dignidad hacia todos los derechos del Título, con independencia de cual sea la eficacia jurídica de las normas en que aquéllos se recogen. En definitiva, en mayor o menor medida, todos los derechos del Título I dimanan de la dignidad de la persona y, por lo mismo, son inherentes a ella, aunque, desde luego, puedan esta-

---

[83] Jacques Maritain: *El hombre y el Estado*, Fundación Humanismo y Democracia – Encuentro Ediciones, Madrid, 1983, p. 121.

Jurisdição e Direitos Fundamentais

blecerse graduaciones en la intensidad de esa vinculación entre dignidad y derechos. Y ello debe tener su trascendencia jurídica, sin ir más lejos, por ejemplo, a efectos hermenéuticos.

Un ejemplo jurisprudencial de una interpretación amplia de este valor jurídico supremo que es la dignidad de la persona, lo encontramos en las Sentencias 113/1989 y 158/1993, en las que el Alto Tribunal legitima la existencia de ciertos límites que pesan sobre los derechos patrimoniales en el respeto a la dignidad de la persona humana.

En la primera de esas Sentencias, el Juez de la Constitución entiende que los valores constitucionales que conceden legitimidad al límite que la inembargabilidad impone al derecho del acreedor a que se cumpla la Sentencia firme que le reconoce el crédito se encuentran en el respeto a la dignidad humana, configurado como el primero de los fundamentos del orden político y de la paz social en el art. 10.1, a cuyo fin resulta razonable y congruente crear una esfera patrimonial intangible a la acción ejecutiva de los acreedores que coadyuve a que el deudor pueda mantener la posibilidad de una existencia digna.[84]

Insistiendo en similar dirección, en la Sentencia 158/1993,[85] el Tribunal Constitucional considera que las normas de inembargabilidad de salarios y pensiones – que, en muchas ocasiones, son la única fuente de ingresos económicos de gran número de personas – constituyen límites legislativos a la embargabilidad que tienen, en principio y con carácter general, una justificación constitucional inequívoca en el respeto a la dignidad de la persona humana, "principio al cual repugna que la efectividad de los derechos patrimoniales se lleve al extremo de sacrificar el mínimo económico vital del deudor". Este respeto a la dignidad de la persona justifica, así, la creación legislativa de una esfera patrimonial inmune a la acción ejecutiva de los acreedores.

Esta jurisprudencia debiera marcar un ejemplo a seguir. La dignidad de la persona, como valor supremo del ordenamiento jurídico, exige una mayor sensibilización hacia los llamados derechos sociales. Como ha dicho con evidente razón Frosini,[86] el progreso de la civilización humana se mide sobre todo en la ayuda dada por el más fuerte al más débil, en la limitación de los poderes naturales de aquél como reconocimiento de las exigencias morales de éste, en el aumento del sentido de una fraternidad humana sin la cual los derechos a la libertad se convierten en privilegios egoístas y el principio de igualdad jurídica, en una nivelación basada en el sometimiento al poder del más fuerte. Es preciso, pues, que esos derechos que Bidart

---

[84] STC 113/1989, de 22 de junio, fund. jur. 3°.

[85] STC 158/1993, de 6 de mayo, fund. jur. 3°.

[86] Vittorio Frosini: *Los derechos humanos en la sociedad tecnológica*, en "Anuario de Derechos Humanos", n° 2, Universidad Complutense, Madrid, 1983, p. 101 y sigs.; en concreto, p. 107.

Campos[87] ha denominado "imposibles", esto es, aquellos que un hombre no alcanza a ejercer y gozar, encuentren un remedio efectivo. Así lo exige la dignidad radical de todo ser humano.

Y por lo demás, aunque del tenor del inciso final del art. 53.3 de la Constitución resulta claro que los mal denominados "principios rectores de la política social y económica no constituyen derecho inmediatamente aplicable", no es menos evidente que de ello no debe inferirse que los principios del Capítulo 3° no generen ningún tipo de obligaciones para los poderes públicos. El inciso primero del propio precepto certifica lo contrario ("El reconocimiento, el respeto y la protección de los principios reconocidos en el Capítulo 3° informarán la legislación positiva, la práctica judicial y la actuación de los poderes públicos"). Y en la interpretación de estos derechos, de estos principios, que, llegado el caso, deban realizar los órganos jurisdiccionales, se habrá de tener muy presente que también sobre ellos se ha de proyectar el valor jurídico supremo de la dignidad, que exige, como ya vimos, de un "*minimum* invulnerable" que todo estatuto jurídico debe asegurar.

En otro orden de consideraciones, un análisis de la jurisprudencia del Tribunal Constitucional pone de relieve una constante vinculación de un grupo más o menos amplio de derechos a la dignidad de la persona, sin que, a nuestro entender, de ello deba inferirse que sólo esos y tan sólo esos derechos han de considerarse inherentes a la dignidad del ser humano.

En su Sentencia 53/1985, el Alto Tribunal entendía que la dignidad de la persona se halla íntimamente vinculada con el libre desarrollo de la personalidad (art. 10) y los derechos a la integridad física y moral (art. 15), a la libertad de ideas y creencias (art. 16), al honor, a la intimidad personal y familiar y a la propia imagen (art. 18.1).[88]

Especialmente insistente ha sido la consideración jurisprudencial de que el derecho al honor y los derechos a la imagen y a la intimidad personal y familiar reconocidos en el art. 18.1 aparecen como derechos fundamentales estrictamente vinculados a la propia personalidad y derivados sin duda de la dignidad de la persona.[89] "La intimidad personal y familiar – razona en otro momento el Juez de la Constitución[90] – es un bien que tiene la condición de derecho fundamental y sin el cual no es realizable, ni concebible siquiera, la existencia en dignidad que a todos quiere asegurar la Norma fundamental". Estos derechos a la imagen y a la intimidad personal

---

[87] Germán J. Bidart Campos: *Tratado Elemental de Derecho Constitucional Argentino*, tomo I (*El Derecho constitucional de la libertad*), Ediar, Buenos Aires, 1986, p. 210.

[88] STC 53/1985, de 11 de abril, fund. jur. 8°.

[89] Entre otras muchas, SSTC 231/1988, de 2 de diciembre, fund. jur. 3° ; 197/1991, de 17 de octubre, fund. jur. 3°, y 214/1991, de 11 de noviembre, fund. jur. 1°.

[90] STC 20/1992, de 14 de febrero, fund. jur. 3°.

Jurisdição e Direitos Fundamentais

y familiar, en cuanto derivados sin duda de la dignidad de la persona, "implican la existencia de un ámbito propio y reservado frente a la acción y conocimiento de los demás, necesario – según las pautas de nuestra cultura – para mantener una calidad mínima de la vida humana. Se muestran así esos derechos como personalísimos y ligados a la misma existencia del individuo".[91] [92] Ahora bien, si el atributo más importante de la intimidad, como núcleo central de la personalidad, es la facultad de exclusión de los demás, de abstención de injerencias por parte de otro, tanto en lo que se refiere a la toma de conocimientos intrusiva, como a la divulgación ilegítima de esos datos, entiende el Tribunal[93] que "la conexión de la intimidad con la libertad y dignidad de la persona implica que la esfera de inviolabilidad de la persona frente a injerencias externas, el ámbito personal y familiar, sólo en ocasiones tenga proyección hacia el exterior, por lo que no comprende en principio los hechos referidos a las relaciones sociales y profesionales en que se desarrolla la actividad laboral".

Por el contrario, alguno de los derechos acogidos por la Sección primera del Capítulo 2° del Título I (que son los derechos susceptibles de protección por intermedio de la vía del recurso de amparo constitucional) no ha sido considerado imprescindible para la garantía de la dignidad humana. Tal es el caso de la libertad de circulación a través de las fronteras del Estado y el concomitante derecho a residir dentro de ellas, derechos que, al no ser imprescindibles para la garantía de la dignidad humana, no pertenecen a todas las personas en cuanto tales al margen de su condición de ciudadanos.[94]

Y en la otra cara de la moneda hemos de situar la reflexión jurisprudencial que amplía el marco jurídico del art. 39.1, norma de apertura del Capítulo 3° ("Principios rectores de la política social y económica") del Título I, a cuyo tenor, "los poderes públicos aseguran la protección social, económica y jurídica de la familia". Pues bien, según el Alto Tribunal,[95] en correspondencia con el pluralismo de opciones personales existente en la sociedad española y con la preeminencia que posee el libre desarrollo de la

---

[91] STC 231/1988, de 2 de diciembre, fund. jur. 3°.

[92] Desarrollando su doctrina, entiende el Tribunal (STC 20/1992, de 14 de febrero, fund. jur. 3°) que aunque no todo alegato en defensa de lo que se diga vida privada será merecedor de tal aprecio y protección, sí es preciso reiterar que la preservación de ese "reducto de inmunidad", sólo puede ceder, cuando del derecho a la información se trata, si lo difundido afecta, por su objeto y por su valor, al ámbito de lo público, no coincidente, claro es, con aquello que pueda suscitar o despertar, meramente, la curiosidad ajena. Y en otro momento (STC 197/1991, de 17 de octubre, fund. jur. 3°) cree el Tribunal que desde la perspectiva de la dignidad de la persona, no cabe duda que la filiación, y muy en particular la identificación del origen de un adoptado, ha de entenderse que forma parte de ese ámbito propio y reservado de lo íntimo.

[93] STC 142/1993, de 22 de abril, fund. jur. 7°.

[94] STC 94/1993, de 22 de marzo, fund. jur. 3°.

[95] STC 47/1993, de 8 de febrero, fund. jur. 3°.

personalidad – que, como ya apuntamos en un momento anterior, da un carácter concreto, individualizado, al conjunto de derechos que dimanan de la dignidad del ser humano –, la Constitución no sólo protege a la familia que se constituye mediante el matrimonio, sino también a la familia como realidad social, entendida por tal la que se constituye voluntariamente mediante la unión de hecho, efectiva y estable, de una pareja.

Creemos que la jurisprudencia comentada pone de relieve, por lo menos de modo incipiente, que, con mayores o menores matices o inflexiones, la dignidad del ser humano se manifiesta, se proyecta, de una u otra forma, con distintos niveles de intensidad, en todos y cada uno de los derechos que el Título I de la Constitución enuncia, bien se presenten bajo el rótulo de auténticos derechos, bien bajo el de principios rectores. Este es, pensamos, el camino a seguir, que debe tener como norte, a nuestro entender, el que las violaciones más brutales de la dignidad esencial, radical, de todos los seres humanos, cada vez se presentan de forma más ostentosa y clamorosa en los llamados derechos sociales o socio-económicos, cuya conculcación sistemática, más por los particulares que por los poderes públicos, revela altísimos niveles de insolidaridad social ante los que los poderes públicos no pueden permanecer impasibles, siquiera sea por el inequívoco y fundamental mandato constitucional del art. 9º.2 de nuestra Norma suprema.

D) La dignidad de la persona como freno frente al ejercicio abusivo de los derechos.

La elevación de la dignidad de la persona y de los derechos que le son inherentes a la categoría de fundamento del orden político y de la paz social no significa, como ya tuvimos oportunidad de señalar, que todos los derechos, ni siquiera los fundamentales, sean *in toto* condiciones imprescindibles para la efectiva incolumidad de la dignidad personal, de modo que de cualquier restricción que a su ejercicio se imponga devenga un estado de indignidad. En definitiva, no hay derechos ilimitados y menos aún pueden ejercerse los derechos abusivamente. Y en este orden de consideraciones, la dignidad ha venido a operar como un límite frente al ejercicio abusivo de los derechos. Así se ha decantado en diferentes supuestos en la jurisprudencia constitucional.

Ya en una de sus primeras Sentencias, el Tribunal consideraba[96] que ni la libertad de pensamiento ni el derecho de reunión y manifestación comprenden la posibilidad de ejercer sobre terceros una violencia moral de alcance intimidatorio, porque ello es contrario a bienes constitucionalmente protegidos como la dignidad de la persona y su derecho a la integridad

---

[96] STC 2/1982, de 29 de enero, fund. jur. 5º.

Jurisdição e Direitos Fundamentais

127

moral, que han de respetar no sólo los poderes públicos, sino también los ciudadanos.

Han sido, sin embargo, las libertades informativas las que en mayor medida se han visto delimitadas en su ejercicio abusivo por el valor jurídico supremo del ordenamiento, por la dignidad de la persona. La doctrina del Tribunal Constitucional puede ser compendiada del siguiente modo:

a) Rechazo de la emisión de apelativos formalmente injuriosos en cualquier contexto, en cuanto que no sólo son innecesarios para la labor informativa o de formación de la opinión, sino que, además y principalmente, suponen un daño injustificado a la dignidad de las personas o al prestigio de las instituciones, habiendo de tenerse en cuenta asimismo que la Constitución no reconoce un pretendido derecho al insulto, que sería por lo demás incompatible con la dignidad de la persona.[97]

b) Rechazo de la emisión de imágenes que conviertan en instrumento de diversión y entretenimiento algo tan personal como los padecimientos y la misma muerte de un individuo, al entender que ello se encuentra en clara contradicción con el principio de la dignidad de la persona.[98]

c) Rechazo a la tesis de que la libertad ideológica del art. 16 de la Constitución, o la libertad de expresión del art. 20.1, comprendan el derecho a efectuar manifestaciones, expresiones o campañas de carácter racista o xenófobo, puesto que ello es contrario no sólo al derecho al honor de la persona o personas directamente afectadas, sino a otros bienes constitucionales como el de la dignidad humana, que han de respetar tanto los poderes públicos, como los propios ciudadanos. La dignidad como rango o categoría de la persona como tal, del que deriva y en el que se proyecta el derecho al honor, no admite discriminación alguna por razón de nacimiento, raza o sexo, opiniones o creencias.[99]

En resumen, y ya para finalizar, es evidente que los derechos fundamentales vinculan también a los particulares, y no sólo a los poderes públicos, y es claro asimismo que si el respeto a los derechos de los demás, al igual que el respeto a la ley, es uno de los fundamentos del orden político y de la paz social, nunca podrá ejercerse un derecho con violación del derecho de otra persona y, menos aún, conculcando la dignidad esencial de otro ser humano, con lo que cualquier violación de la dignidad personal producida a raíz del ejercicio de un derecho convierte dicho ejercicio en abusivo, privando a quien así actúa de toda cobertura constitucional o legal.

---

[97] STC 105/1990, de 6 de junio, fund. jur . 8º.
[98] STC 231/1988, de 2 de diciembre, fund. jur. 8º.
[99] STC 214/1991, de 11 de noviembre, fund. jur. 8º.

— V —

Derechos humanos, interculturalidad y racionalidad de resistencia

JOAQUÍN HERRERA FLORES

Director del Programa de Doctorado en "Derechos Humanos y Desarrollo",
Universidad Pablo de Olavide de Sevilla, España

I – Hablar de derechos humanos en el mundo contemporáneo supone enfrentarse a retos completamente diferentes de los que tuvieron en mente los redactores de la Declaración Universal de 1948. Mientras en las décadas posteriores a "nuestra" Declaración, los economistas y políticos keynesianos fueron reformulando los ámbitos productivos y geoestratégicos, en aras de una "geopolítica de acumulación capitalista basada en la inclusión" que sentó las bases del llamado Estado del Bienestar: pactos entre el capital y el trabajo, con el Estado sirviendo de garante y árbitro de la distribución de la riqueza; desde principios de los setenta hasta hoy en día, gran parte de ese edificio se ha venido abajo gracias a la extensión global de una "geopolítica de acumulación capitalista basada en la exclusión" y que recibe el nombre de neoliberalismo: desregulación de los mercados, de los flujos financieros y de la organización del trabajo, con la consiguiente erosión de las funciones del Estado. Si en la fase de inclusión, los derechos se erigían en barreras contra los "desastres" – efectos no intencionales de la acción intencional – que producía el mercado; en la fase de exclusión, es el mercado quien dicta las normas que permiten, sobre todo a las grandes corporaciones transnacionales, superar las "externalidades" y los obstáculos que los derechos e instituciones democráticas oponen al despliegue global y total del mercado capitalista.

Vivimos, pues, en la época de la exclusión generalizada. Un mundo en el que las 4/5 de los habitantes que lo componen sobreviven en el umbral de la miseria; en el que, según el informe del Banco Mundial de 1998, la pobreza aumenta en 400 millones de personas al año, lo que significa que, actualmente, el 30% de la población mundial ¿vive? con menos de un dólar

---

Jurisdição e Direitos Fundamentais

129

al día – afectando de una manera especial a las mujeres – y el 20% de la población con menos ingresos recibe menos del 2% de la riqueza y el 20% más rico, más del 80%. Un mundo en el que, debido a los planes de (des)ajuste estructural que están imponiendo la desaparición de las más mínimas garantías sociales, más de 1 millón de trabajadoras y trabajadores mueren por accidentes de trabajo, 840 millones de personas pasan hambre, mil millones no tienen acceso a agua potable y la misma cantidad son analfabetas (PNUD, 1996). Un mundo, en el que al año mueren de hambre y de enfermades evitables una cifra que resulta de multiplicar por 6000 las muertes de las Torres Gemelas...Está claro, no cuentan las personas, cuenta únicamente la rentabilidad.

Estas son las cifras del "fin de la historia", del final de la bipolarización y el triunfo del pensamiento y del poder únicos. Cifras que muestran la desesperación de miles de millones de personas, abocadas a la pobreza más lacerante y que contemplan entre asombradas y airadas la ostentación de los países enriquecidos a su costa. Cifras, pues, que están en la base de lo que se ha venido en llamar "el surgimiento de los tribalismos y los localismos": en definitiva, de los fundamentalismos. El "Norte" recibe con sorpresa e indignación las demostraciones de rabia y cólera de un "Sur" encerrado cada vez más en la desesperanza. ¿Cómo responder? Pues cerrando las fronteras, erigiendo fortalezas jurídicas y policiales que impidan la "invasión" de los desesperados, hambrientos...diferentes. El debate político y teórico sobre el multiculturalismo que se da en los países enriquecidos por el orden global, en vez de centrarse en las cifras de la miseria y en los efectos que está produciendo la "globalización" de la lucha de clases, se dedica a bramar contra los peligros culturales que suponen los diferentes, sobre todo aquellos que se ven obligados a emigrar para mejorar, en la medida de lo posible, sus precarias condiciones de vida. Ya no hay lucha de clases, clama Huntington, sólo "choque de civilizaciones"; mientras sus "profecías" son recogidas y amplificadas por la trama mediática comprometida con el mantenimiento de un *status quo* genocida y, al parecer, inmutable.

Hace 110 años, el poeta de "nuestra América" José Martí decía en la primera Conferencia Monetaria Internacional Americana, "Quien dice unión económica dice unión política. El pueblo que compra manda, el pueblo que vende sirve; hay que equilibrar el comercio para asegurar la libertad". Quién puede negar que estas palabras, dictadas con el objetivo de cortar el paso a los aterradores abrazos del "Big Brother", puedan aplicarse a la situación actual por la que transcurre la, por otro lado, ancestral problemática de las migraciones y la milenaria realidad de la convivencia y/o confrontación entre diferentes formas de explicar, interpretar e intervenir en el mundo. El país de recepción manda, el inmigrante, el diferente/desigual sirve: estamos ante la ley de oferta y demanda aplicada, en este caso, a la tragedia personal de millones de personas que huyen del empobrecimiento de sus países a causa de la rapiña indiscriminada del capitalismo globalizado. Veamos, si no, los enfoques dominantes en esta materia: en primer lugar, la insistencia por parte de las autoridades de la UE de hacer frente a la "guerra a la inmigración ilegal" adoptando medidas puramente policiales tendentes a la construcción de una Europa fortaleza que quiere, de nuevo, proteger su bienestar a costa de sus antiguas colonias; en segundo lugar, la generalización de clichés y estereotipos vertidos sobre los inmigrantes, ideológica e interesadamente tildados de "ilegales", como el de: "vienen a quitarnos los puestos de trabajo y después no quieren trabajar sino protestar". Y, en tercer lugar, la falta de visión "global" del fenómeno migratorio – y de la realidad de la multiplicidad de formas de vida – al reducirlo a temas como los de las identidades culturales – con lo que el problema pierde dimensión política – o el de los cupos, que hace que veamos la inmigración, como un problema de meras necesidades de mano de obra en épocas determinadas y no como un fenómeno causado por las injusticias de la globalización neoliberal salvaje que viene hundiendo, si cabe aún más, el abismo entre los países ricos y los países pobres. Estos enfoques son las notas que definen la tendencia de las actuales políticas europeas ante la realidad de la inmigración; notas que siguen el papel pautado que imponen las tenazas de un orden global cuya premisa idelógica explícita es la exclusión y el abandono a sí mismas de las cuatro quintas partes de la población mundial.

Muchos de los que hemos perdido algún familiar en su particular periplo por la Europa del Estado del Bienestar buscando un empleo, sabemos de la tragedia personal que supone el abandono del país de origen para buscar salidas económicas a la pobreza. Y también conocemos todas las secuelas de aculturación y sometimiento a condiciones laborales y de vida cotidiana indignas que el propio emigrante se impone para no chocar con el "ciudadano" del país de acogida. La emigración es un problema de claras connotaciones culturales, pero sobre todo de desequilibrio en la distribución de la riqueza. Si una sola empresa transnacional tiene un producto interior bruto superior al de toda el área de países subsaharianos; si los pueblos del Sur tienen bloqueado su desarrollo por la existencia de una deuda injusta, cuyo pago está "asegurado" por las instituciones globales y multilaterales, ajenas al mínimo control democrático; y si sobre los países empobrecidos por la rapiña de las grandes corporaciones sobrevuelan con mayor intensidad los verdaderos problemas medioambientales, poblacionales y de salud, está claro que las migraciones y las diferencias culturales tienen mucho que ver más con la desigualdad entre clases sociales y los desequilibrios económicos entre países, que con cuestiones bizantinas acer-

Jurisdição e Direitos Fundamentais

ca del reconocimiento de los otros: los países que compran mandan, decía Martí.

Si queremos reflexionar desde ese reconocimiento de las especificidades de los otros, debemos partir de la convicción expresada en los párrafos anteriores: los problemas culturales están estrechamente interconectados con los políticos y los económicos. La cultura no es una entidad ajena o separada de las estrategias de acción social; más bien, es una respuesta, una reacción a la forma cómo se van constituyendo y desplegando las relaciones sociales, económicas y políticas en un tiempo y un espacio determinados.

Por esa razón, las visiones tradicionales del multiculturalismo no añaden mucho a los problemas concretos con los que nos enfrentamos hoy en día, – véase el caso de la inmigración y sus consecuencias sociales y culturales. Por un lado, tenemos las propuestas multiculturalistas de raigambre conservadora – despreciar las diferencias y que cada uno busque sus propias condiciones de vida, al margen de las situaciones de desigualdad tanto en el punto de partida como en el recorrido vital. Por otro, las más defendibles, aunque timoratas propuestas multiculturalistas liberales – propiciar políticas de acción afirmativa o discriminación positiva que acerquen lo más posible los diferentes (no los desiguales, aun cuando en la mayoría de los casos una clase lleva a la otra) al patrón oro de lo que se considera lo normal. De diferentes maneras, una imponiendo y la otra sugiriendo, ambas posiciones comparten un punto de vista universalista abstracto que, como tal, no puede ser cuestionado, a pesar de los enormes fallos y las consecuencias desastrosas que para la mayoría de la humanidad están provocando. Asimismo, las posiciones multiculturalistas holistas o, por decirlo de otro modo, nativistas o localistas, tampoco añaden mucho a nuestro debate dada su radicalidad en la defensa de raíces identitarias o parámetros religiosos totalizados. Estas posiciones también terminan defendiendo, como veremos más adelante, algún tipo de universalismo abstracto: si en la "idea" lo que prima es la identidad – lo que nos separa –, pero en la "práctica" lo que impera es el contacto mutuo y la necesidad de la convivencia, ¿qué pueden aportarnos estas posiciones a la hora de abordar la realidad plural en la que vivimos, como no sea dificultando aún más la exigencia cultural de diálogo y práctica social intercultural?. Para reflexionar sobre estos problemas desde una teoría comprometida con los derechos humanos, debemos hacer una serie de precisiones.

II – La polémica sobre los derechos humanos en el mundo contemporáneo se ha centrado en dos visiones, dos racionalidades y dos prácticas. En primer lugar, una visión *abstracta*, vacía de contenidos y referencias a las circunstancias reales de las personas y centrada en torno a la concepción occidental de derecho y el valor de la identidad. Y, en segundo lugar, una visión *localista* en la que predomina lo propio, lo nuestro con respecto a lo de los otros y centrada en torno a la idea particular de cultura y el valor de la diferencia. Cada una de estas visiones de los derechos propone un determinado tipo de racionalidad y una versión de cómo ponerlos en práctica.

Visión abstracta ------ Racionalidad Jurídico/Formal ------ Prácticas universalistas

Visión localista ------- Racionalidad Material/Cultural ----- Prácticas particularistas.

Ambas visiones contienen razones de peso para ser defendidas. El derecho, visto desde su aparente neutralidad, pretende garantizar a "todos", no a unos frente a otros, un marco de convivencia común. La cultura, vista desde su aparente cierre local, pretende garantizar la supervivencia de unos símbolos, de una forma de conocimiento y de valoración que orienten la acción del grupo hacia fines preferidos por sus miembros. El problema surge cuando cada una de estas visiones se defiende por su lado y tiende a considerar inferior o a desdeñar lo que la otra propone. El derecho por encima de lo cultural o viceversa. La identidad como algo previo a la diferencia o viceversa. Ni el derecho, garante de la identidad común, es neutral; ni la cultura, garante de la diferencia, es algo cerrado. Lo relevante es construir una *cultura de los derechos* que recoja en su seno la universalidad de las garantías y el respeto por lo diferente. Pero esto supone ya otra visión que asuma la complejidad del tema que abordamos. Esta visión *compleja* de los derechos humanos es la que hemos querido desplegar en estas páginas. Su esquema será el siguiente:

Visión compleja ------- Racionalidad de resistencia ------ Práctica intercultural.

Con esta visión queremos superar la polémica entre el pretendido universalismo de los derechos y la aparente particularidad de las culturas. Ambas afirmaciones son el producto de visiones sesgadas y reduccionistas de la realidad. Ambas acaban ontologizando y dogmatizando sus puntos de vista al no relacionar sus propuestas con los contextos reales. Veamos un poco más detenidamente las diferencias entre estas tres visiones de los derechos.

Las visiones abstracta y localista de los derechos humanos suponen siempre situarse en un *centro* desde el que interpretar todo lo demás y a todos los demás. En este sentido da igual que se trate de una forma de vida concreta o de una ideología jurídica y social. Ambas funcionan como un patrón de medida y de exclusión. De estas visiones surge un mundo desintegrado. Toda centralización implica atomización. Siempre habrá algo que no esté sometido a la ley de la gravedad dominante y que debe quedar marginado del análisis y de la práctica. Es útil recordar aquí aquella imagen con la que Robert Nozick justificaba metodológicamente su Estado mínimo: hacer una foto de la realidad eligiendo el plano que queremos resaltar

Jurisdição e Direitos Fundamentais

y, en el estudio, recortar por todos los lados hasta llegar a la imagen que nos conviene. Al final lo excluido es de un modo abrumador mucho más importante que lo incluido. Y, sin embargo, lo excluido va a ser regido y determinado por el centro que hemos impuesto al conocimiento y la acción.

Por esta razón, la visión compleja de los derechos apuesta por situarnos en la *periferia*. Centro sólo hay uno. Lo que no coincida con él es abandonado a la marginalidad. Periferias, sin embargo, hay muchas. En realidad todo es periferia, si aceptamos que no hay nada puro y que todo está relacionado.[1] Una visión desde la periferia de los fenómenos nos indica que debemos dejar la percepción de "estar en un entorno", como si fuéramos algo ajeno a lo que nos rodea y que hay que dominar o reducir al centro que hemos inventado. No estamos en el entorno. "Somos el entorno". No podemos describirnos a nosotros mismos sin describir y entender lo que es y lo que hace el entorno del que formamos parte. Y, sin embargo, nos han educado para vernos y "vivirnos" como si fuéramos entes aislados de conciencia y de acción, puestos en un mundo que no es nuestro, que nos es extraño, que es diferente a lo que somos y hacemos, y, por ello mismo, podemos dominar y explotar. Ver el mundo desde un pretendido centro, supone entender la realidad material como algo inerte, pasivo; algo a lo que hay que dar forma desde una inteligencia ajena a ella. Ver el mundo desde la periferia, implica entendernos como manojos de relaciones que nos atan, tanto interna como externamente, a todo lo demás y a todos los demás. La soledad del centro supone la dominación y la violencia. La pluralidad de las periferias, el diálogo y la convivencia. Sería como comparar la visión panorámica y fronteriza de *La mirada de Ulises* de Theo Angelopoulos, con el simplismo violento y jerarquizado de *Rambo*.

En segundo lugar, las visiones abstracta y localista se enfrentan a un problema común: el del contexto. Para aquella hay una falta absoluta de contexto, ya que se desarrolla en el vacío de un esencialismo peligroso en cuanto que no se considera como tal, sino que habla de hechos y datos de "la" realidad. Para la otra, hay un exceso de contexto, que al final se difumina en el vacío que provoca la exclusión de otras perspectivas: otro esencialismo que sólo acepta lo que incluye, lo que incorpora y lo que valora;

---

[1] Citemos el ejemplo de las manifestaciones expresadas por una joven chicana propuesto por Renato Rosaldo en su texto *Cultura y verdad*: "Una persona se las arregla desarrollando una tolerancia hacia las contradicciones, una tolerancia hacia la ambigüedad. Aprende a ser india en la cultura mexicana, a ser mexicana desde un punto de vista anglosajón. Aprende a hacer juegos malabares con las culturas. Tiene una personalidad plural, funciona de modo plural – nada es desechado, ni lo bueno, ni lo malo ni lo horrible, nada es rechazado, nada abandonado. No sólo vive con las contradicciones, transforma la ambivalencia en algo diferente" (cit. en Feyerabend, P., "Contra la inefabilidad cultural, el objetivismo ,el relativismo y otras quimeras" *Archipiélago. Cuadernos de crítica de la cultura*, 20, 1995. Este texto nos demuestra que hoy en día los pretendidos núcleos centrales de las culturas nos enseñan muy poco acerca de las mismas; son los problemas de límites, de periferias que se tocan las unas a las otras, los que nos enseñan mucho más acerca de lo que somos y en donde estamos situados.

mientras que excluye y desdeña lo que no coincide con él. Dialéctica abstracto/local que tan magníficamente se expresa en los personajes sombríos y atormentados de las novelas de Joseph Conrad.

Por el contrario, para la visión compleja el contexto no es un problema. Es precisamente su contenido: la incorporación de los diferentes contextos físicos y simbólicos en la experiencia del mundo. ¡Cuánto no aprenderíamos sobre derechos humanos escuchando las historias y narraciones acerca del espacio que habitamos expresadas por voces procedentes de diferentes contextos culturales!. De la visión cerrada de Conrad, llegaríamos a la participación "carnavalesca" y "rabailesiana" de la realidad propuesta por el gran Mihail Bajtin.

Por último, las visiones abstracta y localista del mundo y de los derechos nos conducen a la aceptación ciega de discursos especializados. Provenga de un *philosophe* o de un chamán, el conocimiento estará relegado a una casta que sabe qué es lo universal o que establece los límites de lo particular.

Por el contrario, la visión compleja asume la realidad y la presencia de múltiples voces, todas con el mismo derecho a expresarse, a denunciar, a exigir y a luchar. Sería como pasar de una concepción representativa del mundo a una concepción democrática en la que primen la participación y la decisión colectivas.

Ahora bien, ¿qué tipo de racionalidad y de práctica social surgen de cada una de estas visiones sobre los derechos?

Afirma el maestro George Steiner que "quienes se sumergen a grandes profundidades cuentan que, llegados a cierto punto, el cerebro humano se ve poseído por la ilusión de que es de nuevo posible la respiración natural. Cuando esto ocurre, el buzo se quita la escafandra y se ahoga. Se emborracha con un hechizo fatal llamado *le vertige des grandes profondeurs*...De ahí los intentos sistemáticos y legislativos por (llegar a) una finalidad acordada". El texto, entresacado del enigmático libro *Presencias reales*, viene a demostrar el horror que produce la multidimensionalidad de lo real y las infinitas posibilidades de interpretación que existen. Tanto la visión abstracta como la localista abominan del continuo flujo de interpretaciones y reinterpretaciones. Cada una por su lado intentan poner un *punto final* hermenéutico que determine la racionalidad en sus análisis y propuestas.

Por un lado, la visión abstracta sistematiza su "punto final" bajo las premisas de una racionalidad formal. Ocuparse únicamente de la coherencia interna de las reglas y su aplicación general a diferentes y plurales contextos es una treta conceptual e ideológica para no ahogarse, para no sentir el vértigo de la pluralidad e incerteza de la realidad, y, asimismo, una coartada bien estructurada para sus pretensiones universalistas. En última instancia,

Jurisdição e Direitos Fundamentais

el formalismo es un tipo básico de determinismo. Dado que la "estructura" de nuestro lenguaje y, supuestamente, de nuestro pensamiento está sometida a reglas, se deduce que la realidad está "estructurada" del mismo modo. Si la realidad se resiste a la forma, peor para la realidad. A consecuencia de la concepción aislada del yo con respecto del mundo y del propio cuerpo, el formalismo reduce la acción cultural a intervención sobre palabras y símbolos, nunca sobre la realidad material o corporal. El mundo y el cuerpo se verán siempre como algo ajeno o, cuando menos, problemático. Palabras sobre palabras. Transformación de palabras; a lo más, de símbolos. Nunca incidiendo sobre el trasfondo real del cual formamos partes inescindibles. Desde esa visión abstracta y esa racionalidad formal, lo que único que parece significativo es lo que puede ser "anotado" simbólica o numéricamente. No se trata del problema que produce tratar los hechos sociales como cosas, sino cómo hacer que los hechos sociales lleguen a ser cosas. El formalismo supone un endurecimiento de la realidad que permita cuantificar y "representar" en un "molde prefijado" la riqueza y movilidad sociales. Hay sólo un paso desde la conciencia de la complejidad a la "statistical objetification". Todo ello a pesar de que la realidad es mucho más amplia que la lógica o la estadística y que éstas deberían servir a aquella y no al revés.[2]

Al reducir la racionalidad a la coherencia interna de reglas y principios, la visión abstracta de los derechos obviará algo muy importante para el entendimiento de la sociedad y de los derechos: las reglas y principios reconocidos jurídicamente estarán sometidos a las exigencias de coherencia y falta de lagunas internas. Pero, a su vez, esta racionalización de lo real en términos jurídicos no tendrá en consideración la "irracionalidad de las premisas" sobre las que se sostiene y a las cuales pretende conformar desde su lógica y su coherencia. Este es el límite de todo "garantismo jurídico", de toda invocación formal o neutral del Estado de derecho, de toda política representativa. Si la realidad se rige por el mercado y en éste no existe más racionalidad que la de la mano invisible, esa racionalidad irracional no

---

[2] Ejemplo de lo que venimos criticando se encuentra en la monografía de Salais, Baverez y Reynaud, *La invención del paro en Francia. Historia y transformaciones desde 1890 hasta 1980*, publicado por el Ministerio de Trabajo, Madrid, 1990. El "endurecimiento" de la realidad que suponen el formalismo y la cuantificación no son casuales ni están separados de los intereses de poder: ver Serverin, E., *De la jurisprudence en droit privé: théorie d'une practique*, Presses Universitaires de Lyon, Lyon, 1985, en el que se analiza la labor de taxonomía y clasificación abstractas de la realidad por parte del poder judicial; y, también, Daston L., "The domestication of risk: mathematical probability and insurance, 1650-1830" en Krueger, L., (edit.), *The Probabilistic Revolution: Volumen I, Ideas in History*, MIT Press, Cambridge MA, en relación a la funcionalidad de los análisis estadísticos con el surgimiento y consolidación de las empresas de seguros de vida. Cfr., el interesante ensayo de Alain Desrosières "How to Make Things Which Hold Together: Social Science, Statistics and the State", en Wagner, Wittrock y Whitley (edit.), *Discourses on Society. The Shaping of the Social Science Disciplines, Sociology of the Sciences Yearbook*, vol. XV, Kluwer, Dordrecht, 1990, pp. 195-218 (existe trad. cast. en *Archipiélago. Cuadernos de crítica de la cultura*, 20, 1995, pp. 19-31).

podrá ser regida por la racionalidad racional del derecho, a menos que éste cumpla la misión de "garantizar", no las libertades y derechos de los ciudadanos, sino las libertades y derechos necesarios para el mercado, la libre competencia y la maximización de los beneficios; o sea, todos aquellos *a priori* del liberalismo económico y político. Estamos, pues, ante una racionalidad que *universaliza* un particularismo: el del modo de producción y de relaciones sociales capitalista, como si fuera el único modo de relación humana. La racionalidad formal culmina en un tipo de práctica *universalista*, que, podríamos calificar de *universalismo de partida, a priori*, un pre-juicio al cual debe adaptarse toda la realidad. Todos tenemos derechos por el hecho de haber nacido. Pero con qué derechos se nace; cuál es su jerarquía interna y cuáles son las condiciones sociales de su aplicación e interpretación, son materias que no corresponden a la visión abstracta, o, lo que es lo mismo, descontextualizada de los derechos. Al salirse del contexto, el formalismo necesita crear una nueva realidad cuyos componentes pasan de ser meras abstracciones lingüísticas a convertirse en cosas. Aún más, se convierten en cosas equivalentes que se sostienen entre sí: p.e. supuesto de hecho y consecuencia jurídica. La cuestión no reside en preguntarse si estos elementos son o no equivalentes y se sostienen o no entre sí (esto significaría caer en la trampa del formalismo); sino más bien en preguntarse ¿quién decide tratar a esos elementos como equivalentes y con qué fines aparecen como objetos que se sostienen entre sí sin referencia a sus contextos sociales, económicos, políticos o culturales?

Esta visión abstracta induce a reducir los derechos a su componente jurídico como base de su universalismo a priori. La práctica social por los derechos deberá pues reducirse a la lucha jurídica. Por muy importante que esta lucha sea, dada la función de garantía que el derecho puede y debe cumplir, reducir la práctica de los mismos al ámbito de la norma nos llevaría a aceptar como principio esa contradicción básica de todo formalismo: racionalidad interna e irracionalidad en las premisas. ¿Qué ocurre con los que nos negamos a aceptar esas premisas irracionales, esa lógica del mercado que homogeneiza todo lo que por ella pasa?. El mercado necesita de un orden jurídico formalizado que garantice el buen funcionamiento de los derechos del propietario. Ese orden jurídico, con todo su trasfondo ético y político, es el que se universaliza a priori, desplazando del análisis cuestiones tales como el poder, la diversidad o las desigualdades. Es lo que constituye lo racional y lo razonable. En él coinciden lo real y lo racional. Síntesis final. Unidad de los opuestos. Lo universal.

¿Constituye una salida a ese universalismo abstracto reivindicar lo local, lo *particular*? En principio, hay que decir que consecuencia del imperialismo de lo universal a priori han surgido voces que exigen una vuelta a lo local como reacción comprensible frente a los desmanes y abusos de

---

Jurisdição e Direitos Fundamentais

137

tal colonialismo conceptual. Sin embargo, el localismo también se ahoga frente a la pluralidad de interpretaciones y, a su modo, también construye otro universalismo, un *universalismo de rectas paralelas* que sólo se encontrarán en el infinito del magma de las diferencias culturales. El "localismo" sistematiza su "punto final" bajo las premisas de una racionalidad material que se resiste al universalismo colonialista desde los presupuestos de "lo propio". Se cierra sobre sí mismo. Resistiéndose a la tendencia universalista a priori a despreciar las "distinciones" culturales con el objetivo de imponer una sola forma de ver el mundo, el localismo refuerza la categoría de distinción, de diferencia radical, con lo que en última instancia, acaba defendiendo lo mismo que la visión abstracta del mundo: la separación entre nosotros y ellos, el desprecio a lo otro, la ignorancia con respecto a que lo único que nos hace idénticos es la relación con los otros; la contaminación de otredad. De aquel universalismo de punto de partida, llegamos al universalismo de rectas paralelas, de átomos que sólo se encuentran cuando chocan entre sí. Es una reacción natural enfrentarse a la eliminación de las diferencias que provoca el universalismo abstracto. Pero contraponer a éste la existencia de esencias diferenciales que pueden rastrearse únicamente por una arqueología histórica provoca nuevas distorsiones al dedicarse, en el mejor y más pacífico de los casos, a superponer, sin interrelacionar, formas culturales diferentes. Estamos ante la postura "nativista". Ante, por ejemplo, los esencialismos de la "negritud", de lo "latinoamericano", de lo "femenino", de lo "occidental"...como formas de absolutizar identidades. Adorar estas identidades esenciales es tan perverso como abominar de ellas: es dejar la historia de la humanidad al arbitrio de esencialidades ajenas a la experiencia y que pueden conducir al enfrentamiento de los seres humanos entre sí. Esta racionalidad "nativista" conduce a una práctica comúnmente denominada *multicultural* de los derechos como conclusión necesaria de su universalismo de rectas paralelas. El término "multicultural" o bien no dice nada, dada la inexistencia de culturas separadas, o bien conduce a superponer, al estilo de un museo, las diferentes culturas y formas de entender los derechos. El multiculturalismo respeta las diferencias, absolutizando las identidades y difuminando las relaciones jerárquicas – dominados/dominantes – que se dan entre las mismas. Tal y como ha defendido en múltiples ocasiones Peter McLaren[3] la visión abstracta, en lo que concierne a la polémica sobre las diferencias culturales, nos lleva a un multiculturalismo conservador: existen muchas culturas, pero sólo una puede considerarse el patrón oro de lo universal. Por su parte, la visión localista nos conducirá a un multiculturalismo liberal de tendencia progresista: todas las culturas son

---

[3] Cfr. entre otros muchos textos del autor norteamericano discípulo de Paulo Freire, McLaren, P., *Pedagogía crítica y cultura depredadora. Políticas de oposición en la era postmoderna*, Paidós, Barcelona, 1997. Ver también, Douglas Kellner, *Media Culture: cultural studies, identity and politics between the modern and the postmodern*, Routledge, 1995, esp. cap. 3.

iguales, no hay más que establecer un sistema de cuotas o de "affirmative action" para que las "inferiores" o "patológicas" puedan acercarse a la hegemónica, pero, al estilo de lo políticamente correcto, respetando siempre la jerarquía dominante. Otorgar voz y presencia en función de las diferentes posiciones sociales es una forma de ocultar que la "diferencia", en muchas ocasiones, no es más que una consecuencia de las desigualdades que se dan en el inicio o bien en el desarrollo del proceso de relaciones sociales.

Hay que dar un paso más. Como defendió Lukács los efectos más importantes de la implantación del capitalismo a nivel conceptual son los de la fragmentación y la cosificación de lo que entendemos separada y aisladamente del contexto. Estamos ante la forma más sutil de hegemonía. La misma posición post-moderna, con su insistencia en la falta de discursos globalizadores, no es más que otra forma, quizá indirecta, puede que inconsciente, de aceptar esa fragmentación y esa cosificación de las relaciones sociales.

Por eso, nuestra visión compleja de los derechos apuesta por una *racionalidad de resistencia*. Una racionalidad que no niega que puede llegarse a una síntesis universal de las diferentes opciones frente a los derechos. Y tampoco descarta la virtualidad de las luchas por el reconocimiento de las diferencias étnicas o de género. Lo que negamos es considerar lo universal como un punto de partida o un campo de desencuentros. A lo universal *hay que llegar – universalismo de llegada o de confluencia –* después (no antes de) un proceso conflictivo, discursivo, de diálogo o de confrontación en el que lleguen a romperse los prejuicios y las líneas paralelas. Hablamos del entrecruzamiento, no de una mera superposición, de propuestas. El universalismo abstracto mantiene una concepción unívoca de la historia que se presenta como el patrón oro de lo ético y lo político. La lucha por lo local nos advierte de que ese final de la Historia nos conduce al renacimiento de las historias. Pero no basta con rechazar el universalismo, sino hay que denunciar también que cuando lo local se universaliza lo particular se invierte y se convierte en otra ideología de lo universal. Al invertir en universal y necesario lo que no es más que un producto de la contigencia y de la interacción cultural se presenta como verdad absoluta. Lo universal y lo particular están siempre en tensión. Dicha tensión es la que asegura la continuidad tanto de lo particular como de l universal, evitando tanto el particularismo como el universalismo. Decir que lo universal no tiene contenidos previos, no significa que sea algo así como un conjunto vacío donde todo lo particular se mezcle sin razón. Hablamos mejor de un universalismo que no se imponga, de un modo u otro, a la existencia y a la convivencia, sino que se vaya descubriendo en el transcurrir de la convivencia interpersonal e intercultural. *Si la universalidad no se impone, la diferencia no se inhibe*. Sale a la luz. Nos encontramos a lo otro y a los otros con sus pre-

---

Jurisdição e Direitos Fundamentais

139

tensiones de reconocimiento y de respeto. Y en ese proceso – denominado por algunos como "multiculturalismo critico o de resistencia" – a la par que vamos rechazando los esencialismos universalistas y particularistas, vamos dando forma al único esencialismo válido para una visión compleja de lo real: el crear condiciones para el desarrollo de las potencialidades humanas, de un poder constituyente difuso que se componga, no de imposiciones o exclusiones, sino de *generalidades compartidas* a las que llegamos, no desde las que partimos.

No vale acusar, por ejemplo, a los países no occidentales de boicotear las Conferencias internacionales de derechos humanos de finales del siglo XX a causa de su apelación a sus culturas, puesto que en el proceso de todas esas reuniones se exige, por parte de Occidente, la inclusión de cláusulas de respeto por el libre comercio y las instituciones dedicados a imponerlo en todo el mundo empobrecido, y se hace como si se tratara de un dogma cerrado que se sitúa fuera del debate. Como tampoco es válido partir de un rechazo a todas las ideas occidentales sobre derechos humanos como si fueran todas ellas producto del colonialismo y del imperialismo. Negar "absolutamente" la visión occidental de los derechos humanos conduce a las culturas y países que lo hacen a aceptar que es la cultura occidental la única que los postula y defiende, el patrón oro desde el que identificar la lucha por la dignidad humana. Esta pretensión de esencialismo étnico provoca el autodesprecio hacia la larga tradición no occidental de lucha por los derechos humanos. Tanto una como otra posición parten de universalizaciones y de exclusiones, no de procesos que nos permitan llegar al conjunto de generalidades que todos podríamos compartir[4]

Nuestra racionalidad de resistencia conduce, pues, a un *universalismo de contrastes, de entrecruzamientos, de mezclas*[5] Un universalismo impuro que pretende la interrelación más que la superposición. Un universalismo que no acepta la visión microscópica que de nosotros mismos nos impone el universalismo de partida o de rectas paralelas. Un universalismo que nos sirva de impulso para abandonar todo tipo de cierre, sea cultural o epistémico, a favor de energías nómadas, migratorias, móviles, que permitan

---

[4] La forma de ir saliendo de esos atolladeros es "buscar rasgos que conecten el 'interior' de un lenguaje o una teoría o una cultura con su 'exterior', y de este modo reducir la ceguera inducida conceptualmente a las causas reales de la incomprensión, que son la inercia, el dogmatismo, la distracción y la estupidez, habituales, normales, corrientes y molientes. No se niegan las diferencias entre lenguajes, formas de arte, costumbres. Pero (habría que atribuirlas) a accidentes de ubicación y/o historia, no a esencias culturales claras, inequívocas e inmóviles: *potencialmente cada cultura es todas las culturas*" Feyerabend, P., op. cit, p. 50. Al texto de Feyerabend sólo le falta hacer una referencia a los intereses económicos y de poder como causas de los pretendidos "cierres culturales" para servirnos por completo en nuestro análisis.

[5] Nuestra propuesta es coincidente con la de una *universalidad analógica, histórica y situada* que ha planteado J.C. Scannone en su texto *Nuevo punto de partida en la filosofía latinoamericana*, Guadalupe, Buenos Aires, 1990. Asimismo, consúltese Milton Santos, *Técnica, Espaço, Tempo. Globalizaçao e meio técnico-científico informacional*, Editora Hucitec, Sao Paulo, 1996, esp. cap. V, pp. 163-188.

desplazarnos por los diferentes puntos de vista sin pretensión de negarles, ni de negarnos, la posibilidad de la lucha por la dignidad humana.

La última esperanza para el pensamiento – nos recordaba Adorno en su *Minima Moralia* – es la mirada que se desvía del camino trillado, el odio a la brutalidad, la búsqueda de conceptos nuevos todavía no acoplados al esquema general. Necesitamos de una racionalidad sin hogar, descentrada y exiliada de lo convencional y lo dominante. El problema no radica en la preocupación por la forma, sino en el formalismo. El problema no reside en la lucha por la identidad, sino en el esencialismo de lo étnico o de la diferencia. Ambas tendencias otorgan estabilidad ontológica y fija a algo que no es más que una, otra, construcción humana.

Por ello, proponemos un tipo de práctica, no universalista ni multicultural, sino *intercultural*. Toda práctica cultural es, en primer lugar, un sistema de *superposiciones entrelazadas*, no meramente superpuestas. Este entrecruzamiento nos empuja hacia una práctica de los derechos insertándolos en sus contextos, vinculándolos a los espacios y las posibilidades de lucha por la hegemonía y en estrecha conexión con otras formas culturales, de vida, de acción, etc. En segundo lugar, nos induce hacia práctica social *nómada* que no busque "puntos finales" al cúmulo extenso y plural de interpretaciones y narraciones y que nos discipline en la actitud de movilidad intelectual absolutamente necesaria en una época de institucionalización, regimentación y cooptación globales. Y, por último, caminaríamos hacia una práctica social *híbrida*. Nada es hoy "puramente" una sola cosa. Como afirma Edward W. Said, necesitamos una práctica híbrida y antisistémica que pueda construir "discontinuidades renovadas y casi lúdicas, cargadas de impurezas intelectuales y seculares: géneros mezclados, combinaciones inesperadas de tradición y novedad, experiencias políticas basadas en comunidades de esfuerzo e interpretación (en el sentido más amplio de la palabra), más que en clases y corporaciones de poder, posesión y apropiación".[6] Una práctica, pues, creadora y recreadora de mundos que esté atenta a las conexiones entre las cosas y las formas de vida que no nos priven de "los otros ecos que habitan el jardín".

III – Ante todo esto, la reflexión sobre la interculturalidad nos conduce a una *resistencia activa* contra los derroteros que está tomando este tema en los debates contemporáneos. Como ejemplo, apliquemos la metodología expuesta al caso de las migraciones, ya que en él es donde se ponen en evidencia las consecuencias de los discursos multiculturalistas conservadores o liberales.

---

[6] Said, E. W., *Cultura e imperialismo*, Anagrama, Barcelona, 1996, p. 514. Ver, asimismo, Boaventura de Sousa Santos, *A crítica da razao indolente. Contra o desperdício da experiência*, Cortez Editora, Sao Paulo, 2000. Y José Manuel Oliveira Mendes, "O desafio das identidades" en Boaventura de Sousa Santos (org.), *A Globalizaçao e as Ciências Sociais*, Cortez Editora, Sao Paulo, 2002, pp. 503-540.

Jurisdição e Direitos Fundamentais

Debemos *resistirnos*, en primer lugar, al discurso que reduce el tema migratorio a la lucha contra los tráficos ilegales, dado que la racanería de los gobiernos a la hora de "dar papeles" no concuerda con las necesidades de la mano de obra necesaria, a menos que lo que se pretenda sea mantener "a raya" a los que no tienen otro remedio que aceptar condiciones esclavizantes de trabajo, con lo que, indirectamente se están potenciando las redes de tráfico ilegal de personas.

En segundo lugar, *resistirnos* a considerar la problemática que presentan las migraciones como un problema policial y de control de fronteras. Asistimos a la generalización de un nuevo orden global sustancialmente distinto del orden internacional de décadas pasadas. Cada vez nos regimos menos por tratados y convenciones internacionales y más por las manos "bien visibles" de los mercados, transnacionalmente interrelacionados, y que obedecen en última instancia a asegurar más la eficiencia del sistema que a ajustar los desequilibrios económicos, sociales y culturales que, intencionadamente o no, generan. Como viene afirmando la teoría social contemporánea, si queremos abordar con "realismo" los flujos migratorios – y, con ellos, los temas suscitados por el contacto entre culturas –, debemos encarar el fenómeno desde tres reconocimientos: 1) El mundo se caracteriza básicamente por desequilibrios profundos, tanto a nivel de libertades civiles como de derechos sociales, económicos y culturales; 2) Las fronteras, sobre todo, las fronteras-fortalezas, son mecanismos esenciales para mantener las desigualdades entre naciones; y 3) El control de las fronteras representa la línea crítica de división entre el mundo desarrollado, "el centro" y las periferias económicas crecientemente subordinadas.

Y, en último lugar, debemos *resistirnos* a percibir la "realidad" de la inmigración y de la multiculturalidad como la principal generadora de problemas sociales en la época en que vivimos. Es muy fácil, sobre todo después del 11 de Septiembre, justificar la superioridad del valor de la seguridad por encima del resto de valores que inspiran los derechos humanos. Y, más fácil aún, hallar en el inmigrante o en el diferente el "chivo expiatorio" en el que situar nuestras frustraciones y nuestra incapacidad política para resolver los problemas de la delincuencia organizada, así como el de los débiles sistemas de pensiones que nos auguran un futuro incierto y problemático. El populismo de extrema derecha se nutre de estas incapacidades de los Estados de Derecho. Contra esta tendencia, debemos reconocer, primero, el papel beneficioso que en todas las épocas históricas han supuesto las migraciones, las mezclas, los mestizajes. Y, segundo, hacer llegar a la opinión pública las ventajas laborales, fiscales y culturales que la inmigración nos está aportando a todos.[7]

---

[7] Por estas razones, hay que leer con cautela las *Diez tesis sobre la inmigración* propuestas por Agnes Heller. Según la profesora de la New School for Social Research, hay que establecer "semáforos" de

Como nos decía Martí, la economía debe ser controlada por la política. Pero no por cualquier política, sino por una política comprometida no sólo con la libre circulación de los capitales, sino también con la libre circulación de las personas; una política ajena a cualquier violación de los derechos recogidos en los textos de derechos humanos; una política, en fin, que nos aporte mecanismos para poder resistirnos, inmigrantes y residentes, a un orden global injusto y desigual.[8]

Los derechos humanos en el mundo contemporáneo necesitan de esta visión compleja, de esta racionalidad de resistencia y de estas prácticas interculturales, nómadas e híbridas para superar los escollos universalistas y particularistas que llevan impidiendo un análisis comprometido de los mismos desde hace ya décadas. Los derechos humanos no son únicamente declaraciones textuales. Tampoco son productos unívocos de una cultura determinada. Los derechos humanos son los medios discursivos, expresivos

---

comportamiento para evitar el choque entre partes distintas; estos semáforos se basarían en un principio general: "la emigración es un derecho humano, mientras que la inmigración no lo es". En otras palabras, si alguien quiere "salir" no se le debe poner ningún problema ya que tiene el "*derecho*" a hacerlo; pero si lo que quiere es "entrar", ya no hablamos de derechos, sino de "*privilegios*", los cuales deben ser regulados por los de dentro. La cautela de la lectura, y no el rechazo inmediato de lo que propone Heller, reside en la convicción de la necesidad de acciones que prevean posibles conflictos interculturales e interclasistas. Pero la cuestión no reside en levantar obstáculos o semáforos, sino en construir espacios de mediación en los que podamos transitar estableciendo nuevas relaciones sociales, económicas y culturales. ¿Qué tipo de relación se establece cuando todos estamos detenidos ante el semáforo? ¿No estaríamos volviendo a justificar el atomismo social que confía únicamente en normas heterónomas que parecen imponerse a todos por igual? ¿No constituyen los controles aduaneros y fronterizos un semáforo únicamente para unos y no para otros?. De ahí surge el principio general propuesto por Heller: la emigración es un derecho y la inmigración no. ¿No estamos ante las dos caras de un mismo fenómeno? Si quieres vete, nadie te lo impide ya que es tu derecho "individual". Pero si quieres entrar, pídeme permiso y yo decidiré si te dejo o no te dejo entrar, ya que el derecho de veto es mi derecho "individual" y tu pretensión no es más que un privilegio "colectivo" que puede chocar con mis intereses "individuales". ¿Pudieron los indígenas norteamericanos, africanos, andinos... controlar el "privilegio" de los colonizadores que se establecieron en sus tierras? ¿Pueden los campesinos controlar los "privilegios" de las grandes empresas transnacionales empeñadas en apoderarse, sin tener que deternerse en semáforos de ningún tipo, de todos sus conocimientos ancestrales y patentarlos en su propio beneficio?. ¿Tienen los capitales financieros que detenerse ante algún semáforo? ¿No están siempre en rojo los semáforos que impiden la movilidad de cientos de millones de personas que buscan salidas al empobrecimiento al que los han condenado los "privilegios" y los "derechos" de los poderosos?. *Emigrar es inmigrar*. Ambos son derechos humanos en la medida en que ambos suponen la construcción de relaciones de reconocimiento, de empoderamiento y de mediación política. Más que poner semáforos, luchemos por construir situaciones de justicia, de solidaridad, de desarrollo, de empoderamiento. Cuando las relaciones sociales dejen de imponer hegemonías unilaterales y partan de una situación de equilibrio y de igualdad, ahí comenzarán a sentarse las bases que eviten el choque entre las partes. La práctica intercultural se define menos por imponer barreras y más por construir espacios públicos de mediación, intercambio y mestizaje. Ver Sami Naïr, *Las heridas abiertas. Las dos orillas del Mediterráneo. ¿Un destino conflictivo?*, Santillana, (Punto de Lectura) Madrid, 2002, Prólogo a cargo de Joaquín Estefanía, pp. 9 y ss.

[8] En este sentido, véanse los trabajos de Samir Amin, "Las condiciones globales para un desarrollo sostenible", Jorge Alonso, "La Democracia, base de la lucha contra la pobreza", Wim Dierckxsens, "Hacia una alternativa sobre la ciudadanía" y Vandana Shiva, "El movimiento Democracia Viva. Alternativas a la bancarrota de la globalización", publicados en la reciente edición en español de *Alternativas Sur*, nº 1, Vol. 1 (2002) dedicado al tema *A la búsqueda de alternativas. ¿Otro mundo es posible?*.

Jurisdição e Direitos Fundamentais

y normativos que pugnan por reinsertar a los seres humanos en el circuito de reproducción y mantenimiento de la vida, permitiéndonos abrir espacios de lucha y de reivindicación. Son procesos dinámicos que permiten la apertura y la consiguiente consolidación y garantía de espacios de lucha por la particular manifestación de la dignidad humana.[9] El único universalismo válido consiste, pues, en el respeto y la creación de condiciones sociales, económicas y culturales que permitan y potencien la lucha por la dignidad: en otras palabras, en la generalización del valor de la libertad, entendida ésta como la "propiedad" de los que nunca han contado en la construcción de las hegemonías. Desde esta caracterización, es necesario abandonar toda abstracción – sea ésta universalista o localista – y asumir el deber que nos impone el valor de la libertad: la construcción de un orden social justo (artículo 28 de la Declaración de 1948) que permita y garantice a todas y a todos luchar por sus reivindicaciones. Tanta violación se da en el caso de las mujeres condenadas a vivir enclaustradas y ajenas a los procesos sociales cotidianos, como en el caso de unos seres humanos empujados por las políticas colonialistas de destrucción de sus países de origen a buscar trabajo en el entorno hostil de un Occidente-fortaleza. Reivindicar la interculturalidad no se detiene en el, por otro lado, necesario reconocimiento del otro. Es preciso, también, transferir poder, "empoderar" a los excluidos de los procesos de construcción de hegemonía. Y, asimismo, trabajar en la creación de mediaciones políticas, institucionales y jurídicas que garanticen dicho reconocimiento y dicha transferencia de poder.

No somos nada sin derechos. Los derechos no son nada sin nosotros. En este camino no hemos hecho más que comenzar.

---

[9] Joaquín Herrera Flores, "Hacia una visión compleja de los derechos humanos"; David Sánchez Rubio, "Universalismo de confluencia, derechos humanos y proceso de inversión"; Franz Hinkelammert, "El proceso de globalización y los derechos humanos: la vuelta del sujeto", los tres trabajos publicados en Joaquín Herrera Flores (ed.), *El Vuelo de Anteo. Derechos Humanos y crítica de la razón liberal*, Desclée de Brouwer, Bilbao, 2001, pp. 19-78, 215-244, y 117-128 respectivamente. Franz Hinkelammert, "La negativa a los valores de la emancipación humana y la recuperación del bien común" en *Pasos*, 90, 2000. Raúl Fornet Betancourt, *La transformación intercultural de la filosofía*, Desclée, Bilbao, 2000. Juan Antonio Senent de Frutos, *Ellacuría y los derechos humanos* Desclée, Bilbao, 1998, esp. cap. 2, y "Los derechos humanos y la tensión entre universalidad y multiculturalismo" en *Actas del Congreso Internacional en el ciencuentenario de la Declaración Universal de los derechos humanos*, Asociación Pro Derechos Humanos, Granada, 1999. Helio Gallardo, *Política y transformación social. Discusión sobre derechos humanos*, Tierra Nueva, Quito, 2000. Xabier Etxeberría, *Imaginario y derechos humanos desde Paul Ricoeur*, Desclée de Brouwer, Bilbao, 1995. Alejandro M. Medici, "El campo de los movimientos críticos de la globalización y las alternativas frente al neoliberalismo", en *Crítica Jurídica. Revista Latinoamericana de Política, Filosofía y Derecho*, 20, 2002. Norman José Solórzano Alfaro, "Los marcos categoriales del pensamiento jurídico moderno: avances para la discusión sobre la inversión de los derechos humanos" en *Crítica Jurídica. Revista Latinoamericana de Política, Filosofía y Derecho,* 18, 2001, pp. 283-316. Asier Martínez de Bringas, *Globalización y derechos humanos*, Cuadernos Deusto de Derechos Humanos, 15, Universidad de Deusto, Bilbao, 2001. Luis de Sebastián, "Globalización, exclusión y pobreza" en *Revista Anthropos. Huellas del conocimiento"*, 194, 2002, número dedicado a *"La pobreza. Hacia una nueva visión desde la experiencia histórica y personal"*, pp. 55-64. María José Fariñas, "Globalización, ciudadanía y derechos humanos" en *Cuadernos Bartolomé de las Casas*, 16, 2000.

— VI —
Os direitos humanos sociais

JÖRG NEUNER
Catedrático de Direito Civil, Direito do Trabalho, Direito Comercial e
Filosofia do Direito na Universidade de Augsburg – Alemanha.

Traduzido por **Pedro Scherer de Mello Aleixo**
Revisado por **Ingo Wolfgang Sarlet** e **Jorge Cesa Ferreira da Silva**

Sumário: I. Introdução; II. Legitimação; 1. Aspectos consensuais; 2. Aspectos históricos; 3. Aspectos teleológicos; III. Sistema; 1. Direitos prestacionais materiais; 2. Direitos prestacionais informativos; 3. Direitos ideais de proteção; 4. Direitos de proteção coletivos; IV. Limites; 1. Limites jurídicos; 2. Limites fáticos; 3. Limites metodológicos; V. Eficácia; 1. Direitos subjetivos; 2. Destinatários da norma; VI. Considerações finais; VII. Bibliografia.

I. Introdução

Direitos fundamentais baseiam-se em uma decisão do *pouvoir constituant* e estabelecem, na qualidade de atos de autovinculação democrático-fundamental, restrições à simples maioria parlamentar. Direitos humanos são, em contrapartida, segundo tradicional compreensão, direitos supra-estatais que valem universalmente e vinculam a maioria constituinte.[1] Eles representam, com isso, um critério de legitimação para a legislação estatal e uma fonte jurídica complementar para o Terceiro Poder. Essa concepção de direitos humanos é suscetível de diversas objeções filosófico-jurídicas, as quais se estendem desde sua consideração como uma "ideologia especificamente jurídico-natural"[2] até sua classificação como doutrina imperialista.[3] Uma crítica adicional sofre o subgrupo dos direitos humanos sociais,

---

[1] Cf. apenas JÜRGEN HABERMAS, *Die Einbeziehung des Anderen*, 1996, p. 192 ss.; LUDGER KÜHNHARDT, *Die Universalität der Menschenrechte*, 2.ed., 1991, p. 281 ss., com abrangente documentação comprobatória.
[2] HANS KELSEN, *Allgemeine Staatslehre*, 1925, p. 154.

especialmente por meio do contramodelo do liberalismo estatal-minimalista do *Laissez-faire*, o qual tem diante de si uma imagem do ser puramente individual e que vê em cada concessão de proteção jurídica social, simultaneamente, uma inadmissível interferência em direitos básicos dos cidadãos.[4] Em perspectiva pragmática há, ao lado do perigo de completo desprezo dos direitos humanos, sobretudo a tendência a uma instrumentalização unilateral e seletiva desses direitos. Assim, a dimensão social dos direitos humanos é freqüentemente ofuscada e, com isso, acentuada pura e simplesmente a sua função jurídico-defensiva liberal. Também sob a crescente pressão da globalização econômica, os direitos humanos sociais passam cada vez mais para um plano secundário. Para o cidadão singular, a globalização econômica pode conduzir a uma parcial privação de direitos,[5] ao mesmo tempo em que encerra, do ponto de vista internacional, o latente perigo de muitos Estados-Constitucionais acabarem se transformando em uma espécie de Estado Neocolonial.[6] O presente estudo constitui a tentativa de uma apologia e de uma reformulação dos direitos humanos sociais. Ele deve oferecer um panorama sobre a legitimação, o sistema, as restrições, bem como a eficácia dos direitos humanos sociais. Nesses casos, desempenha um papel fundamental, às vezes menosprezado, a influência dos direitos humanos sobre a ordem jurídica civil, haja vista que eles, em virtude de sua ampla pretensão de validade, não apenas fundamentam exigências prestacionais frente ao Estado, mas também vinculam o legislador jurídico-privado, os sujeitos jurídico-privados, assim como os tribunais civis. Essa função torna-se tão mais importante, quanto mais os Estados singulares sofrem uma erosão da sua própria capacidade prestacional e dirigente e não mais podem levar a cabo suficientemente, do ponto de vista factual-jurídico, as suas tarefas sociais.

II. Legitimação

A dignidade humana constitui o fundamento para a legitimação dos direitos humanos sociais. Complementando-a e concretizando-a apresentam-se diversos caminhos de fundamentação.[7]

---

[3] JEAN-FRANÇOIS LYOTARD, *Le Différend*, 1983, p. 208 ss.

[4] Assim, por exemplo, ROBERT NOZICK, *Anarchy, State, and Utopia*, 1974.

[5] Cf. ROGER BLANPAIN, *Social Rights in the European Union*, in: Bundesministerium für Arbeit und Sozialordnung (Org.), *Soziale Grundrechte in der Europäischen Union*, 2000/2001, p. 199 ss. (p. 216 ss.) com abrangente documentação comprobatória.

[6] Cf. PAULO BONAVIDES, *Do País Constitucional ao País Neocolonial*, 2000, P. 22 [p.]ss.; citado conforme INGO WOLFGANG SARLET, *Soziale Grundrechte in Brasilien*, Zeitschrift für ausländisches und internationales Arbeits- und Sozialrecht, 2002, p. 1 ss. (20); v., além disso, também FRIEDRICH MÜLLER, *Einschränkung der nationalen Gestaltungsmöglichkeiten und wachsende Globalisierung*, Kritische Justiz 37 (2004), p. 194 ss.

[7] V. também, pormenorizadamente, JÖRG NEUNER, *Privatrecht und Sozialstaat*, 1998, p. 74 ss.

1. Aspectos consensuais

Os direitos humanos sociais, que são, tanto no plano universal quanto no continental, objeto de numerosos pactos e resoluções, se critalizaram ao longo do tempo como componentes elementares da *ordre public internatio-nal*.[8] Em perspectiva global, são exemplificativamente mencionáveis a Declaração Universal dos Direitos Humanos, de 10.12.1948, a qual contém nos arts. 22 e ss. um amplo catálogo de direitos sociais,[9] o Pacto Internacional sobre Direitos Econômicos, Sociais e Culturais, de 19.12.1966,[10] o Acordo pela eliminação de toda e qualquer forma de discriminação da Mulher, de 18.12.1979, que designa igualmente de modo pormenorizado direitos básicos, bem como o Acordo sobre o Direito das Crianças, de 20.11.1989.

Ladeado pelos esforços globais por uma proteção dos direitos humanos sociais, há, também no plano continental, numerosas convenções e declarações. Digna de salientar é a Convenção Americana de Direitos Humanos (Pacto de São José da Costa Rica), a qual faz referência aos princípios sociais da Carta de Organização dos Estados Americanos,[11] e que foi complementada por meio do Protocolo de San Salvador (17.11.1988), no qual numerosos direitos sociais estão normatizados.[12] No continente africano, a *"African Charter on Human and Peoples' Rights"* contém *standards* fundamentais sociais.[13] Na Europa,[14] a Carta Social de 18.10.1961 constitui a primeira ampla codificação de direitos sociais.[15] O pontofinal

---

[8] Um panorama histórico confere ASBJØRN EIDE, *Economic, Social and Cultural Rights as Human Rights*, in: Asbjørn Eide, Catarina Krause, Allan Rosas, *Economic, Social and Cultural Rights*, 2001, p. 9 ss. (12 ss.), com documentação comprobatória adicional.

[9] V. maiores detalhes a respeito em PETER A. KÖHLER, *Sozialpolitische und sozialrechtliche Aktivitäten in den Vereinten Nationen*, 1987, p. 274 ss.

[10] V. maiores detalhes a respeito em BRUNO SIMMA, *The Implementation of the International Covenant on Economic, Social and Cultural Rights*, in: Franz Matscher (ed.), *The Implementation of Economic and Social Rights*, 1991, p. 75 ss. (80 ss.); monograficamente MATTHEW C. R. CRAVEN, *The International Covenant on Economic, Social and Cultural Rights*, 1995.

[11] V. maiores detalhes a respeito em EIBE H. RIEDEL, *Theorie der Menschenrechtsstandards*, 1986, p. 85 ss.

[12] O Protocolo entrou em vigor após o número de 11 ratificações necessárias no ano de 1999; cf. MARTIN SCHEININ, *Economic and Social Rights as Legal Rights*, in: Asbjørn Eide, Catarina Krause, Allan Rosas, *Economic, Social and Cultural Rights*, 2001, p. 29 ss. (46); v., além disso, também a documentação da COMISIÓN INTERAMERICANA DE DERECHOS HUMANOS em www.cidh.oas.org.

[13] V. maiores detalhes a respeito em FATSAH OUGUERGOUZ, *The African Charter on Human and Peoples' Rights*, 2003, p. 183 ss.; v., além disso, também a Carta Árabe de Direitos Humanos de 15.9.1994.

[14] V., a respeito, pormenorizadamente, JULIA ILIOPOULOS-STRANGAS, *Der Schutz sozialer Grundrechte in der Charta der Grundrechte der Europäischen Union vor dem Hintergrund des Schutzes sozialer Grundrechte in den Verfassungsordnungen der Mitgliedstaaten*, in: Dieter H. Scheuing (Org.), *Europäische Verfassungsordnung*, 2003, p. 133 ss., com abrangente documentação comprobatória.

[15] V. maiores detalhes a respeito em OTTO KAHN-FREUND, *The European Social Charter*, in: Francis G. Jacobs (ed.), *European Law and the Individual*, 1976, p. 181 ss.; HERBERT SCHAMBECK, *Grundrechte und Sozialordnung*, 1969, p. 38 ss., 59 ss.; monograficamente DAVID HARRIS/JOHN DARCY, *The European Social Charter*, 2.ed., 2001.

constitui, até agora, o Projeto Constitucional da Convenção Européia de 16.12.2004, no qual um capítulo específico (título IV, art. II, 87-98) leva expressamente o título "solidariedade".[16]

Lançando-se o olhar sobre as ordens constitucionais nacionais, reconhece-se, em regra, também uma orientação social, ainda que o quadro opere de modo um tanto não-unifome.[17] Cumpre mencionar, exemplificativamente, no círculo jurídico ibero-americano, os pormenorizados catálogos de direitos fundamentais nas Constituições do Brasil,[18] de Portugal e da Espanha.[19] Na Europa, sobressai o fato de as Constituições das novas democracias do leste europeu também conterem determinações jurídico-fundamentais detalhadas.[20] É verdade que, na Lei Fundamental alemã (LF), apenas poucos direitos sociais tenham sido explicitamente normatizados, embora a República Federal da Alemanha seja identificada no art. 20, par. 1º, da LF como Estado "social". De mais a mais, o povo alemão declara-se partidário, de acordo com numerosas outras ordens constitucionais,[21] dos "invioláveis e inalienáveis direitos humanos como fundamento de toda comunidade humana", à qual naturalmente pertencem também os direitos humanos sociais.

O reconhecimento internacional dos direitos humanos sociais se manifesta não apenas textualmente nos diversos pactos universais e regionais de direitos humanos, bem como nas numerosas Constituições, mas são também ratificados por meio de instituições como as Nações Unidas[22] ou a Igreja Católica. Digna de salientar-se é a Encíclica "Pacem in Terris",[23] na qual a idéia de direitos humanos foi definitivamente adotada na doutrina social católica.

---

[16] V. maiores detalhes a respeito em MANFRED ZULEEG, *Der rechtliche Zusammenhalt der Europäischen Union*, 2004, p. 157 ss.

[17] Cf. HANS F. ZACHER, *Das soziale Staatsziel*, in: Josef Isensee, Paul Kirchhof (Orgs.), Handbuch des Staatsrechts der Bundesrepublik Deutschland, Vol. I, 2.ed., 1995, § 25, nota 17 s.; HANS-RUDOLF HORN, *Generationen von Grundrechten im kooperativen Verfassungsstaat*, Jahrbuch des öffentlichen Rechts der Gegenwart 51 (2003), p. 663 ss. (673 s.), com abrangente documentação comprobatória.

[18] V. pormenorizadamente PAULO BONAVIDES, *Der brasilianische Sozialstaat und die Verfassungen von Weimar und Bonn*, in: Klaus Stern (Org.), *40 Jahre Grundgesetz*, 1990, p. 279 ss. (284 ss.); INGO WOLFGANG SARLET, *Die Problematik der sozialen Grundrechte in der brasilianischen Verfassung und im deutschen Grundgesetz*, 1997, p. 70 ss.

[19] V. pormenorizadamente JÖRG POLAKIEWICZ, *Soziale Grundrechte und Staatszielbestimmungen in den Verfassungsordnungen Italiens, Portugals und Spaniens*, Zeitschrift für ausländisches öffentliches Recht und Völkerrecht, 1994, p. 340 ss. (346 ss.).

[20] V. pormenorizadamente PETER HÄBERLE, *Europäische Verfassungslehre*, 2.ed., 2004, p. 483 ss.

[21] V., além disso, jurídico-comparativamente, PETER HÄBERLE, *Das Konzept der Grundrechte* (Derechos Fundamentales), Rechtstheorie 24 (1993), p. 397 ss. (401 s.), com documentação comprobatória adicional.

[22] Cf. maiores detalhes BRUNO SIMMA, *Internationaler Menschenrechtsschutz durch die Vereinten Nationen*, in: Ulrich Fastenrath (Org.), *Internationaler Schutz der Menschenrechte*, 2000, p. 51 ss.; PETER A. KÖHLER, *Sozialpolitische und sozialrechtliche Aktivitäten in den Vereinten Nationen* (acima, nota de rodapé 9), p. 89 ss.

[23] Acta Apostolicae Sedis LV (1963), p. 257 ss. (esp. p. 295 s.).

Do ponto de vista global, é demonstrado, com isso, que os direitos humanos sociais experimentaram uma adesão contínua da comunidade internacional. A observância desse consenso fático, ainda que ele em si não respresente um critério de verdade e de correção no sentido filosófico, gera um efeito altamente pacificador e um critério superior de autodeterminação por meio daqueles que se sujeitam juridicamente. Já se fala, por isso, de fundamentos de legitimação prática para a vinculatividade dos direitos humanos sociais.[24] Na perspectiva do Direito Internacional, é de adicionar-se que alguns acordos internacionais apresentam apenas um caráter programático e que importantes pactos de direitos humanos não foram até o momento ratificados, sobretudo por parte dos EUA.[25] Estas restrições, entretanto, não são capazes de modificar na essência o suporte fático de um reconhecimento amplo e global dos direitos humanos sociais, tanto mais que o método da comparação jurídica, aqui dotado de um caráter valorativo, é internacionalmente aceito e praticado.[26]

2. Aspectos históricos

Os direitos humanos não são apenas a expressão de um consenso, mas também o resultado de experiências históricas.[27] Uma prova disso constitui a ditadura nacional-socialista na Alemanha, que corporificou, para o constituinte democrático que a sucedeu, um paradigma negativo e, simultaneamente, projetou, em sentido teórico-cognitivo, dimensões incogitáveis que indicam, pelo menos negativamente, o que sem dúvida contraria a justiça.[28] Essas "dimensões incogitáveis" não se iniciam somente no âmbito paralegal. Como o Tribunal Constitucional Federal corretamente acentuou, "justamente o período do regime nacional-socialista na Alemanha ensinou que também o legislador pode praticar injustiças".[29] A título ilustrativo, cumpre recorrer apenas ao "decreto sobre o tratamento penal para com os poloneses

---

[24] V. a respeito desta tentativa de fundamentação também EIBE H. RIEDEL, *Theorie der Menschenrechtsstandards* (acima, nota de rodapé 11), p. 349 ss.

[25] Cf. a documentação comprobatória em JOHAN GALTUNG, *Human rights in another key*, 1994, p. 175, nota de rodapé 17.

[26] V., por exemplo, a referência, no art. 38, par. 1º, c, do *status* do Tribunal Internacional aos "princípios universalmente reconhecidos pelos povos culturais".

[27] V., além disso, também EIBE H. RIEDEL, *Menschenrechte als Gruppenrechte auf der Grundlage kollektiver Unrechtserfahrungen*, in: o mesmo, *Die Universalität der Menschenrechte*, 2003, p. 363 ss. (374 ss.).

[28] V. maiores detalhes em THEODOR W. ADORNO, *Negative Dialektik*, 1966, p. 354 ss. (p. 358: "Hitler impingiu aos homens em situação de servidão um novo imperativo categórico: organizar o seu pensamento e comportamento de modo que Auschwitz não se repita, que algo semelhante não aconteça"); nos escritos mais novos ver nomeadamente também OSKAR NEGT, *Arbeit und menschliche Würde*, 2001, p. 473 ss.

[29] BVerfGE [nota do tradutor: *Coleção Oficial das Decisões do Tribunal Constitucional Federal*], Vol. 23, p. 98 ss. (106).

Jurisdição e Direitos Fundamentais

e judeus nos territórios incorporados do leste",[30] o qual ordenou arbitraria-mente o assassinato em nome da justiça. No campo do direito civil, é típico o "decreto sobre os afazeres dos judeus",[31] no qual os maus-tratos e a exploração dos trabalhadores foram vertidos em lei.

Ainda que o recurso à evidência da experiência histórica não seja tido como suficiente para uma mediação discursiva, dele resulta, não obstante, um argumento a *contrario sensu* que conduz forçosamente à validade dos direitos humanos gerais.[32] Com isso, o processo de falsificação conduz tanto aos direitos humanos liberais como aos direitos humanos sociais, porquanto não faz diferença substancial se um Estado recusa o mínimo existencial aos necessitados ou se implementa outro meio para exterminar a vida.[33] Constitui, como Günter Dürig acentuou, "a forma mais perigosa do moderno genocídio, atingir um extermínio físico de grupos desagradáveis, fazendo-os, por este motivo, morrer de fome, morrer de sede, morrer de frio ou, senão, não os deixando seguir adiante".[34]

3. Aspectos teleológicos

Ao lado dos pontos de vista histórico e consensual, distintas considerações teleológico-objetivas conduzem também à legitimação dos direitos humanos sociais.

a) A função de assegurar a liberdade

Os direitos humanos sociais constituem uma condição fundamental para o exercício e salvaguarda da liberdade individual, já que a liberdade jurídica pode cair no vazio se faltam os seus pressupostos fáticos.[35] Isso se deixa evidenciar imediatamente quando um indivíduo é privado de bens necessários à vida – por exemplo, a única fonte privada disponível de água potável.[36] Também a conhecida metáfora inglesa *"freedom for the pike is death for the minnows"*[37] explicita a condicionalidade social da liberdade. Com isso, não é apenas a liberdade dos enfraquecidos que está em perigo,

---

[30] RGBl. [Diário Oficial Nacional – obs. do tradutor: existente na Alemanha até 1945] 1941 I, p. 759 ss.

[31] RGBl. 1941 I, p. 675 ss.

[32] V., a respeito, mais pormenorizadamente JÖRG NEUNER, *Die Rechtsfindung contra legem*, 2. Aufl., 2005, p. 19 ss., 32 ss.

[33] Cf. também STEFAN GOSEPATH, *Zu Begründungen sozialer Menschenrechte*, in: Stefan Gosepath/Georg Lohmann, *Philosophie der Menschenrechte*, 1998, p. 146 ss. (165 s.).

[34] In: Theodor Maunz/Günter Dürig (Orgs.), *Grundgesetz-Kommentar*, Stand 1994, nota 26 ao art. 2º, par. 2º.

[35] Cf. apenas ROBERT ALEXY, *Theorie der Grundrechte*, 1985, p. 458 ss.; PETER HÄBERLE, *Grundrechte im Leistungsstaat*, Vereinigung der Deutschen Staatsrechtslehrer 30 (1972), p. 43 ss. (96 s.).

[36] Cf. MARIA CLARA DIAS, *Die sozialen Grundrechte: Eine philosophische Untersuchung der Frage nach den Menschenrechten*, 1993, p. 89.

[37] Cf. RICHARD HENRY TAWNEY, *Equality*, 4.ed., 1952, p. 182.

mas também a dos privilegiados, enquanto o *status* destes tiver de ser conseguido ao custo da opressão de outrem.[38]

O modelo contraposto – de uma concepção radicalmente individualista da liberdade, que vê em toda redistribuição uma violação dos direitos dos cidadãos[39] –, desconhece não apenas as interdependências sociais, mas também as premissas econômicas. Em uma sociedade industrial, o rendimento pessoal não depende de modo exclusivo da prestação individual. Antes pelo contrário, é, em regra, dependente de condições básicas estatais, do mesmo modo como do trabalho conjunto de outras pessoas.[40] O círculo se fecha, com isso, no momento em que, para uma ampla camada da população, a imprescindibilidade existencial de trabalho conjunto oculta em si o perigo latente da servidão social. O trabalhador individual é, sim, teoricamente livre para vincular-se contratualmente ou não, mas, por outro lado, tem de deslocar-se *de facto* no âmbito de relações de dependência social, enquanto ele nada tem além da sua força de trabalho. Como o âmbito trabalhista mostra exemplarmente, é tarefa do Direito evitar tanto o aproveitamento de relações de dependência, quanto uma *"desperation bidding"*,[41] ao que estamos ameaçados a ser conduzidos, em todos os planos, sobretudo por meio da Globalização.

Por outro lado, há também de se combater uma concepção radicalmente materialista da liberdade. Um modelo semelhante não respeita o homem, de antemão, como portador individual de liberdade, mas apenas como "ser genérico" (*Gattungswesen*) e critica, conseqüentemente, "os assim chamados direitos humanos (...) como direitos dos *membros da sociedade burguesa*, isto é, do homem egoísta, o homem apartado do homem e da comunidade".[42] O resultado é um Estado totalitário, que despreza a autodeterminação individual e degrada o cidadão individual a objeto da atividade estatal. Ainda que um Estado semelhante possa cuidar das necessidades materiais fundamentais, não perde ele, por meio disto, seu caráter ditatorial.

Há de se insistir, portanto, que os direitos humanos liberais não estão em contradição com os direitos humanos sociais, mas que, antes pelo contrário, estes, sob o aspecto da liberdade, condicionam-se reciprocamente.

b) A função de assegurar a democracia

Os direitos humanos sociais não são apenas condição da liberdade individual e garantes de sua defesa, mas igualmente condição e garantes da

---

[38] Cf. JÜRGEN HABERMAS, *Faktizität und Geltung*, 1992, p. 505.

[39] V., de modo aproximado, ROBERT NOZICK, *Anarchy, State, and Utopia* (acima, nota de rodapé 4), p. 147 ss.

[40] Cf. apenas MANFRED SPIEKER, *Legitimitätsprobleme des Sozialstaats*, 1986, p. 108 s., 277.

[41] ROBERT E. GOODIN, *Reasons for Welfare*, 1988, p. 168 ss.

[42] KARL MARX, *Zur Judenfrage*, in: Karl Marx/Friedrich Engels, *Werke*, Vol. I, 1961, p. 347 ss. (364).

Jurisdição e Direitos Fundamentais

participação no processo geral de produção legislativa do Direito. Assim como um direito de liberdade pessoal pode restar sem valor se faltarem os pressupostos concretos para seu emprego, o princípio democrático também ameaça cair no vazio se os cidadãos forem privados de formação e informação, de um certo grau de independência econômica e social e de outras necessidades existenciais.[43]

c) A função de assegurar a paz

Os direitos humanos sociais possuem, além disso, a função de velar pela paz no interior da sociedade, visto que "a redução paulatina de uma grande multidão para abaixo de um certo nível de subsistência (...) produz o crescimento da plebe"[44] e conduziu a uma situação "da qual grandes reviravoltas certamente resultaram.".[45] Por isso, sobretudo Lorenz Von Stein enfatizou, já na metade do século XIX, que "a melhoria das condições" da classe baixa é, geralmente, uma necessidade e, sempre, uma vantagem para o todo.[46] Os direitos humanos sociais servem, por conseguinte, à integração e à estabilidade e também com isso contribuem, em elevada medida, para a segurança jurídica.[47]

d) A função de tratamento igualitário

Os direitos humanos sociais visam, por fim, a uma relativização de situações de desequilíbrio e uma equiparação material dos cidadãos. A conhecida sátira de Anatol France em *Le lys rouge* sobre a "majestosa igualdade da lei", que proibe igualmente ricos e pobres de dormir debaixo de pontes, bem como a variação de Bert Brecht em sua poesia sobre "Três parágrafos da Constituição de Weimar": "Corra, corra, plebeu, tu tens o direito de adquirir um terreno", demonstram o absurdo de um *pensamento-de-igualdade* orientado de modo puramente abstrato e formal. Os direitos humanos sociais já influenciam, por isso, o âmbito de proteção do princípio da igualdade, ao mesmo tempo em que se constituem em uma espécie de "transformador", um aparelho destinado a mediar a energia, da *iustitia distributiva*. Em sentido contrário, a idéia de direitos humanos liberais realiza, em contrapartida, um disciplinamento da igualdade prestacional do Estado Social, no sentido de que a produção de igualdade fática não pode representar um fim em si mesmo, mas é reservada apenas a objetivos legítimos e existencialmente assegurados.

---

[43] Cf. HERMANN HELLER, *Politische Demokratie und soziale Homogenität*, in: o mesmo, *Gesammelte Schriften*, Vol. II, 1971, p. 421 ss. (427 ss.); ERHARD DENNINGER, *Menschenrechte und Grundgesetz*, 1994, p. 17 s.

[44] GEORG WILHELM FRIEDRICH HEGEL, *Grundlinien der Philosophie des Rechts, Werkausgabe*, Vol. VII, 1970, § 244.

[45] ANTON MENGER, *Das Bürgerliche Recht und die besitzlosen Volksklassen*, 4.ed., 1908, p. 226.

[46] *Geschichte der sozialen Bewegung in Frankreich von 1789 bis auf unsere Tage*, Vol. III, 1959, p. 39.

[47] Cf. HERMANN HELLER, *Rechtsstaat oder Diktatur?*, 1930, p. 24 s.

e) A função de proteção da dignidade humana

Os objetivos de garantia da liberdade, participação política, coexistência pacífica e tratamento igualitário são teleologicamente sobrepostos pela proteção da dignidade humana.[48] Essa extensão é necessária também no interesse de abranger aqueles homens cujas chances de autodeterminação são restritas e que não podem tomar parte no discurso universal porque lhes falta, na condição de homens incapacitados ou doentes, senis ou jovens, a capacidade correspondente.[49] Substancialmente, a proteção da dignidade humana exige que os cidadãos sejam preservados diante dos perigos da exploração e da opressão e que sejam criados os pressupostos que ponham a salvo a integridade corporal e espiritual.[50]

Em relação a esta derivação de direitos básicos sociais a partir da dignidade humana, Wilhelm Von Humboldt já havia formulado decisiva crítica.[51] Ele objeta que os direitos sociais bloqueariam a tarefa, de responsabilidade própria, do planejamento de vida, levariam à indolência e à insatisfação e, por último, terminariam em uma interdição do cidadão. De acordo com esta concepção, afigura-se correto sustentar que um excesso de assistência social possa se transformar em servidão, embora uma medida mínima de segurança social pertença à necessária proteção elementar da dignidade humana. Por isso, vira as coisas de ponta-cabeça aquele que queira ver nas prestações sociais singulares, em vez do fato do empobrecimento, a imposição de tutela. Em visão retrospectiva, parece compreensível que também Immanuel Kant tenha visto, quando da renúncia do Estado absolutista rumo ao Iluminismo, o "maior despotismo imaginável" em um governo "que colocasse o o princípio da benevolência contra o povo, como se fosse um pai contra os seus filhos".[52] Ao menos na perspectiva e experiência atuais não é de manter-se, todavia, uma crítica aos direitos humanos sociais,[53] compreendidos como princípios carecedores de ponderação.[54] Afigura-se, além disso, questionável até que ponto a idéia de Direito kantiana também não está, em virtude do seu axioma *"possibilitar a autonomia de*

---

[48] Cf. ARNO BARUZZI, *Einführung in die politische Philosophie der Neuzeit*, 2.ed., 1988, p. 110 ss.; SIEGFRIED KÖNIG, *Zur Begründung der Menschenrechte: Hobbes – Locke – Kant*, 1994, p. 58 s., 316 ss.

[49] Cf. ERNST TUGENDHAT, *Die Kontroverse um die Menschenrechte*, in: Stefan Gosepath/Georg Lohmann, *Philosophie der Menschenrechte*, 1998, p. 48 ss (55 ss.); MARIA CLARA DIAS, *Die sozialen Grundrechte* (acima, nota de rodapé 36), p. 103 ss.

[50] Pormenorizadamente ROBERT E. GOODIN, *Reasons for Welfare* (acima, nota de rodapé 41), p. 121 ss., 227 ss.

[51] *Ideen zu einem Versuch, die Grenzen der Wirksamkeit des Staates zu bestimmen*, in: o mesmo, *Eine Auswahl aus seinen politischen Schriften*, 1922, p. 10 ss.

[52] *Über den Gemeinspruch: Das mag in der Theorie richtig sein, taugt aber nicht für die Praxis*, *Ausgabe der Preußischen Akademie der Wissenschaften*, Vol. VIII, 1912, p. 273 ss. (290 s.).

[53] Cf. também GERHARD LUF, *Freiheit und Gleichheit*, 1978, p. 74 ss., 114 s.

[54] Cf. abaixo junto à nota de rodapé 79 ss.

Jurisdição e Direitos Fundamentais

modo mais amplo", em uma interpretação objetiva, definitivamente aberta para princípios sociais.[55]

Por outro lado, os direitos humanos sociais são questionados sobretudo em perspectiva econômico-liberal. Há que assinalar, de modo pontual,[56] que a garantia dos direitos humanos sociais constitui primariamente um problema distributivo, e não um problema de escassez. Prestações sociais precisam evidentemente ser alcançadas economicamente à população, pois as maiores crises de fome da história moderna mostram que estas catástrofes freqüentemente não foram resultado de uma falta de alimentos, mas se reconduziam fundamentalmente a problemas de distribuição unilateral.[57] Ademais, é também relativamente fácil de derrubar o argumento de uma compensação geral, segundo a qual a riqueza situada no topo da sociedade sempre beneficia também a população em seu conjunto. Fala contra esta "*trickle down theory*" a circunstância de determinados grupos de pessoas, a saber, os *beati possidentes*, serem tendencialmente privilegiados, enquanto os desprovidos de recursos permanecem sistematicamente junto aos perdedores – sem falar no fato de que uma justa distribuição deva, além disso, ser oferecida aqui e agora, e não em um futuro distante.[58] Conquanto seja finalmente objetado que os direitos humanos sociais desempenham um mecanismo interventivo, deve ser salientado que este não conduz forçosamente a perdas de eficiência[59] e que, de resto, o paradigma da maximização das vantagens não é incluído como objetivo social primário, porquanto a dignidade humana não tem preço.[60]

Em resumo, há de insistir-se que todas as objeções contra os direitos humanos sociais, partindo de posições axiológico-relativistas até concepções utilitaristas, se mostram infundadas.

III. Sistema

A dedução de direitos humanos sociais a partir do valor básico da dignidade humana também tem por conseqüência o fato de a dignidade humana constituir o critério unificador para a estruturação e ordenação dos

---

[55] Nesse sentido, GERHARD LUF, *Freiheit und Gleichheit* (acima, nota de rodapé 54), p. 147 s.; SIEGFRIED KÖNIG, *Zur Begründung der Menschenrechte* (acima, nota de rodapé 48), p. 289 ss.; outra opinião, por exemplo, em WOLFGANG KERSTING, *Wohlgeordnete Freiheit. Immanuel Kants Rechts- und Staatsphilosophie*, 1993, p. 61 ss., 243 ss.

[56] V. também pormenorizadamente ROBERT E. GOODIN, *Reasons for Welfare* (acima, nota de rodapé 41), p. 227 ss.

[57] Cf. ARMATYA SEN, *Poverty and Famines. An Essay on Entitlement and Deprivation*, 1981, p. 1 ss.

[58] Cf. HORST EIDENMÜLLER, *Effizienz als Rechtsprinzip*, 1995, p. 281 ss.

[59] Cf. HORST EIDENMÜLLER, *Effizienz als Rechtsprinzip* (acima, nota de rodapé 58), p. 174 ss.

[60] Cf. IMMANUEL KANT, *Grundlegung zur Metaphysik der Sitten*, Ausgabe der Preußischen Akademie der Wissenschaften, Vol. IV, 1903, p. 385 ss. (434).

direitos humanos sociais.[61] Contra tendências mais modernas, os direitos humanos devem ser, portanto, sistematizados não por conta de uma "estrutura de necessidade" (*Bedürfnisstruktur*) do homem,[62] mas sim de acordo com categorias ético-jurídicas, sobretudo com algumas necessidades humanas fundamentais (por exemplo, a sexualidade), as quais quando muito correspondem a direitos gerais de defesa.[63] Há de realçar-se, certamente de modo restritivo, que uma construção fechada do sistema não é – como em toda a Ciência do Direito global – nem possível nem desejável. Também são auto-evidentes certas relativizações em virtude do padrão de vida específico e das particularidades culturais de uma sociedade.[64]

1. Direitos prestacionais materiais

O primeiro grupo de casos é caracterizado inicialmente por meio da garantia de prestações materiais. A esse respeito, diz paradigmaticamente o art. 25, § 1º , da Declaração Universal dos Direitos Humanos que cada homem "tem uma pretensão de subsistência, que assegura a saúde e o bem-estar seu e de sua família". Esta pretensão a uma adequada assistência básica,[65] especialmente à suficiente alimentação e cuidados médicos, é complementada por meio de um especial dever de cuidado diante de pessoas que têm restringidas a própria (capacidade de responsabilidade particular) configuração de suas vidas, nomeadamente, as pessoas mais velhas, mais jovens ou incapacitadas.

Mudando-se o foco para o direito privado, atuam sobretudo deveres alimentares para a garantia da existência. De mais a mais, o direito privado necessita salvaguardar, por exemplo, por meio de deveres de contratar, que cada cidadão possa participar na troca de bens necessários para a vida, na medida em que o Estado deixa ao mercado a distribuição destes bens. Também limitações à penhora servem de exemplo à proteção do mínimo existencial, visto impedirem que o obrigado perca sua assistência básica material.

---

[61] V. mais pormenorizadamente JÖRG NEUNER, Privatrecht und Sozialstaat (acima, nota de rodapé 7), p. 98 ss.; v. a respeito dos direitos sociais também os comentários, in: Asbjørn Eide, Catarina Krause, Allan Rosas, *Economic, Social and Cultural Rights* (acima, nota de rodapé 8), p. 133 ss.

[62] V., por exemplo, JOHAN GALTUNG, *Human rights in another key* (acima, nota de rodapé 25), p. 56 ss.; ALESSANDRO BARATTA, *Menschliche Bedürfnisse und Menschenrechte*, in: L. E. Kotsiris, *Law at the Turn of the 20th Century*, 1994, p. 79 ss. (80 ss.).

[63] Cf. também STEFAN GOSEPATH, *Zu Begründungen sozialer Menschenrechte*, in: Stefan Gosepath/Georg Lohmann, *Philosophie der Menschenrechte* (acima, nota de rodapé 33), p. 146 ss. (167 ss.); SIEGFRIED KÖNIG, *Zur Begründung der Menschenrechte* (acima, nota de rodapé 48), p. 306 ss.

[64] Cf. apenas ARMATYA SEN, *Inequality Reexamined*, 1992, p. 114 ss.; SÉLIM ABOU, *Cultures et droits de l'homme*, 1992, p. 114 ss.; EIBE H. RIEDEL, *Universality of Human Rights and Cultural Pluralism*, in: o mesmo, *Die Universalität der Menschenrechte* (acima, nota de rodapé 27), p. 139 ss.

[65] V. a respeito também FRANZ BYDLINSKI, *Fundamentale Rechtsgrundsätze*, 1988, p. 209 s.

Jurisdição e Direitos Fundamentais

2. Direitos prestacionais informativos

A assistência com informações afigura-se irrenunciável tanto para a auto-realização individual como para a participação no discurso universal. A isso se refere especialmente o direito à instrução (*Recht auf Bildung*), que se estende desde um direito à educação, passando pelo direito ao ensino escolar até o direito ao aperfeiçoamento e à reciclagem da formação.[66] Também os direitos à participação nos bens culturais da sociedade, bem como à suficiente instrução estatal, pertencem aos deveres prestacionais informativos.[67]

O direito privado precisa igualmente velar para que os cidadãos não sejam privados da participação na vida cultural e social. Isso exige que as informações dos fornecedores privados sejam não apenas universalmente acessíveis, mas também que estejam colocadas à venda a preços eqüitativos, na medida em que o seu conhecimento é essencial ao papel de cidadão.

3. Direitos ideais de proteção

Ao contrário dos dois primeiros grupos de casos, que dizem respeito a direitos prestacionais, trata-se, nesta categoria, primariamente, de direitos que estabelecem restrições ao modelo de autodeterminação e de auto-responsabilidade dos cidadãos.

a) A proteção do âmbito de vida existencial

Em sintonia com os padrões internacionais, precisam ser criadas e asseguradas possibilidades de desenvolvimento em âmbitos vitais que tenham significado existencial para o cidadão singular. Isso vale especialmente para o âmbito trabalhista e da moradia, os quais não se deixam reduzir a uma questão economicamente substituível, mas constituem cenários de auto-realização humana. Os direitos sociais a serem daí derivados não fundamentam, de fato, pretensões subjetivas de oferta imediata de trabalho e moradia, porém exigem, como mandamentos de otimização, uma política de geração de pleno emprego e de suficiente moradia. Além disso, há de se ter em conta os direitos básicos dos trabalhadores e de proteção dos inquilinos, os quais abrangem uma proteção diante de riscos à saúde, bem como de rescisões contratuais arbitrárias.[68]

b) A proteção contra a desesperança

O princípio da esperança inclui-se, desde sempre, entre os principais sentimentos dos homens e está, não sem motivo, já como epígrafe acima do

---

[66] V. apenas o art. 26 da Declaração Universal dos Direitos Humanos e o art. 13 do Pacto Internacional sobre direitos econômicos, sociais e culturais.

[67] V. apenas o art. 19, 27 par. 1º [,]da Declaração Universal dos Direitos Humanos.

[68] Cf. pormenorizadamente MARITA KÖRNER, *Das internationale Menschenrecht auf Arbeit*, 2004, p. 9 ss.; BRUNO SIMMA, *Soziale Grundrechte und das Völkerrecht*, in: *Festschrift Peter Lerche*, 1993, p. 83 ss. (92 s.).

portão do inferno na "Divina Comédia", de Dante Alighieri: "Deixai toda esperança, ó vós que entrais", com o qual vincula-se o reconhecimento de que a desesperança "no sentido espiritual como no sentido material, é o mais insuportável, o totalmente intolerável às necessidades humanas".[69] De modo conseqüente, ela foi assim também identificada já na Declaração de Independência dos Estados Unidos da América do Norte, de 1776, "*the pursuit of happiness*", como inalienável tradição de direitos humanos, a qual o Tribunal Constitucional Federal alemão reiteradamente considera molestada "quando o condenado, a despeito do desenvolvimento do seu direito de personalidade, precisa renunciar a toda esperança de recuperar sua liberdade".[70] Esse pensamento assenta-se até no direito internacional, segundo o qual, por exemplo, aos Estados altamente endividados deve restar a perspectiva de uma desoneração realista, havendo de evitar-se o deslize para estruturas neocoloniais.[71]

No plano jurídico-privado, esse princípio influencia especialmente as relações contratuais, por meio das quais o indivíduo pode evidentemente restar exposto a situações de dependência. Caso isso aconteça, ele não deve perder a perspectiva de que tais restrições sejam solucionáveis em algum momento. Compromissos temporalmente excessivos ou porventura perpétuos precisam ser por isso, em princípio, extintos a partir de um determinado marco temporal.[72] Também uma responsabilidade por dívidas desproporcionalmente onerosas, temporalmente indetermináveis, incorre no mesmo âmbito de proteção. No interesse de evitar esse risco, cada vez mais ordens jurídicas prevêem, por conseguinte, a possibilidade de uma liberação de dívidas ou regulação de dívidas, admitindo assim a chance de um "*fresh start*".[73]

A fortiori há de se também estabelecer, por fim, limites a uma autotutela negocial direta, bem como a outras disposições relativas a atributos humanos elementares. Esta proteção contra uma perda de identidade implica, por exemplo, a proibição da comercialização de órgãos ou a ineficácia de um dever contratual a respeito do exercício religioso.[74]

c) A proteção no caso da incapacidade de responsabilizar-se

Enquanto os direitos humanos liberais protegem os indivíduos diante de intervenções externas, os direitos humanos sociais objetivam também

---

[69] ERNST BLOCH, *Das Prinzip Hoffnung*, 1959, p. 3.

[70] BVerfGE Vol. 64, p. 261 ss. (272); Vol. 45, p. 187 ss. (245).

[71] Cf., acima, junto à nota de rodapé 6.

[72] Cf. também WOLFGANG FRIEDMANN, *Recht und sozialer Wandel*, 1969, p. 102 s.; HARTMUT OETKER, *Das Dauerschuldverhältnis und seine Beendigung*, 1994, p. 251 ss.

[73] V. maiores detalhes em RAINER KEMPER, *Verbraucherschutzinstrumente*, 1994, p. 346 ss., com documentação comprobatória.

[74] V. maiores detalhes em JÖRG NEUNER, *O Código Civil da Alemanha (BGB) e a Lei Fundamental*, in: Ingo Wolfgang Sarlet (Org.), *Constituição, Direitos Fundamentais e Direito Privado*, 2003, p. 245 ss. (255 s.).

Jurisdição e Direitos Fundamentais

uma proteção do homem contra si mesmo. Os direitos prestacionais materiais e informativos também não oferecem, todavia, uma proteção suficiente contra as conseqüências da própria conduta no caso de carência no tocante à capacidade de agir conforme a responsabilidade pessoal. Isso vale, por exemplo, para sanções jurídico-penais, mas também para o emprego jurídico-privado em caso de incapacidade negocial e delitual. Reconhe-se, por isso, como princípio universal, que todo indivíduo, salvo exceções decorrentes de ponderações de justeza, só pode ser ser tomado como juridicamente vinculado a um dever na medida de sua responsabilidade.[75] Disso resulta, conseqüentemente, o direito geral à compensação da paridade contratual alterada, que abrange especialmente a proteção do consumidor.

4. Direitos de proteção coletivos

Uma outra categoria de direitos humanos sociais constitui a proteção da família, bem como a dos sindicatos. Trata-se aqui, do ponto de vista dogmático, respectivamente de expressões do princípio da subsidiariedade.[76] Este será imediatamente clarificado na intenção dos sindicatos de equilibrar a perturbada paridade no plano individual-contratual.[77] Do mesmo modo, afigura-se notório "que a família, como célula nuclear natural da sociedade, deva desfrutar da maior proteção e auxílio possível".[78]

IV. Limites

Direitos humanos sociais são mandamentos de otimização no âmbito das possibilidades jurídicas e fáticas.[79] Na qualidade de direitos carecedores de ponderação, eles são suscetíveis de diversas restrições.

1. Limites jurídicos

Os direitos humanos sociais são limitados por meio de vários princípios formais e materiais, os quais evitam que o pensamento protetivo social seja empregado de modo excessivo ou até mesmo absolutizado.

---

[75] Cf. apenas JOHN RAWLS, *A Theory of Justice*, 1972, p. 241; ARTHUR KAUFMANN, *Das Schuldprinzip*, 2.ed., 1976, p. 115 ss.

[76] V. a respeito também abaixo junto à nota de rodapé 80 ss.

[77] V. com respeito à proteção internacional dos sindicados apenas o art. 23 par. 4 da Declaração Universal dos Direitos Humanos e o art. 8 do Pacto Internacional sobre direitos econômicos, sociais e culturais.

[78] Art. 10, n.1 do Pacto Internacional sobre direitos econômicos, sociais e culturais.

[79] Cf. ROBERT ALEXY, *Theorie der Grundrechte* (cf. acima, nota de rodapé 35), p. 465 ss.; em sintonia, nomeadamente, INGO WOLFGANG SARLET, *Soziale Grundrechte in Brasilien*, Zeitschrift für ausländisches und internationales Arbeits- und Sozialrecht, 2002, p. 1 ss. (15), com documentação comprobatória adicional.

a) Os direitos humanos liberais

Uma restrição essencial constituem os direitos humanos liberais, os quais não devem ser lesados em seu âmbito nuclear. A proteção social, portanto, não pode conduzir a que os direitos de terceiros sejam desproporcionalmente onerados. Assim, por exemplo, os direitos de proteção dos trabalhadores ou dos consumidores não devem ser estendidos de tal modo que os direitos de liberdade colidentes do empresário sejam restringidos além do proporcional.

b) O princípio da subsidiariedade

O princípio da subsidiariedade contém, de acordo com o significado da palavra *subsidium* e também conforme seu pano de fundo histórico, um mandamento "positivo" de oferta de ajuda.[80] Em sua variante semântica negativa, ele significa que o Estado deve respeitar a singularidade das unidades sociais mais baixas e não deve chamar a si as competências originárias que a elas pertencem.[81] Essas restrições interventivas garantem, por um lado, um espaço livre para negócios autodeterminados e, por outro lado, estabelecem igualmente uma "primazia da auto-responsabilidade".[82] O indivíduo é, por isso, remetido prioritariamente a cuidar de si e de sua família.[83]

c) O princípio da separação dos poderes

O Poder Judiciário é, em princípio, vinculado às prescrições legislativas e está apenas autorizado a desenvolver o Direito no caso de lacunas legais, bem como no caso de notórias violações contra o âmbito nuclear absoluto dos direitos humanos sociais. Ao passo que, na aplicação jurídica *praeter legem*, retira-se de antemão um entrelaçamento de funções,[84] é excepcionalmente admissível uma derrogação legal em cenários de graves ofensas à dignidade humana (como por exemplo no caso de introdução legislativa de trabalho infantil ou de discriminações especificamente raciais

---

[80] Cf. OTFRIED HÖFFE, *Subsidiarität als staatsphilosophisches Prinzip?*, in: Alois Riklin/Gerard Batliner (Orgs.), *Subsidiarität*, 1994, p. 19 ss. (27); ROMAN HERZOG, *Subsidiaritätsprinzip und Staatsverfassung*, Der Staat 2 (1963), p. 399 ss. (408 s.); especialmente na perspectiva da doutrina social da Igreja Católica v. também OSWALD VON NELL-BREUNING, *Das Subsidiaritätsprinzip*, in: Johannes Münder/Dieter Kreft (Orgs.), *Subsidiarität heute*, 1990, p. 173 ss. (173 ss.).

[81] Com esta afirmação é meramente postulada, pois, uma "separação vertical de poderes", e não uma suposição geral de competência em favor do *homo singularis*, a qual seria incompatível com o princípio democrático.

[82] Cf. HANS F. ZACHER, *Das soziale Staatsziel*, in: Josef Isensee/Paul Kirchhof (Orgs.), Handbuch des Staatsrechts der Bundesrepublik Deutschland, Vol. I (acima, nota de rodapé 17), § 25, nota 28 ss.; JOSEF ISENSEE, *Subsidiaritätsprinzip und Verfassungsrecht*, 2.ed., 2001, p. 191 ss., 268 ss.

[83] V. a respeito também ASBJØRN EIDE, *Economic, Social and Cultural Rights as Human Rights*, in: Asbjørn Eide, Catarina Krause, Allan Rosas, *Economic, Social and Cultural Rights* (acima, nota de rodapé 8), p. 9 ss. (23 ss.), o qual traça um modelo em três planos – com respeito aos deveres estatais: *"the obligations to respect, to protect and to fulfil"*.

[84] V., mais pormenorizadamente, JÖRG NEUNER, *Die Rechtsfindung contra legem* (acima, nota de rodapé 32), p. 52 ss.

Jurisdição e Direitos Fundamentais

no direito do trabalho),[85] já que os direitos humanos modelam o princípio democrático e, por conseguinte, também o princípio da separação de poderes precisa, neste ponto, recuar.

Não há uma diferença essencial com respeito à apreciação judicial dos direitos humanos liberais. Também as potenciais conseqüências de uma intervenção na competência orçamentária parlamentar não configura uma especificidade dos direitos sociais, mas pode também sobrevir na proteção jurisdicional do *status positivus libertatis*.[86] Há de observar-se, nesse caso, que o princípio da competência orçamentária necessita de ponderação.[87] Aliás, o problema orçamentário não entra em cena de antemão no direito privado, quando, por exemplo, as perdas salariais (por ausência de uma legislação de salário mínimo) sejam limitadas por meio de pronunciamento judicial ou quando o Judiciário exige, como fins da proteção à saúde, medidas de segurança no local de trabalho.

2. Limites fáticos

Os direitos humanos sociais estão, além disso, sob a reserva do faticamente possível.

a) Os recursos

Direitos humanos sociais são dependentes dos recursos existentes. Essa é a razão pela qual se pode chegar a um afunilamento, por exemplo, no abastecimento de meios alimentícios, no acompanhamento médico ou nas prestações de formação. Esses limites naturais (*ultra posse nemo obligatur*) não encarnam, entretanto, particularidades sociais, mas constituem um fenômeno jurídico universal.[88] Não obstante, a crítica parte da idéia de que falta aos direitos humanos sociais, *a priori*, um componente objetivo da capacidade prestacional e que, com isso, esses direitos não garantem de modo típico autênticas pretensões jurídicas.[89] De modo a aparentar plausível esta incorreta argumentação, tenta-se freqüentemente "atribuir" aos direitos humanos sociais, em um sentido contrário a sua própria pretensão, um conteúdo extremamente irrealístico, de modo a poder-se, em seguida, desqualificá-los *in toto* como utopias jurídicas ou meros desejos. Um exemplo constitui o direito ao trabalho, o qual não fundamenta diretamente uma pretensão subjetiva de imediata disponibilização de um

---

[85] V. a respeito também acima, junto à nota de rodapé 68.

[86] Cf. também PAUL HUNT, *Reclaiming Social Rights: International and Comparative Perspectives*, 1996, p. 55 ss.; KLAUS STERN, *Das Staatsrecht der Bundesrepublik Deutschland*, Vol. III/1, 1988, § 67 III 2 a (p. 717).

[87] Cf. ROBERT ALEXY, *Theorie der Grundrechte* (acima, nota de rodapé 35), p. 466.

[88] Cf. também KLAUS STERN, *Das Staatsrecht der Bundesrepublik Deutschland*, Vol. III/1 (acima, nota de rodapé 86), § 67 III 2 c (p. 719).

[89] Cf. ROMAN HERZOG, *Allgemeine Staatslehre*, 1971, p. 386 ss.

posto de trabalho;[90] esta interpretação exagerada é, todavia, freqüentemente empregada para desacretidar a proteção social no direito trabalhista como um todo em sua dimensão jurídico-humana.

b) As condições econômicas básicas

Prestações sociais precisam se adaptar ao contexto econômico, o que significa levar em consideração, a participação das despesas estatais no PIB, o endividamento estatal e a capacidade contributiva dos cidadãos.[91] Conseqüentemente, constitui também o Estado Fiscal, assim, uma restrição para prestações sociais.[92] Essas afirmações, porém, em nada modificam a classificação dos direitos humanos sociais como mandamentos de otimização, mas apenas ratificam o caráter principiológico desses direitos. Nesse contexto, a discussão a respeito dos direitos sociais é também, com freqüência, exageradamente marcada por uma perspectiva jurídico-estatal unilateral. Esquece-se que numerosos âmbitos protetivos, começando por deveres alimentares, passando por direitos de proteção dos trabalhadores, até restrições à execução, dizem respeito primariamente ao relacionamento bilateral entre sujeitos privados e, por conseguinte, não estão diretamente relacionados ao Estado no tocante à sua capacidade financeira.

3. Limites metodológicos

Além das restrições jurídicas e fáticas, há, finalmente, de atentar-se também às restrições metodológicas.

a) A necessidade de especificação

Todos os direitos humanos necessitam, em virtude da sua estrutura principiológica, de concretização. A necessidade de uma pormenorizada determinação de conteúdo é imediatamente evidenciada ao se questionar acerca do que significa, de modo mais específico, o direito à instrução ou ao trabalho. Trata-se aqui de uma afirmação comum do ponto de vista teórico-jurídico. Nada obstante, a discussão crítica acerca dos direitos humanos sociais continua sendo feita nesse plano, sustentando-se que, em comparação com os direitos de liberdade, falta aos direitos sociais suficientes concretude e precisão.[93] A título de fundamentação, foi referido essencialmente que esses direitos não possuiriam uma extensão consistente,

---

[90] Cf. acima, junto à nota de rodapé 68.

[91] V. maiores detalhes em HANS F. ZACHER, *Sozialrecht und soziale Marktwirtschaft*, in: Festschrift Georg Wannagat, 1981, p. 715 ss. (751 ss.).

[92] Cf. CHRISTIAN STARCK, *Gesetzgeber und Richter im Sozialstaat*, Deutsches Verwaltungsblatt, 1978, p. 937 ss. (939), com documentação comprobatória adicional.

[93] Cf. ERNST-WOLFGANG BÖCKENFÖRDE, *Die sozialen Grundrechte im Verfassungsgefüge*, in: o mesmo, *Staat, Verfassung, Demokratie*, 2.ed., 1992, p. 146 ss. (152).

Jurisdição e Direitos Fundamentais

normatizável de antemão, e diriam respeito a uma realidade sempre cambiante.[94] A isso se replica que os direitos sociais podem experimentar uma concretização muito constante e determinada de seu conteúdo.[95] Não é evidente que, por exemplo, a proibição de trabalho infantil, o direito de instrução escolar ou a pretensão de um mínimo de férias devam ser consideradas particularmente vagas ou inconstantes. Também o direito ao mínimo existencial mostra um conteúdo bem "próximo à realidade": ele abrange aquilo que é necessário à vida e à integridade corporal.

b) A necessidade de implementação

Contra uma aplicabilidade judicial dos direitos humanos sociais é ainda objetado que eles não seriam aplicáveis sem implementação legislativa, de tal sorte que não seriam justiciáveis.[96] Quanto a isso, há que ressaltar, na perspectiva das fontes jurídicas, que os princípios jurídicos são elementos integrantes da ordem jurídica e produzem, por conseguinte, efeitos independentemente de cada ato de transformação. De mais a mais, é de se sublinhar, mais uma vez, em perspectiva metodológica, que os princípios são carecedores de concretização, embora apresentem ao mesmo tempo um núcleo de significação independente e firme. Remanesce, por isso, no essencial, apenas a objeção de que ao juiz falta competência, pois "ele não pode por meio de atos jurídicos criar postos de trabalho ou vagas para estudos, mal podendo disponibilizar moradias e asilos".[97] É correto afirmar que o juiz não pode criar postos de trabalho ou moradias, embora não seja, de modo bastante genérico, nem tarefa nem função de um juiz que ele mesmo tenha de cumprir o teor da sentença. O juiz deve pura e simplesmente afirmar as exigências mínimas sociais conformes ao critério dos direitos humanos universais, os quais hão de ser então observados pelos litigantes de algum modo, por exemplo, no direito trabalhista ou das locações.[98] Também no caso dos direitos prestacionais diante do Estado, que de qualquer modo não abrangem desejos irrealísticos, como uma pretensão invidiual ao trabalho,[99] é possível uma sentença condenatória, tanto mais

---

[94] Cf. JOSEF ISENSEE, *Verfassung ohne soziale Grundrechte*, Der Staat 19 (1980), p. 367 ss. (377).

[95] Cf. também RODOLFO ARANGO, *Der Begriff der sozialen Grundrechte*, 2001, p. 101 ss.

[96] Cf. THEODOR TOMANDL, *Der Einbau sozialer Grundrechte in das positive Recht*, 1967, p. 36 ss.

[97] JÖRG PAUL MÜLLER, *Soziale Grundrechte in der schweizerischen Rechtsordnung, in der europäischen Sozialcharta und den UNO-Menschenrechtspakten*, in: Ernst-Wolfgang Böckenförde, Jürgen Jekewitz, Thilo Ramm (Orgs.), *Soziale Grundrechte*, 1981, p. 61 ss. (62 s.).

[98] Crítica pormenorizada à objeção da "ausente justiciabilidade" também junto a PAUL HUNT, *Reclaiming Social Rights: International and Comparative Perspectives* (acima, nota de rodapé 86), p. 24 ss., 43 ss.; MARTIN SCHEININ, *Economic and Social Rights as Legal Rights*, in: Asbjørn Eide, Catarina Krause, Allan Rosas, *Economic, Social and Cultural Rights* (acima, nota de rodapé 12), p. 29 ss.; EIBE H. RIEDEL, *Die Grundrechtsstaat ist aufgegangen – Zeit nachzusäen?*, in: o mesmo, *Die Universalität der Menschenrechte* (acima, nota de rodapé 27), p. 259 ss. (268 ss.).

[99] Cf. acima, junto à nota de rodapé 68.

que a diferença entre direitos prestacionais e defensivos afigura-se ultimamente apenas relativa.[100]

Dessa temática relativa aos direitos humanos há de ser diferenciada a questão jurídico-constitucional, no sentido de até que ponto está resguardada ao legislador, por meio de disposições constitucionais, uma concretização e implementação de direitos prestacionais sociais.[101] Dogmaticamente, trata-se aqui de uma limitação ao poder de desenvolvimento judicial do Direito. Em outras palavras, ao Legislativo cabe nesses casos não apenas um primado da concretização, mas também um monopólio da concretização, que, porém, encontra um limite mais extremado no núcleo essencial da dignidade humana, como referido acima.[102]

V. Eficácia

Os direitos humanos sociais ostentam uma eficácia semelhante à dos direitos humanos liberais, com exceção da possibilidade de sua renúncia parcial.

1. Direitos subjetivos

Direitos humanos sociais são, em princípio, direitos subjetivos.[103] Eles fundamentam posições jurídicas definitivas com respeito ao definitivamente devido em cada caso concreto, as quais, no entanto, dizem respeito apenas aos pressupostos mínimos para uma existência humanamente digna e, de resto, conferem ao legislador um amplo espaço de conformação. Não há motivo plausível para afastar-se dessa interpretação uniforme dos direitos humanos, sobretudo quando se toma em consideração as resistências históricas análogas contra a subjetividade dos direitos humanos liberais. Um olhar no direito privado também demonstra o quão notoriamente injusto seria proteger unilateralmente o direito dos patrões e dos locadores, enquan-

---

[100] V., de modo mais detalhado, THEO ÖHLINGER, *Soziale Grundrechte*, in: Festschrift Hans Floretta, 1983, p. 271 ss. (274 ss.); LUZIUS WILDHABER, *Soziale Grundrechte*, in: Gedenkschrift Max Imboden, 1972, p. 371 ss. (382 s.).

[101] V., especialmente acerca da situação jurídica na Espanha, FRANCISCO FERNÁNDEZ SEGADO, *La Teoria Jurídica de los Derechos Fundamentales en la Constitución Española de 1978 y su Interpretación por el Tribunal Constitucional*, in: Revista de Informação Legislativa n. 121 (1994), p. 80; acerca da situação portuguesa v. J. CASALTA NABAIS, *Direitos Fundamentais na Constituição Portuguesa*, in: Boletim do Ministério da Justiça n. 400 (1990), p. 21 ss.; ambos citados conforme INGO WOLFGANG SARLET, *Soziale Grundrechte in Brasilien*, Zeitschrift für ausländisches und internationales Arbeits- und Sozialrecht, 2002, p. 1 ss. (p. 11 com nota de rodapé 42).

[102] Cf. acima, no texto, junto à nota de rodapé 85.

[103] Cf. também RODOLFO ARANGO, *Der Begriff der sozialen Grundrechte* (acima, nota de rodapé 95), p. 38 ss.; JÖRG LÜCKE, *Soziale Grundrechte als Staatszielbestimmungen und Gesetzgebungsaufträge*, Archiv des öffentlichen Rechts 107 (1982), p. 15 ss. (18), com documentação comprobatória adicional.

to se recusa aos trabalhadores e inquilinos uma posição jurídica subjetiva. Johann Gottlieb Fichte já exigira, ao final do século XVIII, um "direito de auxílio coercitivo e absoluto" (*absolutes Zwangsrecht auf Unterstützung*)[104] e neste sentido recentemente decidiu, por exemplo, o Tribunal Constitucional Colombiano, ao afirmar que a um cidadão desprovido de recursos pertence um direito público subjetivo de auxílio por ocasião de uma necessária cirurgia ocular.[105]

2. Destinatários da norma

Da caracterização dos direitos humanos sociais como direitos supra-estatais resulta a validade universal e a vinculatividade desses direitos em relação a todos os poderes estatais. Abstraindo-se do caso extremo de leis contraditórias, essa vinculação gera para o Judiciário sobretudo o dever da interpretação e do desenvolvimento do Direito em conformidade com os direitos humanos. No direito civil, por sua vez, conduz especialmente a que o princípio da autonomia privada não possa ser absolutizado.

Além disso, os direitos humanos obrigam, no seu núcleo essencial inalienável e não restrito a prestações sociais, também os atores jurídico-privados, visto que não faz diferença, do ponto de vista teleológico, se a dignidade humana é violada pelo Estado ou por meio de terceiros. Disto há de distinguir-se a eficácia perante terceiros (*Drittwirkung*) dos direitos fundamentais sociais, a qual depende da respectiva concepção constitucional.[106] De qualquer forma, é evidente que os direitos fundamentais sociais ensejam, pelo menos, uma eficácia horizontal, na medida em que recepcionam um padrão mínimo de direitos humanos.

Ao lado da justiciabilidade direcionada ao Estado e a terceiros, põe-se a questão de até que ponto também o próprio protegido pelos direitos humanos se encontra a eles vinculado. A possibilidade de dispor desses direi-

---

[104] *Grundlage des Naturrechts nach Prinzipien der Wissenschaftslehre* (1796), in: o mesmo, *Sämmtliche Werke*, Vol. 3, 1845, p. 213; v. a respeito também PETER KRAUSE, *Die Entwicklung der sozialen Grundrechte*, in: Günter Birtsch (Org.), *Grund- und Freiheitsrechte im Wandel von Gesellschaft und Geschichte*, 1981, p. 402 ss. (405).

[105] Corte Constitucional Colombiana, Sentencia ST-533/1992, citada conforme RODOLFO ARANGO, *Der Begriff der sozialen Grundrechte* (acima, nota de rodapé 95), p. 255 ss.; decisões similares são, por exemplo, proferidas também pelo Tribunal de Justiça do estado federado brasileiro do Rio Grande do Sul; cf. INGO WOLFGANG SARLET, *Soziale Grundrechte in Brasilien*, Zeitschrift für ausländisches und internationales Arbeits- und Sozialrecht, 2002, p. 1 ss. (p. 14, nota 54), com documentação comprobatória adicional.

[106] V. acerca da discussão na Espanha e em Portugal nomeadamente JÖRG POLAKIEWICZ, *Soziale Grundrechte und Staatszielbestimmungen in den Verfassungsordnungen Italiens, Portugals und Spaniens*, Zeitschrift für ausländisches öffentliches Recht und Völkerrecht, 1994, p. 340 ss. (379 ss.); com respeito ao debate brasileiro v. INGO WOLFGANG SARLET, *Die Problematik der sozialen Grundrechte in der brasilianischen Verfassung und im deutschen Grundgesetz* (acima, nota de rodapé 18), p. 230 ss.; na perspectiva alemã v. JÖRG NEUNER, *Privatrecht und Sozialstaat* (acima, nota de rodapé 7), p. 149 ss., com documentação comprobatória adicional.

tos só interessa no caso dos direitos humanos sociais, na medida em que a concepção e a utilização da liberdade é de ser definida por uma autodeterminação. Relativamente à admissibilidade de uma renúncia, há de considerar-se, por um lado, que a livre manifestação da vontade na forma de uma declaração de renúncia representa justamente um desdobramento da personalidade, mas que, por outro lado, o núcleo da personalidade não deve ser suprimido.[107] Desse modo, afigura-se por princípio impossível uma renúncia, sobretudo a direitos ideais de proteção,[108] a fim de evitar uma "autoprivação de direitos" ou, em outras palavras, uma "autodestruição".[109]

VI. Considerações finais

Direitos humanos sociais são direitos supra-estatais que asseguram uma proteção material, informativa, ideal e de grupos específicos, com o *telos* comum de realizarem, de modo complementar aos direitos humanos liberais, os pressupostos fáticos para a liberdade e a democracia, de estabelecerem a igualdade material e a paz jurídica, bem como de assegurarem extensivamente a dignidade humana. Vale, a propósito, o que Benjamin Disraeli, membro do partido conservador Tory, apresentou, na Inglaterra, já em 1834, na sua célebre crítica à Lei dos Pobres: "(...) *it went on the principle that the relief to the poor is a charity. I maintain that it is a right!*".[110]

VII. Bibliografia

ALESSANDRO BARATTA. *Menschliche Bedürfnisse und Menschenrechte*, in: L. E. Kotsiris, *Law at the Turn of the 20th Century*, 1994.

ANTON MENGER. *Das Bürgerliche Recht und die besitzlosen Volksklassen*, 4.ed., 1908.

ARMATYA SEN. *Inequality Reexamined*, 1992.

——. *Poverty and Famines. An Essay on Entitlement and Deprivation*, 1981.

ARNO BARUZZI. *Einführung in die politische Philosophie der Neuzeit*, 2.ed., 1988.

ARTHUR KAUFMANN. *Das Schuldprinzip*, 2.ed., 1976.

ASBJØRN EIDE. *Economic, Social and Cultural Rights as Human Rights*, in: Asbjørn Eide, Catarina Krause, Allan Rosas, *Economic, Social and Cultural Rights*, 2001, p. 9 ss.

BRUNO SIMMA. *Internationaler Menschenrechtsschutz durch die Vereinten Nationen*, in: Ulrich Fastenrath (Org.), *Internationaler Schutz der Menschenrechte*, 2000, p. 51 ss.

---

[107] V. mais pormenorizadamente JÖRG NEUNER, *Privatrecht und Sozialstaat* (acima, nota de rodapé 7), p. 166 ss.

[108] V. acima, junto à nota de rodapé 68 ss.

[109] V., de modo mais detalhado, com respeito à proibição de comercialização de órgãos JÖRG NEUNER, *O Código Civil da Alemanha (BGB) e a Lei Fundamental*, in: Ingo Wolfgang Sarlet (Org.), *Constituição, Direitos Fundamentais e Direito Privado* (acima, nota de rodapé 74), p. 245 ss. (254 ss.).

[110] Citado conforme WILLIAM FLAVELLE MONYPENNY/GEORGE EARLE BUCKLE, *The life of Benjamin Disraeli Earl of Beaconsfield*, Vol. I, 1929, p. 378; a crítica de BENJAMIN DISRAELI termina com as palavras: "I consider that this Act has disgraced the country more than any other upon record. Both a moral crime and a political blunder, it announces to the world that in England poverty is a crime". Cf. *loc. cit.*

Jurisdição e Direitos Fundamentais

——. *Soziale Grundrechte und das Völkerrecht*, in: Festschrift Peter Lerche, 1993.

——. *The implementation of the International Covenant on Economic, Social and Cultural Rights*, in: Franz Matscher (Org.), *The Implementation of Economic and Social Rights*, 1991, p. 75 ss.

CHRISTIAN STARCK. *Gesetzgeber und Richter im Sozialstaat*, Deutsches Verwaltungsblatt, 1978, p. 937 ss.

DAVID HARRIS; JOHN DARCY. *The European Social Charter*, 2.ed., 2001.

EIBE H. RIEDEL. *Die Grundrechtssaat ist aufgegangen – Zeit nachzusäen?*, in: o mesmo, *Die Universalität der Menschenrechte*, 2003, p. 259 ss.

——. *Menschenrechte als Gruppenrechte auf der Grundlage kollektiver Unrechtserfahrungen*, in: o mesmo, *Die Universalität der Menschenrechte*, 2003, p. 363 ss.

——. *Theorie der Menschenrechtsstandards*, 1986.

——. *Universality of Human Rights and Cultural Pluralism*, in: o mesmo, *Die Universalität der Menschenrechte*, 2003, p. 39 ss.

ERHARD DENNINGER. *Menschenrechte und Grundgesetz*, 1994.

ERNST BLOCH. *Das Prinzip Hoffnung*, 1959.

ERNST TUGENDHAT. *Die Kontroverse um die Menschenrechte*, in: Stefan Gosepath/Georg Lohmann, *Philosophie der Menschenrechte*, 1998, p. 48 ss.

ERNST-WOLFGANG BÖCKENFÖRDE. *Die sozialen Grundrechte im Verfassungsgefüge*, in: o mesmo, *Staat, Verfassung, Demokratie*, 2.ed., 1992, p. 146 ss.

FATSAH OUGUERGOUZ. *The African Charter on Human and Peoples' Rights*, 2003, p. 183 ss.

FRANCISCO FERNÁNDEZ SEGADO. *La Teoria Jurídica de los Derechos Fundamentales en la Constitución Española de 1978 y su Interpretación por el Tribunal Constitutional*, in: Revista de Informação Legislativa Nr. 121 (1994), p. 80.

FRANZ BYDLINSKI. *Fundamentale Rechtsgrundsätze*, 1988.

FRIEDRICH MÜLLER. *Einschränkung der nationalen Gestaltungsmöglichkeiten und wachsende Globalisierung*, Kritische Justiz 37 (2004), p. 194 ss.

GEORG WILHELM FRIEDRICH HEGEL. *Grundlinien der Philosophie des Rechts*, Vol. VII, 1970.

GERHARD LUF. *Freiheit und Gleichheit*, 1978.

GÜNTER DÜRIG. in: Theodor Maunz/Günter Dürig (Orgs.), *GrundgesetzKommentar*, 1994.

HANS F. ZACHER. *Das soziale Staatsziel*, in: Josef Isensee, Paul Kirchhof (Orgs.), Handbuch des Staatsrechts der Bundesrepublik Deutschland, Vol. I, 2.ed., 1995, § 25.

——. *Sozialrecht und soziale Marktwirtschaft*, in: Festschrift Georg Wannagat, 1981, p. 715 ss.

HANS KELSEN. *Allgemeine Staatslehre*, 1925.

HANS-RUDOLF HORN. *Generationen von Grundrechten im kooperativen Verfassungsstaat*, Jahrbuch des öffentlichen Rechts der Gegenwart 51 (2003), p. 663 ss.

HARTMUT OETKER. *Das Dauerschuldverhältnis und seine Beendigung*, 1994.

HERBERT SCHAMBECK. *Grundrechte und Sozialordnung*, 1969.

HERMANN HELLER. *Politische Demokratie und soziale Homogenität*, in: o mesmo, *Gesammelte Schriften*, Vol. II, 1971, p. 421 ss.

——. *Rechtsstaat oder Diktatur?*, 1930.

HORST EIDENMÜLLER. *Effizienz als Rechtsprinzip*, 1995.

IMMANUEL KANT. *Über den Gemeinspruch: Das mag in der Theorie richtig sein, taugt aber nicht für die Praxis, Ausgabe der Preußischen Akademie der Wissenschaften*, Vol. VIII, 1912, p. 273 ss.

——. *Grundlegung zur Metaphysik der Sitten, Ausgabe der Preußischen Akademie der Wissenschaften*, Vol. IV, 1903.

INGO WOLFGANG SARLET. *Die Problematik der sozialen Grundrechte in der brasilianischen Verfassung und im deutschen Grundgesetz*, 1997.

——. *Soziale Grundrechte in Brasilien: Probleme ihrer Verwirklichung unter dem Druck der Globalisierung*, Zeitschrift für ausländisches und internationales Arbeits und Sozialrecht, 2002, p. 1 ss.

J. CASALTA NABAIS. *Direitos Fundamentais na Constituição Portuguesa*, in: Boletim do Ministério da Justiça Nr. 400 (1990), p. 21 ss.

JEAN-FRANÇOIS LYOTARD. *Le Différend*, 1983.

JOHAN GALTUNG. *Human rights in another Key*, 1994.

JOHANN GOTTLIEB FICHTE. *Grundlage des Naturrechts nach Prinzipien der Wissenschaftslehre* (1796), in: o mesmo., *Sämmtliche Werke*, Vol. 3, 1845.

JOHN RAWLS. *A Theory of Justice*, 1972.

JÖRG LÜCKE. *Soziale Grundrechte als Staatszielbestimmungen und Gesetzgebungsaufträge*, Archiv des öffentlichen Rechts 107 (1982), p. 15 ss.

JÖRG NEUNER., *O Código Civil da Alemanha (BGB) e a Lei Fundamental*, in: Ingo Wolfgang Sarlet (Org.), *Constituição, Direitos Fundamentais e Direito Privado*, 2003, p. 245 ss.

——. *Die Rechtsfindung contra legem*, 2.ed., 2005.

——. *Privatrecht und Sozialstaat*, 1998.

JÖRG PAUL MÜLLER. *Soziale Grundrechte in der schweizerischen Rechtsordnung, in der europäischen Sozialcharta und den UNOMenschenrechtspakten*, in: Ernst-Wolfgang Böckenförde, Jürgen Jekewitz, Thilo Ramm (Orgs.), *Soziale Grundrechte*, 1981, p. 61 ss.

JÖRG POLAKIEWICZ. *Soziale Grundrechte und Staatszielbestimmungen in den Verfassungsordnungen Italiens, Portugals und Spaniens*, Zeitschrift für ausländisches öffentliches Recht und Völkerrecht, 1994, p. 340 ss.

JOSEF ISENSEE. *Subsidiaritätsprinzip und Verfassungsrecht*, 2.ed., 2001.

——. *Verfassung ohne soziale Grundrechte*, Der Staat 19 (1980), p. 367 ss.

JULIA ILIOPOULOS-STRANGAS. *Der Schutz sozialer Grundrechte in der Charta der Grundrechte der Europäischen Union vor dem Hintergrund des Schutzes sozialer Grundrechte in den Verfassungsordnungen der Mitgliedstaaten*, in: Dieter H. Scheuing (Org.), *Europäische Verfassungsordnung*, 2003, p. 133 ss.

JÜRGEN HABERMAS. *Die Einbeziehung des Anderen*, 1996.

——. *Faktizität und Geltung*, 1992.

KARL MARX. *Zur Judenfrage*, in: Karl Marx/Friedrich Engels, Obras Vol. I, 1961, p. 347 ss.

KLAUS STERN. *Das Staatsrecht der Bundesrepublik Deutschland*, Vol. III/1, 1988.

LORENZ VON STEIN. *Geschichte der sozialen Bewegung in Frankreich von 1789 bis auf unsere Tage*, Vol. III, 1959.

LUDGER KÜHNHARDT. *Die Universalität der Menschenrechte*, 2.ed., 1991.

LUZIUS WILDHABER. *Soziale Grundrechte*, in: Gedenkschrift Max Imboden, 1972, p. 371 ss.

MANFRED SPIEKER. *Legitimitätsprobleme des Sozialstaats*, 1986.

MANFRED ZULEEG. *Der rechtliche Zusammenhalt der Europäischen Union*, 2004.

MARIA CLARA DIAS. *Die sozialen Grundrechte: Eine philosophische Untersuchung der Frage nach den Menschenrechten*, 1993.

MARITA KÖRNER., *Das internationale Menschenrecht auf Arbeit*, 2004.

MARTIN SCHEININ. *Economic and Social Rights as Legal Rights*, in: Asbjørn Eide, Catarina Krause, Allan Rosas, *Economic, Social and Cultural Rights*, 2001, p. 29 ss.

MATTHEW C. R. CRAVEN. *The International Covenant on Economic, Social and Cultural Rights*, 1995.

OSKAR NEGT. *Arbeit und menschliche Würde*, 2001.

Jurisdição e Direitos Fundamentais

OSWALD VON NELL-BREUNING. *Das Subsidiaritätsprinzip*, in: Johannes Münder/Dieter Kreft (Orgs.), *Subsidiarität heute*, 1990, p. 173 ss.

OTFRIED HÖFFE. *Subsidiarität als staatsphilosophisches Prinzip?*, in: Alois Riklin/Gerard Batliner (Orgs.), *Subsidiarität*, 1994, p. 19 ss.

OTTO KAHN-FREUND. *The European Social Charter*, in: Francis G. Jacobs (Org.), *European law and the Individual*, 1976, p. 181 ss.

PAUL HUNT. *Reclaiming Social Rights: International and Comparative Perspectives*, 1996.

PAULO BONAVIDES. *Do País Constitucional ao País Neocolonial*, 2000.

——. *Der brasilianische Sozialstaat und die Verfassungen von Weimar und Bonn*, in: Klaus Stern (Org.), *40 Jahre Grundgesetz*, 1990, p. 279 ss.

PETER A. KÖHLER. *Sozialpolitische und sozialrechtliche Aktivitäten in den Vereinten Nationen*, 1987.

PETER HÄBERLE. *Europäische Verfassungslehre*, 2.ed., 2004.

——. *Das Konzept der Grundrechte* (Derechos Fundamentales), Rechtstheorie 24 (1993), p. 397 ss.

——. *Grundrechte im Leistungsstaat*, Vereinigung der Deutschen Staatsrechtslehrer 30 (1972), p. 43 ss.

PETER KRAUSE. *Die Entwicklung der sozialen Grundrechte*, in: Günter Birtsch (Org.), *Grund und Freiheitsrechte im Wandel von Gesellschaft und Geschichte*, 1981, p. 402 ss.

RAINER KEMPER. *Verbraucherschutzinstrumente*, 1994.

RICHARD HENRY TAWNEY. *Equality*, 4.ed., 1952.

ROBERT ALEXY. *Theorie der Grundrechte*, 1985.

ROBERT E. GOODIN. *Reasons for Welfare*, 1988.

ROBERT NOZICK. *Anarchy, State, and Utopia*, 1974.

RODOLFO ARANGO., *Der Begriff der sozialen Grundrechte*, 2001.

ROGER BLANPAIN. *Social Rights in the European Union*, in: Bundesministerium für Arbeit und Sozialordnung (Org.), *Soziale Grundrechte in der Europäischen Union*, 2000/2001, p. 199 ss.

ROMAN HERZOG., *Subsidiaritätsprinzip und Staatsverfassung*, Der Staat 2 (1963), p. 399 ss.

——. *Allgemeine Staatslehre*, 1971.

SÉLIM ABOU. *Cultures et droits de l'homme*, 1992.

SIEGFRIED KÖNIG. *Zur Begründung der Menschenrechte: Hobbes – Locke – Kant*, 1994.

STEFAN GOSEPATH. *Zu Begründungen sozialer Menschenrechte*, in: Stefan Gosepath/Georg Lohmann, *Philosophie der Menschenrechte*, 1998, p. 146 ss.

THEO ÖHLINGER. *Soziale Grundrechte*, in: Festschrift Hans Floretta, 1983, p. 271 ss.

THEODOR TOMANDL. *Der Einbau sozialer Grundrechte in das positive Recht*, 1967.

THEODOR W. ADORNO. *Negative Dialektik*, 1966.

WILHELM VON HUMBOLDT. *Ideen zu einem Versuch, die Grenzen der Wirksamkeit des Staates zu bestimmen*, in: o mesmo, *Eine Auswahl aus seinen politischen Schriften*, 1922.

WILLIAM FLAVELLE MONYPENNY; GEORGE EARLE BUCKLE. *The life of Benjamin Disraeli Earl of Beaconsfield*, Vol. I, 1929.

WOLFGANG FRIEDMANN. *Recht und sozialer Wandel*, 1969.

WOLFGANG KERSTING. *Wohlgeordnete Freiheit. Immanuel Kants Rechts und Staatsphilosophie*, 1993.

— VII —
Direitos de personalidade, figuras próximas e figuras longínquas[1]

PAULO FERREIRA DA CUNHA
Professor da Faculdade de Direito da
Universidade de Porto, Portugal.

Sumário: I. Da Lei à Doutrina; II. Pessoa; III. Personalismo; IV. Aspectos objectivos da Personalidade; V. Subjectividade e Personalidade. Alguns exemplos; VI. Etapas e Âmbito da Personalidade; VII. Fundamento jusnatural, jushumanista e constitucional do Direito de Personalidade; VIII. Direitos de Personalidade e Direitos Fundamentais; IX. Desafios aos Direitos de Personalidade: ao reencontro das liberdades ibéricas históricas; X. Os Direitos de Personalidade e o desafio paradigmático-metodológico de um direito pós-subjectivo; Bibliografia; Anexo.

I. Da Lei à Doutrina

O Código Civil brasileiro, nos seus arts. 11 a 21, e o Código Civil português, nos seus artigos 70 a 81 (ver anexo) expressamente regulam, como bem sabemos, direitos da personalidade, contendo vários direitos de personalidade em particular. E podendo parecer pressupor o Código brasileiro uma personalidade em geral, enquanto o Código português explicitamente a afirma.

Todos nós conhecemos estes dispositivos legais. Também, para lá dos meandros doutrinais, certamente todos recordaremos a cristalina (embora hoje muito desadequada – porque tudo se foi complicando) fórmula de De Cupis sobre estes direitos, como *minimum sine qua non* do conteúdo da personalidade.[2]

---

[1] Texto que serviria de base à Conferência no âmbito do na Escola Superior da Magistratura do Estado do Rio Grande do Sul, em 10 de março de 2006.

[2] ADRIANO DE CUPIS – *Os Direitos de Personalidade*, trad. port. de A. Vera Jardim e M. Caeiro, Lisboa, 1961, p. 17: "o '*minimum*' necessário e imprescindível do conteúdo da personalidade".

Jurisdição e Direitos Fundamentais

O que nos traz aqui hoje é a questão do seu enquadramento e relações, na cada vez mais complexa maranha de categorias jurídicas, e, dentro delas, de direitos.

Onde se situam os direitos de personalidade quando vivemos naquela a que Bobbio chamou *Idade dos Direitos*?[3]

Qual a sua ligação com outras categorias?

Será possível uma arrumação sistemática, clara e distinta entre elas?

Vamos desiludir o ilustre auditório. Não iremos poder satisfazer o nosso desiderato teórico completamente *hic et nunc*. Trata-se apenas, por agora, de aduzir alguns subsídios para ir desbravando caminho nessa senda: e caminhos de floresta, *Holzwege* hedeggerianos. As estradas militares (como expressamente diria Kant) do dogmatismo da dogmática só poderão vir depois, após nos havermos perdido – para nos re-encontrarmos com a realidade profunda da *selva oscura* do pulsar dos direitos à solta.

Na verdade, a sistematização terá de vir na sequência de haverem sido levantados e amplamente discutidos os problemas na comunidade científica. Procurar uma dogmática estruturação agora seria prematuro e sobretudo uma empresa votada ao fracasso, como todos esses esforços excessivamente individuais e solipsistas que seriam caricaturados no séc. XIX por aquele dito sobre o direito natural jusracionalista. Lembram-se que ele aparecia em novas oito versões a cada abertura de uma nova feira do Livro em Leipzig?

Teremos de fazer, para já, algumas digressões de índole conceitual, histórica e filosófica sobre o problema dos direitos – antes de tudo o mais. Não com intuitos eruditos, mas com finalidade compreensiva. Como dizia um autor hoje pouco de moda, mas que devia assustar menos a quem ainda assusta, e entusiasmar mais comedidamente aqueles a que arrebata, "*Aller Anfang ist schwer, gilt in jeder Wissenschaft*". O nosso começo é difícil aqui também. Confesso ter lutado com este tema durante anos, como Jacob com o Anjo.

Há uma multiplicidade de situações em que aparecem vocábulos próximos de "pessoa", "pessoal" e "personalidade" para recortar ou enquadrar categorias jurídicas. Antes de mais, será necessário elencar, ainda que de forma não exaustiva, essas situações. Esse elenco nos permitirá ir problematizando diálogos possíveis com figuras próximas e afastadas. E finalmente problematizar uma possível inspiração mais geral e profunda desta categoria jurídica.

Devemos advertir desde já que nos repugna sobremaneira o nominalismo, o conceptualismo, o confusionismo jurídico e a multiplicação dos

---

[3] NORBERTO BOBBIO – *L'età dei Diritti*, Einaudi, 1990, trad. bras. de Carlos Nelson Coutinho, *A Era dos Direitos*, 4ª reimp., Rio de Janeiro, Campus, 1992.

entes para além do necessário. De bom grado brandiríamos a navalha rente de Ockham, sustendo apenas o seu trabalho de *inutilia truncat* quando se nos depare o tal "direito nebuloso" de que fala Schwerdtner.[4] Caberá aliás desde já sublinhar que, havendo uma tutela jurídica geral da personalidade (referida ao *"jus in se ipsum* radical", de que falava Orlando de Carvalho), como pano de fundo de direitos de personalidade especiais, podemos estar mais à vontade quanto às classificações e divisões destes últimos, na medida em que existe uma relativa fungibilidade das mesmas.[5] O problema que agora nos ocupa não é o da filigrana subtil das divisões internas dos direitos de personalidade, mas o da sua feição externa, do seu "rosto social".

II. Pessoa

Há unanimidade, ao menos proclamatória, no reconhecimento da dimensão (filosófica e não naturalística) de Pessoa a todo o ser humano.[6]

A Pessoa surge no direito desde logo como um dos elementos da tópica ontológica da Justiça, captada (ainda que de forma aproximativa, talvez melhor dito "intuída já" – porque talvez haja uma *décalage* histórica na compreensão *proprio sensu* da pessoa, *in casu*) por Ulpiano no célebre brocardo: *Iustitia est constans et perpetua voluntas suum cuique tribuendi.* O agente desta atribuição, assim como a razão de ser da mesma, são pessoas. O direito medeia ou consiste na atribuição por uma Pessoa de algo a uma outra Pessoa. O direito é comunicador e liame entre pessoas. Essa é também uma das suas assinaladas características: a alteridade, mais que a bilateralidade, porque o sistema simples descrito pode complexificar-se com a intervenção de várias pessoas. Fazendo já a ponte para o tópico seguinte, caberá a este propósito referir uma reminiscência pessoal académica: logo no nosso primeiro curso de Introdução ao Estudo do Direito, o texto policopiado das lições por que estudámos citava Mounnier: "A experiência primitiva da pessoa é a experiência de segunda pessoa. O *tu* e adentro dele, o *nós*, precede o *eu*, ou pelo menos acompanha-o".[7]

Contudo, não é um conceito simples, este de Pessoa. Sobretudo em relação com o de personalidade. Com graça, mas sem nos resolver muito as

---

[4] V. PETER SCHWERDTNER – *Der zivilrechtliche Persoenlichkeitsschutz*, in "Juristische Schulung", 1978, p. 290.

[5] Neste sentido, *v.g.*, PAULO MOTA PINTO – *Notas sobre o direito ao livre desenvolvimento da personalidade e os direitos de personalidade no direito português*, in *A Constituição Concretizada. Contruindo pontes com o público e o privado*, org. de Ingo Wolfgang Sarlet, Porto Alegre, Livraria do Advogado Editora, 2000, p. 67, n. 26.

[6] Neste sentido, e abonando-se em autores como Orlando de Carvalho, Kant, Hegel, Kaufmann, Larenz e Carlos Mota Pinto, PAULO MOTA PINTO – *Notas sobre o direito ao livre desenvolvimento da personalidade e os direitos de personalidade no direito portuguêns*, p. 61.

[7] E. MOUNNIER – *Personalismo*, trad. port., p. 59, *apud* ANTÓNIO CASTANHEIRA NEVES – *Introdução ao Estudo do Direito*, 1ª versão, Coimbra, s/e, s/d, (policóp.), p. 117.

Jurisdição e Direitos Fundamentais

angústias, a Enciclopédia Einaudi abre o seu verbete respectivo com a seguinte frase: "Ninguém ousaria afirmar que o seu gato é uma pessoa, mas por outro lado não hesitaria em atribuir-lhe uma personalidade".[8]

Assim como o robot feminino (ou a robot feminina?) do filme *O Homem Bicentenário*: tem personalidade, mas não será (pelo menos ainda) uma pessoa. Este tema tem sido aliás muito glosado em vários filmes, da chamada "ficção científica".

Se a Pessoa em sentido filosófico nos colocaria no centro do vendaval especulativo de quase sempre, a Pessoa em sentido jurídico está, de igual modo, bem longe de ser questão pacífica. Sobretudo se nos lembrarmos dos agudos problemas biojurídicos e tanáticos: se menos problemas há no período após o "nascimento completo e com vida" e até à morte claramente detectada, antes desse nascimento e até depois dele (ou em fases de transição) as dúvidas sobre a personalidade (ou as suas dimensões e implicações), o seu reconhecimento, ou atribuição são deveras complexas. Mas com esta reflexão já estamos noutro domínio: o *conceito de personalidade* jurídica, que, como veremos, é diferente do bem jurídico da personalidade.

III. Personalismo

Além de poder ter uma dimensão ideológica (ou anti-ideológica, como diria, em célebre título, um dos seus conhecidos teóricos[9]), o personalismo em Direito pode aproximar-se mais de uma humanitarização jurídica (relevando, a propósito, a distinção entre humanismo e humanitarismo jurídicos). Um Direito personalista não será expressão muito utilizada, em português, contudo relevando, quando ocorre, de uma avaliação ideológica sobre a bondade humanista, social, ou afim de certos normativos. Não nos levarão a mal se afirmarmos uma convicção talvez polémica: creio que dificilmente uma legislação ferozmente neo-liberal ou sufocantemente colectivista se poderá dizer concorde com um personalismo jurídico.

Não sendo a expressão comum, como acabamos de dizer, registamos contudo com agrado a utilização da expressão pelo nosso Colega de Coimbra Paulo Mota Pinto, nos termos seguintes, que consideramos justos: "Ao consagrar o direito geral de personalidade, o nosso legislador revelou, além de atenção ao sentido de desenvolvimentos dogmáticos noutras ordens jurídicas, uma preocupação personalista que é de louvar".[10]

---

[8] (M. A.) – "Pessoa", in *Enciclopédia Einaudi*, edição portuguesa, vol. 30, Lisboa, Imprensa Nacional – Casa da Moeda, 1994, p. 106.

[9] JEAN LACROIX – *Le personnalisme comme anti-idéologie*, trad. port. de Olga Magalhães, *O Personalismo como Anti-Ideologia*, Porto, Rés, 1977.

[10] PAULO MOTA PINTO – *Notas sobre o direito ao livre desenvolvimento da personalidade e os direitos de personalidade no direito português*, p. 72.

A categoria em causa tem todavia sobretudo relevância no âmbito da política do direito, da avaliação política e ideológica até, do sentido da legislação (ou da jurisprudência). Decerto mal comparando, dá contudo vontade de dizer que, quando, por exemplo, na Paraíba, o advogado Dr. Ronaldo Cunha Lima e o Juiz da Comarca, Dr. Roberto Pessoa de Sousa, trocaram peças processuais em verso pedindo e concedendo a liberdade de um violão aprendido numa serenata, cremos poder dizer-se que, embora a questão verse directamente sobre coisa e não sobre pessoa, estamos perante um exemplo de direito personalista. No caso, porejado de humanidade e sensibilidade, até. Como afirma o juiz, na bela sentença:

Emudecer a prima e o bordão,
Nos confins de um arquivo, em sombra imerso,
É desumana e vil destruição
De tudo que há de belo no universo.

IV. Aspectos objectivos da Personalidade

Sendo tendência natural pensarmos que a personalidade tem sobretudo carácter e atinências subjectivas, há contudo casos em que a pessoa funciona como destinatário de uma ordem objectiva. Julgamos poder surpreender este fenómeno em diversas áreas:[11]

a) Nos privilégios, que uma etimologia antiga considera leis privadas – aqui, as leis beneficiam determinadas pessoas (naturalmente não tratando igualmente, nem com tanto favor algumas outras).

b) Nos estatutos pessoais: apesar da multiplicidade de ordens jurídicas com que contacta, um viajante ou um peregrino sempre consigo preserva um certo estatuto jurídico pessoal, desde logo ligado à sua condição de nacional de um determinado Estado (ou de apátrida), e em que se incluem afinal direitos de personalidade e até direitos humanos

c) Na personalidade das leis, no sentido de personalidade colectiva, sobretudo étnica ou afim, nos ordenamentos jurídicos em que haja coexistência de várias comunidades, normalmente com expressão daquilo a que antes se chamaria "raça" ou "sangue", cultura e eventualmente língua diversas, e que tenham assumido separação de jurisdições ou, pelo menos, corpos ou subcorpos normativos específicos. Como ocorreu no território hoje português aquando dos domínios visigótico e muçulmano, e mais tarde, já depois de criada a nacionalidade portuguesa, claramente no âmbito das Ordenações Afonsinas. A estas formas de *apartheid avant-la-lettre* se chamou em alguns casos *ordenamentos jurídicos personalistas*. O que, pela

---

[11] Cf. alguma intersecção de pensamento neste ponto com FRANCISCO PUY – *Tópica Jurídica*, Santiago de Compostela, Imprenta Paredes, 1984, p. 487 ss.

Jurisdição e Direitos Fundamentais

simples expressão, pode causar alguma confusão[12] como que num desses "falsos amigos" linguisticamente advertidos.

Como pano de fundo, o que prevalece, neste ponto, é o Legado Objectivista romano: Ao contrário do que ocorre com os direitos de personalidade, que são essencialmente direitos subjectivos, os direitos em Roma eram objectivos.

Afirma o filósofo português, não há muito falecido, Orlando Vitorino, que não tendo formação jurídica possuía uma rica imaginação para pensar o Direito, e chegou a ser publicado pelos *Archives de Philosophie du Droit*, e pelo *Boletim da Ordem dos Advogados* portuguesa: "A forma predominante do direito romano não é, pois, o contrato, mas a propriedade, que tem o significado que na palavra verbalmente exprime: o que é próprio das coisas, o que reside nas coisas mesmas e não em quem as possui. Em direito romano não se poderá dizer, como em direito moderno, que 'as coisas são propriedade de alguém', mas sim que 'as coisas têm propriedade'".[13]

Importa precisar os conceitos, o que a didáctica positivista nem sempre faz.

Para muitos, passou a ser sacrossanta e incontrovertível a errónea ideia segundo a qual os direitos teriam todos duas faces, como cara e coroa: sendo uma o direito e outra o dever, numas situações, e, noutras casos, encontrando-se de um lado o direito objectivo e de outro o direito subjectivo.[14]

Nesta última perspectiva, o direito objectivo seria o direito concedido pela ordem jurídica e posto nos seus textos: em último termo, o direito objectivo seriam os próprios textos; o direito subjectivo, o poder ou faculdade que tais textos atribuem a pessoas em concreto: no limite, os poderes e faculdades concretos das pessoas jurídicas.

Realmente, o direito objectivo não se prende com a contextualização e determinação externa (dita, por isso, objectiva) das faculdades ou poderes individuais, mas, pelo contrário, com o carácter real, palpável, concreto dos poderes dos sujeitos sobre as coisas (*latissimo sensu*). E o correlato subjectivo (pessoalmente radicado) de uma atribuição de direitos pela ordem ju-

---

[12] Questão interessante, e decerto não ociosa, seria a de saber se o normativo que na Constituição do Brasil considera um estatuto particular para os índios corresponde a uma situação do tipo da referida no corpo do texto. Com efeito, prescreve o Art. 4º, Parágrafo único: "A capacidade dos índios será regulada por legislação especial".

[13] ORLANDO VITORINO – *Refutação da Filosofia Triunfante*, Lisboa, Guimarães Ed., 1976, p. 179.

[14] MARCEL MAUSS – *Sociologie et Anthropologie*, com introd. de Claude Lévi-Strauss, Paris, P.U.F., 1973 (inclui, na 2ª parte: *Essai sur le don. Forme et raison de l'échange dans les sociétés archaïques*, *in ex* de "Archives de Sociologie", 2ª série, 1923-1924, t. I); MAX WEBER – *Rechtssoziologie* (capítulo VII da 2ª parte do primeiro tomo de *Wirtschaft und Gesellschaft: Grundriss der Verstehenden Soziologie*, 1922), trad. fr. de Jacques Grosclaude, *Sociologie du Droit*, Paris, P.U.F., 1986, máx. p. 44 ss. e 116 ss.; MICHEL VILLEY – *Estudios en torno de la nocion de Derecho subjectivo*, tr. cast., Presentación de Alejandro Guzmán Brito, Valparaiso, Ediciones Universitarias de Valparaiso, 1976.

rídica (direito em sentido normativo, e não objectivo), numa situação a que designámos já como de "liberdade dos antigos", não é verdadeiro direito subjectivo. Donde, como é óbvio, o direito objectivo e o direito subjectivo serem, afinal, modalidades de direitos com grande autonomia, configurando sistemas diversos de relação com as coisas. Uma, a objectiva, mais directa, mais imediata; a outra, a subjectiva, mais subtil, mais intelectualizada.

Se quiséssemos um símile muito grosseiro, mas talvez exemplar, diríamos que o tipo-ideal dos actuais direitos reais (sobretudo a propriedade plena) radica na ideia de direitos objectivos, enquanto os direitos obrigacionais, sobretudo os mais modernos e evanescentes, pareceriam estar inspirados no direito subjectivo.

Ora o Direito Romano em tudo aponta para o carácter objectivo dos seus direitos. Os indivíduos não gozam de poderes contra o Estado, aliás.

É certo que um Cícero (apesar de tudo, historicamente o vencido, recordemo-lo) exalta a liberdade romana. Mas esse *nomen dulce libertatis* está longe de significar o que hoje quer dizer, designadamente no domínio dos direitos pessoais e das suas garantias. A liberdade dos romanos é sobretudo o *ser romano*, ou seja, partilhar a cidadania e o seu "fardo": que é acima de qualquer outra coisa *participação*. E embora se possa falar de direitos como a liberdade de domicílio, circulação, religião, reunião, associação, de profissão, de acesso às carreiras públicas, direito de voto, liberdade de pensamento e de expressão e liberdade do acusado até ao veredicto,[15] a verdade é que as limitações a tais direitos, mesmo legais, foram significativas.

Recordemos que os escravos, ainda que tidos como pessoas por alguma doutrina jurídica, são tratados, em geral e sobretudo, como coisas.[16] Rara embora a documentação certificadora do direito de vida e de morte sobre os escravos, ela foi reencontrada por Yann Thomas (mas apenas num "codex" do Baixo Império e sob a formulação *jus vitae nesciquae potestas*), em resposta a um repto lançado por Michel Villey, que lhe houvera prometido, anos antes, a recompensa de uma garrafa de champanhe. Bebê-la-iam juntos, em boa confraternização académica.[17]

Não apenas no domínio da escravatura se assistia a uma saliente tendência reificadora (embora o exemplo pareça hoje algo flutuante). Veja-se, por exemplo, o que sucedia em matéria de obras de arte em que o *opus* era a própria

---

[15] RENÉ-MARIE RAMPELBERG – *O Nomen dulce Libertatis, in Libertés, pluralisme et droit. Une approche historique*, dir. De H. Van Goethem, L. Waelkens, K. Breugelmans, p. 25 ss., máx. p. 31 ss.

[16] Sobre a escravatura em Roma, JOHN MADDEN – Slavery in the Roman Empire. Numbers and Origins, in "Classics Ireland", University College Dublin, Ireland, Volume 3, 1996, on line: http://www.ucd.ie/~classics/96/Madden96.html.

[17] YVON LYNN (MICHEL VILLEY) – *Notes d'un spectateur*, in *Droit, Nature, Histoire*, IV.me Colloque de l'Association Française de Philosophie du Droit (Université paris II, 23-24 Novembre 1984), *Michel Villey, Philosophe du Droit*, s.l, Presses Universitaires de Marseille, 1985, máx. p. 194; YAN THOMAS – *Michel Villey, la Romanistique et le Droit Roman, in Ibid.*, máx. p. 40.

Jurisdição e Direitos Fundamentais

coisa situação que se prolongaria pela Idade Média fora, com surpreendente (aos nossos olhos modernos) mas real cegueira aos direitos não meramente patrimoniais. Do mesmo modo, a propriedade, *ex iure quiritium*, é vista como uma *plena in re potestas*, donde se lhe associem prerrogativas tão radicias como o direito de dela usar, fruir e *abusarius utendi, fruendi et abutendi*. O direito de abusar só se compreende, na verdade, pela concepção instrumental e reificada dos direitos, numa forma de visão do mundo que prefigurará de algum modo o futuro individualismo possessivo[18] e proprietarista.

Neste contexto, o brocardo *dura lex sed lex*, para muitos caracterizador do direito romano, pareceria totalmente adequado. O direito romano seria apenas uma normatividade rígida, legalista, sem contemplações: ignorando, afinal, a componente da equidade.

Contudo, ao invés dessa corrente rigidificadora, ainda pensamos que não é esse um retrato fiel do *Ius Romanum* clássico. Ainda nos mantemos fiel aos *mitos* (?) de um direito romano apesar de tudo flexível, inteligente, e sensível à justiça, com uma formulação moderníssima do direito natural (considerando-o mesmo comum a homens e animais), tal como no-lo apresentou em Coimbra Sebastião Cruz[19] e o vimos também na obra de Michel Villey,[20] e na lição presencial dos seus discípulos François Vallançon e Stamatios Tzitzis, ontem apenas meus mestres, hoje colegas e amigos.

Mas julgamos entender o sentido dessa máxima, sem dúvida da decadência, mas a única que poderia ainda salvar o império que se afundava. Pode parecer que a lei, manifestação voluntarista do direito, é dura. Mas ela não é mais que a manifestação do Direito, e por isso a dureza não o será tanto. Ou então, numa versão mais pessimista: a lei é dura, mas é preciso que seja cumprida, porque ela é a única ordem vinculante, a única que ainda liga a sociedade, num tempo de ruína como o dos finais do Império.

Com as invasões bárbaras[21] triunfantes, que se sucederam a uma lenta e amistosa invasão (muitas vezes por atracção civilizacional, outras vezes por mercenarismo bélico), os valores romanos e a cosmovisão romana afundam-se. A Igreja desses primórdios medievos também mostrara grande desafeição por essa espécie de dupla moral (fé dominical e fé semanal se lhe chamará mais tarde[22]) que permitira a própria criação epistemológica do Direito. E os seus mais elevados teorizadores não escondiam a sua aversão ao direito romano. Não estava então em voga o cristianíssimo preceito lai-

---

[18] C. B. MACPHERSON, C.B. – *The Political Theory of Possessive Individualism*, Clarendon Press, Oxford Univ. Press, 1962.

[19] Cf. SEBASTIÃO CRUZ – *Direito Romano*, I , 3ª ed., Coimbra, s/e, 1980.

[20] Além de muitas referências esparsas, cf. a obra de síntese sobre a questão, MICHEL VILLEY – *Le Droit Romain*, 8ª ed., Paris, P.U.F., 1987.

[21] Cf., por todos, PIERRE RICHÉ – *Les Invasions Barbares*, Paris, P.U.F., 1953.

[22] ALDOUS HUXLEY – *Proper Studies*, trad. port. de Luís Vianna de Sousa Ribeiro, rev. de Maria Eduarda e José Neves, *Sobre a democracia e outros estudos*, s.l., Círculo de Leitores, s.d., p. 17.

cista *A César o que é de César* S. Agostinho permanecerá por muito tempo como exemplo dessa justiça de tom religioso: dito de outro modo, o (erradamente) chamado *agostinismo político* (melhor se designaria gelasianismo, pois se deve antes ao Papa Gelásio) não é mais que a síncrise entre a moral, a religião, a política, o direito e outras instâncias extraídas da velha e primordial primeira função dos indo-europeus com retrocesso, portanto, face ao *ius redigere in artem* O agostinismo político será o paradigma medieval pelo menos até Tomás de Aquino. "Justiça" passará a significar mais justiça divina, ou recta conduta moral, ou administração da justiça que a *constans et perpetua voluntas* dos romanos[23] Para esses tempos o exemplo de *justo* não é o *bonus paterfamilias*, pagador das suas dívidas, respeitador dos seus compromissos, mas o sofredor Job, servo tentado pelo demónio, mas fidelíssimo a Deus.

V. Subjectividade e Personalidade. Alguns exemplos

Como situações subjectivas activas, que revelam sobremaneira a personalidade jurídica estão, como é sabido, casos como os do direito subjectivo em geral, do poder, da faculdade, da expectativa, do interesse legítimo, e do *status*. Como que a *meio caminho* entre o activo e o passivo, encontraremos decerto o poder-dever e o ónus. E como situações subjectivas passivas contam-se o dever, a obrigação, a sujeição.[24] Mas não se trata em nenhum caso de direitos de personalidade propriamente ditos, apesar das relações entre direito subjectivo e direito de personalidade. Pelo menos em alguns casos.

Como aflorámos já, não se deve também, de modo algum, confundir o binómio personalidade / capacidade jurídica (sendo o primeiro instituto um juízo liminar absoluto sobre a "capacidade" geral, e o segundo uma categoria relativa, que permite níveis de maior e menor in-capacidade), que incidem, na formulação portuguesa, sobre a Pessoa desde o nascimento completo e com vida até à sua morte (arts. 66º e 68º do Código Civil Português), e o bem jurídico da personalidade humana, que – para além do mais – se alarga efectivamente para além desses limites.[25]

VI. Etapas e Âmbito da Personalidade

Os tempos foram acrescentando perspectivas e permitindo o aprofundamento da personalidade. Podemos considerar três grandes tempos.[26] De início, podemos falar de uma personalidade jurídica criada com os romanos,

---

[23] MICHEL VILLEY – *[Précis de] Philosophie du Droit*, I, 3ª ed., Paris, Dalloz, 1982, p. 110 ss.

[24] Algo diferentemente, mas em geral concorde com este esquema, ANDREA TORRENTE / PIERO SCHLESINGER – *Manuale di Diritto Privatto*, 16ª ed., Milão, Giuffré, 1999, p. 62 ss.

[25] RABINDRANATH CAPELO DE SOUSA– *O Direito Geral de Personalidade*, Coimbra, Coimbra Editora, 1995, p. 106 ss.

[26] DIOGO LEITE DE CAMPOS – *Lições de Direitos da Personalidade*, 2ª ed., Separata do vol. LXVI (1990) do "Boletim da Faculdade de Direito", Coimbra, 1995, p. 17 ss.

Jurisdição e Direitos Fundamentais

depois de uma personalidade moral alcançada pelo cristianismo (a que não foi alheia a filosofia greco-romana), e só mais tarde, com as revoluções liberais, triunfará uma personalidade política. Nos nossos tempos de novos ritos e novos mitos,[27] as metamorfoses da máscara (*persona* era o seu nome nos teatros da Grécia Antiga) estão já a fazer-se sentir.

VII. Fundamento jusnatural, jushumanista e constitucional do Direito de Personalidade

Para os jusnaturalistas, parece evidente que os direitos de personalidade deverão ter o seu fundamento e raiz no Direito Natural. Seria óbvio que assim fosse. Mas nem mesmo é necessário, hoje em dia, alinhar por essa perspectiva ontológica do Direito (alguns diriam "ontologista") para reconhecer um fundamento não auto-suficiente nem simplesmente legalista dos direitos de personalidade.

Na medida em que os direitos humanos em geral já implicam tais direitos de personalidade (como claramente se vê na Declaração dos Direitos do Homem e do Cidadão francesa de 1789, e na Declaração Universal dos Direitos do Homem), e na medida em que as constituições os consagram, a invocação do direito natural deixa de ter, neste caso, um sentido completamente indispensável, embora possa ser um argumento autónomo. O que, aliás, liberta o direito natural para novas aventuras do espírito e de aplicação: nomeadamente as tópicas e as metodológicas.[28]

A Declaração Universal dos Direitos do Homem assenta num direito geral ao "livre e pleno direito fundamental da personalidade", a Constituição alemã fala no "livre desenvolvimento da personalidade" – *Jeder hat das Recht auf die freie Entfaltung seiner Persönlichkeit* (...), art. 2, 1, e quer a Constituição Brasileira (art. 1°, 3) quer a Portuguesa (art. 1°) se fundam, antes de mais, na *dignidade da pessoa humana*[29] (figurando nesta última uma fórmula equivalente à alemã, no seu art. 26, n° 1) a qual se pode quiçá considerar como pedra de toque e angular do edifício dos direitos de personalidade (embora também de outros, como os direitos fundamentais em geral).

[27] GILLO DORFLES – *Nuovi Riti, nuovi miti*, Einaudi, 1965, trad. port. de A.. Pinto Ribeiro, *Novos Ritos, Novos Mitos*, Lisboa, Edições 70, s/d.

[28] Cf., por último, PAULO FERREIRA DA CUNHA – *Direito Natural, Filosofia e Política. Ensaio Crítico sobre o Estado da Arte*, no prelo.

[29] BENEDITA MAC CRORIE – *O recurso ao princípio da dignidade da pessoa humana na jurisprudência do Tribunal Constitucional*, in *Estudos em comemoração do décimo aniversário da Licenciatura em Direito da Universidade do Minho*, Coimbra, Almedina, 2004, p. 151-174; JOSÉ MANUEL CARDOSO DA COSTA – *O princípio da dignidade da pessoa humana na Constituição e na jurisprudência constitucional portuguesa*, in Sérgio Resende de Barros e Fernando Aurélio Zilveti (coords.), *Direito Constitucional. Estudos em homenagem a Manoel Gonçalves Ferreira Filho*, São Paulo, Dialética, 1999, p. 191-200.

Pode assim dizer-se que o *direito de personalidade*, e os direitos *de* personalidade, se fundamentam no direito e nos *direitos à personalidade*, sendo estes direitos naturais, humanos (e fundamentais), e aqueles direitos sobretudo civis (por agora, com alguma ambiguidade no uso desta expressão – que potenciará uma polissemia inspiradora: civis, cidadãos, civis, da cidade, etc.).

O que as constituições consagram em geral, antes de mais, e para além de direitos concretos, é o direito geral à personalidade (o caso alemão parece claro). Os direitos de personalidade são aplicações, concretizações, especialidades desse direito natural e humano tornado fundamental pela constitucionalização. Assim se dirá, porém, se se não observar uma paridade e sinonímia entre dois ou três destes termos – apesar, *et pour cause* também, da queda em desuso da expressão (porém cheia de pergaminhos históricos) "Direito Natural". Mas se se considerarem sinónimas algumas destas expressões, a questão ficará, realmente, mais clara.

Corre-se, na verdade, o risco de se começar por afirmar a quase sinonímia entre Direito Natural e direitos humanos, com Francisco Puy. É saboroso o exemplo que dá sobre jogar à bola e jogar futebol. Os Direitos Humanos seriam jogar à bola, o Direito Natural jogar futebol. Embora por purismo haja quem ame um destes desportos e diga abominar o outro, realmente eles são a mesma coisa.

Para um idêntico fenómeno, desta feita entre direitos fundamentais e humanos, parece apontar um passo de Paulo Bonavides[30] (embora matizando questões culturais aí envolvidas)

Finalmente, por exemplo Paulo Mota Pinto, vem considerar que, pela essencialidade dos direitos de personalidade, eles serão em regra direitos fundamentais.[31]

Perante estes testemunhos, e outros como estes, já se não saberá muito bem para que servem os quatro nomes, as quatro designações. E contudo, movem-se, e permanecem com sentido. Mas a ajuizar de forma mais subtil.

Os problemas estão longe de se simplificar.

Não podemos ainda esquecer que uma eventual "pirâmide" de influências, raízes, determinações pode ter de entender que, apesar de nem sempre tal se ter verificado, em alguma medida o Direito Constitucional faz as

---

[30] PAULO BONAVIDES – *Curso de Direito Constitucional*, 17ª ed., São Paulo, Malheiros Editores, 2005, p. 560: "A primeira questão que se levanta com respeito à teoria dos direitos fundamentais é a seguinte: podem as expressões direitos humanos, direitos do homem e direitos fundamentais ser usadas indiferentemente? Temos visto nesse tocante o uso promíscuo de tais denominações na literatura jurídica, ocorrendo porém o emprego mais frequente de direitos humanos e direitos do homem em autores anglo-americanos e latinos, em coerência aliás com a tradição e a história, enquanto a expressão direitos fundamentais parece ficar circunscrita à preferência dos publicistas alemães".

[31] PAULO MOTA PINTO – *Notas sobre o direito ao livre desenvolvimento da personalidade e os direitos de personalidade no direito português*, p. 63.

Jurisdição e Direitos Fundamentais

vezes de Direito Natural. E essa substituição é perfeitamente coerente, na medida em que, como afirmou Pietro Grasso, o primeiro foi mesmo concebido para substituir o segundo. E o mesmo autor dá conta que tal objectivo tanto ocorre na visão clássica-cristã, como na moderna racionalista[32] – categorias que julgamos estarem contudo a perder algum sentido (atentas investigações menos politicamente empenhadas) mas tal não importa para a presente questão.

No entanto, cumpre delimitar direitos de personalidade e direitos fundamentais. Em grande medida, como vamos ver, as primeiras tentativas para o levar a cabo, mais formalistas, assentavam na *magna divisio* direito público / direito privado. O problema, porém, é que já se vai proclamando (ou comentando com o dedo no dique, segurando as águas) o "fim do direito civil" (na verdade de *um certo* direito civil) e, de todo o modo, a evidente "publicização do direito privado", e, especificamente, "constitucionalização do direito civil".[33]

VIII. Direitos de Personalidade e Direitos Fundamentais

A relação entre Direitos Fundamentais e Direitos de Personalidade reveste-se de bastante importância teórica. Por aqui passa o problema da perfeição ou simetria arquitectónica dos direitos em geral, no todo da ordem jurídica.

Para quantos, como a maioria dos juristas portugueses, estejam habituados a considerar a Constituição como o topo (ou quase) da pirâmide normativa, impondo os seus comandos em todas as áreas do ordenamento, públicas e privadas, a ideia de uma duplicação de direitos, pelo menos parcial, ou de uma distribuição de competências sobre direitos, ao menos tendencial, é um tanto estranha, ou, pelo menos, não parece coerente.

E todavia para a primeira hipótese parece apontar a lição de Menezes Cordeiro, e uma posição, já superada, de Jorge Miranda, faria pensar na segunda.

Com efeito, o primeiro autor considera que "Os *direitos fundamentais* dobram uma série de figuras que disfrutam de protecção noutros níveis, várias disciplinas, que vão desde o Direito de personalidade ao Direito penal, ao Direito público e ao Direito do trabalho, quando se atente na

---

32 PIETRO GIUSEPPE GRASSO – *El Problema del Constitucionalismo después del Estado Moderno*, Madrid / Barcelona, Marcial Pons, 2005, p. 23 ss.

33 JULIO CESAR FINGER – *Constituição e direito privado: algumas notas sobre a chamada constitucionalização do direito civil*, in *A Constituição Concretizada. Contruindo pontes com o público e o privado*, org. de Ingo Wolfgang Sarlet, Porto Alegre, Livraria do Advogado Editora, 2000, p. 85-106; ANTÔNIO JUNQUEIRA AZEVEDO – *O Direito Civil tende a desaparecer?* "Revista dos Tribunais", nº 472, p. 15-21.

materialidade dos bens neles em jogo, ou na *substancialidade das soluções* que propiciem".[34]

E o segundo, tendo chegado a opinar que "os direitos fundamentais são os direitos de personalidade no Direito público; os direitos de personalidade são os direitos fundamentais no Direito privado".[35] Acabaria mais tarde por considerar haver nisso "algum exagero", preferindo assinalar que, havendo vasta coincidência, ela não é confusão, mas intersecção, pois quedam de fora dos direitos de personalidade vários direitos fundamentais. E ainda que são diversos uns direitos dos outros, no sentido, na projecção, e na perspectiva. Assim, "Os direitos fundamentais pressupõem relações de poder, os direitos de personalidade relações de igualdade. Os direitos fundamentais têm uma incidência publicística imediata, ainda quando ocorram efeitos nas relações entre os particulares (); os direitos de personalidade uma incidência privatística, ainda quando sobreposta ou subposta à dos direitos fundamentais. Os direitos fundamentais pertencem ao domínio do Direito constitucional, os direitos de personalidade ao do Direito civil".[36]

Pode haver a tentação de assim equacionar a questão: das duas, uma – ou os direitos fundamentais são direitos simplesmente do âmbito publicístico, e não tutelam matéria privada, prescindindo mesmo da sua característica de *têtes de chapitre* nesse âmbito, cabendo aos direitos de personalidade essa função, ou então os direitos fundamentais tutelam público e privado, sendo o que há de fundamental em todo o ordenamento, e por isso ganhando dimensão pública, ainda que com incidência privatística. A dicotomia tem algum exagero, também.

Antes de tudo, coloca-se de novo a *vexata quaestio* da distinção entre os direitos público e privado, a qual está longe de se encontrar esgotada, e tem conhecido até recentemente novas aportações.[37] E o problema não é simples.

As pretensões privatísticas a prevalecerem-se de uma precedência histórica dos direitos de personalidade face aos direitos fundamentais constitucionais só podem compreender-se no âmbito de uma epitemomaquia que se deveria superar, e à luz de uma acanhada concepção de Direito Constitucional, que o limite à sua realidade moderna, pós-revolucionária. Também a sede privatística nos códigos civis de muitos direitos não lhes confere uma materialidade privatística, apenas a respectiva formalidade (como

---

[34] ANTÓNIO MENEZES CORDEIRO – *Tratado de Direito Civil Português*, I. *Parte Geral*, tomo I, Coimbra, Almedina, 1999, p. 159.

[35] JORGE MIRANDA – *Ciência Política*, II, Lisboa, p. 213.

[36] JORGE MIRANDA – *Manual de Direito Constitucional*, vol. IV, 2ª ed., Coimbra, Coimbra Editora, 1993, p. 58-59.

[37] MIGUEL AYUSO – *Ocaso o Eclipse del Estado? Las transformaciones del derecho público en la era de la globalización*, Madrid / Barcelona, Marcial Pons, 2005, p. 15 ss.

Jurisdição e Direitos Fundamentais

ocorre noutros domínios, *v.g.* em sede de fontes do direito[38]). E contudo, não se compreenderá cabalmente o direito privado se dele se fizer um reduto de particularismos. Como bem refere Larenz: "O Direito privado é um segmento da ordem jurídica global e, assim como esta, não cura de indivíduos que vivem isoladamente, antes de pessoas que com outras vivem numa comunidade social. Encontra-se ainda subordinado a exigências da justiça social. É certo que ao Direito privado cabe antes de mais a realização da personalidade particular nas relações com os outros. A autonomia privada ocupa em consequência aqui o ponto central, e o 'princípio social' tem perante ele só o controlo de um princípio constitutivo que a limita e a integra – mas, como tal, é imanente ao Direito privado".[39]

Inclinamo-nos a considerar que pelo menos a maior parte dos direitos de personalidade são algo como uma versão privatística de direitos fundamentais *stricto sensu*; donde, serão verdadeiros direitos fundamentais, com ou sem "duplicação" em sede de constituição *formal*. Porque nos não devemos esquecer da constitucionalidade material. Na Constituição Portuguesa, os direitos da personalidade podem considerar-se perfeitamente integrados nos "quaisquer outros constantes de leis" que acrescem aos formalmente constitucionais, segundo o artº 16º, nº 1.

Coloquemos uma hipótese para testar a teorização em curso. Se um dia a lei administrativa resolver estabelecer uma doutrina garantística muito sólida e consequentes códigos administrativos para a consagrar (e decerto para tal caminharemos – já que, como dizia Francisco Puy, o Direito Administrativo já é mais de meio Direito), nem por isso diremos que os direitos públicos atinentes à administração e outras matérias do âmbito do Direito Administrativo são apenas administrativos e não constitucionais. E o mesmo se diria, noutro exemplo semelhante, para o Direito do Trabalho, que num seu futuro código (que teria de ser bem diferente do actual código português sobre a matéria) pode também estabelecer a sua "carta de direitos", etc.

O Direito Constitucional (mas sobretudo pela tutela constitucional – designadamente no plano da aplicabilidade directa a entidades quer públicas quer privadas) não pode nem deve, em princípio, ser esvaziado do seu conteúdo, mesmo sob as pretensas *tordesilhas* teóricas que dividiriam a sua esfera de influência com um ramo antigo e prestigiado do Direito como é o Direito Civil.

Todavia, há uma situação em que se admitirá essa *desconstitucionalização*. Seria o caso (meramente hipotético e por absurdo) de uma Consti-

---

[38] Cf. PAULO FERREIRA DA CUNHA – *Constituição, Direito e Utopia. Do jurídico-constitucional nas utopias políticas*, Coimbra, Stvdia Ivridica, Coimbra Editora/Faculdade de Direito de Coimbra, 1996, p. 285 ss.

[39] KARL LARENZ, *Allg.Teil*, 97 ss.

tuição de grau superior à nacional (mundial, regional, ou, de qualquer modo, supranacional) vir a despovoar de direitos fundamentais (ou de direitos de personalidade, ou políticos, ou sociais) a ordem constitucional de uma comunidade de que fizéssemos parte. Ora, se tal sucedesse, seria legítimo que o reduto de tais direitos fosse visto pela doutrina e pela jurisprudência (e pela actividade normal da administração) na própria lei ordinária, que se constitucionalizaria materialmente, uma vez que seria de contar que, entretanto, a Constituição nacional expressamente se subordinasse à supranacional.

O problema superveniente seria porém, outro: poderiam ainda as leis (e os códigos) ordinárias furtar-se a uma uniformização geral do Direito? Só na medida em que o pudessem seria útil esta perspectiva. Embora saibamos histórica e comparatisticamente que a pluralidade normativa facilita sempre a margem de manobra dos aplicadores do Direito: para o bem e para o mal

Contudo, esta hipótese releva sobretudo da utopia, e mais em particular da distopia, a utopia malévola, negativa.

Em suma: continuamos a pensar que os direitos de personalidade são a manifestação privatística de direitos fundamentais, e que estes não são apenas a sua versão publicística, mas, ao invés, de entre todos, os Direitos *fundamentais*, em geral – independentemente de atinências aparentemente mais publicísticas ou privatísticas. O facto de vincularem entidades públicas e privadas (artº 18º, nº 1 da Constituição da República Portuguesa)[40] parece-nos cabalmente esclarecer que se não limitam ao direito público, ou às relações em que um dos sujeitos seja público. Também valem nas relações totalmente *inter pares, inter cives* Além disso, há direitos fundamentais de pessoas colectivas e organizações. E recordemos aqui (sem infelizmente haver tempo para a poder desenvolver) a profunda investigação de Ingo Wolfgang Sarlet, que, além do mais, começa por expressamente comparar, neste ponto, a situação constitucional brasileira com a portuguesa.[41]

Como sucede em todas as querelas epistemológicas, é normal que cada um dos lados alargue o seu âmbito, acabando por residir muito da diferença no simples plano da congregação actuante, do estilo, da divisão em sede de fontes de direito. Assim, por exemplo, se considerarmos um direito geral de personalidade, como faz Orlando de Carvalho, enquanto "direito à pes-

---

[40] Cf. algumas sugestões a este propósito num lugar paralelo: NICHOLAS BAMFORTH – *The Application of the Human Rights Act to Public Authorities and Private Bodies*, in "Cambridge Law Journal", 58 (1), Março 1999, p. 159 ss.

[41] INGO WOLFGANG SARLET – *Direitos Fundamentais e Direito Privado: algumas considerações em torno da vinculação dos particulares aos direitos fundamentais*, in *A Constituição Concretizada. Contruindo pontes com o público e o privado*, org. de Ingo Wolfgang Sarlet, Porto Alegre, Livraria do Advogado Editora, 2000, máx. p. 120 ss.

Jurisdição e Direitos Fundamentais

soa ser e à pessoa devir", e se o compararmos com o *direito ao livre desenvolvimento da personalidade* (art. 26° n° 1 da Constituição da República Portuguesa) vemos como a coincidência ou fungibilidade objectiva está crescentemente ocorrendo.[42]

Uma perspectiva que não coloca em questão a que tendemos a preferir, mas que tem a vantagem de uma delimitação mais substancial (e menos formal/epistémica) é, por exemplo, a de Torrente e Schlesinger. Embora refiram expressamente que os direitos de personalidade são do foro do direito privado, vão estes professores italianos mais ao cerne da questão, afirmando: "I diritti della personalità (detti ache diritti personalissimi o sulla propria persona), sono, dunque, diritti assoluti, inerenti attributi essenziali della personalità: essi perciò si dicono essenziali o necessari, perchè non possono mai mancare. È concepibile che esistano individui così poveri da non avere alcun diritto su bene del monde esterno (diritti reale) o verso altra persona (diritto di credito), ma questi individui avrano pur sempre, per esempio, il diritto alla propria integrità fisica, al proprio nome, ecc".[43]

Algumas dificuldades teóricas se têm de ultrapassar por simultaneamente parecer muito alargado o consenso sobre o carácter privatístico dos direitos de personalidade e, ao mesmo tempo, ter de se reconhecer que existe tutela constitucional sobre a personalidade,[44] e que o direito geral de personalidade (no art. 70° do CC português) ser um direito materialmente constitucional,[45] logo, de direito público. Ou só de direito constitucional enquanto *tête de chapitre?*

Uma pista poderá abrir novos caminhos ou confusões: a ideia de um *direito civil constitucional*, avançada já por Perlingieri.[46] Nesse caso, os Direitos da Personalidade seriam, em geral (sempre deixamos a reserva, porque eles não estão sujeitos a *numerus clausus*), Direitos Fundamentais (ainda repugnará dizer que são também Direitos Humanos?) de um *Direito Privado Constitucional*.

IX. Desafios aos Direitos de Personalidade:
ao reencontro das liberdades ibéricas históricas

Há casos em que a distância temporal não o é no plano conceptual e da homologia de situações ou seu tratamento. Perante uma caracterização

---

[42] ORLANDO DE CARVALHO – *Teoria Geral da Relação Jurídica*, Coimbra, 1970, p. 36. Cf. JOSÉ JOAQUIM GOMES CANOTILHO – *Direito Constitucional e Teoria da Constituição*, Coimbra, Almedina, 1998, p. 362.

[43] ANDREA TORRENTE / PIERO SCHLESINGER – *Manuale di Diritto Privatto*, p. 288.

[44] RABINDRANATH CAPELO DE SOUSA – *O Direito Geral de Personalidade*, p. 96 ss.

[45] *Ibidem*, p. 619 ss.

[46] PIETRO PERLINGIERI – *Perfis de Direito Civil. Introdução ao Direito Civil Constitucional*, trad. port. de Maria Cristina De Cicco, Rio de Janeiro, Renovar, 1997.

privatística dos direitos subjectivos, impõe-se uma comparação com as velhas liberdades que floresceram no território hoje português e espanhol, como formas de protecção da pessoa anteriores aos direitos subjectivos.

Embora ainda sublinhando muitos aspectos de política pura e simples, ou de direito público, autores como os brasileiros Gilberto Freyre,[47] Sérgio Buarque de Holanda,[48] Darcy Ribeiro,[49] e Vamireh Chacon[50] são, a este propósito, muito inspiradores. Também os portugueses Teixeira de Pascoaes,[51] poeta que abandonara a advocacia, o pedagogo-filósofo Agostinho da Silva,[52] o historiador Jaime Cortesão,[53] e o historiador do direito chileno Bernardino Bravo Lira[54] podem auxiliar-nos nesta demanda.

---

[47] GILBERTO FREYRE – *Casa Grande & Senzala. Formação da Família Brasileira sob o Regime de Economia Patriarcal*, Lisboa, Livros do Brasil, s.d., *passim, v.g.*: p. 17, p. 30, p. 198, *et passim*. O autor alude expressamente ao momento fundador das liberdades: "(...) em Toledo, no concílio celebrado em 633, os bispos tiveram o gosto de ver o rei prostrado a seus pés".

[48] Limitamo-nos a citar dois trechos, que nos parecem muitíssimo significativos, de SÉRGIO BUARQUE DE HOLANDA – *Raízes do Brasil*, 4ª ed. (1ª portuguesa), Lisboa, Gradiva, 2000: "(...) pela importância particular que atribuem ao valor próprio da pessoa humana, à autonomia de cada um dos homens em relação aos semelhantes no tempo e no espaço, devem os espanhóis e os portugueses muito da sua originalidade nacional (p. 14); "E a verdade é que, bem antes de triunfarem no mundo as chamadas ideias revolucionárias, portugueses e espanhóis parecem ter sentido vivamente a irracionalidade específica, a injustiça social de certos privilégios, sobretudo os privilégios hereditários. O prestígio pessoal, independente do nome herdado, manteve-se continuamente nas épocas mais gloriosas da história das nações ibéricas" (p. 17).

[49] DARCY RIBEIRO – *O Povo Brasileiro*, 11ª ed., São Paulo, Cia das Letras, 1995 (nova ed. 2006).

[50] VAMIREH CHACON – *O Futuro Político da Lusofonia*, Lisboa, Verbo, 2002; *Idem – A Grande Ibéria. Convergências e Divergências de uma Tendência*, UNESP, 2005.

[51] TEIXEIRA DE PASCOAES – *Arte de ser Português*, cit., p. 78-79: "() Em plena Idade Média, enquanto outros Povos gemiam sob o peso do poder absoluto, impúnhamos à nossa Monarquia a forma condicional: se Rei governará se for digno de governar, e governará de acordo com a nossa vontade, expressa em cortes gerais reunidas anualmente. Temos ainda várias leis antigas emanadas do Costume, as quais receberam dele uma nuance original que também caracteriza o génio português". Cf. PAULO FERREIRA DA CUNHA – *Amor Iuris. Filosofia Contemporânea do Direito e da Política*, Lisboa, Cosmos, 1995, p. 199 ss.

[52] AGOSTINHO DA SILVA – *Ir à Índia sem abandonar Portugal*, Lisboa, Assírio & Alvim, 1994, máx. p. 32-34: "Mas os Portugueses é que, realmente, levaram o Império Romano até aos seus confins, o Império Romano que ainda hoje dura! Porque aquela história do Império Romano ter acabado quando entraram os Bárbaros, quando entrou o Cristo coisa nenhuma! O Império veio por aí fora. Hoje, tudo é governado pelo Direito Romano ! [...] Claro que Portugal tinha o seu próprio Direito ! É o drama da Península! O Carlos V, que é um Imperador Alemão, veio para Espanha cheio de Direito Romano. [...] As coisas que ele traz para Espanha, traz para a Península. Mas a Península nem era do Direito Romano, nem do mercantilismo capitalista, nem da Contra-Reforma. Também não era da Reforma, era ela, era a Península [...] Porque o que os Espanhóis queriam era manter os 'fueros y costumbres', não era a porcaria do Direito Romano, sobretudo do fim do Império, não é?"

[53] JAIME CORTESÃO – *O Humanismo Universalista dos Portugueses: a Síntese Histórica e Literária*, Lisboa, Portugália, 1965 (vol. VI das Obras Completas); e especialmente Idem, *Os Factores Democráticos na Formação de Portugal*, 4ª ed., Lisboa, Livros Horizonte, 1984, p. 176 ss.

[54] Cf., *inter alia*, BERNARDINO BRAVO LIRA – *Poder y Respeto a las Personas en Iberoamerica. Siglos XVI a XX*, Valparaíso, EDUVAL, 1989; Idem, *Mello Freire y la Ilustracion Catolica Nacional en el mundo de habla castellana y portuguesa. Apuntes para una Historia por hacer*, Separata da "Revista de Derecho", Univeridad Catolica de Valparaiso, EDUVAL, VIII, 1984; Idem, *Entre dos Constituciones. Historica y Escrita. Scheinkonstitutionalismus en España, Portugal y Hispanoamérica*, in "Quaderni Fiorentini per la Storia del Pensiero Giuridico Moderno", nº 27, Florença, 1998, p. 151 ss.

Jurisdição e Direitos Fundamentais

Em geral, este pensamento "lateral" e não oficial sobre as nossas raízes, além de fazer recuar de séculos legados que atribuíamos às três revoluções modernas e burguesas – inglesa, americana e/ ou francesa[55] – remetem-nos, directa ou indierectamente, para os concílios toledanos e para Santo Isidoro de Sevilha[56] (obviamente não portugueses, mas património iniludível desse fundo histórico comum).[57] Aí se poderá ver um conjunto de protecção realistas, concretas, que não são apenas direitos de personalidade, mas que se diria têm neles o seu cerne. Mas também não haveria mal em ver nestes direitos a raiz dos direitos humanos

É verdade que os direitos de personalidade, ao contrário dos direitos políticos (cujo mais exuberante nascimento estamos habituados a datar de *Setecentos*), sempre parece terem tido uma qualquer forma de protecção.[58] Contudo, esta protecção ibérica parece haver sido particularmente feliz e garantística. Sobre o seu contexto afirmou um dos seus primeiros teóricos, Bravo Lira: "(...) tem havido três formas fundamentais de abordar a protecção dos componentes da comunidade. Em primeiro lugar, estão as garantias pessoais, que assumem um grande desenvolvimento entre os povos de língua castelhana e portuguesa. Depois vêm os direitos subjectivos nos povos de língua inglesa. Por último, estão as declarações universais de direitos que se difundem com a ilustração. Dos três, a mais desconhecida é a hispana e hispano-americana (...)"

Para logo de seguida passar a concretizar: "esta tradição hispânica é, de longe, a mais antiga da Europa e, portanto, também da América. Caracteriza-se antes de mais pela sua atitude eminentemente prática. Visa prote-

---

[55] Para a nossa interpretação destas três revoluções modernas "canónicas", cf. PAULO FERREIRA DA CUNHA – *Teoria da Constituição*, vol. I. *Mitos, Memórias, Conceitos*, Lisboa / São Paulo, 2002, p. 127-248.

[56] Sobre o papel jurídico de S. Isidoro de Sevilha, cf. PAULO FERREIRA DA CUNHA – *Para uma História Constitucional do Direito Português*, p. 93 ss.; PAULO FERREIRA DA CUNHA et al. – *História do Direito*, Coimbra, Almedina, 2005.

[57] Cf. uma súmula da questão in PAULO FERREIRA DA CUNHA – *Teoria da Constituição*, vol. I. *Mitos, Memórias, Conceitos*, p. 112-126. Do ponto de vista metodológico, importa distinguir esta liberdade ibérica tradicional da liberdade dos antigos. Enquanto esta é mais politicamente interventiva, a hispânica é sobretudo concretamente protectiva, mas compaginável também naquela ideia de Luis de Góngora que manda *"traten otros del gobierno, del mundo y sus monarquias"*. Quanto à distinção entre liberdade dos Antigos e dos Modernos, a bibliografia seria enorme. Retomemos uma fonte clássica, e pioneira, BENJAMIN CONSTANT – "De la liberté des anciens comparée a celle des modernes" in *Cours de politique constitutionnelle*, ed. por Éduard Laboulaye, 2ª ed., paris, Guillaumin, 1872, vol. II, p. 548 : «Le but des anciens était le partage du pouvoir social entre tous les citoyens d'une même patrie. C'était là qu'ils nommaient liberté. Le but des modernes est la sécurité dans les jouissances privées ; et ils nomment liberté les garanties accordées par les institutions à ces jouissances». Cf., por exemplo, CELSO LAFER – *Ensaio sobre a liberdade*, São Paulo, Editora Perspectiva, 1980 (que aliás cita este passo canónico). Sobre liberdades "antigas", cf., por todos, H. VAN GOETHEM / L. WAELKENS, K. BREUGELMANS (dir.) – *Libertés, Pluralisme et Droit. Une approche historique*, Bruxelas, Bruylant, 1995.

[58] DIOGO LEITE DE CAMPOS – "Os Direitos da Personalidade: Categoria em Reapreciação", in *Nós. Estudos sobre o Direito das Pessoas*, Coimbra, Almedina, 2004, p. 155.

ger de forma imediata e directa a pessoa em si ou o que de algum modo lhe pertence. Ocupa-se de coisas concretas, a sua vida, a sua integridade física, a sua liberdade física ou de residência, a sua casa, os seus cargos, os seus haveres. Por outras palavras, a protecção não recai sobre direitos, mas versa imediatamente sobre coisas. Não se fala de direito à vida, à liberdade, à honra ou à propriedade, mas antes simplesmente desses mesmos bens. Além do mais a própria noção de direito subjectivo, ou seja como faculdade de uma pessoa, é muito recente (...)"

E assim conclui, apontando para o carácter prático e concreto de tais direitos: "Devido ao seu carácter prático, esta tradição não se materializa, como na dos direitos humanos, em pomposas declarações, mas em meios concretos de protecção".[59]

X. Os Direitos de Personalidade e o desafio paradigmático-metodológico de um direito pós-subjectivo

Duas realidades em crescente problematização de estatuto nas letras jurídicas podem redimir ou perder o Direito. São elas os Direitos Humanos e os Direitos de Personalidade.

Sobre os primeiros, dir-se-á apenas que transformaram a mais notória e mediática imagem da juridicidade numa simpática religião protectiva, chegando a fazer as vezes de alimento espiritual das velhas metanarrativas ideológicas, sobretudo desacreditadas depois dos anos 80 do século passado.

Sobre os segundos, eles conservam e alargam o espaço vital de cada pessoa, numa permanente tensão com uma sociedade de massas, de risco, de espectáculo, de *media*. E de poder.

Seja como for, os direitos humanos desafiaram já o paradigma dominante "direito subjectivo" e a respectiva teoria geral da relação jurídica. Há bastantes anos já, Orlando de Carvalho escrevia sobre o sentido e limites desta teoria, tendo sido interpretado como um crítico da mesma. Defendeu-se, brilhantemente, explicitando (além de que a sua crítica seria ideológico-política, como aliás o seria todo o Direito) que fazia reparos ao clima de "neutralismo ideológico", "cientismo", "anti-humanismo" e "conceitualismo" do "operador" relação jurídica.[60] E Michel Villey iria mais longe ainda, porque pondo ainda mais em evidência a historicidade do paradigma[61]

---

[59] BERNARDINO BRAVO LIRA – *Poder y respeto a las personas en Iberoamerica. Siglos XVI a XX*, Valparaíso, Ediciones Universitarias de Valparaiso. Universidad Católica de Valparaíso, 1989, p. 36-37.

[60] ORLANDO DE CARVALHO – *Para uma Teoria Geral da Relação Jurídica Civil. I. A Teoria Geral da Relação Jurídica. Seu sentido e Limites*, 2ª ed. actual. Coimbra, Centelha, 1981, máx. p. 13-15, n. 1.

[61] VILLEY, Michel – *Estudios en torno de la nocion de Derecho subjectivo*, tr. cast., Presentación de Alejandro Guzmán Brito, Valparaiso, Ediciones Universitarias de Valparaiso, 1976.

Jurisdição e Direitos Fundamentais

Mais próximo de nós, Diogo Leite de Campos perturba profundamente as nossas ideias feitas sobre os direitos de personalidade, sublinhando uma sua estrutura perturbadora, sobretudo em tempos críticos, baseada no critério do poder: quem o deveria exercer (e o não pode), quem efectivamente o exerce (e o não deveria) e quem sofre as consequências (em injustiça).[62] Com a crueza desta lucidez, não podemos ficar tranquilos, porque a inefectividade[63] dos direitos cresce.

Ao apercebermos a dependência dos direitos de personalidade de factores absolutamente fácticos, e de poder (logo, políticos) temos dificuldade em colocá-los ainda apenas no terreno privatístico. E ao assim situá-los, aproximamo-los muito mais dos Direitos Humanos, pelo menos na sua sorte, *fortuna*.

De todo o modo, num caso como noutro, a redução destes direitos paradigmáticos no novo ordenamento jurídico a poderes ou faculdades de exigir ou pretender consoante a típica definição do direito subjectivo, parece parco para os captar na sua integralidade.

Quiçá a experiência e as formas destas duas categorias de direitos poderão ajudar a criar, na lenta forja do tempo, tão meticulosa quanto o vagar dos moinhos dos deuses, um novo Direito. Um Direito já nem objectivo nem subjectivo[64] na sua essência: mas a um tempo *social e pessoal*. No fundo, se não fosse voltar a confundir a questão, dir-se-ia: um Direito mais *humano*.

Bibliografia

AA.VV., *La dignidad de la persona*, "XXV Jornadas de Derecho Público", Edeval, Valparaíso, 1995 (3 vols).

ANDORNO, ROBERTO – *La Bioéthique et la dignité de la personne*, Paris, P.U.F., 1997.

——. *La distinction juridique entre les personnes et les choses à l'épreuve des procréations artificielles*, préface de François Chabas, Paris, L.G.D.J., 1996.

ANDRADE, MANUEL DA COSTA – *Liberdade de imprensa e inviolabilidade da pessoa. Uma perspectiva juridico-criminal*, Coimbra, Coimbra Editora, 1996.

CAMPOS, DIOGO LEITE DE – *Lições de Direitos da Personalidade*, 2ª ed., Separata do vol. LXVI (1990) do "Boletim da Faculdade de Direito da Universidade de Coimbra", Coimbra, 1992.

CANARIS, Claus-Wilhelm – *Direitos Fundamentais e Direito Privado*, trad. port. de Ingo Wolfgang Sarlet e Paulo Mota Pinto, Coimbra, Almedina, 2003.

---

[62] DIOGO LEITE DE CAMPOS – "Os Direitos da Personalidade: Categoria em Reapreciação", *in Nós. Estudos sobre o Direito das Pessoas*, p. 154 ss.

[63] JEAN CARBONNIER – *Effectivité et ineffectivité de la règle de droit*, in "L'Année Sociologique", 3ª série, Paris, P.U.F., 1957-1958, p. 3 ss.

[64] Quanto ao carácter subjectivo dos direitos de personalidade, *v.g*, RABINDRANATH CAPELO DE SOUSA – *O Direito Geral de Personalidade*, p. 608, nº 9 e 10, citando ainda Orlando de Carvalho e Pierre Tercier.

CANOTILHO, José Joaquim Gomes – *Estudos sobre Direitos Fundamentais*, Coimbra, Almedina, 2004.

CARVALHO, ORLANDO DE – *Os Direitos do Homem no Direito Civil Português*, Coimbra, Vértice, 1973.

——. *Para uma Teoria Geral da Relação Jurídica Civil. I. A Teoria Geral da Relação Jurídica. Seu sentido e Limites*, 2ª ed. actual. Coimbra, Centelha, 1981.

CASTANHEIRA NEVES, ANTÓNIO – *Dignidade da Pessoa e Direitos do Homem*, in *Digesta. Escritos acerca do Direito, do Pensamento Jurídico, da sua Metodologia e Outros*, II, Coimbra, Coimbra Editora, 1995, p. 425 ss.

CASTELANO, DANILO – *Il 'concetto' di Persona umana negli atti dell'Assemblea Costituente e l'Impossibile Fondazione del politico*, "Diritto e Società", nº 4, Pádua, 1994, p. 631 ss.

——. *Il problema della persona umana nell'esperienza giuridico-politica: (I) Profili filosofici*, in "Diritto e Società", Pádua, nº 1, 1988, p. 107 ss.

COMISSÃO TEOLÓGICA INTERNACIONAL – *A Pessoa Humana*, trad. de Isabel de, rev. de H. Noronha Galvão, Lx., Rei dos Livros, 1998.

COSTA, José Manuel M. Cardoso da – *O Princípio da Dignidade da Pessoa Humana na Constituição e na Jurisprudência Constitucional Portugueses*, Separata de *Direito Constitucional. Estudos em Homenagem a Manoel Gonçalves Ferreira Filho*, coord. de Sérgio Resende de Barros e Fernando Aurélio Zilveti, São Paulo, Dialética, 1999.

HERVADA, Javier – *Los Derechos Inherentes a la Dignidad de la Persona Humana*, in "Persona y Derecho", Pamplona, 1991, suplemento Humana Iura, p. 345 ss.

HOYOS CASTAÑEDA, Ilva-Myriam – *El concepto jurídico de persona*, Pamplona, EUNSA, 1989.

HOYOS, Ilva-Myriam – *La dimensión juridica de la persona humana*, in "Persona y Derecho", XXVI, 1992, p. 159 ss.

MORTATI, A. – *La Persona, lo Stato e le comunità intermedie*, 2ª ed., Turim, ERI, 1971

MOURA, José Souto de – *Dignidade da pessoa e poder judicial*: http://www.smmp.pt/moura.htm .

PINTO, Paulo Mota – *Notas sobre o direito ao livre desenvolvimento da personalidade e os direitos de personalidade no direito português*, in A Constituição Concretizada. Contruindo pontes com o público e o privado, org. de Ingo Wolfgang Sarlet, Porto Alegre, Livraria do Advogado Editora, 2000, p. 61-83.

PISANI, PROTO – *La tutela giurisdizionale dei diritti Della personalità e techniche di tutela*, in "Foro it.", 1990, V, 1 ss.

SANTOS, FERNANDO FERREIRA DOS – *Princípio Constitucional da Dignidade da Pessoa Humana*: http://www.apriori.com.br/artigos/arti_199.htm

SARLET, INGO WOLFGANG – *Direitos Fundamentais e Direito Privado: algumas considerações em torno da vinculação dos particulares aos direitos fundamentais*, in A Constituição Concretizada. Contruindo pontes com o público e o privado, org. de Ingo Wolfgang Sarlet, Porto Alegre, Livraria do Advogado Editora, 2000, p. 107 ss.

—— (Org.) – *Constituição, Direitos Fundamentais e Direito Privado*, 2ª ed. revista e ampliada, Porto Alegre, Livraria do Advogado, 2006.

SCALISI – *Il valore della persona nel sistema e i nuovi diritti Della personalità*, Milão, 1990.

SOUSA, RABINDRANATH CAPELO DE – *O Direito Geral de Personalidade*, Coimbra, Coimbra Editora, 1995.

TRIGEAUD, Jean-Marc – *Idée de Personne et Vérité du Droit. De la Dikélogia à la Prosopologie*, in "Filosofia Oggi", Genova, Edizione dell'Arcipelago, anno XIV, n. 56, F. IV, out.-dez. 1991, p. 475 ss.

——. *La Personne Dénaturalisée. De l'impuissance de la 'naturalistic fallacy' à atteindre la personne*, in PD, 29, 1993, p. 139 ss.

Jurisdição e Direitos Fundamentais

——. La Personne Humaine, sujet de Droit, in AA. VV. – *La Personne Humaine, sujet de Droit*, Paris, P.U.F., 1994.

——. *La tradizione classica del diritto naturale e il suo superamento personalistico*, in "I", Roma, Giuffrè, anno XLIV, aprile-giugno, 1991, p. 100 – 118.

TZITZIS, STAMATIOS – *Qu'est-ce que la personne?*, Paris, Armand Colin, 1999.

Anexo

DOS DIREITOS DA PERSONALIDADE

Art. 11. Com exceção dos casos previstos em lei, os direitos da personalidade são intransmissíveis e irrenunciáveis, não podendo o seu exercício sofrer limitação voluntária.

Art. 12. Pode-se exigir que cesse a ameaça, ou a lesão, a direito da personalidade, e reclamar perdas e danos, sem prejuízo de outras sanções previstas em lei.

Parágrafo único. Em se tratando de morto, terá legitimação para requerer a medida prevista neste artigo o cônjuge sobrevivente, ou qualquer parente em linha reta, ou colateral até o quarto grau.

Art. 13. Salvo por exigência médica, é defeso o ato de disposição do próprio corpo, quando importar diminuição permanente da integridade física, ou contrariar os bons costumes.

Parágrafo único. O ato previsto neste artigo será admitido para fins de transplante, na forma estabelecida em lei especial.

Art. 14. É válida, com objetivo científico, ou altruístico, a disposição gratuita do próprio corpo, no todo ou em parte, para depois da morte.

Parágrafo único. O ato de disposição pode ser livremente revogado a qualquer tempo.

Art. 15. Ninguém pode ser constrangido a submeter-se, com risco de vida, a tratamento médico ou a intervenção cirúrgica.

Art. 16. Toda pessoa tem direito ao nome, nele compreendidos o prenome e o sobrenome.

Art. 17. O nome da pessoa não pode ser empregado por outrem em publicações ou representações que a exponham ao desprezo público, ainda quando não haja intenção difamatória.

Art. 18. Sem autorização, não se pode usar o nome alheio em propaganda comercial.

Art. 19. O pseudônimo adotado para atividades lícitas goza da proteção que se dá ao nome.

Art. 20. Salvo se autorizadas, ou se necessárias à administração da justiça ou à manutenção da ordem pública, a divulgação de escritos, a transmissão da palavra, ou a publicação, a exposição ou a utilização da imagem de uma pessoa poderão ser proibidas, a seu requerimento e sem prejuízo da indenização que couber, se lhe atingirem a honra, a boa fama ou a respeitabilidade, ou se se destinarem a fins comerciais.

Parágrafo único. Em se tratando de morto ou de ausente, são partes legítimas para requerer essa proteção o cônjuge, os ascendentes ou os descendentes.

Art. 21. A vida privada da pessoa natural é inviolável, e o juiz, a requerimento do interessado, adotará as providências necessárias para impedir ou fazer cessar ato contrário a esta norma.

Em Portugal, a mesma matéria tem o seguinte acolhimento:
ARTIGO 70º
(Tutela geral da personalidade)
1. A lei protege os indivíduos contra qualquer ofensa ilícita ou ameaça de ofensa à sua personalidade física ou moral.
2. Independentemente da responsabilidade civil a que haja lugar, a pessoa ameaçada ou ofendida pode requerer as providências adequadas às circunstâncias do caso, com o fim de evitar a consumação da ameaça ou atenuar os efeitos da ofensa já cometida.
ARTIGO 71º
(Ofensa a pessoas já falecidas)
1. Os direitos de personalidade gozam igualmente de protecção depois da morte do respectivo titular.
2. Tem legitimidade, neste caso, para requerer as providências previstas no nº 2 do artigo anterior o cônjuge sobrevivo ou qualquer descendente, ascendente, irmão, sobrinho ou herdeiro do falecido.
3. Se a ilicitude da ofensa resultar da falta de consentimento, só as pessoas que o deveriam prestar têm legitimidade, conjunta ou separadamente, para requerer as providências a que o número anterior se refere.
ARTIGO 72º
(Direito ao nome)
1. Toda a pessoa tem direito a usar o seu nome, completo ou abreviado, e a opor-se a que outrem o use ilicitamente para sua identificação ou outros fins.
2. O titular do nome não pode, todavia, especialmente no exercício de uma actividade profissional, usá-lo de modo a prejudicar os interesses de quem tiver nome total ou parcialmente idêntico; nestes casos, o tribunal decretará as providências que, segundo juízos de equidade, melhor conciliem os interesse em conflito.
ARTIGO 73º
(Legitimidade)
As acções relativas à defesa do nome podem ser exercidas não só pelo respectivo titular, como, depois da morte dele pelas pessoas referidas no número 2 do artigo 71º .
ARTIGO 74º
(Pseudónimo)
O pseudónimo, quando tenha notoriedade, goza da protecção conferida ao próprio nome.
ARTIGO 75º
(Cartas-missivas confidenciais)
1. O destinatário de carta-missiva de natureza confidencial deve guardar reserva sobre o seu conteúdo, não lhe sendo lícito aproveitar os elementos de informação que ela tenha levado ao seu conhecimento.
2. Morto o destinatário, pode a restituição da carta confidencial ser ordenada pelo tribunal, a requerimento do autor dela ou, se este já tiver falecido, das pessoas indicadas no nº 2 do artigo 71º; pode também ser ordenada a destruição da carta, o seu depósito em mão de pessoa idónea ou qualquer outra medida apropriada.
ARTIGO 76º
(Publicação de cartas confidenciais)
1. As cartas-missivas confidenciais só podem ser publicadas com o consentimento do seu autor ou com o suprimento judicial desse consentimento; mas não há lugar

---

Jurisdição e Direitos Fundamentais

ao suprimento quando se trate de utilizar as cartas como documento literário, histórico ou biográfico.

2. Depois da morte do autor, a autorização compete às pessoas designadas no nº 2 do artigo 71º, segundo a ordem nele indicada.

ARTIGO 77º

(Memórias familiares e outros escritos confidenciais)

O disposto no artigo anterior é aplicável, com as necessárias adaptações, às memórias familiares e pessoais e a outros escritos que tenham carácter confidencial ou se refiram à intimidade da vida privada.

ARTIGO 78º

(Cartas-missivas não confidenciais)

O destinatário de carta não confidencial só pode usar dela em termos que não contrariem a expectativa do autor.

ARTIGO 79º

(Direito à imagem)

1. O retrato de uma pessoa não pode ser exposto, reproduzido ou lançado no comércio sem o consentimento dela; depois da morte da pessoa retratada, a autorização compete às pessoas designadas no nº 2 do artigo 71º, segundo a ordem nele indicada.

2. Não é necessário o consentimento da pessoa retratada quando assim o justifiquem a sua notoriedade, o cargo que desempenhe, exigências de polícia ou de justiça, finalidades científicas, didácticas ou culturais, ou quando a reprodução da imagem vier enquadrada na de lugares públicos, ou na de factos de interesse público ou que hajam decorrido publicamente.

3. O retrato não pode, porém, ser reproduzido, exposto ou lançado no comércio, se do facto resultar prejuízo para a honra, reputação ou simples decoro da pessoa retratada.

ARTIGO 80º

(Direito à reserva sobre a intimidade da vida privada)

1. Todos devem guardar reserva quanto à intimidade da vida privada de outrem.

2. A extensão da reserva é definida conforme a natureza do caso e a condição das pessoas.

ARTIGO 81º

(Limitação voluntária dos direitos de personalidade)

1. Toda a limitação voluntária ao exercício dos direitos de personalidade é nula, se for contrária aos princípios da ordem pública.

2. A limitação voluntária, quando legal, é sempre revogável, ainda que com obrigação de indemnizar os prejuízos causados às legítimas expectativas da outra parte.

— VIII —

Um olhar sobre os direitos fundamentais e o estado de direito – breves reflexões ao abrigo de uma perspectiva material

PLÍNIO MELGARÉ

Mestre em Ciências Jurídico-Filosóficas pela Universidade de Coimbra.
Professor na Faculdade de Direito da PUCRS. Professor na Faculdade de Direito
São Judas Tadeu, Palestrante na Escola Superior da AJURIS.

Sumário: 1. À Maneira de Introdução; 2. Aspectos Gerais; 2.1. A Constitucionalização dos Direitos Fundamentais; 2.2. O Princípio da Dignidade Humana; 2.3. A "Fundamentalidade" dos Direitos Fundamentais; 2.4. Direitos Fundamentais e Particulares; 3. A Gênese do Sistema Jurídico e a Proteção Jurisdicional dos Direitos Fundamentais; 4. Conclusão; Bibliografia.

> *O Estado está acima do cidadão,*
> *mas o homem está acima do Estado.*
>
> Fernando Pessoa

1. À maneira de introdução

Por certo, o texto, que agora se dá à estampa, não persegue o extraordinário intento de, nestas poucas páginas, oferecer respostas absolutas acerca dos direitos fundamentais e do Estado. O que vai aqui escrito são ponderações – ora de modo geral, ora mais pormenorizadamente – que buscam despertar interesse e, porventura, inquietudes em quem as ler. Com essa compreensão, podem servir ao desenvolvimento do tema em apreço, quer por críticas e dissensos ou linhas de concordância.

2. Aspectos gerais

A observação da teoria constitucionalista aponta para um incontornável processo de crescimento do vínculo entre os direitos fundamentais e o

Jurisdição e Direitos Fundamentais

Estado de direito. Embora nem sempre assim reconhecidos, os direitos fundamentais encontram-se no centro fundacional do Estado de direito. Desde as primeiras declarações de direito setecentista, *v. g.* a Declaração da Virgínia e até mesmo a Declaração dos Direitos do Homem e Cidadão, destaca-se a categoria de certos direitos situados fora do alcance do poder estatal.[1]

A par de toda a evolução histórica dos direitos fundamentais e do Estado de Direito, partimos da concepção, afirmada nomeadamente a partir do século XX, segundo a qual um Estado de Direito não se caracteriza apenas por aspectos formais,[2] justapondo-se a essa dimensão inexoráveis exigências materiais, alusivas ao conteúdo do direito. Ultrapassa-se a unicidade do postulado formal da existência de uma hierarquização da ordem jurídica, impondo-se simultaneamente uma substancial ordem de direitos e liberdades.[3] De fato, há um alargamento do horizonte do Estado de direito, superando-se o edifício construído pela teoria liberal com a fixação de novos pilares, pelos quais o Estado de Direito não será apenas um mecanismo utilizado para limitar o poder, mas "c'est aussi une conception au fond des libertés publiques, de la démocratie et du rôle de l'État, qui constitue le fondement sous-jacent de l'ordre juridique".[4]

Nesse sentido, no processo evolutivo de alargamento da perspectiva do Estado de Direito, encontra-se sedimentado o comprometimento com certos valores e princípios materiais fundamentantes, outorgando uma unidade de sentido a constituenda normatividade jurídica, tendentes a uma ordenação humano-social justa.[5] Ao cabo, um Estado aculturado pelo Direito, submetido a vínculos de natureza jurídica. Desde logo, um Estado que tenha por medida o direito. Seguindo de perto a fórmula expressa por Go-

---

[1] Nesse sentido, ver Gomes Canotilho: 1999, 54.

[2] Exemplo característico do paradigma do Estado de direito formal encontramos na doutrina kelseniana. Em uma brevíssima síntese, o ponto nuclear de tal concepção encontra-se firmado no princípio da hierarquia das normas, como se o direito fosse uma estrutura de normas formada por diversos planos sobrepostos e subordinadamente interligados. Outrossim, o elemento a conferir validade às normas reside na adequação formal da norma inferior às prescrições da norma hierarquicamente superior, independente de seu conteúdo. Noutra palavra, o fator fundamentante da validade da norma jurídica encontra-se sediado na norma superior, que regulamentará seu modo de criação. De outra parte, toda a criação do direito repousa sobre a atividade estatal, visto não haver direito fora do Estado. Ao cabo, o entendimento de que o direito se esgota nas normas jurídicas, compondo um sistema completo e fechado, validado por sua estrutura formal, axiomática e hierarquizada.

[3] Cfe. Chevallier: 1999, 67.

[4] Cfe. Chevallier, *op. cit.* p. 72.

[5] Exemplificamos com o princípio de respeito à dignidade humana, isto é, "na concepção que faz da pessoa [humana] fundamento e fim da sociedade e do Estado. Pelo menos, de modo directo e evidente, os direitos, liberdades e garantias pessoais e os direitos económicos, sociais e culturais comuns têm sua fonte ética na dignidade da pessoa, de todas as pessoas" (Miranda: 1999, 104). Na mesma linha, sublinhamos a compreensão de Reale, situando a pessoa humana como *"valor-fonte"*, ou seja, o valor de onde brotam todos os valores, os quais mantêm sua intensidade imperativa e sua eficácia ao permanecerem vinculados àquela fonte (1999, 100).

mes Canotilho, em tempos atuais, a forma mais adequada pela qual um Estado se sujeita ao direito é a traduzida por um *"Estado constitucional de direito democrático e social ambientalmente sustentado"* (1999, 21).

2.1. A constitucionalização dos direitos fundamentais

O exame da realidade contemporânea da generalidade dos países democráticos ocidentais confirma, na base do Estado de Direito, o reconhecimento explícito aos direitos fundamentais, sendo esses afirmados, mormente, nos textos constitucionais.[6] A inserção dos direitos fundamentais na arquitetura constitucional proporciona, oferece, uma salvaguarda de natureza jurídica, resguardando-os de eventuais alterações nas diretrizes e opções político-ideológicas dos poderes constituídos, bem como de exigências impostas por fatores de natureza socioeconômica.[7] Acentuamos aqui a noção segundo a qual um Estado de Direito é aquele subordinado ao Direito, ou seja, em que as estruturas do poder se encontram vinculadas ao Direito. Releva observar, de modo expressivo, que a condição de ser vinculado ao Direito não significa a simples situação de cumprimento das normas positivadas ou ainda a mera sujeição ao texto legal, pois esses podem revelar-se contrários ao Direito.[8]

Pensar em um Estado apenas como uma organização adequada à lei não corresponde às hodiernas exigências de um Estado de Direito materialmente constituído, mas sim um regresso ao Estado de legislação,[9] forjado pelo típico legalismo moderno-iluminista, em que o Direito era sinônimo de lei – e esta, a única fonte daquele. Na esteira do considerado, um Estado submetido ao Direito será aquele instruído e ajustado a princípios transcendentes à ordem jurídica positivada – portanto, indisponíveis às estruturas dos poderes –, determinantes e constituintes da intencionalidade axiológica do próprio Direito. De modo exemplificativo, arrolamos os princípios da legalidade, da igualdade perante o Direito e da imparcialidade do ofício jurisdicional.[10]

---

[6] Ademais, destacamos, com Chevallier, que o processo de constitucionalização dos direitos fundamentais tende a se desenvolver mesmo em países onde a tradição jurídico-cultural poderia representar um certo obstáculo. Assim, no Canadá, uma Carta, em 1982, veio a constitucionalizar um conjunto de valores e princípios fundamentais. Outrossim, na Grã-Bretanha, desenvolve-se a idéia de uma Declaração de direitos, nada obstante a soberania parlamentar e a ausência de uma Constituição escrita (1999, 106).

[7] Ilustramos nossa assertiva valendo-nos do próprio conceito de constitucionalização, visto significar "a incorporação de direitos subjectivos do homem em normas formalmente básicas, subtraindo-se, assim, o seu reconhecimento e garantia à disponibilidade do legislador ordinário" (Gomes Canotilho: 1992, 508).

[8] Cfe. Gomes Canotilho: 1999, 51.

[9] Para o leitor que deseje avançar neste ponderoso tema, não se restringido à breve referência por nós feita, indicamos, sobretudo, Castanheira Neves: 1983, p. 279 e seguintes.

[10] Cfe. Castanheira Neves: 1995, 274 *et seq.*

Jurisdição e Direitos Fundamentais

Retornando à questão anteriormente suscitada, impende registrar que tão-somente o reconhecimento constitucional não assegura, *sponte sua*, a efetiva e real concretude dos direitos fundamentais. Para tanto, impõe-se o estabelecimento "*da força normativa dos preceitos constitucionais*" (Vieira de Andrade: 1987, 28-29 *passim*). De outra banda, a previsão constitucional expressa positivamente a vinculação do Poder Legislativo aos direitos fundamentais e sua axiologia, obrigando-o a orientar-se por eles. Do contrário, expõe-se o produto da atividade legislativa à nulidade. Oportuníssimo lembrarmos aqui o lapidar – e recorrente – pensamento: "*Se antes os direitos fundamentais só existiam no quadro das leis, hoje as leis só valem no quadro dos direitos fundamentais*" (Krüger *apud* Vieira de Andrade: 1987, 33). Ademais, o *iter* da constitucionalização dos direitos fundamentais amplia o campo operante da dogmática constitucional, que ultrapassa as preocupações concernentes à seara institucional e normativa, alcançando a esfera das liberdades e garantias reconhecidas a todas as pessoas – apontando para um direito constitucional de cariz substancial.[11]

Contudo, para estabelecer uma linha coerente de rigorosa efetividade dos direitos fundamentais, conforme aqui pensamos, anotamos que o vínculo existente entre esses direitos e o Poder Legislativo ultrapassa a categoria dos atos positivos praticados pelo legislador. Por conseguinte, a omissão legislativa também pode ser elemento de descumprimento ou quebra jusfundamental. Em uma perspectiva formal, satisfaz-se a exigência dos direitos fundamentais com a simples natureza absenteísta do Estado, a implicar sua não-intervenção no campo social. Mas, no quadro de um Estado de Direito material, compatível com o entendimento de um Estado de justiça, mobiliza-se a instância de um *direito aos direitos fundamentais*, a legitimar uma exigência dirigida ao órgão estatal para a atuação assecuratória e de implementação jusfundamental. De fato, caracteriza-se uma censura à omissão ou negligência legislativa.[12]

A elevação dos direitos fundamentais ao patamar constitucional ocorre após um intenso processo de debates, articulado por uma diversidade de tendências e forças ideológicas, econômicas, políticas e sociais divergentes – quando não radicalmente contrárias. Ao fim desse processo, plasma-se um certo conjunto equilibrado da variada mundividência – e sua conseqüente carga valorativa – existente no corpo social. Sem embargo, a constitucionalização dos direitos fundamentais não expressa apenas uma determinada unidade sistemática formal ou meros ditames da *voluntas* do poder, mas, sobretudo, constitui uma normatividade concreta, cimentada por uma base referencial axiológica fundamentante, refletindo a intencio-

---

[11] Nessa direção, ver Chevallier, *op. cit.*, p. 105 e seguintes.

[12] Para o aprofundar do tema, com os necessários e devidos pormenores, ver Gomes Canotilho: 2001, 363 e seguintes.

nalidade de valores e bens comunitariamente relevantes e desejáveis. Com efeito, a observação da História nos ensina que a tessitura da convivência social humana não pode ser urdida por simples atos impositivos do poder.[13] Ao contrário, há de haver uma ordem de sentido, de validade, não-excludente, estremada pela dialógica inter-relação entre os componentes da cena social.

2.2. O princípio da dignidade humana

Convém retomarmos aqui um ponto ligeiramente já referido, a saber, o princípio da dignidade humana, pois aí reside a célula-mater dos direitos fundamentais. Primeiramente, destacamos que o reconhecimento constitucional do mencionado princípio ocorreu, sobretudo, após a Segunda Guerra Mundial. Outrossim, ao falarmos na dignidade humana, não pensamos em qualquer ideologia política, embora a expressão possa estar presente em maior ou menor grau na retórica de determinadas correntes ideológicas. De fato, pensamos naquela absoluta e indisponível condição ética do ser humano real, "[considerada] em si e por si, que o mesmo é dizer a respeitar para além e independente dos contextos integrantes e das situações sociais em que ela [pessoa] concretamente se insira" (Castanheira Neves: 1995, 215). Referimo-nos à pessoa como ente autônomo, representando um fim próprio, e não um meio para obtenção de qualquer finalidade. Enfim, a pessoa orienta-se por um sentido ético, como um sujeito inserto e orientado em um mundo de valores, que não compreensível tão-somente pela perspectiva da existência físico-natural, mas, sobretudo, por levar consigo uma eticidade própria, isto é, por entranhar uma idéia e relevo ético. Cumpre salientar que não cogitamos de um ser isolado, tal-qualmente um eremita, mas sim um ser ligado a uma comunidade, um ser que se relaciona com os demais. Ao cabo, ilustramos nossas palavras com a concepção expressa pelo Tribunal Constitucional Federal alemão, em que a pessoa é considerada "como um ser ético-espiritual que aspira a determinar-se e a desenvolver-se a si mesmo em liberdade. A Lei Fundamental não entende esta liberdade como a de um indivíduo apartado dos demais e totalmente dono de si mesmo, senão como a de um indivíduo referido a e vinculado com a comunidade" (apud Alexy: 1997, 345 e seguintes). Dessa forma, com tal compreensão acerca da pessoa humana – e sua dignidade – aquelas preocupações (justas, diga-se de passagem) relativas ao surgimento e à condução "a um individualismo exacerbado"[14] tornam-se menos rigorosas, pois o ser

---

[13] Pensamos aqui naquele "poder que a si se arroga o constituens da ordem humano histórica e se afirma autarquicamente causa sui: poder absoluto na invocação e ilimitado nos objectivos. (...). [Pensamos naquele] poder que recusa ou se diz liberto da regra, fato que se mede pela eficácia e não sentido que se funda na norma" (Castanheira Neves: 1995, 300-301 passim).

[14] Conforme Lorenzetti: 1998, 145.

Jurisdição e Direitos Fundamentais

pessoa implica relação com o Outro. Acentuamos que a pessoa não se determina pelo indivíduo, que, por sua vez, se "pessoaliza" por meio do reconhecimento recíproco do Outro, igualmente como pessoa. Conforme a lição de Arthur Kaufmann, em texto que mão amiga ofertou, "a pessoa não é estado, mas acontecimento, acto. E tudo isto vale também para o direito. É que o direito não está petrificado nas normas; ele acontece nas relações pessoais; se ele não acontecer nestas relações, poderá, quando muito, haver leis, mas não o direito" (1986, 26).

Sob tal perspectiva, e prestando livre curso ao magistério do professor Gomes Canotilho (1992, 367), recortamos determinados fatores componentes densificadores do princípio da dignidade humana, conformes ao sistema constitucional e à cultura jurídica contemporânea, a saber:

- a igualdade perante o Direito;[15]

- a consolidação da integridade física e espiritual do homem como categoria irrenunciável;

- a potencialização do desenvolvimento da personalidade, salvaguardando a identidade e a integridade da pessoa;

- a consolidação de instrumentos de sociabilidade;

- vinculação estrutural e substantiva dos poderes públicos ao Estado de Direito.[16]

2.3. A "fundamentalidade" dos direitos fundamentais

Efetivamente, os direitos fundamentais concentram um duplo aspecto de "fundamentalidade",[17] a saber: formal e material. A fundamentalidade formal refere-se à posição proeminente reservada aos direitos fundamentais na estrutura do ordenamento jurídico, vinculando diretamente a legislação e os Poderes Executivo e Judiciário. No âmbito da fundamentalidade for-

---

[15] Sublinhamos: a igualdade perante o direito ultrapassa uma qualquer estreita igualdade perante a lei.

[16] Gizamos que a Constituição da República Federativa do Brasil – tal qual o texto constitucional de diversos outros países ocidentais – afirma o princípio da dignidade humana como valor fundamentante do Estado denocrático de direito. De outra parte, encontramos na Carta Magna brasileira normas em harmonia com os supra-referidos componentes densificadores do princípio da dignidade humana. Em um paralelo com a enunciação feita no corpo do texto, respectivamente, trazemos à baila os seguintes dispositivos: art. 5º, *caput*; art. 5º, incisos III, VI, X, XLIX e XLIII; arts. 205, 206 e 208; art. 7º, incisos I, II e XVIII, e os arts. 196 e 203. Converge com o reconhecimento maiúsculo do princípio da dignidade da pessoa humana no direito brasileiro, a decisão do Supremo Tribunal Federal, proferida em *Habeas Corpus* nº 76.060-4, de 31 de março de 1998, tendo por Relator o Ministro Sepúlveda Pertence, em que se questionava a obrigatoriedade de um presumido pai ser compelido a submeter-se ao exame de DNA, em uma ação que buscava o reconhecimento de paternidade de um menor. Assim, no voto do Relator, encontramos: "(...) o primeiro e mais alto obstáculo constitucional à subjugação do paciente a tornar-se objeto da prova do DNA não é certamente a ofensa da colheita de material, minimamente invasiva, à sua integridade física, mas sim a afronta à sua dignidade pessoal, que, nas circunstâncias, a participação na perícia substantivaria" (http://www.stf.gov.br).

[17] Cfe. Alexy: 1997, 503 e seguintes.

198   *Plínio Melgaré*

mal, destacam-se questões expressivas, porquanto normas que recebem direitos fundamentais podem estabelecer limitações substanciais ao poder de revisar ou emendar a Constituição, *v. g.* o artigo 60, § 4º, inc. IV, da Constituição brasileira.[18] De outra parte, os direitos fundamentais revestem-se da categoria de fundamentalidade material *"porque com eles se tomam decisões sobre a estrutura normativa básica do Estado e da sociedade"*(Alexy: 1997, 505). Acentuamos descortinar-se pela via da fundamentalidade material o fator de sustentação e apoio para o reconhecimento e a constituição de outros direitos também fundamentais, porém formalmente não-constitucionalizados,[19] bem como a condição de reconhecimento e acessibilidade a novos direitos fundamentais.[20]

Consoante os aspectos já avistados, percebemos, no horizonte evolutivo dos direitos fundamentais, a impossibilidade de sua compreensão apenas sob o prisma do subjetivismo dos integrantes de uma determinada sociedade. Ao lado dos poderes e faculdades assegurados aos indivíduos, os direitos fundamentais assumem um intenso caráter objetivo, pois se vinculam ao conteúdo axiológico e à teleologia presentes e desejadas no contexto comunitário no qual vigoram. Notamos, então, uma bipolaridade nas valências fundamentantes dos princípios e regras[21] referentes aos direitos fundamentais. Assim, há fundamentação subjetiva quando a norma consagra um direito fundamental alusivo ao interesse ou condição de um particular. Há fundamentação objetiva, por sua vez, quando o sentido da norma de direito fundamental endereça-se para a comunidade, para o conjunto da sociedade, para o interesse público, expressando valores comunitariamente relevantes.[22]

---

[18] Assim dispõe o referido texto constitucional: "A Constituição poderá ser emendada mediante proposta: (...).§ 4º, inc. IV Não será objeto de deliberação a proposta de emenda tendente a abolir: os direitos e garantias individuais."

[19] Nesse sentido, dispõe o art. 5º, § 2º, da Constituição brasileira: "Todos são iguais perante a lei, sem distinção de qualquer natureza, garantindo-se aos brasileiros e aos estrangeiros residentes no País a inviolabilidade do direito à vida, à liberdade, à igualdade, à segurança e à propriedade, nos termos seguintes: (...), § 2º: os direitos e garantias expressos nesta Constituição não excluem outros decorrentes do regime e dos princípios por ela adotados, ou dos tratados internacionais em que a República Federativa do Brasil seja parte".

[20] Cfe. Gomes Canotilho: 1992, 509.

[21] Decreto que aqui abre-se espaço para uma importante – e muitas vezes polêmica – distinção conceitual envolvendo expressões regras e princípios. Não obstante os diversos tópicos que buscam orientar a distinção, acolhemos o escólio de Alexy, segundo o qual os princípios são mandatos de otimização, é dizer, ordens, permissões ou orientações que algo seja efetivado na maior medida possível, conforme as possibilidades jurídicas e reais existentes. As regras, por sua vez, contêm determinações de modo definitivo; ou seja, diante de uma regra válida, há de se fazer precisamente o que por ela é exigido. Portanto, a distinção entre regra e princípio é qualitativa (1997,86). No mesmo sentido, ver Gomes Canotilho: 1992, 544-545 *passim.*

[22] Segundo Gomes Canotilho, percebe-se o fundamento subjetivo "se estiver em causa a importância desta norma para o indivíduo, para o desenvolvimento da sua personalidade, para os seus interesses e ideias. (...) [Enquanto] fala-se de uma fundamentação objectiva (...) quando se tem em vista o seu significado para a colectividade" (1992, 546).

Jurisdição e Direitos Fundamentais

Tal bipolaridade, todavia, não se concentra apenas na caracterização do fundamento normativo dos direitos fundamentais. Longe de assumir um papel estático, os preceitos de direito fundamental lançam-se sobre a extensão do horizonte do ordenamento jurídico, espraiando sua axiologia objetiva por todos os seus níveis. Nesse sentido, apontam linhas norteadoras tanto à Administração Pública, quanto ao Legislativo e ao órgão jurisdicional. Outrossim, os direitos fundamentais, entendidos como o coração do Estado de Direito contemporâneo, assinalam, para além da compreensão de proteção do indivíduo diante do Estado, a negação de valores próprios de uma estrutura social opressora, assegurando os direitos e liberdades fundamentais diante de possíveis e/ou eventuais *democráticas ditaduras de maiorias.*[23] Destarte, o Estado de Direito, e sua incontornável relação com os direitos fundamentais,[24] posiciona o Direito como elemento central e fundamentador de um homogêneo sentido comunitário. Por essa via, o Estado de Direito afigura-se como uma instância que agrega e confere forma às convicções existentes em torno do Estado, de onde todos os poderes deverão apoiar-se.[25]

2.4. Direitos fundamentais e particulares

De outra banda, e considerando a relevância das palavras, há de ser observado que, refletindo os direitos fundamentais sobre todo o sistema jurídico, também as relações entre cidadãos, entre particulares, serão influenciadas.[26] Com efeito, a principiologia axiológica que envolve os direitos fundamentais alcança não só a circunstância relacional entre Estado e cidadão, mas também as relações entre os concidadãos, particulares. Rompe-se, nesse sentido, a visão monodiretiva[27] dos direitos fundamentais, segundo a qual seriam válidos unicamente para a proteção individual frente a possíveis abusos e intervenções indevidas do Estado. Por essa visão, os direitos fundamentais, compondo uma esfera protetora das liberdades individuais, visariam a resguardar o particular diante do poder absoluto do Estado, dirigindo-se tão-somente contra o Estado – por conseguinte, não-oponíveis a particulares. Assim, a extensão da validade jusfundamental

---

23 Referimo-nos àquele inerente paradoxo da democracia. Pois, não obstante a forma adotada, um regime politicamente democrático consagra a regra da maioria, isto é, tem por arrimo a *voluntas* do maior número de pessoas. Embora a existência de freios e contrapesos de origem política, *v. g.* a alternância no poder, não há qualquer garantia efetiva a salvaguardar a(s) minoria(s) da violação de seus direitos fundamentais.

24 Lembramos aqui a expressão de Gomes Canotilho: "*O Estado de direito é um Estado de direitos fundamentais*" (1999, 54).

25 Nesse sentido, ver Chevallier: 1999, 119 e seguintes.

26 Por certo, em razão do próprio sentido e intencionalidade que apresentam, alguns direitos fundamentais não são oponíveis a particulares.

27 Ou, conforme Zippelius, "*teoria da unidirecionalidade*" (1997, 438).

alcançaria apenas o ente estatal, não originando eficácia nas relações entre indivíduos. O efeito dos direitos fundamentais ocorreria somente na vertical relação entre Estado e cidadão. Portanto, o manto dos direitos fundamentais não cobriria as relações horizontais vivificadas entre os particulares. Por certo, decorrente da própria natureza das partes envolvidas, as relações entre o Estado e o cidadão e as ocorridas entre os cidadãos diferenciam-se. Basicamente, por haver nesta uma equivalência no poder de regulamentação, enquanto naquela há uma manifesta superioridade por parte do Estado em relação ao particular.

A história dos direitos fundamentais demonstra, de modo claro e inequívoco, o nascimento dos direitos fundamentais com o escopo primeiro de salvaguardar as liberdades, direitos e prerrogativas individuais e privadas contra o exercício abusivo e indevido do poder estatal.[28] Contudo, diante da estrutura organizacional contemporânea das sociedades – nomeadamente uma sociedade massificada –, nota-se um descompasso entre essa visão e a exigência e o papel dos direitos fundamentais. A simples observação dos fatos revela, à margem do poder estatal, forças sociais superiores ao indivíduo. Nas sociedades heterogêneas e pluralistas existentes no globalizado mundo atual, há organizações, (mega)corporações que, de fato, põem em perigo as liberdades básicas da pessoa – sobretudo quando o discurso da livre iniciativa, da soberania do mercado e a conseqüente diminuição do Estado torna-se dominante.[29] Portanto, diante dessas relações, embora entre particulares, exige-se a afirmação dos direitos fundamentais, sob pena de não se cumprir minimamente o que deles se espera: o respeito à dignidade da pessoa humana. Ressaltamos, todavia, que a eficácia dos direitos fundamentais entre particulares, com a respectiva vinculação jusfundamental decorrente, apresenta uma caracterização negativa, em que se registra a obrigatoriedade de contenção de atos e práticas afrontosas à axiologia dos indigitados direitos.

Em uma concepção alargada, a eficácia dos direitos fundamentais estender-se-ia àquelas relações onde não estão envolvidos atores sociais com poderes marcadamente desiguais, conforme assinalamos. Pois, à medida

---

[28] Nada obstante, impende registrar, já em John Locke, encontrarmos assente a compreensão segundo a qual há condições e liberdades básicas do indivíduo imunes ao arbítrio de qualquer outro. Vejamos: "A liberdade dos homens sob um governo consiste em viver segundo uma regra permanente, comum a todos nessa sociedade e elaborada pelo poder legislativo nela erigido: liberdade de seguir minha própria vontade em tudo quanto escapa à prescrição da regra e de *não estar sujeito à vontade inconstante, incerta, desconhecida e arbitrária de outro homem*". Mais adiante, prossegue o autor: "(...). Isso porque o homem, por não ter poder sobre a própria vida, não pode, nem por pacto nem por seu consentimento, escravizar-se a qualquer um *nem colocar-se sob o poder absoluto e arbitrário de outro que lhe possa tirar a vida quando for de seu agrado*" (1998: 401-403 *passim*). (Grifo nosso)

[29] Ilustrativo é o exemplo de trabalhadores da Indonésia, que recebem quinze centavos de dólares por hora e "se alojam em barracas da companhia [para qual trabalham], [sem] sindicatos, [onde] as horas extras são obrigatórias e, se houver, greve, a polícia pode ser acionada para dissipá-la" (Korten: 1996, 133).

Jurisdição e Direitos Fundamentais

que houvesse a exposição de alguém à regulamentação unilateral de outrem, nasceria a possibilidade da eficácia e validez dos direitos fundamentais ser observada. Nesse sentido, trazemos à baila o seguinte exemplo: "o direito fundamental à liberdade religiosa de que goza o menor a partir do momento em que atingir um determinado grau de maturidade mental poderá exigir a precedência sobre o direito de educação dos pais" (Zippelius: 1997, 439).

Em face da distinção verificada nas relações cidadão/cidadão e na relação Estado/cidadão, por certo, haveremos de considerar o tema da autonomia privada, isto é, da capacidade de auto-regência pessoal. Logo, naquelas situações onde a pessoa, fazendo uso de seu arbítrio e expressando sua vontade, atua livremente, compondo sua própria esfera de relações e vínculos jurídicos, a tutela dos princípios jusfundamentais será reduzida. Efetivamente, o Estado não deve se abstrair do ofício protetivo da dignidade humana diante de outros particulares, de terceiros. Todavia, não significa a preconização de um Estado paternalista ou absoluto, a atuar imperativamente no âmbito da autonomia pessoal. Sublinhamos, nesse sentido, que nas inter-relações particulares, as liberdades e direitos fundamentais recebem a garantia, precipuamente, da legislação. Entretanto, nas circunstâncias concretas em que se verificar a debilidade de tal proteção, há de se firmar, pela via jurisdicional, ponderando-se as peculiaridades do caso decidendo e a referência jusfundamental em questão, a eficácia e validade dos direitos fundamentais. Noutros termos, quando a superioridade fática de uma parte restringir, afetar a autonomia de outra, pondo em risco a justeza da regulação dos interesses, abre-se espaço para a efetivação de um direito fundamental que porventura tenha sido usurpado.[30]

Por fim, na tentativa de lançar uma linha geral, a validade dos direitos fundamentais nas relações entre particulares pode ser estremada pelos seguintes aspectos:[31]

- os princípios jusfundamentais influenciam a interpretação e a formulação do direito privado;

- todas as pessoas são titulares de direitos fundamentais;

- os direitos fundamentais são invocáveis e possuem condições de ser tutelados frente a terceiros;

- a autonomia privada há de ser amplamente respeitada, bem como sua proteção;

- há a exigência de se consolidar a proteção dos direitos fundamentais na medida em que a pessoa estiver sujeita à ação de alguma parte com poderes de regulação unilateral, prejudicando a autodeterminação pessoal;

---

[30] Nesse sentido, ver Zippelius: 1997, 441.

[31] Com o objetivo de ampliar o tema, ver Alexy, *op. cit.,* p. 506 e seguintes, Canotilho: 1992, 590 e seguintes, e Díaz Revorio: 1997, p. 202 e seguintes.

- a vinculação dos direitos fundamentais entre particulares é de natureza negativa, determinando a abstenção de atitudes opostas a eles.

3. A gênese do sistema jurídico e a proteção jurisdicional dos direitos fundamentais

De fato, o elo mais forte na cadeia de proteção e garantias concretas dos direitos fundamentais reside no vincar de sua concepção na consciência coletiva de um povo. Quanto mais profundas e sedimentadas estiverem as raízes da axiologia jusfundamental na cultura social, mais efetiva estará a garantia dos próprios direitos fundamentais. Outrossim, nos moldes de um Estado de Direito material, conforme visto, há, além da circunstância referida, vias jurídicas e institucionais protetoras dos direitos fundamentais, *v. g.* o já citado artigo 60, § 4º, da Constituição brasileira.

Todavia, e sobretudo onde os direitos fundamentais ainda não se encontram culturalmente solidificados, a atuação do órgão jurisdicional, como instância que se propõe a tutelá-los, ganha especial destaque. Nesse sentido, anotaremos algumas considerações alusivas a um tema que nos parece indispensável à concretização dos direitos fundamentais pela via pretoriana: a gênese do sistema jurídico e a correlata racionalidade exigida.

Sob a perspectiva tradicional, o sistema jurídico assume uma estrutura dedutiva e axiomática, onde se considera possível indicar princípios incontestáveis dos quais são inferidas, deduzidas, todas as demais proposições jurídicas.[32] Cumpre salientar, nada obstante as diversas e severas críticas impostas a esse modelo, que a concepção dedutiva do sistema jurídico afastou da consciência jurídica os existentes outros tipos de sistema, como, por exemplo, o dialético.[33] Sob a ótica tradicional, postula-se um sistema fechado, no qual as normas, formais e logicamente encadeadas, caracterizam a plenitude normativa, isto é, um sistema jurídico sem lacunas, e também imune às contradições. Portanto, todos os fatos podem ser alvo de sua regulamentação, sendo subsumidos a alguma de suas normas.[34] Percebe-se o cariz axiomático do sistema jurídico quando se enunciam e estimam suas proposições como verdadeiras. Outrossim, tais proposições serão invocadas como o fundamento das conclusões alcançadas, mobilizando-se um processo lógico-demonstrativo.[35]

---

[32] Um breve olhar sobre a história do pensamento jurídico encontrará, nos primórdios do Iluminismo, as primeiras idéias formadoras dessa estrutura. Assim, destacamos os nomes de Hugo Grócio, Samuel Pufendorf, Christian Wolff e Gottfried Wilhelm Leibniz.

[33] Trazemos a lume as palavras de Viehweg: "Às vezes, até se identifica o conceito de sistema com o de sistema dedutivo e se supõe que quem rechaça o sistema dedutivo, (...) nega também qualquer sistema" (1997, 82). Na mesma direção, encontramos Canaris: 1996, 28.

[34] Nesse sentido, ver Canaris, *loc. cit.*

[35] Na mesma linha, ver Van de Kerchove e Ost: 1988, p. 76 e seguintes.

Jurisdição e Direitos Fundamentais

O âmbito de operatividade do sistema jurídico estruturado sob a concepção tradicional submete-se a uma mera demonstração dos axiomas postos. A racionalidade a presidir o raciocínio jurídico cinge-se a um simples raciocínio dedutivo, que busca a compossibilidade formal da proposição jurídica com o fato, isto é, uma racionalidade teorético-formal. O Direito é visto como um objeto preestabelecido, à espera de uma aplicação lógico-subsuntiva. A inteligibilidade do fenômeno jurídico albergaria um processo de cognição, em que aquele legitimamente instituído para dizer o Direito tem finalizada sua tarefa por meio de um ato de conhecimento do direito posto. A decisão jurisdicional é reduzida a um ato de informação acerca das normas que compõem o sistema jurídico, visando à subseqüente aplicação mecânica ao caso concreto.

De fato, essa perspectiva harmoniza-se com a figura do juiz inserida na concepção formal do Estado de Direito, típica da visão legalista-liberal. O Direito não assume o papel de manutenção do *statu quo*, como nas sociedades pré-liberais, mas sim o de garantidor do livre desenvolvimento do jogo social. Portanto, as regras jurídicas são, por exemplo, essencialmente as regras da arbitragem do livre jogo do mercado, possibilitando-se o sancionar das infrações, a reparação dos danos e a resolução dos conflitos.[36] Em conformidade com a analogia traçada por Ost,[37] é a figura do "*juiz-árbitro*", é dizer, aquele juiz que, tal qual o árbitro de uma competição esportiva, se encarrega de assegurar o respeito às regras do jogo. No caso, o jogo desenvolvido na esfera social, cujos atores, ou melhor dito, os jogadores sociais tentam individualmente ganhar a partida da ascensão social. Ora bem, pelo visto e ponderado aqui mesmo neste pequeno trabalho, afirmamos e compreendemos a incongruidade dessa concepção com a afirmação dos direitos fundamentais no quadro de um Estado de Direito material contemporâneo.

De pronto, compaginando-se à hodierna situação da proteção jurisdicional dos direitos fundamentais, advogamos uma outra gênese do sistema jurídico. Assim, ao fechado sistema jurídico supracitado, contrapomos uma estrutura intencionalmente aberta, composta por diversas dimensões, a saber: os princípios, as normas, a jurisprudência, a dogmática e a realidade jurídica.[38] Nessa linha, os direitos fundamentais assumem e constituem a validade axiológica da normatividade jurídica, compondo a gama de valores e compromissos assumidos por uma sociedade. Concretamente, são as referências substantivas, materiais que servirão de base às decisões jurisdicionais, articulando também a necessária unidade do sistema jurídico.

---

[36] Conforme Ost: 1983, p. 20.

[37] *Ibidem*, p. 44.

[38] Conforme Bronze: 1997, p. 614 e seguintes.

A racionalidade a ser mobilizada no horizonte de um sistema jurídico com essa estrutura distingue-se sobremaneira daquela de índole formal. Firma-se, agora, uma racionalidade material, lastrada pelos valores constitutivos da normatividade jurídica. Pois, observando uma linha de coerência, acentuamos que uma ordem jurídica não se efetiva unicamente por determinações de um qualquer poder, senão "porque se louva em valores crítico-reflexivamente discernidos (no momento de sua constituição) e espontaneamente mobilizados (no momento de sua concreta actuação) pelos sujeitos-destinatários dessa ordem (...)." (Bronze: 1997, 147).

Destarte, a concretização jurisprudencial dos direitos fundamentais dar-se-á perante a mediação autônoma de um juízo prático-reflexivo – e não pelo mero conhecimento das normas –, (re)constituinte do sentido dos direitos fundamentais, em razão de estes não se esgotarem em uma preordenação positivada. Sublinhamos que, por meio dessa prática realização jurisdicional, há uma abertura a um diálogo conformador do sentido e do conteúdo dos direitos fundamentais com as sucessivas e inexoráveis exigências históricas, mobilizando um "juízo no seu entendimento clássico, de prudencial e histórico-concreto ius dicere. (...). Pois se trata, (...) fundamentalmente de ajuizar uma concreta validade de direito" (Castanheira Neves: 1983, 416).

Registramos, nesse *iter*, a superação do *"juiz-árbitro"*. Entrementes, percorrendo o caminho da analogia proposta por Ost, e com o olhar para um pouco além da superfície, cumpre destinarmos duas ou três palavras de discordância com aquele outro juiz, afigurado como *"juiz-treinador"*.[39] Em uma síntese, seria este juiz adequado à estrutura social pós-industrial, nas quais as relações sociais tornam-se coletivizadas e predomina a busca da performance, da eficácia. Assim, o juiz é chamado a abandonar o papel passivo do árbitro, para desempenhar o ofício de um treinador, que, por sua atitude ou decisões tomadas, concorre na busca da vitória e da eficiência coletiva.[40] O papel do Direito transforma-se, sendo, doravante, nas sociedades pós-industriais, uma técnica de gestão visando ao desenvolvimento socioeconômico, instrumentalizando as mudanças sociais. Vislumbra-se, nesse contexto de atuação jurisdicional, uma racionalidade finalística, em que preponderarão certas finalidades, determinados efeitos, e não a afirmação de um fundamento, de uma validade, como postulam os direitos fundamentais.

O trânsito do *"juiz-árbitro"* para o *"juiz-treinador"* implica, especificamente, a redução dos direitos fundamentais a um modelo tecnocrático, vinculado a uma teleologia socioeconômica. Sacrifica-se a autonomia jus-

---

[39] Segundo Ost, *op. cit.*, p. 44.
[40] *Ibidem*, p. 45.

Jurisdição e Direitos Fundamentais

205

fundamental em prol da promoção de determinados interesses e objetivos sociais. Acordar com tal posicionamento significa pôr de parte, renunciar à justeza decisória em nome de específicas finalidades heterônomas à própria axiologia dos direitos fundamentais[41] – qual a garantia que uma decisão socialmente útil seja justa? De fato, corresponde à funcionalização da pessoa, em vez de sua autônoma (re)afirmação. Conquanto a construção fragmentada da sociedade dos dias de hoje, a ordem dos direitos fundamentais distingue-se pela assunção de valores incorporados e/ou desejados por uma comunidade. E valem pelo seu próprio conteúdo, independente da utilidade ou benefícios sociais. Portanto, não devem ser reduzidos a uma obra de cálculos, a uma opção que se converte e se realiza em razão de uma vantagem.

Os direitos fundamentais, conforme acentuamos, relacionam-se a valores, e não a interesses. A distinção não é pequena, pois enquanto estes muitas vezes se opõem, aqueles assumem um sentido universal. A intencionalidade normativa dos direitos fundamentais expressa o comprometimento com a dignidade humana. Por via de conseqüência, afasta-se de uma concepção do Direito – e de sua realização e proteção jurisprudencial – inserida no horizonte de uma sociedade cujas instituições assumam o caráter de organizações programaticamente estruturadas. A constituenda – porque nunca acabada – ordem jusfundamental afirma uma composição social organicamente integrante, com um senso comunitário de inclusão oposto a qualquer circunstância tendente à exclusão. Uma sociedade estremada por objetivos socioeconômicos, que busca a eficiência, inclina-se ao abandono, à marginalização – ou até mesmo a eliminação – dos havidos por ineficientes. Assim, a via de proteção jurisdicional dos direitos fundamentais postula uma racionalidade material, de fundamento, centrada no valor da pessoa humana, que dá sentido ao nosso viver.

Subjacente a essas considerações, está a compreensão do Poder Judiciário como instância independente, afastada das diretrizes estabelecidas pela opção política, que afirme os direitos fundamentais.[42] Assim, configuramos a estrutura do sistema político-jurídico atual composta por duas linhas mestras: a legislativa e a jurisdicional. Na primeira, uma ínsita representação de interesses muitas vezes específicos, particularizados,

---

[41] Por extensão, o que acima vai dito não se aplica apenas a François Ost, senão que também às propostas de Richard Posner, entenda-se a visão econômica do direito, assim como as demais posturas inseridas na perspectiva do funcionalismo jurídico, quer seja de cariz tecnológico-social, como o modelo de Hans Albert, ou ainda de natureza política, como a linha do Direito Alternativo ou dos Estudos Jurídicos Críticos – *Critical Legal Studies* – , de Mangabeira Unger, Duncan Kennedy e Richard Abel, entre outros.

[42] Por política, resumidamente, entendemos a práxis e a intencionalidade de uma finalidade estratégica, e, ainda, a contingência ideológica presente no contexto social e levada a efeito por um certo organizado poder governante.

onde são assumidos os interesses e postulações dos setores sociais politicamente mais organizados, pautado por uma racionalidade finalística; na segunda, em um horizonte de equilíbrio, a orientação por princípios, que consolida o poder afirmando a universal axiologia comunitária. Portanto, um Estado de Direito material efetiva-se por meio da integração dessas linhas que, embora intencionalmente distintas, costuram a composição de uma ordem comunitária comprometida sobremaneira com os valores inerentes aos direitos fundamentais.

4. Conclusão

A realidade humana, sobretudo nas sociedades atuais, mostra-se irregular e fragmentada. A fim de harmonizar a plural coexistência humana e as respectivas relações intersubjetivas existentes, torna-se necessário o estabelecimento de uma ordem. Neste pequeno trabalho, afirmamos a autonomia do Direito, em especial dos direitos fundamentais, como a instância apta a tornar essas relações razoavelmente estáveis e coerentes. Estremado pelo devido respeito à pessoa humana, advogamos que os direitos fundamentais sejam um farol a iluminar nossa convivência.

Ao cabo, considerando as sucessivas aberturas históricas, sustentamos que o sentido e a intencionalidade dos direitos fundamentais, com sua respectiva força normativa, no horizonte de um Estado de Direito material, constituem elementos essenciais e insuperáveis para um viver compatível com a condição humana.

Bibliografia

ALEXY, Robert. *Teoria de los Derechos Fundamentales*. Trad. Ernesto Garzón Valdés. Madrid: Centro de Estudios Constitucionales, 1997.

BRONZE, Fernando José. *Introdução ao Direito – memória das aulas teóricas do ano lectivo de 1996-97*. Coimbra: 1997.

CANARIS, Claus-Wilhelm. *Pensamento Sistemático e Conceito de Sistema na Ciência do Direito*. Trad. António Manuel da Rocha Cordeiro. 2ª ed. Lisboa: Calouste Gulbenkian, 1996.

CASTANHEIRA NEVES, António. *Digesta. Escritos acerca do Direito, do pensamento jurídico, da sua metodologia e outros*. vol. I. Coimbra: Coimbra, 1995.

——. *O Instituto dos Assentos e a Função Jurídica dos Supremos Tribunais*. Coimbra: Coimbra, 1983.

CHEVALLIER, Jacques. *L'État de Droit*. 3ª ed. Paris: Montchrestien, 1999.

DÍAZ REVORIO, Francisco Javier. *Valores Superiores e Interpretación Constitucional*. Madrid: Centro de Estudios Políticos y Constitucionales, 1997.

GOMES CANOTILHO, José Joaquim. *Estado de Direito*. Lisboa: Gradiva, 1999.

——. *Direito Constitucional*. 5ª ed. Coimbra: Almedina, 1992.

——. *Constituição Dirigente e Vinculação do Legislador – contributo para a compreensão das normas constitucionais programáticas*. 2ª ed. Coimbra: Coimbra, 2001.

KAUFMANN, Arthur. *Prolegômenos a uma Lógica Jurídica e a uma Ontologia das Relações – fundamentos de uma teoria do direito baseado na pessoa*. Trad. Fernando Bronze. Edição policopiada, 1986.

KORTEN, David. *Quando as Corporações Regem o Mundo – conseqüências da globalização da economia*. Trad. Anna Terzi Giova. São Paulo: Futura, 1996.

LOCKE, John. *Dois Tratados Sobre o Governo*. Trad. Júlio Fischer. São Paulo: Martins Fontes: 1998.

LORENZETTI, Ricardo Luis. *Fundamentos do Direito Privado*. Trad. Vera Maria Jacob de Fradera. São Paulo: Revista dos Tribunais, 1998.

MIRANDA, Jorge. *Direitos Fundamentais – introdução geral*. Lisboa: 1999.

OST, François. *Fonction de Juger et Pouvoir Judiciaire – transformation et déplacements*. Bruxelas: Facultes Universitaires Saint-Louis, 1983.

REALE, Miguel. *O Estado Democrático de Direito e o Conflito das Ideologias*. 2ª ed. São Paulo: Saraiva, 1999.

VAN DE KERCHOVE, Michel et OST, François. *El Sistema Jurídico entre Orden y Desorden*. Trad. Isabel Hoyo Sierra. Madri: 1997.

VIEIRA DE ANDRADE, José Carlos. *Os Direitos Fundamentais na Constituição Portuguesa de 1976*. Coimbra: Almedina, 1987.

VIEHWEG, Theodor. *Tópica y Filosofia del Derecho*. Trad. Jorge Seña. 2ª ed. Barcelona: Gedisa, 1997.

— IX —

El derecho a la vivienda a diez años de la reforma de la Constitución

SEBASTIÁN TEDESCHI[1]

Mestre em Direito e Professor da Universidade de Buenos Aires.
Assessor Jurídico do COHRE.

Sumario: 1. La Protección del derecho a la vivienda en Argentina; 1.1. El derecho a la propiedad y la función social de la propiedad; 1.2. El derecho a la vivienda digna y adecuada; 2. El derecho a la vivienda en el derecho internacional de los derechos humanos; 2.1. Los estándares internacionales de derecho a la vivienda adecuada; 2.2. Los compromisos internacionales de Argentina en materia de derecho a la vivienda; 3. Las dificultades de recepción de los estándares internacionales de derecho a la vivienda adecuada por los tribunales locales; 4. Los estándares ya reconocidos en los tribunales argentinos; 4.1. Desalojo Administrativo; 4.2. Control de Programas Habitacionales y condiciones de habitabilidad; 4.3. Responsabilidad personal de los funcionarios por violación del derecho a la vivienda; 4.4. Casos relativos a la Inembargabilidad de la vivienda Familiar; 4.5. El derecho a un plan de vivienda; 5. Caminos nuevos y posibles para la jurisprudencia argentina.

El derecho a la vivienda es un tabú en el ámbito jurídico argentino. Son múltiples los fantasmas y mitos que sobrevuelan a los operadores jurídicos, magistrados y legisladores que quizás representen el mayor obstáculo para la protección de este derecho en el ordenamiento interno.

Estos mitos ya han sido desmentidos por las organizaciones internacionales especializadas en la cuestión.[2] Se sostiene que los tribunales no pueden proteger el derecho a la vivienda ya que a diferencia de los derechos civiles e políticos, los derechos económicos, sociales e culturales, como lo derecho a la vivienda, son demasiado vagos e costosos, pues dependen de acciones gubernamentales para que sean justiciabilizados y solamente pue-

---

[1] El autor agradece la colaboración de Damián Navarro y Fernanda Levenzon en la elaboración de este trabajo.

[2] Estos y otros mitos están ampliamente descriptos en la pagina web de la ONG Internacional COHRE (Centre on Housing Rigths and Eviction) www.cohre.org.

Jurisdição e Direitos Fundamentais

den ser implementados poco a poco por la política, pero no por la ley o el poder judicial. En realidad: no solamente es el derecho a la vivienda uno de los mas desarrollados de los derechos económicos, sociales e culturales en términos de contenido, sino también es importante la cantidad de sus elementos constituyentes que son tratados en los tribunales y otros foros legales. Casi todos los países han aprobado legislación en varios aspectos del derecho a vivienda, muchos de los cuales pueden ser llevados al Poder judicial. Simultáneamente, cuerpos regionales y internacionales de derechos humanos, como la Corte Europea de Derechos Humanos, el Comité de Derechos Económicos, Sociales e Culturales de la ONU, el Comité de Eliminación de Todas Las Formas de Discriminación Racial de la ONU, han directamente considerado asuntos relativos al derecho a la vivienda y jurisprudencia.

Se sostiene también que el derecho a la vivienda requiere que el Estado construya casas, gratuitamente para toda la población a pesar de los recursos limitados para satisfacer tales demandas. En realidad el derecho a la vivienda nunca fue interpretado por el derecho internacional significando que los Estados deben proveer viviendas gratuitamente, para todos lo que lo soliciten. De acuerdo con el derecho internacional, una vez que el Estado admite las obligaciones vinculadas al derecho a vivienda, se compromete a intentar, por todos los medios apropiados posibles, asegurar que todos tengan acceso a los recursos para vivir en un lugar adecuado resguardando su salud, bienestar y seguridad. Al asumir obligaciones legales, los Estados son exigidos adoptar medidas creando así las condiciones necesarias para que todos los residentes puedan aprovechar la totalidad de las alternativas de acceso a la vivienda adecuada en el menor tiempo posible, siempre que las postergaciones no afecten un mínimo esencial.

Muchos tienen recelo de adoptar este derecho porque consideran que implica que el Estado debe realizar todos los aspectos del derecho a la vivienda instantáneamente. En realidad el propio derecho internacional ha reconocido la impracticabilidad de idea y considera que los Estados-partes tienen algunas obligaciones que deben ser realizadas inmediatamente y otras a largo plazo progresivamente.

Finalmente existe la creencia que las personas que viven en barrios populares son criminales. Sin embargo en todo el mundo hay pobladores que viven en propiedad sin poseer un titulo legal. Muchas veces estas personas que no tienen otra alternativa dónde residir son tratados como criminales y holgazanes o percibidos como personas que quieren ganar una propiedad sin esfuerzo. En realidad tratar de ese modo a los pobladores de barrios populares oculta las circunstancias económicas y sociales que fuerzan a esas personas a vivir de ese modo. Aunque existan excepciones, la mayoría de los millones de personas que viven en asentamientos informales no quieren más que vivir en una casa segura la cual puedan adquirir. Los sin-techo del mundo y la población que esta en viviendas inadecuadas no ocupan para infringir leyes u obtener ventajas, ellos estan apenas creando soluciones cuando el sector legal falla en proveer viviendas para todas las personas de todas las clases sociales.

Ahuyentados los fantasmas vamos a presentar las características que tiene el derecho a la vivienda su evolución histórica y su nueva configuración, para luego analizar su recepción en los tribunales argentinos, las dificultades que se presentan y algunos desafíos y propuestas para superarlos.

1. La Protección del derecho a la vivienda en Argentina

La Constitución Federal de Argentina redactada a mediados del siglo XIX siguiendo el espíritu de la época exalto entre sus contenidos el derecho de propiedad, careciendo en su versión original de una protección especial a derechos sociales, con la única excepción del Preámbulo que entre los propósitos de la Constitución estableció "promover el bienestar general". Desde el texto original de 1853/60 aún se mantienen algunos artículos con la misma redacción de los que podía entenderse la protección de algunos aspectos del derecho a la vivienda, como la inviolabilidad del domicilio en el artículo 18.

1.1. El derecho a la propiedad y la función social de la propiedad

El derecho a la propiedad está protegido en el artículo 14 y 17 de la Constitución Nacional desde su versión original en 1853/60. Así el artículo 14 concede el derecho de usar y disponer de su propiedad a todos los habitantes. El artículo 17 completa con su disposición que sostiene que "La propiedad es inviolable, y ningún habitante de la Nación puede ser privado de ella, sino en virtud de sentencia fundada en ley".

Algunos constitucionalista de fines de la década del cuarenta (Confr. Rafael Bielsa, Sanchez Viamonte, Segundo V. Linares Quintana, entre otros) entendían que según su formulación en el texto la Constitución protege el "derecho a la propiedad conforme a las leyes que reglamenten su ejercicio". Esto quiere decir – según estos juristas – que la constitución no definía el contenido del derecho a la propiedad y delegaba esta tarea al legislador, quienes podían reglamentarlo y limitarlo con el fin de proteger a los individuos, pero también a la comunidad. Algunos como Alfredo Palacios iban más allá y sostenías que "si el partido de la socialización de los medios de producción estuviera en el poder, creo que nada tendría que cambiar, con carácter de urgencia, en el articulo 17 de la constitución Federal ". Como consecuencia de ello, se podía interpretar que aún antes de

Jurisdição e Direitos Fundamentais

211

las reformas posteriores en el ordenamiento legal argentino el derecho a la propiedad podía estar condicionado a su función social. Algunas leyes como la 12.636[3] que instituía el Consejo Agrario Nacional establecía en su artículo 1 que la Propiedad de la tierra queda sujeta a las limitaciones y restricciones que se determinan en esta ley de acuerdo al interés colectivo.

Una serie de leyes protectorias de los locatarios en inmuebles destinados a viviendas fue dictada desde 1921. aunque desde 1915 ya existía la ley de casas baratas. La Corte Suprema de Justicia en la primera mitad del siglo veinte acompaño este entendimiento del derecho a la propiedad limitado por sus fines sociales en los casos "Ercolano c. Lanteri de Renshaw (Fallos T. CXXXVI, pág. 161); "Manuel F. Cornü c. José Ronco" del 17 de octubre de 1924; Oscar Agustín Avico c. Saúl G. de la Pesa del 7 de diciembre de 1934 y Gobierno Nacional c. Carlos Saberna" del 23 de febrero de 1945, entre otros, a la vez que desde 1925 definió el concepto de derecho a la propiedad en la constitución en el caso Pedro Emilio Bourdie c. Municipalidad de la Capital el 16 de diciembre de 1925.

Una reforma de la Constitución en 1949 resolvió las dudas de los juristas y estableció en forma lisa y llana la función social de la propiedad. La formula aprobada por la convención Constituyente de 1949 fue moderada respecto de la cláusula originalmente propuesta por la Subcomisión encargada del estudio de la propiedad, el capital y la actividad económica.[4] En el artículo 38 establecía que:

> La propiedad privada tiene una función social y, en consecuencia, estará sometida a las obligaciones que establezca la ley con fines de bien común. Incumbe al Estado fiscalizar la distribución y la utilización del campo o intervenir con el objeto de desarrollar e incrementar su rendimiento en interés de la comunidad, y procurar a cada labriego o familia labriega la posibilidad de convertirse en propietario de la tierra que cultiva. La expropiación por causa de utilidad pública o interés general debe ser calificada por ley y previamente indemnizada.

Sin embargo esta modificación fue suspendida por el golpe militar de 1955 y formalmente eliminada y reemplazada por la antigua formulación en la Convención Constitucional de 1957 con el solo agregado del artículo 14 bis que condensaba una síntesis de algunos derechos sociales.[5]

---

[3] Del 2 de septiembre de 1940.

[4] El texto aprobado por la subcomisión decía: ""La Nación garantiza el derecho a la propiedad privada, sometida en razón de su función social a las contribuciones, restricciones y obligaciones que establezca la le con fines de utilidad general . Ningún derecho de propiedad podrá ser invocadao si su ejercicio compromete la moral, la salud o la vida del pueblo. Los latifundios serán racionalmente fraccionados: facilitando el desarrollo de la pequeña propiedad agrícola; fomentando las explotaciones agricolaganaderas, y creando nuevos centros de población con las tierras, agua y servicios públicos que sean necesarios para asegurar la salud y el bienestar de sus pobladores"

[5] Esa reforma tuvo un vicio de origen ya que el Partido Justicialista se encontraba proscrito y no pudo participar de las elecciones de convencionales, pero ha sido pacíficamente aplicado por la jurisprudencia y tácitamente consentida por todos los partidos políticos hasta su aceptación por la Convención

Este principio solo fue formalmente reincorporado a partir de la reforma constitucional de 1994 que al incluir con jerarquía constitucional entre otros tratados a la Convención Americana de Derechos Humanos, adopta el articulo 21 que subordina el uso y goce de los bienes al interés social.

Artículo 21. Derecho a la Propiedad Privada

1. Toda persona tiene derecho al uso y goce de sus bienes. La ley puede subordinar tal uso y goce al interés social.

2. Ninguna persona puede ser privada de sus bienes, excepto mediante el pago de indemnización justa, por razones de utilidad pública o de interés social y en los casos y según las formas establecidas por la ley.

3. Tanto la usura como cualquier otra forma de explotación del hombre por el hombre, deben ser prohibidas por la ley.

A pesar de esta comprensión que incluye dentro del contenido del derecho a la propiedad, la finalidad de cumplir una función social, la legislación del país no ha acompañado este criterio y los tribunales tampoco han querido meterse en el asunto. La chica/o está allí esperando que la/o inviten a bailar

1.2. El derecho a la vivienda digna y adecuada

En la reforma constitucional de 1949 aludida se había aprobado una nueva constitución que establecía una amplia protección a los derechos sociales pero subordinada a calidade determinadas de ciudadanos: los trabajadores, la tercera edad, etc. El Artículo 37 parte I, inciso 6 protegía el derecho a la vivienda dentro del derecho de los trabajadores al bienestar.

Derecho al bienestar – El derecho de los trabajadores al bienestar, cuya expresión mínima se concreta en la posibilidad de disponer de vivienda, indumentaria y alimentación adecuadas, de satisfacer sin angustias sus necesidades y las de su familia en forma que les permita trabajar con satisfacción, descansar libres de preocupaciones y gozar mesuradamente de expansiones espirituales y materiales, impone la necesidad social de elevar el nivel de vida y de trabajo con los recursos directos e indirectos que permita el desenvolvimiento económico.

Así también se establecía: "el derecho a un albergue higiénico, con un mínimo de comodidades hogareñas es inherente a la condición humana para la tercera edad" en el articulo 37, parte III, inciso 2).

La dictadura militar que derroco a Perón en 1955 decreto la necesidad de Reforma la Constitución y la convocatoria a una Convención Constituyente con la proscripción del peronismo. La convención se reunió en 1957 y sobre la base de la anormalmente vigente Constitución de 1853 sólo con-

---

Constituyente de 1994.(Confr. Emilio Mignone "Los derechos económicos sociales y culturales en las Constituciones políticas de los paises del Cono Sur de América. En Estudios Básica de Derechos Humanos. Tomo V. Instituto Interamericano de Derechos Humanos (IIDH) San José, 1996, pág. 27.

Jurisdição e Direitos Fundamentais

siguió agregar el artículo 14 bis, confirmando el resto del texto de 1853. El nuevo artículo hace una mención explícita al derecho a una vivienda digna en su parte final,[6] con el siguiente texto: *El Estado otorgará los beneficios de la seguridad social, que tendrá carácter integral e irrenunciable. En especial, la ley establecerá: ...el acceso a una vivienda digna.*

Esa ley nunca fue dictada, pero una interpretación armónica e integrativa del marco jurídico debería comprender que todas las normas que crearon instrumentos para la implementación de políticas de acceso a la vivienda como por ejemplo la ley 21.581 (Fonavi)[7] y el Programa Arraigo deben ser interpretadas como aplicaciones de la norma constitucional que protege el derecho a la vivienda digna o adecuada. Sin embargo ninguna de estas normas ha considerado al derecho a la vivienda como derecho subjetivo. Esto significa que esta manda constitucional de dictar una ley general que establezca el contenido y el alcance del derecho a la vivienda signa aún está esta pendiente (tan solo desde hace 48 años).

El alcance del derecho a la vivienda se complementó con la Reforma de 1994 que incorporo una serie de tratados internacionales de derechos humanos a la Constitución Nacional con jerarquía constitucional[8] mediante su artículo 75 inciso 22. Entre los instrumentos incorporados que protegen del derecho a la vivienda el mas relevante es el Pacto Internacional de Derechos Económicos y Culturales en su Artículo 11 primer párrafo:

Los Estados Parte en el presente Pacto reconocen el derecho de toda persona a un nivel adecuado de vida para sí y su familia, incluso alimentación, vestido y vivienda adecuados, y a una mejora continua de las condiciones de existencia ...

En idéntico sentido incorpora otros tratados internacionales de derechos humanos que también contienen previsiones respecto al derecho a la vivienda, entre ello, la Declaración Universal de Derechos Humanos (Artículo 25)[9], la Convención para la Eliminación de Todas las Formas de

---

[6] Que fue introducido por la Reforma Constitucional de 1958. Esa reforma solo incorporó ese artículo, y solo fue un vestigio de una Reforma Anterior de 1949 que protegía en forma mas abarcadora y detallada los derechos sociales.

[7] La ley 21.581 que crea el régimen de financiamiento del Fondo Nacional de la Vivienda, en su art. 4º expresa que "Los recursos del FONDO NACIONAL DE LA VIVIENDA serán destinados exclusivamente a financiar total o parcialmente (...) la construcción de viviendas económicas para familias de recursos insuficientes (inc. a), y la ejecución de obras de urbanización, de infraestructura, de servicios, de equipamiento comunitario y otras complementarias destinadas al desarrollo de programas comprendidos en la presente Ley (inc. b)"(el resaltado nos pertenece).

[8] Esto quiere decir que las normas de la Constitución Nacional y las de los tratados internacionales a ella incorporados, se encuentran en un plano de igualdad en lo que respecta a su valor jurídico: ambos gozan de la mayor jerarquía normativa dentro del ordenamiento jurídico interno.

[9] Art. 25, inciso 1. Derecho a satisfacer las necesidades básicas. Toda persona tiene derecho a un nivel de vida adecuado que le asegure, así como a su familia, la salud y el bienestar, y en especial la alimentación, el vestido, la vivienda, la asistencia médica y los servicios sociales necesarios; tiene asimismo derecho a los seguros en caso de desempleo, enfermedad, invalidez, viudez, vejez u otros casos de pérdida de sus medios de subsistencia por circunstancias independientes de su voluntad.

Discriminación Racial (Articulo 5)[10]; la Convención para la Eliminación de Todas las Formas de Discriminación contra la Mujer (Articulo 14)[11]; la Convención de los Derechos del Niño (Articulo 27),[12] la Declaración Americana sobre Derechos y Deberes del Hombre (específicamente en el Artículo XI)[13] y la Convención Americana sobre Derechos Humanos (Artículo 26[14] que remite a las normas sociales de la Carta de la OEA[15])

Luego de estas incorporaciones al texto constitucional el derecho a la vivienda del artículo 14 bis debe entenderse en consonancia con los artículos mencionados de los tratados internacionales de derechos humanos. El Articulo 75 inciso 22 de la Constitución Argentina es claro cuando establece que estos tratados tienen jerarquía constitucional, y deben entenderse complementarios de los derechos y garantías reconocidos por la Constitución en su primera parte. Estos tratados están destinados a obligar a los estados no solo en la esfera internacional sino en su jurisdicción interna y gozan de las características del derecho internacional de los derechos humanos como normas *ius cogens*, es decir inderogables, imperativas e indis-

---

[10] Articulo 5: En conformidad con las obligaciones fundamentales estipuladas en el artículo 2 de la presente Convención, los Estados partes se comprometen a prohibir y eliminar la discriminación racial en todas sus formas y a garantizar el derecho de toda persona a la igualdad ante la ley, sin distinción de raza, color y origen nacional o étnico, particularmente en el goce de los derechos siguientes: ...d) Otros derechos civiles, en particular: ... i) El derecho a circular libremente y a elegir su residencia en el territorio de un Estado; ... v) El derecho a ser propietario, individualmente y en asociación con otros; ...e) Los derechos económicos, sociales y culturales, en particular: ... iii) El derecho a la vivienda.

[11] Articulo 14, inciso 2. Los Estados Partes adoptarán todas las medidas apropiadas para eliminar la discriminación contra la mujer en las zonas rurales a fin de asegurar en condiciones de igualdad entre hombres y mujeres, su participación en el desarrollo rural y en sus beneficios, y en particular le asegurarán el derecho a: ...h) Gozar de condiciones de vida adecuadas, particularmente en las esferas de la vivienda, los servicios sanitarios, la electricidad y el abastecimiento de agua, el transporte y las comunicaciones.

[12] Art 27 Inciso3. Los Estados Partes, de acuerdo con las condiciones nacionales y con arreglo a sus medios, adoptarán medidas apropiadas para ayudar a los padres y a otras personas responsables por el niño a dar efectividad a este derecho y, en caso necesario, proporcionarán asistencia material y programas de apoyo, particularmente con respecto a la nutrición, el vestuario y la vivienda.

[13] Artículo XI. Derecho a la preservación de la salud y al bienestar: Toda persona tiene derecho a que su salud sea preservada por medidas sanitarias y sociales, relativas a la alimentación, el vestido, la vivienda y la asistencia médica, correspondientes al nivel que permitan los recursos públicos y los de la comunidad.

[14] CAPITULO III DERECHOS ECONOMICOS, SOCIALES Y CULTURALES Artículo 26. Desarrollo Progresivo "Los Estados Partes se comprometen a adoptar providencias, tanto a nivel interno como mediante la cooperación internacional, especialmente económica y técnica, para lograr progresivamente la plena efectividad de los derechos que se derivan de las normas económicas, sociales y sobre educación, ciencia y cultura, contenidas en la Carta de la Organización de los Estados Americanos, reformada por el Protocolo de Buenos Aires, en la medida de los recursos disponibles, por vía legislativa u otros medios apropiados."

[15] Artículo 34. Los Estados miembros convienen en que la igualdad de oportunidades, la eliminación de la pobreza crítica y la distribución equitativa de la riqueza y del ingreso, así como la plena participación de sus pueblos en las decisiones relativas a su propio desarrollo, son, entre otros, objetivos básicos del desarrollo integral. Para lograrlos, convienen asimismo en dedicar sus máximos esfuerzos a la consecución de las siguientes metas básicas:...inciso k) Vivienda adecuada para todos los sectores de la población"

ponibles.[16] Estos convenios han establecido órganos de fiscalización del cumplimiento de los tratados que están autorizados a interpretar los alcances de los derechos protegidos.[17]

2. El derecho a la vivienda en el derecho internacional de los derechos humanos

2.1. Los estándares internacionales de derecho a la vivienda adecuada

Como mencionamos más arriba el Pacto Internacional de Derechos Económicos y Culturales[18] es el instrumento principal para la protección del derecho a la vivienda. Así en lo que respecta al derecho a la vivienda adecuada las Observaciones Generales n° 4 y n° 7 del Comité Derechos Económicos Sociales y Culturales (en adelante el Comité DESC) ha establecidos los contenidos del derecho a la vivienda adecuada y reglas especificas en materia de desalojos forzosos. Estos son:

a) *Seguridad jurídica de la tenencia.* Todas las personas deben gozar de cierto grado de seguridad de tenencia que les garantice una protección legal contra el desahucio, el hostigamiento u otras amenazas. Por consiguiente, los gobiernos deben adoptar inmediatamente medidas destinadas a conferir seguridad legal de tenencia a las personas y los hogares que en la actualidad carezcan de esa protección consultando verdaderamente a las personas y grupos afectados.

b) *Disponibilidad de servicios, materiales e infraestructuras.* Todos los beneficiarios del derecho a una vivienda adecuada deben tener acceso permanente a recursos naturales y comunes, agua potable, energía para la

---

[16] Bidart Campos, German J. "El artículo 75 inciso 22 de la Constitución y los derechos humanos" publicado en La Aplicación de los tratados internacionales sobre derechos humanos por los tribunales locales. Martín Abregú y Christian Courtis Compiladores. Editores del Puerto SRL. Segunda Edición Buenos Aires, 1998.

[17] Este criterio ya ha sido sostenida uniformemente por la Corte Suprema de Justicia de la Nación en su "leading case" "Giroldi" (CSJN, "Giroldi, H.D. y otro s/ recurso de casación", 7 de abril de 1995, publicado en JA, t. 1995-III). En este caso, la Corte interpretó que:"la ya recordada 'jerarquía constitucional' de la Convención Americana sobre Derechos Humanos ha sido establecida por voluntad expresa del constituyente 'en las condiciones de su vigencia' (artículo 75, inc. 22, 2° párrafo), esto es, tal como la Convención citada efectivamente rige en el ámbito internacional y considerando particularmente su efectiva aplicación jurisprudencial por los tribunales internacionales competentes para su interpretación y aplicación. De ahí que la aludida jurisprudencia deba servir de guía para la interpretación de los preceptos convencionales en la medida en que el Estado Argentino reconoció la competencia de la Corte Interamericana para conocer en todos los casos relativos a la interpretación y aplicación de la Convención Americana (conforme artículos 75 de la Constitución Nacional, 62 y 64 Convención Americana y artículo 2 ley 23.054)".

[18] Pacto Internacional de Derechos Económicos, Sociales y Culturales (1966), fue aprobado por la Asamblea General de las Naciones Unidas en su resolución 2200 A (XXI) de 16 de diciembre de 1966; entrada en vigor el 3 de enero de 1976; El Comité de Derechos Económicos, Sociales y Culturales es el órgano encargado de velar por el cumplimiento del Pacto por los Estados.

cocina, calefacción y alumbrado, instalaciones sanitarias y de aseo, almacenamiento de alimentos, eliminación de desechos, drenaje y servicios de emergencia.

c) *Gastos de vivienda soportables.* Los gastos personales o del hogar que entraña la vivienda deben ser de un nivel que no impida ni comprometa el logro y la satisfacción de otras necesidades básicas. Se deben crear subsidios para los que no puedan costearse una vivienda y se debe proteger por medios adecuados a los inquilinos contra niveles o aumentos desproporcionados de los alquileres. En las sociedades en que los materiales naturales constituyen las principales fuentes de material de construcción de vivienda, los Estados partes deben adoptar medidas para garantizar la disponibilidad de esos materiales.

d) *Vivienda habitable.* Una vivienda adecuada debe ser habitable. En otras palabras, debe ofrecer espacio adecuado a sus ocupantes y protegerlos del frío, la humedad, el calor, la lluvia, el viento u otros peligros para la salud, riesgos estructurales y vectores de enfermedad. Debe garantizar también la seguridad física de los ocupantes.

e) *Vivienda asequible.* La vivienda adecuada debe ser asequible a los que tengan derecho a ella. Debe concederse a los grupos en situación de desventaja un acceso pleno y sostenible a los recursos adecuados para conseguir una vivienda. Debe garantizarse una cierta prioridad en la esfera de la vivienda a los grupos desfavorecidos como las personas de edad, los niños, los incapacitados físicos, los enfermos desahuciados, las personas infectadas con el virus VIH, las personas con problemas médicos persistentes, los enfermos mentales, las víctimas de desastres naturales, las personas que viven en zonas en que suelen producirse desastres, y otros grupos de personas.

f) *Lugar.* La vivienda adecuada debe encontrarse en un lugar que permita el acceso a centros de empleo, servicios de atención de salud, guarderías, escuelas y otros servicios sociales. La vivienda no debe construirse en lugares contaminados ni en la proximidad inmediata de fuentes de contaminación que pongan en peligro el derecho a la salud de los habitantes.

g) *Adecuación cultural de la vivienda.* La manera en que se construye la vivienda, los materiales de construcción utilizados y las políticas en que se apoyan deben permitir una adecuada expresión de la identidad cultural y la diversidad de la vivienda. Las actividades vinculadas al desarrollo o la modernización en esta esfera deben velar por que no se sacrifiquen las dimensiones culturales de la vivienda.

h) *Desalojos forzosos.* Se define como el hecho de hacer salir a personas, familias y/o comunidades de los hogares y/o las tierras que ocupan, en forma permanente o provisional, sin ofrecerles medios apropiados de

Jurisdição e Direitos Fundamentais

217

protección legal o de otra índole ni permitirles su acceso a ellos. La legislación sobre desalojos debera comprender medidas que a) brinden la máxima seguridad de tenencia posible a los ocupantes de viviendas y tierras, b) se ajusten al Pacto y c) regulen estrictamente las circunstancias en que se puedan llevar a cabo los desalojos. La legislación debe aplicarse además a todos los agentes que actúan bajo la autoridad del Estado o que responden ante él. Además, habida cuenta de la creciente tendencia que se da en algunos Estados a que el gobierno reduzca grandemente su responsabilidad en el sector de la vivienda, los Estados Partes deben velar por que las medidas legislativas y de otro tipo sean adecuadas para prevenir y, llegado el caso, castigar los desalojos forzosos que lleven a cabo, sin las debidas salvaguardias, particulares o entidades privadas.

i) *Garantías judiciales en los desalojos.* El Comité considera que entre las garantías procesales que se deberían aplicar en el contexto de los desalojos forzosos figuran: a) una auténtica oportunidad de consultar a las personas afectadas; b) un plazo suficiente y razonable de notificación a todas las personas afectadas con antelación a la fecha prevista para el desalojo; c) facilitar a todos los interesados, en un plazo razonable, información relativa a los desalojos previstos y, en su caso, a los fines a que se destinan las tierras o las viviendas; d) la presencia de funcionarios del gobierno o sus representantes en el desalojo, especialmente cuando éste afecte a grupos de personas; e) identificación exacta de todas las personas que efectúen el desalojo; f) no efectuar desalojos cuando haga muy mal tiempo o de noche, salvo que las personas afectadas den su consentimiento; g) ofrecer recursos jurídicos; y h) ofrecer asistencia jurídica siempre que sea posible a las personas que necesiten pedir reparación a los tribunales.

j) *Desalojo a personas sin recursos.* Los desalojos no deberían dar lugar a que haya personas que se queden sin vivienda o expuestas a violaciones de otros derechos humanos. Cuando los afectados por el desalojo no dispongan de recursos, el Estado Parte deberá adoptar todas las medidas necesarias, en la mayor medida que permitan sus recursos, para que se proporcione otra vivienda, reasentamiento o acceso a tierras productivas, según proceda.

k) *Obras de infraestructura, renovación urbana.* Las medidas adoptadas durante programas de renovación urbana, proyectos de nuevo desarrollo, mejora de lugares, preparación de acontecimientos internacionales (olimpiadas, exposiciones universales, conferencias, etc.), campañas de embellecimiento urbano, etc., deben garantizar la protección contra la expulsión y la obtención de una nueva vivienda sobre la base de acuerdo mutuo, por parte de cualquier persona que viva en los lugares de que se trate o cerca de ellos"

Estos elementos amplios ponen de manifiesto algunas de las complejidades relacionadas con el derecho a una vivienda adecuada. También permiten apreciar las muchas esferas que deben tener plenamente en cuenta los Estados que han asumido obligaciones jurídicas a fin de realizar el derecho a la vivienda de su población. Cuando una persona, familia, hogar, grupo o comunidad viven en condiciones en que estos aspectos no tienen plena efectividad, pueden aducir justificadamente que no disfrutan del derecho a una vivienda adecuada tal como está consagrado en las normas internacionales de derechos humanos.

Los estados están obligados, al menos, a proteger el "umbral mínimo" de obligaciones sin el cual el derecho no tendría razón de ser. Y en ese sentido, a adoptar "todas las medidas adecuadas" y "hasta el máximo de los recursos disponibles" para satisfacer el derecho en cuestión, otorgando prioridad a los grupos más vulnerables y a los que tiene necesidades más urgentes. Esos principios a su vez se complementan estándares generales de derechos económicos sociales y culturales que pueden ser aplicados para monitorear el cumplimiento del derecho a la vivienda. Entre esos estándares se encuentran los siguiente:

- Progresividad y no regresividad: el estado debe mejorar progresivamente las condiciones de goce y ejercicio del derecho a la vivienda y prohíbe la adopción de políticas, medidas, normas jurídicas o vías hecho mediante las cuales el Estado empeore la situación del derecho a la vivienda..

- Producción de información y formulación de políticas: La producción de información relativa la situación de las población respecto al derecho a la vivienda es un presupuesto para la vigilancia del cumplimiento del Pacto Internacional de Derechos económicos Sociales y Culturales. El Comité DESC ha dispuesto el deber de producir información y garantizar el acceso a ella. Por otra parte el Estado tiene el deber de formular políticas que orientadas a superar las violaciones del derecho a la vivienda.

- Participación de los sectores afectados en el diseño de las políticas:

- Provisión de recursos efectivos: La Observación General N° 9 del Comité DESC ha señalado que cuando un derecho reconocido en el Pacto Internacional de Derechos Económicos Sociales y Culturales no se puede ejercer plenamente sin una intervención del poder judicial, es necesario establecer recursos judiciales para posibilitarlo..

El conjunto de obligaciones descriptas anteriormente tienen en Argentina un doble valor jurídico de supremacía. No solo son obligatorias desde el punto de vista del derecho internacional de los derechos humanos que como tales obligan a los poderes del Estado frente a la responsabilidad internacional, sino que también que por decisión de su constituyente están la base fundamental del ordenamiento jurídico interno, de tal modo que

Jurisdição e Direitos Fundamentais

todas las normas inferiores: leyes, decretos y resoluciones administrativas deben adecuarse a ellas, bajo el riesgo de ser consideradas inconstitucionales o inaplicables.

2.2. Los compromisos internacionales de
Argentina en materia de derecho a la vivienda

Estos estándares internacionales configuran en Argentina el contenido de las obligaciones jurídicas que derivan del derecho a la vivienda adecuada y tienen un doble valor jurídico de supremacía. No solo son obligatorias desde el punto de vista del derecho internacional de los derechos humanos que como tales obligan a los poderes del Estado frente a la responsabilidad internacional, sino que también que por decisión de su constituyente están la base fundamental del ordenamiento jurídico interno, de tal modo que todas las normas inferiores: leyes, decretos y resoluciones administrativas deben adecuarse a ellas, so riesgo de ser consideradas inconstitucionales o inaplicables.

Argentina aprobó[19] el Pacto Internacional de Derechos Económicos Sociales y Culturales – en adelante "el Pacto" o "el PIDESC" – que entró en vigor el 3 de enero de 1976,y reconoció la competencia del Comité de Derechos Humanos (en adelante el Comité DESC) adoptado por Resolución 2200 del 19 de diciembre de 1966 de la Asamblea General de las Naciones Unidas.

Cuando Argentina decidió voluntariamente formar parte del Pacto asumió importantes obligaciones en materia de derechos económicos sociales y culturales que tienen un fundamento jurídico. Dentro de esas obligaciones se comprometió voluntariamente a armonizar la legislación, las políticas y la práctica nacionales con sus obligaciones jurídicas internacionales vigentes[20] (con esta obligación el atraso es menor que la del articulo 14 bis de la Constitución, solo 19 años).

Al ratificar el Pacto de carácter obligatorio, Argentina asumió una responsabilidad ante sus habitante, ante los demás Estados partes en el mismo instrumento y ante la comunidad internacional en general, y dentro de esas obligaciones asumió la de informar periódicamente cada 5 años acerca de las medidas adoptadas para garantizar la efectividad de estos derechos, así como de los progresos realizados en ese sentido.

---

[19] El Pacto fue firmado el 19 de febrero de 1968 y fue aprobado por el Congreso en incorporado a la legislación interna a través de la Ley 23.313 del 17 de abril de 1986 (*Publicada en el Boletín Oficial del 15/05/1986*). A partir de 1994 fue incorporado a la Constitución con jerarquía constitucional mediante el artículo 75 inciso 22.

[20] Folleto Informativo nº 21, El Derecho Humano a una Vivienda Adecuada. Organización de las Naciones Unidas. Pagina web: http://www.unhchr.ch/spanish/html/menu6/2/fs21_sp.htm

El 1 de diciembre de 1999 el Comité DESC, examino el Segundo Informe Periódico de la Republica Argentina[21] y entre sus Observaciones finales[22] destacaba como aspectos positivos la inclusión del art. 75 inc. 22 en la Constitución Nacional y las normas constitucionales que dispone la restitución a los pueblos indígenas de algunas de sus tierras tradicionales (punto 3), pero también tomaba nota de la aplicación parcial del plan de gobierno para facilitar la adquisición de viviendas a los ocupantes ilegales de inmuebles de propiedad pública, dándoles la posibilidad de adquirir los terrenos que ocupan, con tasas de interés preferenciales (punto 7).

Sin embargo manifestaba su preocupación por la falta de vivienda en Argentina y la inadecuación de las iniciativas públicas al respecto (punto 20), por el alto grado de ocupación ilícita de edificios, sobre todo en Buenos Aires y por las circunstancias en que se producen los desalojos (punto 21) y que a pesar de que el Gobierno venia ejecutando desde diez años atrás un programa para hacer frente a la cuestión de los niños de la calle, el Comitè consideraba que no se habían abordado debidamente los problemas fundamentales, puesto que el número de esos niños había seguido aumentando.

Finalmente en sus recomendaciones sugería que el Estado adopte medidas institucionales en la administración pública para: garantizar que se tengan en cuenta las obligaciones que ha contraído en virtud del Pacto, al formular políticas nacionales sobre cuestiones tales como la vivienda, la salud y la educación (punto 27); que el Estado ratifique el Convenio N° 169 de la OIT (que ya estaba aprobado por el Congreso desde 1989) y que encuentra una solución que haga justicia a los derechos de las comunidades mapuches en la región de Pulmari (punto 29); que el Estado prosiga e incremente sus iniciativas para superar la escasez de vivienda y que le facilite en su próximo informe periódico datos estadísticos completos sobre la situación de la vivienda en el país (punto 35), que prosiga e incremente su política de entregar títulos a quien esté en su posesión de una vivienda y que, con carácter prioritario se revisen los procedimientos en vigor para el desalojo de ocupantes ilícitos exhortándolo a asegurar que la política, las leyes y la práctica tomen debidamente en cuenta sus Observaciones Generales N° 4 (1991) y N° 7 (1997) sobre el derecho a una vivienda adecuada(punto 36). Por ultimo le pedía al Estado que de una amplia difusión nacional a las observaciones precedentes y que en su tercer informe a presentar el 30 de junio de 2001, le informe de todas las medidas adoptadas para ponerlas en ejecución.

---

[21] Documento UN E/1990/6/Add. 16.
[22] Documento UN E/C12/1/Add.38, 8 de diciembre de 1999.

Jurisdição e Direitos Fundamentais

3. Las dificultades de recepción de los estándares internacionales de derecho a la vivienda adecuada por los tribunales locales

La aplicación de estándares internacionales derecho a la vivienda adecuada por los tribunales locales ha sido bastante escasa en cuanto a cantidad de casos y contenidos tratados, con la única excepción del Poder Judicial de la Ciudad de Buenos Aires. Es difícil encontrar casos en la justicia de las provincias con la sola excepción de los debates acerca de la inembargabilidad de la vivienda única que ha tenido un final infeliz como veremos y no hay casos de la Corte Suprema de Justicia de la Nación que hayan abordado e forma sustantiva esta cuestión en los últimos diez años.

Algunos condicionantes que han resultado obstáculos para que los tribunales aborden este derecho son:

a) *El contenido del derecho a la vivienda.* No ha existido un desarrollo de los contenidos del derecho a la vivienda ni por la legislación interna del país, ni por la doctrina ni por la jurisprudencia lo que significa que los casos que plantean conflictos de viviendas en los tribunales desafían la creatividad de los jueces. Al menos nuestros magistrados deberian tener resuelto dentro del ámbito de su "íntima convicción" lo que la Constitución resolvió en 1994 al dar jerarquía constitucional al Pacto Internacional de Derechos Económicos Sociales y Culturales, y que la Corte Suprema de Justicia abono en el caso Horacio David Giroldi,[23] al utilizar las decisiones de los órganos de fiscalización de los tratados de derechos humanos como guía para definir su contenido. Esta falta de abordaje por los el legislativo y el judicial puede aparece como un círculo vicioso, pero no sería la primera vez que el Supremo Tribunal de Argentina toma la iniciativa en determinar los contenidos del derecho y el marco de razonabilidad para su control judicial.

En ese sentido el Poder Ejecutivo ha dictado una cantidad de normas dónde reconoce las situaciones de irregularidad o de falta de acceso a la vivienda que podrían servir de base para reconstruir los contenidos del derecho acrecentando los aportes desarrollados por el Comité DESC de la ONU con sus Observaciones Generales. Lo que no ha habido hasta ahora

---

[23] Fallo: 318:514 (Cconsiderando 11) CSJN, "Giroldi, H.D. y otro s/ recurso de casación", 7 de abril de 1995, (publicado en JA, t. 1995-III). En este caso, la Corte interpretó que:"la ya recordada 'jerarquía constitucional' de la Convención Americana sobre Derechos Humanos ha sido establecida por voluntad expresa del constituyente 'en las condiciones de su vigencia' (artículo 75, inc. 22, 2° párrafo), esto es, tal como la Convención citada efectivamente rige en el ámbito internacional y considerando particularmente su efectiva aplicación jurisprudencial por los tribunales internacionales competentes para su interpretación y aplicación. De ahí que la aludida jurisprudencia deba servir de guía para la interpretación de los preceptos convencionales en la medida en que el Estado Argentino reconoció la competencia de la Corte Interamericana para conocer en todos los casos relativos a la interpretación y aplicación de la Convención Americana (conforme artículos 75 de la Constitución Nacional, 62 y 64 Convención Americana y artículo 2 ley 23.054)". Esta doctrina fue seguida en otros casos como 'Hernán Javier Bramajo' (Fallos: 319: 1840, considerando 8).

222   *Sebastián Tedeschi*

es una sentencia en el ámbito nacional que considere como un derecho violado esa situación y menos aún que ordene medidas reparatorias. Solo a quebrado este silencio sepulcral la floreciente jurisprudencia de la justicia contencioso administrativa de la ciudad autónoma de Buenos Aires, tibiamente acompañada por el Superior Tribunal de Justicia local.

b) *Visión iusprivatista hegemónica*. Existe en un predominio hegemónico de una visión iusprivatista de los conflictos y una dificultad de abordar la dimensión colectiva y pública de los problemas en dónde esta en juego el derecho a la vivienda. Lo que lleva a los jueces a recurrir al vasto cuerpo de instrumentos que ofrece el derecho de propiedad privada individual para solucionar los conflictos que se le presentan.

c) *El acceso de los pobres a la justicia*. Una cultura judicial temerosa del derecho a la vivienda, junto con la falta de preparación de los magistrados en esta materia y otros problemas estructurales del sistema judicial como es el del acceso de los pobres a los tribunales, terminan por desalentar la posibilidad de utilizar el ámbito del Poder Judicial como vía de solución para los problemas de vivienda. Esta por demás comprobado en la experiencia de los grupos sociales empobrecidos que las ocupaciones de tierra y la visita al "diputado amigo" han sido las formas mas eficaces para resolver, aunque sean con precariedad el problema urgente de encontrar un lugar dónde vivir.

d) *Tendencias Globales*. El caso argentino no es aislado, las dificultades de abordar el derecho a la vivienda por los tribunales es un problema repetido en todo el mundo. Sin embargo en los últimos diez años han aparecido sentencias de tribunales nacionales de diferentes países y decisiones del Comité de Derechos Humanos de la ONU, de la Corte Interamericana de Derechos Humanos, del Tribunal Europeo de Derechos Humanos y numerosos precedentes en los tribunales nacionales que se han animado a tratar la cuestión.

Casos individuales sometidos al Comité de Derechos Humanos de la ONU que relatan conflictos de derecho a la viviendo bajo el Pacto Internacional de Derechos Civiles y Políticos:

- Sobre derecho a la vivienda y restitución de propiedad los siguientes casos: Eliska Fábryová v. Czech Republic,[24] Robert Brok v. Czech Republic,[25] Dr. Karel Des Fours Walderode v. Czech Republic,[26] Miroslav Blazek, et al. v. Czech Republic,[27] Hena Neremberg v. Germany,[28] Jarmila

---

[24] Communication nº 765/1997, UN Doc. CCPR/C/73/D/765/1997 (17 January 2002).

[25] Communication nº 774/1997, UN Doc. CCPR/C/73/D/774/1997 (15 January 2002).

[26] Communication nº 747/1997, UN Doc. CCPR/C/73/D/747/1997 (2 November 2001).

[27] Communication nº 857/1999, UN Doc. CCPR/C/72/D/857/1999 (9 August 2001).

[28] Communication nº 991/2001, UN Doc. CCPR/C/72/D/991/2001 (30 July 2001).

Mazurkiewiczova v. Czech Republic,[29] Peter Drobek v. Slovakia,[30] Joseph Frank Adam v. Czech Republic,[31] Alina Simunek, et al. v. Czech Republic.[32]

- Sobre interferencia arbitraria en el domicilio en violación al Articulo 17 del Pacto. Los casos: Rafael Armando Rojas García v. Colombia.[33]

- Sobre compensación de viviendas destruidas el caso Lazar Kalaba v. Hungary.[34]

- Sobre discriminación contra la mujer casada respecto de la compensación por desempleo, los casos: "S. W. M. Broeks v. The Netherlands"[35] y "F. H. Zwaan-de Vries v. The Netherlands"[36]

- Sobre discriminación de personas no casadas respecto de los subsidios para discapacitados, el caso "L.G. Danning v. The Netherlands".[37]

Hay un casos individual sometidos al Comité contra la Tortura de la ONU que relatan conflictos de derecho a la vivienda bajo la Convención Internacional contra la Tortura: "Hijrizi v. Yugoslavia"[38] que analizó la destrucción de asentamientos de romanies (gitanos) como actos inhumanos y degradantes punidos por el Articulo 16 de la Convención aún cuando no hayan sido cometidos por oficiales públicos y establece la obligación estatal de compensación para las víctimas

En el ámbito de la Corte Interamericana de Derechos Humanos los casos tratados fueron relativo a la restitución de viviendas como parte de conflictos de violaciones de derechos humanos generalizados contra comunidades específicas. Los casos "Comunidad Mayagna (Sumo) Awas Tingni vs. Nicaragua, Sentencia de 31 de agosto de 2001. dónde la Comisión IDH, le solicita a la Corte IDH el establecimiento de un procedimiento para la demarcación y el reconocimiento oficial de la propiedad en caso de esta comunidad indígena. El caso que mas ha avanzado en la materia es el reciente *Masacre Plan de Sánchez vs. Guatemala s/ Reparaciones* . Sentencia de 19 de noviembre de 2004. La Corte IDH incluyo entre los daños emergentes a la vivienda de unas familias que habían sido masacradas durante la dictadura militar en Guatemala. El tribunal interamericano considero que las reparaciones no se agotan con la indemnización de los daños materiales

---

29 Communication n° 724/1996, UN Doc. CCPR/C/66/D/724/1996 (2 August 1999).

30 Communication n° 643/1995, UN Doc. CCPR/C/60/D/643/1995 (15 August 1997).

31 Communication n° 586/1994, UN Doc. CCPR/C/57/D/586/1994 (25 July 1996).

32 Communication n° 516/1992, UN Doc. CCPR/C/54/D/516/1992 (31 July 1995).

33 Communication n° 687/1996, UN Doc. CCPR/C/71/D/687/1996 (16 May 2001).

34 Communication n° 735/1997, UN Doc. CCPR/C/61/D/ 735/1997 (7 November 1997).

35 Communication n° 172/1984, UN Doc. CCPR/C/29/D/172/1984 (9 April 1987).

36 Communication n° 182/1984, UN Doc. CCPR/C/29/D/182/1984 (9 April 1987).

37 Communication n° 180/1984, UN Doc. CCPR/C/29/D/180/1984 (9 April 1987).

38 Communication n° 161/2000: Yugoslavia, UN Doc. CAT/C/29/D/161/2000 (2 December 2002).

e inmateriales(punto 93) e incluyo en el contenido de la reparación la obligación de implementar un programa habitacional para los sobrevivientes (punto 105):

> Dado que los habitantes de Plan de Sánchez perdieron sus viviendas como consecuencia de los hechos del presente caso (supra párr. 49.4), este Tribunal considera que el Estado debe implementar un programa habitacional, mediante el cual se provea de vivienda adecuada[39] a aquellas víctimas sobrevivientes que residan en dicha aldea (supra párrs. 66.a y 68.a) y que así lo requieran. El Estado debe desarrollar este programa dentro de un plazo que no excedará cinco años, a partir de la notificación de la presente Sentencia.

Hay importantes precedentes de tribunales nacionales de otros países del mundo En este trabajo no hay lugar para un desarrollo del contenido de estos precedentes pero es importante consignar estas referencias toda vez que pueden ayudar a los tribunales argentinos a avanzar en una jurisprudencia protectoria del derecho a la vivienda,[40] entre ellos:

- Bangladesh: "Kandro and Others v. the Government of Bangladesh and Others, Writ Petition n° 3034 of 1999" sobre la aplicación del articulo 102 de la Constitución en un caso de desalojo.

- Canada: *J.G. v. Minister of Health And Community Services New Brunswick) et al*, [1999] S.C.J. n° 47 (Provincial government required to provide legal aid in child apprehension hearing): *Baker v. Minister of Citizenship and Immigration* [1999] S.C.J. n° 39; *Kearney et al. v. Bramalea Ltd et al* (1998), 34 CHRR D/1 (Ont. Bd. Inq.); Leonard Whittom c. La Commission des Droits de la Personne du Quebec et Johanne Drouin, Cour D'Appel, Province de Quebec Greffe de Montreal n° 5000-09-000153-940, Date of Decision, May 28, 1997, appealed from Quebec (Comm. des droits de la personne) v. Whittom (1993), C.H.R.R. D/349; *Eldridge v. British Columbia* (Attorney General), [1997] 3 S.C.R. 624; *Lambert v. Québec* (Ministère du Tourisme), [1996] J.T.D.P.Q. n° 42; *Dartmouth/Halifax County Regional Housing Authority v. Sparks* (1993), 101 D.L.R. (4th) 224 (N.S.C.A.).*Finlay v. Canada* (Minister of Finance, [1986] S.C.R. 607

- India: *Ram Prasad v. Chairman, Bombay Port Trust* (AIR 89, SC 1306); *Olga Tellis v. Bombay Municipal Corporation* (1985, 3 SCC 545); *Francis Coralie v. Union Territory of Delhi* (AIR 1981, SC 746 y *Maneka Gandi v. Union of India* (1978, 1SCC 248)

- Filipinas: *Tatad v. The Secretary of the Dept. of Energy and the Secretary of the Dept. of Finance*, G.R. n° 124360 & 127867 (5 November 1997).

---

[39] *Cfr.* aplicación del Pacto Internacional de los Derechos Económicos, Sociales Y Culturales, Observación General 4, El derecho a una vivienda adecuada (párrafo 1 del artículo 11 del Pacto), (Sexto período de sesiones, 1991), U.N. Doc. E/1991/23.

[40] La mayoría de estos precedentes pueden encontrarse en la pagina web: http:/www.core.org. Algunos de estos casos están referenciados en el libro "Vivienda para todos: Un derecho en (de)construcción de Gerardo Pisarello. Editorial Icaria. Barcelona, noviembre de 2003.

Jurisdição e Direitos Fundamentais

- Sudafrica: *Grootboom v. Oostenberg Municipality Cape Metropolitan Council, et al. Case n° 6826/99 (11 December 1999); Soobramoney v. Minister of Health, KwaZulu-Natal 1997 (12) BCLR 1696 (CC).*

- Estados Unidos de América: *United States v. C.B.M. Group, Inc. , n° 01-857-PA (D. Or. 2001).Housing Auth. of the City of Pittsburgh v. Fields, n° 79 C.D. 2000); United States v. Big D Enters, 184 F.3d 924 (8th Cir. 1999); Housing Auth. v. Thomas, 723 A.2d 119 (N.J. Super. Ct. App. Div. 1999); Bank United v. Vogel, n° 99SP2369 (Mass. Commonw. Ct. Oct. 27, 1999; Christian Community Action Inc. v. City of New Haven, n° 3:91CV00296 (D. Conn. July 16, 1999); Lanza v. Dupont, n° 436-11-98 (Vt. Dist. Ct. Windsor County June 2, 1999); Kapetanakos v. Hall, n° 573-10-98 (Vt. Super. Ct. May 17, 1999); Smith v. Willmette Real Estate and Mtg. Co., Nos. 95-H-159; 98-H-44/63; Raintree Court Apartments v. Bailey, n° 99-CC-0408 (La. Sup. Ct. Apr. 1, 1999; Greene Metro Housing Auth. v. Manning, n° 98-CA-55 (Ohio Ct. App. Feb. 19, 1999); Brooks v. Lee, n° 96CS02424 (Cal. Super. Ct. Sacramento County Jan. 12, 1999); Housing Auth. v. Thomas, 723 A.2d 119 (N.J. Super. Ct. App. Div. 1999;Minneapolis Public Hous. Auth. v. Lor, 591 N.W.2d 700 (Minn. 1999); Rembert v. Sheahan, 62 F.3d 937 (N.D. Ill. 1999); Johnson v. New York City Hous. Auth., 698 N.Y.S.2d 474 (App. Div. 1999); Franklin Tower One, L.L.C. v. N.M., 725 A.2d 1104 (N.J. 1999): Romea v. Heiberger & Assoc., F.3d 111 (2d Cir. 1998); City of Phoenix v. Roberts, n° CV 98-15151 (Ariz. Super. Ct. Maricopa County Dec. 14, 1998); Pottinger v. City of Miami, n° 88-2406-CIV-MORENO (S.D. Fla. Nov. 16, 1998); Woodland Manor Apartments v. Flowers, n° 96-C-0201 (Pa. C.P. Lehigh County Nov. 4, 1998). Housing Auth. of Portland v. Belknap, 98F-012209 (Or. Cir. Ct. Multnomah County Sept. 4, 1998); Vermont Tentants Inc. v. Vermont Hous. Fin. Agency, n° S 285-98CnC (Vt. Super. Ct. Chittenden County July 13, 1998); Henry Horner Mothers Guild v. Chicago Hous. Auth., n° 91 C 3316 (N.D. Ill. Mar. 5, 1998): East Hartford Hous. Auth. v. Birdsong, n° SPH 93695 (Conn. Super. Ct. Hartford County Jan. 8, 1998;McCready v. Hoffius, 586 N.W.2d 723 (Mich. 1998;Krueger v. Cuomo, n° 96-2906 (7th Cir. June 3, 1997). Green v. Sunpoint Assocs., Ltd., n° C96-1542C (W.D. Wash. May 12, 1997: Housing Authority of Savannah v. Smalls, n° I95-0107-G (Chatham County Ct., Ga. April, 1997); Schultz v. Sundance Apartments, n° 96-CV0791 (Tex. Dist. Ct. Galveston County filed Jan. 8, 1997); Benchmark Apartment Management Corp. v. Mercer, n° 96-00949 (Mass. Hous. Ct. Jan. 3, 1997); Washington State Coalition for the Homeless v. Department of Soc. & Health Serv., 949 P.2d 1291 (Wash. 1997; Travis v. Peekskill Hous. Auth., n° 9292/96 (N.Y. Sup. Ct. Westchester County Oct. 10, 1996); Syracuse Hous. Auth. v. Boule, n° 96/2160LT (N.Y. City Ct. Onondaga County Dec. 23, 1996); Placerville Apartments v. Gutierrez, n° WS96-0826 (Placerville,*

Cal., Mun. Ct. Nov. 25, 1996);Ross Group, Inc. v. Nicholson, n° 5-95-0898 (Ill. App. Ct. Nov. 6, 1996);St. George V illa Assoc. v. Barnhurst, n° 960500683EV (Utah Dist. Ct. Wash. County Oct. 25, 1996);Travis v. Peekskills Hous. Auth., n° 9292/96 (N.Y. Sup. Ct. Westchester County Oct. 10, 1996);Owner's Management Co. v. Moore, n° L-95-259 (Ohio Ct. App. June 21, 1996); Village West Apartments v. Miles,n° 95-XX-0001 (Ky. Cir. Ct. Jefferson County July 10, 1995); Compton Townhouse Apartments v. Jackson, n° JP13-95-5408 (Del. J.P. Ct. Nov. 16, 1995); Bonner v. Housing Auth. of Atlanta, Ga., n° 1:94-CV-376-MHS (N.D. Ga. Oct. 11, 1995);Turner v. Gross, SLM-L-120-95 (N.J. Super. Ct. Salem County filed Sept. 21, 1995); Federal Home Loan Mortgage Corp. v. Sirzhukov, n° 95-SP-1487 (Mass. Housing Ct., Hampden County Aug. 9, 1995); Runyon v. Irwin, n° 94CVF200 (Washington, Ohio, House Mun. Ct. July 17, 1995); Kelley v. Housing Auth. of Monroe, Ga., n° 95-67-ATH (M.D. Ga. June 28, 1995); *B. v. Borough of Tioga,* 889 F. Supp. 792 (M.D. Pa. 1995); n° 4:CV-95-0428 (M.D. Pa. June 19, 1995); *Silver Maple Village v. Kay,* n° 95-86-LT (C) (Mich. Dist. Ct. May 16, 1995 y *Thompson, In re,*(Hous. Auth. of New Haven Apr. 18, 1995).

4. Los estándares ya reconocidos en los tribunales argentinos

4.1. Desalojo Administrativo

El caso que ha logrado una resolución de mas alto grado ha sido resuelto por el Superior Tribunal de Justicia de la Ciudad Autónoma de Buenos Aires – El Superior Tribunal tuvo que resolver una serie de pedidos de inconstitucionalidad del artículo 463 del Código Contencioso Administrativo y Tributario de la Ciudad. El artículo 463 del CCAyT, establece:

En los casos de ocupación de bienes del dominio privado del Estado, cualquiera sea su causa o motivo, si se ha cumplido el plazo previsto o, en su caso, declarado la rescisión o revocación del acto por el cual se hubiera otorgado, aquélla intima la desocupación del/la o de los/las ocupantes, quienes tienen la carga de restituir el bien dentro del términos de diez (10) días. La autoridad administrativa debe requerir judicialmente el desalojo del/la o de los/las ocupantes. En tal caso, el tribunal, previa acreditación del cumplimiento de los recaudos establecidos en el párrafo anterior, sin más trámite, ordena el lanzamiento con el auxilio de la fuerza pública, sin perjuicio de las acciones de orden pecuniario que pudieran corresponder. La medida no puede suspenderse sin la conformidad de la autoridad administrativa.

En la mayoría de los casos los expedientes llegaron al Superior Tribunal de Justicia con sentencias de primera y segunda instancia que declaraban la inconstitucionalidad del artículo 463 y el tribunal superior resolvió declarar inconstitucional el articulo 463 del CCAyT fundándose en ser contrario al derecho a la vivienda adecuada. Los casos en los cuales el Superior Tribunal fijó sus criterios son "Comisión Municipal de la Vivienda

Jurisdição e Direitos Fundamentais

C / Saavedra, Felisa Alicia y Otros S / Desalojo S / Recurso de Inconstitucionalidad Concedido" – Expte. N° 1556/02, del 07/10/2002 y "Comisión Municipal de la Vivienda c/ Tambo Ricardo s/ desalojo", Expte. n° 1472/02, del 16 de octubre de 2002[41] .Los votos que han marcado un camino de reconocimiento al derecho a la vivienda han sido efectuados en distintos casos y han elaborado así una doctrina que establece varios criterios sobre el alcance del derecho a la vivienda.

a) *Derecho a la vivienda y Debido Proceso.* Los jueces establecieron una conexión entre el derecho a una vivienda adecuada y las garantías del debido proceso. Se propuso analizar si el artículo 463 reunía "los requisitos mínimos que permitan afirmar que los menores representados por el asesor tutelar están en condiciones de resistir judicialmente un desalojo indebido". Así los jueces entendieron que:

> (...) la noción de "debido proceso" incluye, al menos, la posibilidad de contradicción (el "derecho a ser oído") y el derecho a probar y a controlar la prueba de la contraparte ante un órgano imparcial e independiente. El hecho de que sea el propio Gobierno quien propicia el desalojo exige extremar los recaudos para asegurar que quien controle la legalidad del desalojo sea una autoridad judicial con suficiente capacidad de revisión de hechos y prueba, y de consideración de excepciones y argumentos tendientes a oponerse al desalojo. Nada de esto permite el art. 463 Ver Texto CCAyT. de la Ciudad (...) (Del voto del juez Julio Maier en Comisión Municipal de la Vivienda C / Saavedra, Felisa Alicia y Otros S / Desalojo S / Recurso de Inconstitucionalidad Concedido – Expte. N° 1556/02, 07/10/2002).

El voto de la jueza Alicia Ruiz nombra expresamente el derecho de defensa y debido proceso para que quienes puedan resultar alcanzados por una orden de lanzamiento, fundándose en los artículos 8 y 10 de la Declaración Universal de los Derechos Humanos, el artículo 8 de la Convención Americana de Derechos Humanos, el artículo 14 del PIDCyP, el Artículo 18 DE LA constitución Nacional y el artículo 13 de la Constitución de la Ciudad de Buenos Aires.

b) *La seguridad de la tenencia y los desalojos forzosos.* El superior sostuvo que la reforma constitucional de 1994 ha otorgado rango constitucional a diversos tratados de derechos humanos que en el caso resultan relevantes, en particular el Pacto Internacional de Derechos Económicos, Sociales y Culturales (PIDESC)y la Convención sobre los Derechos del Niño (art. 75, inc. 22, CN). Allí el voto de Alicia Ruiz sostiene que en lo que respecta al PIDESC:

> en materia de derecho a la vivienda las dos Observaciones Generales del Comité de Derechos Económicos, Sociales y Culturales – órgano de contralor de ese Pacto que

---

[41] En el caso. "Comisión Municipal de la Vivienda c/ Fernández, Martha Isabel y otros s/ desalojo s/ recurso de inconstitucionalidad concedido" Expte. n° 2108/03 del 29 de abril de 2003, volvieron a reiterar estos criterios.

reconoce en su art. 11, párrafo 1, el derecho a una vivienda adecuada – cobran crucial importancia, sobre todo si se tiene en cuenta que la Corte Suprema ha entendido que los tratados deben considerarse en los términos en que ellos son interpretados por los órganos internacionales encargados de aplicarlos () El Comité ha entendido que uno de los componentes del derecho a una vivienda adecuada es la 'seguridad jurídica de la tenencia', abarcadora del derecho a garantías procedimentales suficientes para revisar en sede judicial la amenaza de desalojo. Así, en su Observación General n° 4 ha dicho que 'todas las personas deben gozar de cierto grado de seguridad de tenencia que les garantice una protección legal contra el desahucio, el hostigamiento u otras amenazas' (punto 8 a). Aún más específica es la Observación General nº 7 (1997) en la que reconoce 'el derecho a no ser desalojado forzosamente sin una protección adecuada' (punto 8), la situación de los niños en cuanto grupo vulnerable (punto 10) y, en particular, señala que '[a]unque algunos desalojos puedan ser justificables, por ejemplo en caso de impago persistente del alquiler o de daños a la propiedad alquilada sin causa justificada, las autoridades competentes deberán garantizar que los desalojos se lleven a cabo de manera permitida por una legislación compatible con el Pacto y que las personas afectadas dispongan de todos los recursos jurídicos apropiados' (punto 11). En este último sentido se precisa 'que entre las garantías procesales que se deberían aplicar en el contexto de los desalojos forzosos figuran ... g) ofrecer recursos jurídicos' (punto 15).

Otros criterios en los procesos de inconstitucionalidad del artículo 463 del CCATCBA solo han tenido sustento en tribunales de primera instancia, como el siguiente:

c) *Prohibición de efectuar el desalojo cuando el gobierno no garantiza un lugar donde alojarse*. En el caso "Comisión Municipal de la Vivienda c. Gianelli, Alberto Luis y otros s. Desalojo", EXP 973/0 del 12/09/2002, el Juzgado en lo Contencioso Administrativo y Tributario N° 3 (Secretaría 5), hizo un desarrollo extenso del contenidos del derecho constitucional a la vivienda digna (punto 7 de la sentencia) y vínculo su alcance con el artículo 43 de la Ley 114 (Protección Integral de los Derechos de Niños, Niñas y Adolescentes de la Ciudad de Buenos Aires) que establece que "Cuando la amenaza o violación de derechos sea consecuencia de necesidades básicas insatisfechas, carencias o dificultades materiales, económicas, laborales o de vivienda las medidas de protección a aplicar son los programas sociales establecidos por las políticas públicas, que deben brindar orientación, ayuda y apoyo incluso económico, con miras a la sustentación y fortalecimiento de los vínculos del grupo familiar responsable del cuidado de niños, niñas y adolescentes".

El juez considero que:

es el propio Gobierno de la Ciudad Autónoma de Buenos Aires, el encargado de brindar a la persona menor de edad que se encuentran alojada en el inmueble cuyo desalojo se persigue, un lugar donde poder habitar junto a su grupo familiar. Repárese que del Poder Ejecutivo de la Ciudad Autónoma de Buenos Aires forman parte tanto la C.M.V. como la Secretaría de Desarrollo Social. Por ende, el Gobierno de la

Jurisdição e Direitos Fundamentais

Ciudad no puede perseguir el desalojo de una vivienda a una familia de escasos recursos, y que está integrada por personas menores de edad, sin cumplir simultáneamente con la normativa vigente, que lo obliga a brindar ayuda a personas que se encuentran atravesando una emergencia habitacional.

Además sostuvo que "si la vivienda tiene expreso resguardo constitucional, al tratarse de un derecho se torna exigible, mereciendo una protección jurisdiccional (sustancial y adjetiva) adecuada". Por otra parte subrayo que "sin negar que la efectividad de los derechos económicos, sociales y culturales que poseen los niños depende en gran medida de la situación de sus padres, debe tenerse presente que junto a la responsabilidad de los padres para hacer efectivos los derechos del niño, se halla la responsabilidad administrativa del Estado en garantizarlos"

Un caso que despertó la reacción del gobierno local y tuvo amplia difusión pública fue el caso "*Bermejo*" tramitado ante el Juzgado Nacional en lo Criminal y Correccional Federal n° 11 (Abril de 2004). En un proceso de usurpación promovido por el Organismo Nacional de Administración de Bienes del Estado contra 60 familias que vivian en asentamiento irregular Bermejo. Considera que el reclamo criminaliza a los ciudadanos desaventajados y faltos de recursos y previo al desalojo solicita que el Gobierno Nacional y el de la Ciudad de Buenos Aires adopten medidas que permitan una solución integral y definitivo para los ocupantes del asentamiento. Fundó su decisión en el derecho a al vivienda de acuerdo a su definición en la constitución Nacional, la Constitución de la Ciudad Autónoma de Buenos Aires y los Tratados de derechos humanos.

4.1. Inclusión en un plan de vivienda

En el caso Moron Jorge Luis c GCBA s AMPARO EXP 7093/0. La Cámara de Apelaciones en lo Contencioso Administrativo y Tributario de la Ciudad Autónoma de Buenos Aires – Sala I – 08/10/2003[42] confirma la sentencia de primera instancia en cuanto decide ordenar al Gobierno de la Ciudad de Buenos Aires que garantice en términos efectivos el derecho a una vivienda adecuada, a través de los planes existentes hasta tanto cesen las causas que dieron origen al estado de pobreza del actor. En el caso PAEZ, Hugo y Otros c. GCBA s. Amaparo[43] El juez concede medidas cautelares para que se incorpore al peticionario al Programa de Subsidios Habitacionales.– En el caso ROSITO ALEJANDRA CONTRA GCBA SOBRE AMPARO. Expte: EXP 8540 / 0 Jdo. 5 sec. 9 / 3 de mayo de 2004. La jueza hace lugar a la acción de amparo y ordena al Gobierno de la Ciudad

---

[42] Sigue el criterio de la misma Sala en los casos "PÉREZ, VICTOR GUSTAVO Y OTROS C/G.C.B.A, S/ AMPARO", expte. 605 del 26/01/01); en sentido concordante, "BENITEZ. MARIA ROMILDA Y OTROS c/ G.C.B.A. s/ MEDIDA CAUTELAR" exp. 2069. J. 2. S. 3 del 16/11/01.).

[43] EXPTE: EXP 11903/0 Juzgado Contencioso Administrativo y Tributario N° 9 (17 de mayo de 2004).

de Buenos Aires que brinden una adecuada cobertura en la emergencia a la peticionante y su grupo familiar, hasta tanto se hallen en condiciones de superar el estado de "situación de calle" que motivó su admisión en el programa regulado por el decreto 895/02. II) Asimismo, la autoridad administrativa deberá llevar a cabo una completa evaluación a efectos de determinar si la Sra. Alejandra Rosito, sus hijos y su esposo, continúan en la situación descripta, periódicamente.

4.2. Control de Programas Habitacionales y condiciones de habitabilidad

En el caso PEREZ, Victor y otros c/ GCBA. Cam CAyT Sala I . 25/01/2001.Establece que un grupo de personas que no tiene trabajo y vivienda y que estaba utilizando los servicios del Hogar de Noche de la Ciudad de Buenos Aires, deben ser trasladadas por motivos de salud .del lugar porque no reúne condiciones de alojamiento y dignidad. El tribunal funda su decisión en el derecho a la condiciones mínimas de asistencia e inclusión social como derivado del principio de autonomía protegida por el articulo 19 de la Constitución Nacional. En el caso Delfino, Jorge Alberto y Otros c GCBA s AMPARO.[44] la Cámara confirma la Sentencia de primera instancia que ordena al Gobierno de la Ciudad de Buenos Aires a que disponga lo necesario para que los varios grupos familiares sean alojados en un lugar adecuado a sus necesidades. Constatan que el alojamiento de los actores (Hoteles pagados por el gobierno de la Ciudad en el marco de un programa de Emergencia Habitacional) no reúne las condiciones establecidas en los programas asistenciales, en tanto se han denunciado serias falencias en las condiciones generales del hotel donde se encuentran alojados de tal gravedad que atenta contra la seguridad y salubridad de estas personas. El tribunal considera que tales circunstancias permiten considerar que no se ha suministrado una vivienda digna, incumpliéndose de este modo el objetivo del programa prestacional por el que fueron asistidos

4.3. Responsabilidad personal de los funcionarios por violación del derecho a la vivienda

En el caso Ramallo, Breatriz c. Ciudad de Buenos Aires. Cámara de Apelaciones en lo Contencioso Administrativo y Tributario Sala II. 30/09/2004. Establece una sanción pecuniaria diaria de pesos doscientos cincuenta ($ 250) contra el Jefe de Gobierno de la Ciudad de Buenos Aires, el Secretario de Desarrollo Social y el Presidente del Instituto de la Vivien-

---

[44] EXP. 2968/0, J.10 – S.20. / Sala I. Fallo de los Dres. Carlos Francisco Balbín y Dr. Horacio Guillermo A. Corti, con disidencia parcial Dr. Esteban Centenaro del 11 de junio de 2004.

Jurisdição e Direitos Fundamentais

da de la Ciudad, por haber incumplido un acuerdo judicial de garantizar adecuadas condiciones de alojamiento a unas familias beneficiarias del programa de Emergencia Habitacional.

4.3. Derecho a la vivienda con relación al derecho a la salud

En el caso Defensor de Derechos del Niño y del Adolescente c/ Provincia de Neuquen[45] si bien la sentencia de Segunda Instancia es mas limitada que la resolución de primera instancia establece estándares de derecho a la vivienda y a la salud. En el caso se resolvió favorablemente una acción de amparo que solicitaba la afectación inmediata de una vivienda para el alojamiento de l grupo familiar de una niña que padecía una grave enfermedad. La Cámara retrocede en cuanto rechaza la disposición de primera instancia de adecuar la vivienda ocupada por la niña, dejando para el ámbito de discrecionalidad de la administración los caminos a seguir.

4.4. Casos relativos a la Inembargabilidad de la vivienda Familiar

Este supuesto es ejemplo de una jurisprudencia regresiva en cuanto a desconocido el derecho a la vivienda digna y adecuada. En varios tribunales superiores de las provincias argentinas se ventilaron debates acerca de la constitucionalidad de disposiciones de las constituciones provinciales (Córdoba) o Códigos de Procedimiento (Mendoza) que establecían un mejor estándar de protección de la vivienda única familiar frente a los embargos que la Ley Nacional 14.394. En el Caso de Córdoba el Artículo 58 de la Constitución disponía que "la vivienda única familiar es inembargable en la forma y en las condiciones que fija la ley". Por su parte la Ley provincial 8267/91 consideraba automáticamente inscripta de pleno derecho como bien de familia a partir de la vigencia de esa ley.

Luego de varios precedentes que declaraban la inconstitucionalidad de la ley cordobesa y el articulo 58 de la Constitución provincial, el caso "Banco de Suquia S.A. c. Juan Carlos Tomassini s/Ejecutivo" fue resuelto por el Superior Tribunal de Justicia de Córdoba en 1999, en sentido favorable a la constitucionalidad de estas disposiciones. Entre los argumentos utilizados por el Tribunal se hizo mención del derecho

Lamentablemente siguiendo una doctrina más conservadora que hacen una comprensión del Código Civil como barrera que limita a las provincias

---

[45] Cámara Civil de Neuquén, 03/09/2002 . 18 de octubre de 2002. pág. 29-35.

para regular mejores derechos[46] la Corte Suprema de Justicia de la Nación[47] pone fin a la controversia declarando la inconstitucionalidad del articulo 58 de la Constitución de Córdoba. La decisión se funda en que las normas cuestionadas invaden las facultades expresamente conferidas al Congreso Nacional (Art. 75 inc. 12) y sin embargo no rebate los argumentos que sostenían que la legislación provincial era adecuada los estándares internacionales de derecho a la vivienda adecuada. Con está decisión la Corte perdió una oportunidad mas para establecer un criterio en la materia favorable a la protección del derecho.

4.5. El derecho a un plan de vivienda

Un caso que tiene varios elementos a rescatar en cuanto a posibilidades que se pueden explorar en los tribunales es "Agüero, Aurelio E. C/ GCBA s/ Amparo" mas conocido como Villa La Dulce, que tramitó en el Juzgado Contencioso Administrativo y Tributario n° 5, secretaría 9. En octubre de 2000, un grupo de familias que se hallaba en situación de precariedad habitacional, ocupó en forma pacífica un predio que hacía mas diez años estaba desocupado y en estado de abandono en la intersección de las calles Pergamino y Ferré en la Ciudad de Buenos Aires. Con el correr del tiempo, muchas otras familias se fueron sumando al núcleo inicial hasta llegar a un total de 180.

La situación de estas familias tomó estado público cuando el Juzgado Nacional de Primera Instancia en lo Correccional n° 9, Secretaría n° 65, tramitó la causa por el delito de usurpación en la que el 16 de julio de 2001 se ordenó el inmediato desalojo de los ocupantes del predio donde se encontraban las precarias viviendas. Las familias acataron la medida judicial, sin oponer resistencia alguna, pero, como no tenían otro lugar a donde ir, la mayoría de ellos con niños en edad escolar, construyeron casillas sobre la vereda y la calle, enfrente del predio desalojado. Del grupo inicial sólo 86 familias quedaron viviendo allí.

Junto con el apoyo de la Defensoría del Pueblo de la Ciudad de Buenos Aires, el Asesor Tutelar en lo Contencioso Administrativo también de la Ciudad y la Iglesia Católica comenzaron un proceso de negociación con el gobierno local, que culminó con la firma de un Acta Acuerdo el 7 de noviembre de 2001. Allí el gobierno se comprometió a proveer a los vecinos

---

[46] Para ello se fundan en el art. 104 de la Constitución Nacional, donde se establece que las provincias conservan el poder no delegado a la Nación y completan con el artículo 108, done establece que las provincias no pueden ejercer el poder delegado a la Nación. Por esa razón – entienden – las provincias no pueden dictar los códigos de fondo después que el Congreso de la Nación los haya dictado para todo el país. Eso vedfaría la posibilidad de que las provincias creen nuevos y mejores derechos al respecto.
[47] Fallo del 19/03/2002.

Jurisdição e Direitos Fundamentais

la construcción de 86 viviendas, dentro de un plazo máximo de 60 días, en un terreno ubicado en la localidad de Villa Celina, Partido de La Matanza.

Vencido el plazo comprometido en febrero de 2002, el Gobierno de la Ciudad no había iniciado las obras. Por eso los vecinos patrocinados por el Centro de Estudios Legales y Sociales iniciaron una acción judicial de amparo, para complementar su reclamo social. En el proceso judicial se reclamó la efectivización del derecho a la vivienda digna protegido por la Constitución Nacional, la Constitución de la Ciudad de Buenos Aires y los tratados internacionales de derechos humanos.

La primera medida que adoptó la jueza fue hacer un reconocimiento físico de la situación en que vivían las familias, tomó contacto directo con el asentamiento y luego ordenó una medida cautelar mediante la cual inmovilizó aproximadamente 500.000 pesos del presupuesto del Gobierno de la Ciudad, afectados a la construcción de las viviendas. Asimismo, para resolver el problema de alojamiento de las familias, se abrió un proceso de negociación en el marco del juicio, que culminó con un acuerdo que disponía el traslado de las familias a hoteles de la Ciudad, que reunieron condiciones de habitabilidad.

Durante la tramitación del proceso judicial se fueron presentando algunos inconvenientes como la contaminación en el predio escogido para construir las viviendas, que demoraban la solución del problema. Por otra parte mientras el juicio no se resolvía, el gobierno debía pagar todos los meses sumas importantes de dinero para mantener a las personas desplazadas en los hoteles acordados, a lo que se suma el dinero del presupuesto público congelado.

Por ello, se abrió un nuevo proceso de negociación, en el marco del expediente judicial, entre los vecinos y el gobierno, con la participación del CELS, la Defensoría del Pueblo, el Asesor Tutelar y el Departamento de Pastoral Social de la Arquidiócesis de Buenos Aires.

Luego de 5 meses de negociaciones, en diciembre de 2003, se arribó a un acuerdo que incorpora estándares internacionales en materia de derecho a la vivienda adecuada. El Gobierno se comprometió, a construir 91 viviendas en tres etapas. En la licitación de la obra de construcción, el Gobierno deberá dar preferencia, en la etapa de evaluación de ofertas, a las empresas que prevean la contratación de un 20% de personal administrativo, técnico o de obra de las personas afectadas por la falta de vivienda.

Los vecinos de la ex villa La Dulce podrán adquirir las viviendas construidas. Para ello el Gobierno se comprometió a otorgar, a través de la Instituto de la Vivienda, un contrato de leasing con opción a compra o una línea de crédito especial que resulte accesible a los beneficiarios. Esto quiere decir que el préstamo de dinero no devengarán interés de ningún tipo para las familias beneficiarias y el monto de la cuota y los plazos de pago se adecuarán a la capacidad de pago de cada familia beneficiaria. Para ello, el valor de la cuota mensual no podrá superar el 20% del ingreso real de cada grupo familiar.

5. Caminos nuevos y posibles para la jurisprudencia argentina

Frente a una jurisprudencia nueva y bastante localizada el primer desafío es que los tribunales comiencen a considerar en los casos que debaten, aún cuando fueran planteados solo con argumentos de derechos privado, abordar su conexión con el derecho a la vivienda en todas sus dimensiones Para romper alguno de los mitos que señalábamos al principio los tribunales podría tratar cuestiones relativas a la habitabilidad, acceso a los servicios, control de los programas sociales, legalidad de desalojos, entre otros.

En segundo lugar los tribunales podrían evaluar otros estándares de derechos económicos sociales y culturales que se presentan en casos de vivienda, como los son la participación de los afectados en las políticas públicas, o el acceso a la información o mismo la obligación de establecer estándares jurídicos para que la administración formule políticas, como ya lo ha reconocido recientemente la Corte Suprema de Justicia en el caso "Verbitzky, Horacio s/ Habeas Corpus Correctivo y Colectivos[48]

Los jueces argentinos podrían mejorar la calidad de la discusión judicial acerca de los derechos sociales, si tan solo tomaran en cuenta algunos otros criterios del pacto como el principio de no regresividad, sus causas de justificación, formas de evaluar la razonabilidad de medidas regresivas particulares, el contenido mínimo del derecho a la vivienda. Son elementos que además de desmentir algunas de las falsas creencias que circulan sobre el derecho a la vivienda, permiten mejorar la calidad del debate público sobre estas cuestiones.

En el ámbito del ministerio público se podrían dar instrucciones a los fiscales criminales para que sus dictámenes en casos de desalojos por cualquier causa utilicen los estándares señalados en la Observación General N° 7 por el Comité De Derechos Económicos Sociales Culturales y respecto a la Defensa Pública, siguiendo el ejemplo de la ciudad de Buenos Aires, se

---

[48] Recurso de hecho deducido por el Centro de Estudios Legales y Sociales en la causa Verbitsky, Horacio s/ habeas corpus CSJN – 03/05/2005. En este caso la Corte sostuvo entre otros brillantes argumentos que "Reconoce la actora que la actuación judicial tiene sus límites y que en materias tales como la presente no puede imponer estrategias específicas, sino sólo exigir que se tengan en cuenta las necesidades ignoradas en el diseño de la política llevada a cabo. En consonancia, acepta que no se trata de que la Corte Suprema defina de qué modo debe subsanarse el problema pues ésta es una competencia de la Administración, en tanto una Corte Constitucional fija pautas y establece estándares jurídicos a partir de los cuales se elabora la política en cuestión."

Jurisdição e Direitos Fundamentais

podría impulsar casos que denuncien la violación del derecho a la vivienda, control de legalidad de planes sociales del gobierno en la materia o obligando a las partes a encontrar una solución conjunta en conflictos que pueden ser un poco mas complejos.

Desde el punto de vista del Poder Legislativo, una ley general marco del derecho a la vivienda podría ayudar a reafirmar en el ámbito interno la vigencia de los contenidos del derecho a la vivienda a la que deberían adecuarse todos los actos de la administración y las demás normas relativas a vivienda y desalojos.

Finalmente el Poder Ejecutivo podría promocionar este derecho casi ausente, impulso consistente al tratamiento del derecho a la vivienda tanto en el ámbito rural como urbano mediante la creación de Tribunales con competencia exclusiva para conflictos agrarios o conflictos de vivienda urbano.

2ª Parte

Temas de Direitos Constitucional, Internacional e Processual

— X —

Federação, Confederação ou "Forma anômala de Comunidade Política"? Os novos contornos da Europa a partir da vigência da Constituição Européia*

ALEXANDRE COUTINHO PAGLIARINI

Mestre e Doutor em Direito pela PUC/SP, Coordenador de Pós-Graduação
lato sensu em Direito e Professor da UNIBAN e das
Faculdades Campo Real.

Numa conversação entre os sujeitos A e B, o assunto em pauta gira em torno dos últimos resultados do campeonato inglês de *"football"*. O sujeito A comenta que a vitória do Manchester United sobre o Liverpool foi injusta, uma vez que o árbitro teria errado ao anular um gol marcado pelo segundo time. O sujeito B retruca, dizendo que a anulação foi correta, e que realmente o Manchester United jogou muito melhor, que seus jogadores têm mais qualidade técnica e que tudo acabou dando certo por causa do esquema 3-5-2 adotado. De repente, no meio da conversa sobre o mesmo campeonato, que se alongava na análise de outros resultados, os sujeitos A e B foram surpreendidos com a chegada momentânea e a fala *desconexa* do sujeito C, que disse: "Vocês ficaram sabendo que o preço do *'filet mignon'* aumentou?"

No exemplo acima, a fala de C é desconexa em razão de seu teor, que não se coadunou com o que era conversado pelos sujeitos A e B. Tal verificação é possível sob a consideração de que tanto a fala do sujeito A quanto a fala do sujeito B giravam em torno de um elemento fundamental: o campeonato inglês de *"football"*. Logo, a manifestação do sujeito C sobre *"filet mignon"* não tinha cabimento naquele *espaço*.

---

* Artigo em homenagem ao professor doutor ORLANDO MAGALHÃES CARVALHO, ex-reitor da UFMG, criador e diretor da Revista Brasileira de Estudos Políticos (RBEP), *in memorian...*

Jurisdição e Direitos Fundamentais

Na hipótese, a fala sobre o campeonato inglês foi um *sistema*[1] em torno do qual giraram as participações fonéticas dos sujeitos A e B, razão por que a interferência do elemento C foi bizarra em virtude de seu elemento constitutivo (o preço do *"filet mignon"*) não ter girado em torno do mesmo conceito fundamental – o campeonato inglês de *"football"* – que norteou a conversa original entre A e B.

O desenvolvimento do raciocínio constante nos parágrafos anteriores é a exemplificação do que vem a ser sistema. Neste sentido, é no sistema que buscamos coerência, uniformidade e pertinência, sendo a idéia de sistema aquilo que proporciona a formação coesa de classes, grupos, subgrupos e ordenamentos.

Vejamos outro exemplo: uma pessoa que acorda com dor de cabeça e se vê sem medicamentos em casa, deve-se dirigir a algum lugar cujas prateleiras tenham sobre si remédios, dentre os quais alguns para dor de cabeça. A farmácia ou a drogaria são os locais indicados, pois não haveria pertinência ao sistema de venda de remédios e de socorro a males da saúde se a pessoa afetada com a dor, em lugar de ir à farmácia ou à drogaria, se dirigisse à borracharia da esquina.

A própria sociedade em que vivemos é um sistema *heterogêneo e complexo*[2] em que se encontram presentes vários outros subsistemas corporativos, profissionais etc. Nesta sociedade, nós, seres humanos, nos relacionamos em torno de uma existência regrada por normas, valores e princípios jurídicos, morais, éticos, de etiqueta e culturais. Criamos, assim, um *"modus vivendi"* mínimo que é praticado tanto no Japão quanto no Equador. Uma pessoa que, por alguma razão, aja fora desse *"modus vivendi"* mínimo é considerada como um ser anti-social.[3] Esta pessoa visualiza as coisas em torno de si de um modo diferenciado, situação esta que a faz crer que se

---

[1] ABBAGNANO. *Dicionário de Filosofia*, p. 909. Na segunda das definições dadas ao verbete *sistema*, Nicola Abbagnano leciona tratar-se de "Qualquer totalidade ou todo organizado. Neste sentido, fala-se em 'S. solar', 'S. nervoso', etc., e também de 'classificação sistemática' ou, mais simplesmente, de S. em lugar de classificação, como fez Lineu, quando quis insistir no caráter ordenado e completo de sua classificação (...). Desse ponto de vista, às vezes se faz a distinção entre o S. como conjunto contínuo de partes que têm inter-relações diversas e a *estrutura* (v.) ou a organização que os componentes dele podem assumir em determinado momento (W. Buckley, *sociology and modern system theory*, 1967, p. 5)." Não interessa em que área do saber ou em que realidade empírica esteja sendo aplicado, o termo *sistema* obrigatoriamente enseja a consideração de uma aglutinação, ou aglomeração, ou conjunto, e prova disso é que, mesmo em campos pouco acessíveis ao jurista, a noção de *sistema* traz à tona o movimento centrípeto-aglutinador. Veja-se como Antônio Houaiss define a expressão *sistema* solar: "(...) conjunto de corpos celestes que gravitam em torno do Sol". *In:* HOUAISS. *Dicionário Houaiss da Língua Portuguesa*, p. 2.585.

[2] LUHMANN. *Sociologia do Direito*, v. I e II, pp. 225/238 e pp. 7/27. NEVES & SAMIOS. *Niklas Luhmann:* a nova teoria dos sistemas, p. 10.

[3] SANTO TOMÁS DE AQUINO. *Summa theologica*, I, XCVI, 4. Nesta obra, Tomás de Aquino entende que todos os homens estão inseridos na sociedade, traduzimos nós, no "*sistema*-sociedade". Neste "*sistema*-sociedade", excepcionalmente, não estariam incluídos: o louco *(corruptio naturae)*, o eremita virtuoso *(excellentia naturae)* e o perdido por acidente *(mala fortuna)*.

encontra num universo diferente daquele que circunda a sociedade em seu geral, sendo isto uma espécie de *ofuscamento;*[4] aí se encontra uma das raízes daquilo que a sociedade culta classifica como *loucura.* Por isso, na realidade, a loucura pode ser melhor explicada e menos negativamente avaliada (ou estigmatizada), pois, no caso do *"corruptio naturae"*, o que existe é uma *incompatibilidade de sistemas*; ou seja, fulano, que fala sozinho – sozinho para nós, que o observamos sob a nossa perspectiva –, crê honestamente estar a se comunicar com Deus, Zeus, Platão, Tiradentes, Mussolini, ou um antepassado seu. Com isso, por não estarmos no sistema do fulano que fala sozinho, classificamos esta pessoa de louca; ela, por sua vez, lá de dentro de seu universo existencial e lá no contexto daquela fala com seus antepassados, Platão ou Tiradentes, não toma conhecimento de nosso mundo-sistema; como este é o da *normalidade*, o excluído é o outro.

Os exemplos dados nos parágrafos anteriores dão idéia do que vem a ser *sistema* e de sua importância. Não há como vislumbrar objetos sem que os relacionemos com elementos que lhes sejam correlatos, pois a visão isolada daquilo que pretendemos conhecer e descrever traz o caos. Luis Alberto Warat,[5] correlacionando o pensamento do filósofo norte-americano Charles S. Peirce com os ensinamentos do Círculo de Viena – composto pelos inauguradores do Positivismo Lógico –, prega que, para Peirce "(...) nenhuma proposição isolada fornece alguma significação efetiva sobre o mundo. Esta informação só é significativa na medida em que fica integrada dentro de um *sistema.*" Concordando com Peirce, Warat considera a *sistematicidade* como um imperativo do mundo do conhecimento do objeto focado, além de aproximar os pensamentos de Saussure e Kelsen.[6] Percebendo a impossibilidade de considerar objetos senão em forma *rela-*

---

[4] FOUCAULT. *História da Loucura*, pp. 243/244: "Dizer que a loucura é ofuscamento é dizer que o louco vê o dia, o mesmo dia que vê o homem de razão (ambos vivem na mesma claridade), mas vendo esse mesmo dia, nada além dele e nada nele, vê-o como vazio, como noite, como nada; as trevas são para ele a maneira de perceber o dia. O que significa que, vendo a noite e o nada da noite, ele não vê nada. E, acreditanto ver, permite que venham até ele, como realidades, os fantasmas de sua imaginação e todos os habitantes das noites. Aí está por que delírio e ofuscamento estão num relacionamento que constitui a essência da loucura, exatamente como a verdade e a clareza, em seu relacionamento fundamental, são constitutivas da razão clássica. Neste sentido, o programa cartesiano da dúvida é exatamente a grande conjuração da loucura. Descartes fecha os olhos e tapa os ouvidos para melhor ver a verdadeira claridade do dia essencial; com isso, ele se garante contra o ofuscamento do louco que, abrindo os cılhos, vê apenas a noite e, nada vendo, acredita ver quando na verdade imagina. Na uniforme claridade de seus sentidos fechados, Descartes rompeu com todo fascínio possível e, se vê, tem a certeza de ver aquilo que está vendo. Enquanto isso, diante do olhar do louco, embriagado com uma luz que é noite, surgem e multiplicam-se imagens, incapazes de criticarem-se a si mesmas (pois o louco as *vê*) mas irremediavelmente separadas do ser (pois o louco *nada vê*)."

[5] WARAT. *O Direito e sua linguagem*, p. 14.

[6] WARAT. *O Direito e sua linguagem*, p. 20: "(...) os dois encontram-se obcecados pela construção de um objeto teórico autônomo e sistemático. Na verdade, são dois projetos teóricos preocupados, principalmente, com as questões epistemológicas que permitem a determinação dos princípios metodológicos aptos a demarcar o horizonte problemático e as condições de possibilidade de seus respectivos objetos de conhecimento."

Jurisdição e Direitos Fundamentais

cional-sistemática, o lógico Husserl[7] refere-se a *sistema* como a "forma das formas". Parafraseando Husserl, adicionemos ao supratranscrito que, para nós, no Direito, *sistema* é a *forma das formas* de se relacionarem as normas postas em ordem verticalizada; na Ciência do Direito, *sistema* é a *forma das formas* de se colocar em prática o exercício descritivo daquelas normas postas em ordem verticalizada. Diferençando o *sistema* jurídico[8] dos demais *sistemas*, há que registrar que a doutrina os tem classificado como *sistemas* reais ou empíricos e proposicionais.[9] Chegamos aqui ao ponto desejado: a classificação do Direito como um *sistema de normas*[10] – que são enunciados prescritivos – dentre as quais se encontram aquelas que proporcionam ao sistema o encontro de sua coerência, quais sejam, as normas de Direito Constitucional, que por sua vez podem ser consideradas como *Normas Magnas* fragmentadas em regras, princípios e valores de (i) caráter organizativo da comunidade política e (ii) definidoras de Direitos Fundamentais. Insistimos: como "*sistema* proposicional nomoempírico prescritivo",[11] que é o Direito formado pelas normas jurídicas que compõem um dado Direito objetivo, possuindo positivamente, como fundamento geral de validade de todas as normas, um conjunto de normas dotado de superioridade, *Conjunto Maior* este que molda todo o ordenamento jurídico num dado espaço territorial, organizando a comunidade política e proclamando (e disponibilizando instrumentos de efetiva garantia de) Direitos Fundamentais.

A idéia de sistema proporcionou coerência ao ordenamento jurídico de um dado país. Tal entendimento serve para o passado e para o presente, podendo ainda ser útil para o futuro do Estado isolado. *Entretanto, o que*

---

[7] *Apud* CARVALHO, P. B. *Direito Tributário:* fundamentos jurídicos da incidência, p. 40.

[8] Enfatizando a idéia de *sistema*, *Norberto Bobbio* leciona que "(...) as normas jurídicas nunca existem isoladamente, mas sempre em um contexto de normas com relações particulares entre si (e estas relações serão em grande parte objeto de nossa análise). Esse contexto de normas costuma ser chamado de 'ordenamento'. E será bom observarmos, desde já, que a palavra 'direito', entre seus vários sentidos, tem também o de 'ordenamento jurídico', por exemplo, nas expressões 'Direito romano', 'Direito canônico', 'direito italiano' 'direito brasileiro', etc." *In:* BOBBIO. *Teoria do ordenamento jurídico*, p. 19.

[9] CARVALHO, P. B. *Direito Tributário:* fundamentos jurídicos da incidência, p. 42.

[10] *Niklas Luhmann* (*In:* LUHMANN. *Sociologia do Direito*, v. I e II, pp. 225/238 e pp. 7/27) considera o Direito como sistema fechado, doutrina esta que não se coaduna com a opinião dos *constitucionalistas* no exercício descritivo das normas da Carta, como informa *André Ramos Tavares* (*In:* TAVARES. *Curso de Direito Constitucional*, p. 74), para quem a *Constituição* é um sistema aberto de normas que se atualizam *também* pelo exercício da interpretação constitucional. *Juarez Freitas* pondera: "Especialmente com a queda do império da razão típica do século XIX e de parte do século XX – a razão monológica ou instrumental – e com o advento dos paradigmas da complexidade, mais e mais convém que o direito seja visto como um sistema geneticamente aberto e, pois, como potencialmente contraditório, normativa e axiologicamente. Neste contexto, sem prejuízo do dever racional de efetuar uma ordenação sistemática mediante sinapses 'desde dentro', tal complexidade, para além das diferentes abordagens filosóficas, revela-se um dos pontos centrais a serem considerados na formulação do conceito de sistema jurídico." *In:* FREITAS. *A interpretação sistemática do Direito*, p. 48/49.

[11] CARVALHO, P. B. *Direito Tributário:* fundamentos jurídicos da incidência, p. 40.

não podemos aceitar é a negativa de que uma Constituição Européia não seria possível porque uma Constituição, como ocupante do topo de um sistema, não possa vir a ser o topo de um sistema comunitário. Pela lógica e pela teoria dos sistemas, nada pode impedir a existência de uma Lei Maior que, ao invés de incidir sobre *um só* ordenamento, incida sobre vários – assim como acontece num Estado dotado da forma federal. Com isso, não estamos aqui a aderir à tese dos federalistas europeus, que propugnam pela idéia de que a União Européia (UE) representaria um Estado composto por vários Estados-Membros. Entendemos que a União Européia, regrada por uma Constituição que se sobreponha a todas as normas domésticas dos países-membros – incluindo as suas Constituições –, não pode ser classificada como uma federação nem como uma confederação, pois tais palavras têm uma conotação que dirige os leitores destas linhas ao *conceito de Estado*[12] e, mais especificamente, ao Estado moderno. Por esta razão, entendemos que Canotilho está certo quando diz, simplesmente, que a União Européia, mesmo com uma Constituição Européia, representaria um *"fenótipo diferenciado"*[13] (ou, para nós, uma *forma anômala de comunidade política*), isso porque, em alguns momentos, principalmente no novo contexto apresentado no Projeto de Tratado Constitucional, algumas decisões passarão a ser tomadas por *maioria* de votos – disso se podendo fazer uma leitura *federalista* – e outras ainda deverão ser tomadas por unanimidade – disso se podendo fazer uma leitura *confederalista*.

A definição da maioria qualificada no Conselho Europeu foi, como largamente discutido na imprensa, a mais difícil questão com a qual a CIG (Conferência Intergovernamental) teve que negociar. Na proposta original inserida no Projeto de Tratado Constitucional pela *Conveção Giscard*, o Conselho Europeu *decidiria* com base na *"maioria dupla"* que considerava: (i) os Estados-Membros; (ii) o povo. Isto constituiria a expressão daquilo que chamavam de *"dupla legitimidade"* na União Européia. Mas tal *"dupla legitimidade"* foi mudada pelo último encontro da Conferência Intergovernamental para uma *"tripla legitimidade"*: (*a*) em vez da maioria dos Estados-Membros, representando 60% da população, a CIG decidiu que a

---

[12] Comparando o processo de supranacionalização aos paradigmas do Estado moderno, J. J. Gomes Canotilho opina: "De factor de organização política e símbolo de soberania interna e de autonomia e independência no plano externo, o Estado passa a ser definido como uma modesta unidade de acção que comanda actos e comportamentos nos limites das fronteiras territoriais através de governos nacionais." CANOTILHO. Existe um direito constitucional da regulação? In: *Revista do advogado*. Ano XXIII, n° 73. São Paulo: Associação dos Advogados do Estado de São Paulo, novembro de 2003, p. 110. No mesmo sentido: HESSE *et alii*. *Manual de Derecho Constitucional*, p. 15: "Los problemas esbozados ponen de manifesto: la concepción tradicional del Estado es tan difícilmente mantenible como una idea de Constitución orientada al modelo nacional a la antigua usanza."

[13] CANOTILHO. Palestra proferida no Teatro Guaíra, em Curitiba, no dia 4.10.2004, sobre a temática *"Constitucionalismos e Globalização"*, no VI Simpósio Nacional de Direito Constitucional, organizado pela Academia Brasileira de Direito Constitucional.

Jurisdição e Direitos Fundamentais

maioria qualificada requererá o suporte de 55% dos Estados-Membros representando 65% da população. Esta definição é acompanhada de dois outros elementos: (b) para evitar situação em que, em caso extremo, somente três (grandes) Estados-Membros estariam aptos para bloquear uma decisão do Conselho devido ao crescimento em suas populações, estabeleceu-se que o número mínimo de países para promover bloqueio será de quatro Estados-Membros, representando isto uma *new blocking minority*; (c) e mais, um número de membros do Conselho que represente pelo menos três quartos de uma *minoria de bloqueio*, no nível dos Estados-Membros ou em nível da população, podem solicitar a suspensão de votação, caso em que as discussões continuarão por período suficiente até que se alcance uma base consensual dentro do Conselho.

O que importa é o seguinte: (i) estará o Tratado Constitucional incidindo sobre os ordenamentos dos 25 Estados-Membros da UE? A resposta é sim, desde que haja a ratificação de todos os ele (regra da unanimidade), de acordo com as suas regras constitucionais (art. IV-8º); (ii) terá o Tratado Constitucional supremacia sobre os ordenamentos jurídicos nacionais e sobre as próprias Constituições nacionais? Por certo que sim, estando isto posto no *Projeto Giscard*, adicionando-se a isso o fato histórico de que, *geralmente* – a Inglaterra fica à parte disso por sua tradição histórica de Constituição consuetudinária, bem como os países que, expressamente em seus Textos Constitucionais, fazem constar que as normas da Carta poderão ser revogadas por leis ordinárias e/ou tratados internacionais –, *uma Constituição* se caracteriza pela supremacia graças à rigidez formalmente prevista nela própria. Seguindo a linha de Canotilho, Francisco Lucas Pires[14] – que entende que a UE não se enquadraria, sob uma Constituição, no modelo de federação, de confederação ou de organização internacional – prefere o uso da expressão *modelo original* (ou via original), aceitando também a terminologia *Associação de Estados*.

Federação Européia, Confederação Européia ou *"Forma Anômala de Comunidade Política"*?

Na formação da federação norte-americana, treze ex-colônias britânicas decidiram se juntar. Cada qual, no entanto, tinha a opção de tomar o seu próprio rumo como Estado soberano. Logo, formou-se a federação por meio de um impulso vindo das extremidades no exercício de uma força centrípeta.

No caso da configuração da federação brasileira, a decisão que deu autonomia às Províncias veio do centro revolucionário, no Rio de Janeiro, no exercício de uma força centrífuga que proporcionou a desconcentração de poderes, pelo menos em tese.

---

[14] PIRES. *Introdução à Ciência Política*, p. 81/82.

O fenômeno europeu tem particularidades próprias porque a construção do espaço ocupado pela União Européia se efetivou pela via do tratado internacional, o que quer dizer que o consentimento dos Estados-Membros foi fundamental: neste sentido, a formação da União Européia mais se assemelha à norte-americana no exercício de uma força centrípeta. Por outro lado, levando em consideração que se formou o Direito Comunitário e os órgãos supranacionais europeus, muitas das decisões destes vinculam os Estados-Membros, no exercício de uma força que sai do centro rumo às extremidades – força centrífuga –, fazendo isto com que a configuração européia passe a se parecer com o momento em que se delineou a federação brasileira.

Pelas exposições constantes nos três parágrafos anteriores, podemos perceber que, mais uma vez, a União Européia não pode ser simplesmente enquadrada ao modelo X ou ao Y, isto porque ela tem pressupostos existenciais próprios, fora o fato de que devemos levar sempre em conta que formam a União Européia, não 13 ex-colônias, mas vinte e cinco Estados tradicionais no contexto internacional. Esta é mais uma razão para nos recusarmos a classificar a União Européia como uma *federação* ou como uma *confederação*, pelo menos nos moldes clássicos que tais formas de Estado vêm apresentando.

No *modelo original* de Francisco Lucas Pires, no *fenótipo diferenciado* de José Joaquim Gomes Canotilho, ou em nossa *forma anômala de comunidade política*, percebemos a tentativa, incidente sobre o campo semântico, de intitular o fenômeno organizacional europeu ou a *"forma de Estado européia"*.

Primeiramente, se não consideramos a União Européia como um Estado, pelo menos não nos moldes clássicos e/ou modernos, então não será certo aplicarmos à sua forma o modelo *federativo*[15] ou o modelo confederativo, isto porque tais expressões possuem fortíssima conotação histórica essencialmente ligada à formação, sobretudo, dos Estados Unidos da América e do Estado moderno pós-Revolução Francesa. Acontece que a União Européia é um *sistema pós-moderno*, uma realidade referente a um tempo avançado cronologicamente, não podendo ser comparada à realidade temporal que afetou a *Confederação Helvética* ou os EUA. Logo, aqui neste artigo sobre a aplicação da teoria dos sistemas à realidade supranacional européia, não pode haver espaço para expressões com carga semântica que dirijam nosso pensamento ao passado. Em cenário assim, ou seja, utilizando-nos de expressões que se refiram a realidades expostas pelo Estado mo-

---

[15] BARACHO. *Teoria geral do federalismo*, 362 p. HORTA. O federalismo no Direito Constitucional contemporâneo. *In:* BONAVIDES, Paulo (coord.). *Revista latino-americana de estudos constitucionais.* Belo Horizonte: Del Rey, jan./jun. 2003, n. 1. SIDJANSKI. *L'avenir fédéraliste de l'Europe,* 361 p.

Jurisdição e Direitos Fundamentais

derno, é de temer que isto leve o leitor mais afoito a conclusões indevidas ou a espaços históricos referentes a realidades do passado. Neste sentido, semanticamente falando, é muito melhor fazer como fizeram Gomes Canotilho e Lucas Pires, razão pela qual não temos dúvida alguma em classificar a União Européia como uma *forma anômala de comunidade política*, não como um super-Estado, nem como um Estado. Daí o leitor crítico, deparando-se com o desenvolvimento do presente parágrafo, poderá introduzir o seguinte questionamento: *"Mas como é que se vai defender tese de uma comunidade política – a UE –, regida por uma Constituição, se uma Constituição só pode reger um Estado e, conseqüentemente, um Estado só pode ter entidades fragmentadas dentro de seu 'corpus' se adotar, alternativamente, as formas clássicas da federação e da confederação?"* O leitor que assim indagasse estaria certo, isto se ele próprio e o autor das presentes linhas estivessem seguindo a mesma trilha, o que, de fato, não acontece: (i) primeiro, porque não consideramos a União Européia nem sob uma Constituição dotada de supremacia, como um Estado; (ii) segundo, porque se a União Européia não é um Estado, então não lhe cabe a roupagem de federação ou confederação; (iii) assim sendo, a conclusão só pode ser uma: qualquer cientista do Direito Constitucional, atento, pode encontrar campo totalmente aberto para a inserção de uma nomenclatura nova que venha a classificar a forma da UE. Foi o que fizeram Gomes Canotilho e Lucas Pires; é o que fazemos.

Atualmente, a UE pode ser considerada como algo aproximado a uma federação, pelo menos, no caso dos regulamentos (ou das futuras *leis* previstas no Tratado Constitucional). Noutras vezes, porém, dela se denota a forma confederativa, uma vez que até para a aprovação do Tratado Constitucional impõe-se, pela realidade pós-Maastricht e pré-Projeto Giscard, a votação unânime. E o campo é aberto mesmo, uma vez que até entre as atuais federações há diferenças estruturais e competenciais significativas, bastando para isto passarmos a notar a forma da Suíça, a da Alemanha, a dos Estados Unidos e a do Brasil. Mas não é o tempo todo que a Europa se veste da roupagem confederativa, porque se isto fosse verdade, não teria sido possível a atuação da Corte de Justiça das Comunidades Européias, e muitos menos a edição de regulamentos e diretivas, os primeiros com mais força por sua generalidade e abstração, mas os segundos também vinculantes quando dotados de linguagem clara, direta e objetiva, da qual se abstrai um comando prescritivo individual e concreto (dirigido não à comunidade como um todo, mas a um ou mais países que necessitem de adaptação à estrutura supranacional européia). Logo, não sendo a Europa uma federação o tempo todo e nem uma confederação, então ela é uma *forma anômala de comunidade política*.

Em entrevista recente, Habermas[16] afirma que deseja uma Constituição para uma Europa *federal*. Traduzindo o pensamento habermasiano constante em todo o corpo de sua vasta obra, e não as palavras isoladas do título de sua entrevista (nota abaixo), presumimos que o filósofo alemão não quis, pela utilização da expressão *"federale"*, induzir o leitor a conceitos do passado ou a formas de Estado válidas para a realidade ocidental do período entre 1776 até o Tratado de Maastricht (e até válidas para dias atuais quando a referência parte da visualização dos Estados federais *modernos*). A frase de Habermas *"sì, voglio una Costituzione per l'Europa federale"* deve ser traduzida como sendo o entendimento habermasiano de que uma Constituição não anulará as competências parciais dos Estados-Membros e nem apagará do horizonte as suas peculiaridades regionais. Neste sentido, nós também diríamos: *"sì, voglio una Costituzione per l'Europa federale"*; mas estaríamos nos utilizando da expressão *"federale"* simplesmente para inculcar as idéias (i) da divisão de competências e (ii) da supremacia do Direito Comunitário ou Constitucional Europeu.

Nos parágrafos já escritos, tentamos desenvolver raciocínio que dê conta de que a União Européia pode-se formar sistematicamente, quer dizer, a UE pode representar um sistema em que, de modo mais eficaz e coeso do que aconteceu até agora, uma Constituição supranacional e comunitária, mesmo que posta por tratado, sobreponha-se a todas as outras partículas normativas das entidades parciais (Estados-Partes) formadoras da UE, caso em que se imprimiria ao sistema jurídico europeu e à realidade comunitária e supranacional européia uma interpretação sistemática que necessariamente, na busca de uma coesão unionista, chegasse ao entendimento de que a Constituição Européia passaria a ser o elemento fundamental aglutinante da União, elemento este em torno do qual girariam as demais Constituições e leis dos países europeus que, em estrutura assim, conservariam competências próprias, bem como peculiaridades inerentes à cultura e ao jeito de ser de cada um dos povos formadores da UE. Com a utilização desta ferramenta poderosa chamada *interpretação sistemática,*[17] a conseqüência é

---

[16] HABERMAS. *Sì, voglio una Costituzione per l'Europa federale*. Disponível em www.caffeeuropa.it/attualita/112attualita-habermas.html. Acesso em 25.9.2004.

[17] CANARIS. *Pensamento sistemático e conceito de sistema na Ciência do Direito*, pp. 157/159: "A 'interpretação sistemática' ocupa assim um lugar firme entre os 'cânones da interpretação' jurídica. A tal propósito pensa-se, normalmente, na *interpretação a partir do sistema exterior da lei*, portanto nas conclusões retiradas da localização de um preceito em determinado livro, secção ou conexão de parágrafos, da sua configuração como proposição autónoma ou como mera parte de uma proposição, etc., etc. No entanto, apenas haveria aqui um ponto de apoio relativamente estreito e, além disso, não poucas vezes a localização de um preceito surge materialmente errada; pense-se, por exemplo, para referir apenas dois casos, na inclusão do § 833/1 do BGB na seqüência dos delitos ou na remissão para o § 278 do BGB, feita no § 254/II, 2 (em vez de no número III). No entanto, não se nega que a argumentação retirada do sistema externo tenha um certo valor. Assim, por exemplo, não é totalmente inadmissível retirar conclusões da colocação de um preceito na parte geral ou na parte especial de uma lei, no tocante ao seu âmbito de aplicação; também se deve esquecer que a divisão de uma lei é, muitas vezes,

---

Jurisdição e Direitos Fundamentais

uma só: a da crença de que nada impede uma Europa comunitária ou supranacional de conservar poderes parciais para as suas entidades estatais (os Estados): Com tais dizeres, parece que chegamos a uma realidade federalista; contudo, tal realidade não pode-se confirmar pelo fato de que na Europa ainda se pratiquem decisões das quais se denote uma estrutura confederal, razão por que preferimos evitar o uso das expressões *federação* e *confederação*.

Qualquer vertente ou opinião doutrinária sobre a teoria dos sistemas se aplica à União Européia: (i) se o intérprete estudar a realidade comunitária a partir do lado de fora do sistema, ou seja, impulsionado pela ordem econômica, pela realidade histórica ou pelas premissas ordenativas culturais, chegará à conclusão de que tudo convergia para uma Europa unida, principalmente considerando que o momento atual explicita um processo de *"irritabilidade"* em que o sistema político tenta impulsionar a União, em lugar do sistema econômico; (ii) por outro lado, se o intérprete estudar a UE pela perspectiva intra-sistemática, ou seja, pelo seu lado de dentro, perceberá que há muita coesão na atual UE, caso em que uma Constituição Européia aumentaria ainda mais a uniformidade intra-sistemática da própria. De um modo ou de outro, a interpretação sistemática se aplica para que o cientista possa, por intermédio de um discurso coeso, explicar as normas estruturantes da União Européia e aquelas definidoras de Direitos Fundamentais no contexto continental europeu, razão pela qual, mais uma vez, chegamos à conclusão de que, intersistematicamente ou intra-sistematicamente falando, a Constituição Européia é o remédio dos remédios que propiciará o início da construção mais uniforme desta *forma anômala de comunidade política*. Uma construção uniforme que, entretanto, não apagará a diversidade propagada por Erhard Denninger.[18] Assim, pouco importa a classificação semântica da Europa como uma federação ou como uma confederação; pelas razões já expostas, preferimos um termo desvinculado de realidades históricas do passado e que seja tão genérico quanto demanda a vontade de não errar: *forma anômala de comunidade política*.

---

influenciada pela 'natureza das coisas' e que, por isso, a natureza de um preceito como por exemplo, norma de Direito de família ou de Direito comercial, pode tornar-se frutuosa para o seu entendimento. Tais argumentos só são, porém, efectivamente eficazes quando os *valores* resultantes da inserção sistemática sejam extrapolados; trata-se, então, porém, já de uma *argumentação retirada do sistema interno*. E esta é, de facto, do maior significado. Enquanto a interpretação a partir do sistema externo apenas traduz, em certa medida, o prolongamento da interpretação gramatical, a argumentação baseada no sistema interno, exprime o prolongamento da interpretação teleológica ou, melhor, apenas um grau mais elevado dentro desta, – um grau no qual se progrida da 'ratio legis' à 'ratio iuris', e tal como a interpretação teleológica em geral a argumentação a partir do sistema interno da lei coloca-se, com isso, no mais alto nível entre os meios da interpretação."

[18] DENNINGER, Erhard. "Segurança, diversidade e solidariedade" ao invés de "liberdade, igualdade e fraternidade". *In: Revista Brasileira de Estudos Políticos*. Belo Horizonte: Imprensa Universitária da UFMG. pp. 21/47, v. 88 (Edição especial da RBEP em homenagem ao seu fundador Prof. Dr. Orlando Magalhães Carvalho).

O fato de que a elaboração da Constituição Européia proveio de uma convenção na qual se fizeram presentes representantes dos parlamentos nacionais, do Parlamento Europeu (PE), dos governos nacionais, da Comissão Européia e de outras entidades representativas faz com que cheguemos à conclusão de que o *Projeto Giscard*, apesar de todos os seus defeitos – e são muitos –, é produto de conduta muito mais aberta e democrática do que foram todos os outros tratados da União Européia em que, simplesmente, os chefes de Estado e de governo apunham as suas assinaturas e as suas ratificações, estas após as aprovações parlamentares. Logo, as discussões abertas sobre o futuro da União representam um dos maiores desenvolvimentos que se podem ver numa formação sistemático-jurídica nos anos recentes. Os trabalhos da Convenção, partes de um *"puzzle" constituinte* que se manifestou com vários outros elementos, produziram a expectativa de uma maior uniformidade sistemática para a realidade européia sob uma Constituição.

Aqui chegamos à Constituição Européia como algo inovador e que se postará no ápice do sistema europeu, personificado na *comunidade política anômala* chamada União Européia. Por isto, neste momento em que se discute um nome para designar a *"forma de Estado"* da União Européia, pouco importa qual será o escolhido. Muito mais relevante é a ênfase que se deve dar à formação do sistema-União Européia, justificado ao final por uma Constituição supranacional e comunitária.

Jurisdição e Direitos Fundamentais

— XI —

O Processo Civil na perspectiva dos direitos fundamentais

C. A. ALVARO DE OLIVEIRA

Professor Titular da Faculdade de Direito da UFRGS
Desembargador aposentado do Tribunal de Justiça do RS

1. A dimensão conquistada pelo direito constitucional em relação a todos os ramos do direito e na própria hermenêutica jurídica (v.g., "a interpretação conforme à Constituição") mostra-se particularmente intensa no que diz respeito ao processo.

Já no século XVII, apreendera-se que o exercício da jurisdição constitui faceta importante do exercício do poder. Daí a apropriação do *ordo iudiciarius* pelo Príncipe, de que é exemplo emblemático o chamado *Code Louis*.[1]

Atualmente, pode-se até dizer, do ponto de vista interno, que a conformação e a organização do processo e do procedimento nada mais representam do que o equacionamento de conflitos entre princípios constitucionais em tensão, de conformidade com os fatores culturais, sociais, políticos, econômicos e as estratégias de poder em determinado espaço social e temporal.[2] Basta pensar na permanente disputa entre os princípios da efetividade e da segurança jurídica.

---

[1] *Ordenance Civile du mois davril 1667*, denominada *Code Louis*. Nicola Picardi, *Il Giudice e la Legge nel Code Louis*, in *Rivista di Diritto Processuale*, L (1995): 33-48, esp. p. 35-36, ressalta com razão que, com a instituição do *Code Louis*, o rei-juiz do constitucionalismo medieval passava a ser substituído pelo rei-legislador; o direito tornava-se reduzido à lei e a lei à vontade do soberano. Em conseqüência, a *iurisdictio* terminava por perder o caráter originário de poder soberano *tout court*, e, com sua imagem do julgar, era destinada a cobrir uma esfera de poder diferente do poder de legislar, tornando-se o último já a marca distintiva da soberania.

[2] Ainda está por ser realizada, do ponto de vista sociológico, uma investigação que mostre como, na atual sociedade informática e globalizada, a difusão de modelos culturais de forma instantânea por televisão via satélite, internet, rádio, fiimes, ensaios, artigos, revistas, livros etc. poderá vir a aproximar mundos diferentes e até a homogeneizá-los e quando isso se tornará possível.

Jurisdição e Direitos Fundamentais

Significativamente, no final do século XIX, era presente entre nós a compreensão da influência da norma constitucional no processo, especialmente como meio para a efetividade e segurança dos direitos. Para João Mendes Júnior, o processo, na medida em que garante os direitos individuais, deita suas raízes na lei constitucional. Cada ato do processo "deve ser considerado meio, não só para chegar ao fim próximo, que é o julgamento, como ao fim remoto, que é a segurança constitucional dos direitos." Suprimir, assim, formalidades processuais pode constituir "ofensa da garantia constitucional da segurança dos direitos e da execução das leis federais".[3]

Em obra diversa, adiantando lições de outras épocas, o grande mestre como que intuiu a íntima conexidade entre os direitos processual e constitucional, ao consignar que "As leis do processo são o complemento necessário das leis constitucionais; as formalidades do processo as atualidades das garantias constitucionais. Se o modo e a forma da realização dessas garantias fossem deixados ao critério das partes ou à discrição dos juízes, a justiça, marchando sem guia, mesmo sob o mais prudente dos arbítrios, seria uma ocasião constante de desconfiança e surpresas".[4] Antecipam-se desse modo, com grande descortino, futuras elaborações da doutrina européia do século XX.

Realmente, se o processo, na sua condição de autêntica ferramenta de natureza pública indispensável para a realização da justiça e da pacificação social, não pode ser compreendido como mera técnica mas, sim, como instrumento de realização de valores e especialmente de valores constitucionais,[5] impõe-se considerá-lo como direito constitucional aplicado.[6]

Nos dias atuais, cresce em significado a importância dessa concepção, se atentarmos para a íntima conexidade entre a jurisdição e o instrumento processual na aplicação e na proteção dos direitos e garantias assegurados na Constituição. Aqui não se trata mais, bem entendido, de apenas conformar o processo às normas constitucionais, mas de empregá-las no próprio exercício da função jurisdicional, com reflexo direto no seu conteúdo, naquilo que é decidido pelo órgão judicial e na maneira como o processo é

---

[3] João Mendes Júnior, *A Nova Fase da Doutrina e das Leis do Processo Brasileiro*, in *Revista da Faculdade de Direito de São Paulo*, 1899, p. 120, *apud* José Frederico Marques, *Ensaio sobre a Jurisdição Voluntária*, São Paulo, Saraiva, 1959, p. 23.

[4] João Mendes Júnior, *O Processo Criminal Brasileiro*, 2ª ed., vol. I, p. 8, *apud* José Frederico Marques, *Ensaio sobre a Jurisdição Voluntária*, cit., p. 21-22.

[5] Cf. C. A Alvaro de Oliveira, *Do Formalismo no Processo Civil*, São Paulo, Saraiva, 1997, p. 73-76 e 83-84. Sobre o fenômeno cultural e sua influência no processo, o ensaio pioneiro entre nós de Galeno Lacerda, *Processo e Cultura*, Revista de Direito Processual Civil, 3 (1962): 74-86, *passim*.

[6] Assim, Hans Friedhelm Gaul, *Zur Frage nach dem Zweck des Zivilprocezesses*, Archiv für die Civilistische Práxis, 168 (1968): 27-62, esp. p. 32. Idéia semelhante em Rudolf Pollak, *Sistem des Österreichischen Zivilprozessrechtes.*, 2ª ed., Wien, Manz, 1932, p. III, para quem o direito processual civil constitui, em muitos aspectos, uma das mais importantes partes do direito constitucional.

por ele conduzido. Este último aspecto, ressalte-se, de modo geral, é descurado pela doutrina. Tudo isso é potencializado por dois fenômenos fundamentais de nossa época: o afastamento do modelo lógico próprio do positivismo jurídico, com a adoção de lógicas mais aderentes à realidade jurídica, como a tópica-retórica, e a conseqüente intensificação dos princípios, sejam eles decorrentes de texto legal ou constitucional, ou não.

2. No contexto antes delineado, ressalta a importância dos direitos fundamentais,[7] visto que criam os pressupostos básicos para uma vida na liberdade e na dignidade humana.[8] Cuida-se, portanto, dos direitos inerentes à própria noção dos direitos básicos da pessoa, que constituem a base jurídica da vida humana no seu nível atual de dignidade. Claro que não se trata apenas dos direitos estatuídos pelo legislador constituinte, mas também dos direitos resultantes da concepção de Constituição dominante, da idéia de Direito, do sentimento jurídico coletivo.[9]

A importância dos direitos fundamentais decorre ainda de outra circunstância. Além de serem tautologicamente fundamentais, a evolução da humanidade passou a exigir uma nova concepção de efetividade dos direitos fundamentais. Do sentido puramente abstrato e metafísico da Declaração dos Direitos do Homem de 1789, a partir da Declaração Universal dos Direitos do Homem de 1948, evoluiu-se para uma nova universalidade dos direitos fundamentais de modo a colocá-los num grau mais alto de juridicidade, concretude, positividade e eficácia.[10]

Essa nova universalidade, busca subjetivar de forma concreta e positiva os direitos de tríplice geração na titularidade de um indivíduo, que, antes de ser o homem deste ou daquele país, de uma sociedade desenvolvida

---

[7] É grande a incerteza terminológica a respeito. Fala-se em direitos naturais, direitos humanos, direitos do homem, direitos individuais, direitos públicos subjetivos, liberdades fundamentais, liberdades públicas, direitos fundamentais do homem (José Afonso da Silva, *Curso de Direito Constitucional*, p. 157). Dou preferência à expressão "direitos fundamentais" não só porque já incorporada à tradição, como também porque expressa razoavelmente a concepção adotada no texto.

[8] Assim, Konrad Hesse, apud Paulo Bonavides, *Curso de Direito Constitucional*, 7ª. ed., São Paulo, Malheiros, 1997, p. 514. Ainda segundo Hesse, os direitos fundamentais, mais restritamente, são aqueles qualifica los como tais pelo direito vigente. Consoante José Afonso da Silva, *Curso*, cit., p. 159, os direitos fundamentais estabelecem os princípios consubstanciadores da concepção do mundo e da ideologia política de cada ordenamento jurídico, designando as prerrogativas e instituições com que o direito positivo concretiza as garantias de uma convivência digna, livre e igualitária de todas as pessoas.

[9] Cf. Jorge Miranda, *Manual de Direito Constitucional*, tomo IV, *Direitos Fundamentais*, Coimbra, Coimbra ed., 1988, p. 8-10.

[10] A busca da efetividade dos direitos fundamentais, bem assinala Serge Guinchard, *Droit processuel – Droit commum du procès*, em colaboração com Monique Bandrac, Xavier Lagarde e Mélina Douchy, Paris, Dalloz, 2001, p. 53-54, é o fenômeno mais marcante do final do século XX. Menciona ele o célebre aresto Airey vs. Irlanda, de 7.10.1979, em que a Corte Européia dos Direitos do Homem manifestou sua clara preocupação com a exigência "de proteger não mais de forma teórica ou ilusória, mas de forma concreta e efetiva", os direitos fundamentais.

Jurisdição e Direitos Fundamentais

ou subdesenvolvida, é, pela sua condição de pessoa, um ente qualificado por sua pertinência ao gênero humano, objeto daquela universalidade.[11]

Relembre-se que os direitos de primeira geração são os direitos da liberdade, a saber, os direitos civis e políticos assegurados no plano constitucional; os da segunda geração dizem respeito aos direitos sociais, culturais e econômicos, bem como aos direitos coletivos. A terceira geração compreende os direitos da fraternidade, ultrapassando os limites dos direitos individuais ou mesmo coletivos: o direito ao desenvolvimento, o direito à paz, o direito ao meio ambiente, o direito de propriedade sobre o patrimônio comum da humanidade e o direito de comunicação.[12]

3. No sistema jurídico brasileiro, essas ponderações ostentam enorme alcance prático, porque a Constituição de 1988 positivou de forma expressa os direitos fundamentais de primeira, segunda e terceira gerações.

Além disso, o § 1º do art. 5º da Constituição brasileira estatui de modo expresso que "As normas definidoras dos direitos e garantias fundamentais têm aplicação imediata".

Esta última disposição constitucional reveste-se de grande significado. Por um lado, principalmente em matéria processual, os preceitos consagradores dos direitos fundamentais não dependem da edição de leis concretizadoras. Por outro, na Constituição brasileira, os direitos fundamentais de caráter processual ou informadores do processo não tiveram sua eficácia plena condicionada à regulação por lei infraconstitucional.

Demais disso, já não se discute mais na doutrina do direito constitucional o papel dos direitos fundamentais e das normas de princípio – mesmo daquelas consideradas meramente programáticas – como diretivas materiais permanentes, vinculando positivamente todos os órgãos concretizadores, inclusive aqueles encarregados da jurisdição, devendo estes tomá-las em consideração em qualquer dos momentos da atividade concretizadora.[13] Aliás, a mais importante fonte jurídica das normas de princípio são exatamente os direitos fundamentais.

Como se vê, cada vez mais nos distanciamos da concepção tradicional, que via os direitos fundamentais como simples garantias, como mero direito de defesa do cidadão em face do Estado, e não, como os compreende

---

[11] Cf. a linha de desenvolvimento traçada com mão de mestre por Paulo Bonavides, *Curso*, cit., p. 526-527, com menção ainda a diversos outros documentos relativos a direitos humanos produzidos no século XX.

[12] Segue-se aqui a síntese realizada por Paulo Bonavides, *Curso*, cit., p. 516-524. O grande constitucionalista ainda menciona a quarta geração dos direitos fundamentais: o direito à democracia, o direito à informação e o direito ao pluralismo, direitos esses da maior importância, como se vê, mas que escapam aos limites estreitos deste estudo (ob. cit., p. 524-526).

[13] J. J. Gomes Canotilho, *Direito Constitucional*, 4ª. ed., Coimbra, Almedina, 1987, p. 132.

a mais recente doutrina, como direitos constitutivos institucionais, com ampla e forte potencialização.

A questão revela-se particularmente sensível, porquanto dessa forma atribui-se ao órgão judicial, no plano jurídico-subjetivo, o poder de exercer positivamente os direitos fundamentais (liberdade positiva) e de exigir omissões dos poderes públicos, de modo a evitar agressões lesivas por parte destes (liberdade negativa).[14]

Por isso mesmo, em tal normatividade de caráter essencialmente principial, encontra-se contida autêntica outorga de competência para a livre investigação jurisdicional do direito. A particularidade aqui, em relação a outros tipos de regras jurídicas, é que a competência para a descoberta mesma do direito no caso concreto vincula-se com os princípios de maneira ampla e indeterminada.[15] A constatação mostra-se deveras relevante, na medida em que, sendo facultado expressamente na Constituição o exercício de um direito produzido pelos juízes, legitima-se a atividade do Poder Judiciário perante a sociedade como um todo, mesmo diante da resistência de interesses contrariados.

4. Antes de analisar em espécie os direitos fundamentais que mais de perto dizem respeito ao processo – para depois procurar extrair algumas conseqüências práticas das premissas até agora estabelecidas –, importa ter presentes ainda três aspectos essenciais implicados na sua concepção, a seguir enumerados:

a) A já mencionada normatividade do direito fundamental, norteadora não só da regulação legislativa do processo, como também do regramento da conduta das partes e do órgão judicial no processo concreto e ainda na determinação do próprio conteúdo da decisão.

b) A supremacia do direito fundamental: "não são os direitos fundamentais que se movem no âmbito da lei, mas a lei que deve mover-se no âmbito dos direitos fundamentais".[16]

c) O caráter principiológico do direito fundamental, a iluminar as regras já existentes, permitindo ao mesmo tempo a formulação de outras regras específicas para solucionar questões processuais concretas.

---

[14] J. J. Gomes Canotilho, *Direito Constitucional*, cit., p. 448.

[15] Assim, Issak Meier, *Auflösung des geschriebenen Rechts durch allgemeine Prinzipiennormen*, in *Prinzipiennormen und Verfahrensmaximem*, em colaboração com Rudolf Ottomann, Zürich, Schulthess Verlag, 1993, p. 56-58. Na mesma esteira, observa José Carlos Vieira de Andrade, *Os direitos fundamentais na Constituição portuguesa de 1976*, Coimbra, Almedina, 1987, p. 256, que, na falta de lei que concretize determinado direito fundamental, "o princípio da aplicabilidade directa vale como indicador de exeqüibilidade imediata das normas constitucionais, presumindo-se a sua perfeição, isto é, a sua auto-suficiência baseada no caráter líquido e certo do seu conteúdo de sentido. Vão, pois, aqui incluídos o dever dos juízes e dos demais operadores jurídicos de aplicarem os preceitos constitucionais e a autorização para com esse fim os concretizarem por via interpretativa".

[16] Cf. a expressiva formulação de Jorge Miranda, *Manual*, cit., nº 60-I, p. 282-283.

Jurisdição e Direitos Fundamentais

Sob o último ângulo visual, o direito fundamental apresenta-se como norma aberta, a estabelecer pura e simplesmente um programa e afirmar certa direção finalística para a indispensável concretização jurisdicional, em oposição, assim, àquelas normas que contêm uma ordem positiva ou negativa, capazes de serem apreendidas pelo juiz de forma mais ou menos direta.[17]

5. De passagem, é interessante observar que embora a oposição entre regras e princípios seja cada vez mais tênue, na medida em que toda interpretação de texto, segundo a moderna hermenêutica, exige em maior ou menor medida um "fazer produtivo", não se mostra correto afirmar que toda regra jurídica, por sua vez, contém, em determinados limites, uma norma de princípio,[18] o que de certa forma eliminaria a diferença qualitativa entre ambas as categorias, preconizada por Esser.

A aplicação concreta do direito fundamental, de qualquer modo, não se distancia radicalmente do processo de aplicação do direito em geral. Este, como tentei demonstrar em outra oportunidade,[19] apresenta-se necessariamente como obra de acomodação do geral ao concreto, a requerer incessante trabalho de adaptação e até de criação, mesmo porque o legislador não é onipotente na previsão de todas e inumeráveis possibilidades oferecidas pela inesgotável riqueza da vida.

Assim, o rigor do formalismo resulta temperado pelas necessidades da vida, agudizando-se o conflito entre o aspecto unívoco das características externas e a racionalização material, que deve levar a cabo o órgão judicial, entremeada de imperativos éticos, regras utilitárias e de conveniência ou postulados políticos, que rompem com a abstração e a generalidade. O juiz, por sua vez, não é uma máquina silogística, nem o processo, como fenômeno cultural, presta-se a soluções de matemática exatidão. Isso vale, é bom ressaltar, não só para o equacionamento das questões fáticas e de direito, como também para a condução do processo e notadamente no recolhimento e na valorização do material fático de interesse para a decisão.

Mesmo a regra jurídica clara e aparentemente unívoca pode ser transformada em certa medida, de acordo com as peculiaridades do caso concreto, por valorações e idéias do próprio juiz.

Já Aristóteles havia constatado o fenômeno, quando tratou na sua *Ética a Nicômano*, momento clássico na história da *epieikeia*, das relações

---

[17] Cf. Isaak Meier, ob. cit., p. 14. Segundo Joseph Esser, *Principios y Pensamientos Jurídicos Generales y Formas que Adoptan en el Derecho Privado*, trad. de Eduardo Valentí Fiol, Barcelona, Bosch, 1961, p. 63-70, as regras contêm ordens diretas; os princípios, apenas critérios para a justificação de uma ordem.

[18] Como sugere, Isaak Meier, ob. cit., p. 53-54.

[19] C. A. Alvaro de Oliveira, *Do Formalismo no Processo Civil*, cit., p. 190-191.

entre legalidade e eqüidade. Para o estagirita, "o eqüitativo, se bem é justo, não o é 'de acordo com a lei, mas como uma correção da justiça legal. A causa disso é que toda lei é universal e há casos nos quais não é possível tratar as coisas com exatidão de um modo universal. Naqueles casos, pois, nos quais é necessário falar de um modo universal, sem ser possível fazê-lo exatamente, a lei aceita o mais corrente, sem ignorar que há algum erro". A eqüidade se prestaria, assim, para eliminar a distância entre a abstração da norma e a concretude do caso julgado: "tal é a natureza do eqüitativo: uma correção da lei na medida em que sua universalidade a deixa incompleta".[20]

Cuida-se, bem entendido, de aplicar a lei com eqüidade, atividade conatural ao próprio ato de julgar, e não de substituí-la pela eqüidade. E nessa aplicação da regra ou do princípio, do direito *tout court*, o sistema funciona como língua, isto é, como sistema de regras de uso das palavras da linguagem jurídica na qual se nomeiam os fatos a serem apreciados e valorizados. Na verdade, os significados expressos na língua jurídica, empregada na aplicação operativa do direito, são tão ambíguos e opináveis como as regras de uso da língua jurídica ditada pelas normas.[21] Daí a permanente necessidade de contextualizá-los, pela inserção no contorno específico fático da causa, para se extrair a decisão justa e adequada do caso concreto, especialmente com a ajuda dos princípios.

6. No concernente aos direitos fundamentais e aos princípios, a concretização realiza-se exclusivamente pelo juiz no caso trazido ao seu conhecimento. Vale dizer que o seu conteúdo só pode ser determinado diante de fatos específicos, considerando-se ainda que para essa aplicação são estabelecidos poucos limites, a não ser a coerência com os fundamentos constitucionais, o sistema jurídico e a linguagem interna do direito. Em contrapartida, o conteúdo da regra está previsto na própria regra, com maior ou menor precisão.

Dito isso, podem ser estabelecidas algumas linhas de aplicação das normas infraconstitucionais na perspectiva dos direitos fundamentais.

Assim, em primeiro lugar, a interpretação deve ser conforme à Constituição, encarada esta de forma global, com ponderação de valores entre os direitos fundamentais adequados e o bem protegido pela lei restritiva.

---

[20] Aristóteles, *Ética Nicomáquea*, trad. esp. de J. Pallí Bonet, Madrid, Gredos, 1985, V, 10, 1137b, p. 263.

[21] Cf. Luigi Ferrajoli, *Derecho y Razón – Teoria del Garantismo Penal*, trad. de Perfecto Andrés Ibañez *et al.*, prólogo de Norberto Bobbio, Madrid, Trotta, 1995, p. 56. Também a correlação entre a língua e a linguagem interna do sistema é essencial para a teoria hermenêutica preconizada por Tercio Sampaio Ferraz, *Introdução ao Estudo do Direito – Técnica, Decisão, Dominação*, São Paulo, Atlas, 1989, p. 231-281, assentada no teor da tradução.

Vale dizer: o aplicador da norma deve inclinar-se pela interpretação que conduza à constitucionalidade da norma, embora por outra via pudesse considerá-la inconstitucional.[22]

Às vezes, mostra-se necessária até a correção da lei pelo órgão judicial, com vistas à salvaguarda do predomínio do valor do direito fundamental na espécie em julgamento. Já não se cuida, então, de mera interpretação "conforme à Constituição", mas de correção da própria lei, orientada pelas normas constitucionais e pela primazia de valor de determinados bens jurídicos dela deduzidos, mediante *interpretação mais favorável aos direitos fundamentais*. Significa isto que, havendo dúvida, deve prevalecer a interpretação que, conforme o caso, restrinja menos o direito fundamental, dê-lhe maior proteção, amplie mais o seu âmbito, satisfaça-o em maior grau.[23]

Outro aspecto a ser sublinhado, com repercussão imediata na vida das pessoas, é a determinação do alcance dos direitos fundamentais e dos princípios que colidam entre si no caso em julgamento, da ponderação dos valores e da determinação do que deva prevalecer para a justiça do caso, consoante o chamado princípio da proporcionalidade, regra hoje inafastável de hermenêutica.[24] Aliás, além de conflitarem, os princípios podem também complementar-se ou delimitar-se entre si.[25]

Na conhecida visão de Alexy, a otimização por meio dos princípios dá-se em consonância com as possibilidades normativas e fáticas. Normativas, porque a aplicação dos princípios depende dos princípios e regras que a eles se contrapõem ou os complementam. Fáticas, porque o conteúdo dos princípios, para que se transforme em norma concreta, só pode ser determinado pela concretude fática do caso.[26]

---

[22] A respeito, por todos, Paulo Bonavides, *Curso*, cit., p. 473-480. Com uma visão sistemática da doutrina alemã e da jurisprudência do Tribunal Constitucional Federal alemão, Gilmar Ferreira Mendes, *Jurisdição Constitucional – O Controle Abstrato de Normas no Brasil e na Alemanha*, 3ª. ed., São Paulo, Saraiva, 1999, p. 231-237.

[23] J. J. Gomes Canotilho e Vital Moreira, *Fundamentos da Constituição*, Coimbra, Coimbra ed., 1991, nº 4.9, p. 143. Como bem ressalta Marcelo Lima Guerra, *Execução Indireta*, São Paulo, RT, 1998, p. 53, trata-se de "adequar os resultados práticos ou concretos da decisão o máximo possível ao que determinam os direitos fundamentais em jogo."

[24] Humberto Bergmann Ávila, Distinção entre Princípios e Regras e a Redefinição do Dever de Proporcionalid.de, *Revista de Direito Administrativo*, 215 (jan./mar.1999): 151-179, esp. p. 170, demonstra de maneira adequada tratar-se, na realidade, de postulado normativo-aplicativo, pois impõe uma condição formal estrutural de conhecimento concreto (aplicação) de outras normas, condição essa de caráter normativo, instituída pelo próprio direito para a sua devida aplicação, na busca de realização integral dos bens juridicamente resguardados. Daí a definição do dever de proporcionalidade como "um postulado normativo aplicativo decorrente da estrutura principial das normas e da atributividade do Direito, e dependente do conflito de bens jurídico materiais e do poder estruturador da relação meio-fim, cuja função é estabelecer uma medida entre bens jurídicos concretamente correlacionados" (p. 175).

[25] Ressalta acertadamente Karl Larenz, *Metodologia da Ciência do Direito*, trad. de José Lamego, 3ª ed., Lisboa, Gulbenkian, 1997, p. 483, que os direitos fundamentais e princípios não estão uns a par dos outros, sem conexão, mas que se relacionam uns com os outros de acordo com o sentido e, por isso, podem tanto complementar-se como delimitar-se entre si.

7. Do ponto de vista do direito processual, impõe-se sublinhar que os direitos fundamentais, para poderem desempenhar sua função na realidade social, precisam não só de normatização intrinsecamente densificadora como também de formas de organização e regulamentação procedimentais apropriadas. Daí a necessidade de estarem assegurados constitucionalmente por normas, principiais ou não, garantindo-se ao mesmo tempo seu exercício e restauração, em caso de violação, por meio de órgãos imparciais com efetividade e eficácia.[27] Embora essa dimensão procedimental nem sempre se refira ao processo judicial, também o abrange, a evidenciar uma interdependência relacional entre direitos fundamentais e processo.

Faceta importante a ressaltar é que a participação no processo para a formação da decisão constitui, de forma imediata, uma posição subjetiva inerente aos direitos fundamentais, portanto é ela mesma o exercício de um direito fundamental.[28] Tal participação, além de constituir exercício de um direito fundamental, não se reveste apenas de caráter formal, mas deve ser qualificada substancialmente.

Isso me leva a extrair do próprio direito fundamental de participação a base constitucional para o princípio da colaboração, na medida em que tanto as partes quanto o órgão judicial, como igualmente todos aqueles que participam do processo (serventuários, peritos, assistentes técnicos, testemunhas etc.), devem nele intervir desde a sua instauração até o último ato, agindo e interagindo entre si com boa-fé e lealdade.

Para o Tribunal Constitucional espanhol, o dever judicial de promover e colaborar na realização da efetividade da tutela jurisdicional não é de caráter moral, mas um dever jurídico constitucional, pois os juízes e tribunais têm a "(...) obrigação de proteção eficaz do direito fundamental (...)". O cumprimento desse mandato constitucional de proteger o direito fundamental à tutela judicial efetiva, a que têm direito todas as pessoas, há de ser para os juízes e tribunais norte de sua atividade jurisdicional. Por isso, o Tribunal Constitucional fala da necessária colaboração dos órgãos judiciais com as partes na materialização da tutela e também no dever específico de garantir a tutela, dever que impede os órgãos jurisdicionais de adotarem uma atitude passiva nesta matéria.[29]

---

[26] *Apud* Humberto Bergmann Ávila, ob. cit., p. 159.

[27] Por isso, afirma Konrad Hesse, *Elementos de Direito Constitucional da República Federal da Alemanha*, trad. da 20ª ed. alemã por Luís Afonso Heck, Porto Alegre, Fabris, 1998, nº 359, p. 288, que os direitos fundamentais requerem, em maior ou menor proporção, regulação da organização e do procedimento, e ao mesmo tempo influem sobre o direito de organização e procedimento, o que contribui para a sua própria realização e asseguramento.

[28] Assim, J. J. Gomes Canotilho, Tópicos de um Curso de Mestrado sobre Direitos Fundamentais, Procedimento, Processo e Organização, *Boletim da Faculdade de Direito de Coimbra*, 1990, p. 151-163, esp. p. 155, com amparo na sugestão do *status activus processualis*, formulada por P. Häberle.

[29] Cf. Francisco Chamorro Bernal, *La Tutela Judicial Efectiva (Derechos y garantias procesales derivados del artículo 24.1 de la Constitución)*, Barcelona, Bosch, 1994, p. 329, com menção a diversos precedentes (ob. cit., p. 329-330 e notas 72 a 77).

Jurisdição e Direitos Fundamentais

Por outro lado, a dependência crescente de previsão e de distribuição estatal e por conseqüência o perigo crescente de colisão entre os direitos de liberdade e as posições de direitos fundamentais, que estes ocupam no mundo atual, acaba por exercer influência decisiva no papel destinado ao direito processual. E isso porque os direitos fundamentais exibem acentuada força de irradiação sobre o direito legislado, a acentuar ainda mais o papel dos tribunais na "descoberta" do direito aplicável ao caso concreto.

À luz dessas considerações, a participação no processo e pelo processo já não pode ser visualizada apenas como instrumento funcional de democratização ou realizadora do direito material e processual, mas como dimensão intrinsecamente complementadora e integradora dessas mesmas esferas. O próprio processo passa, assim, a ser meio de formação do direito, seja material, seja processual. Tudo isso se potencializa, quando se atenta em que o processo deve servir para a produção de decisões conforme a lei, corretas a esse ângulo visual, mas, além disso, dentro do marco dessa correção, presta-se essencialmente para a produção de decisões justas.[30]

8. Como fonte específica de normas jurídicas processuais, devem ser considerados especialmente dois grupos de direitos fundamentais, pertinentes aos valores da efetividade e da segurança jurídica,[31] valores esses instrumentais em relação ao fim último do processo, que é a realização da Justiça no caso concreto.

No primeiro grupo, desponta fundamentalmente a garantia de acesso à jurisdição (art. 5º, inciso XXXV, da Constituição da República).

É claro que não basta apenas abrir a porta de entrada do Poder Judiciário, mas prestar jurisdição tanto quanto possível eficiente, efetiva e justa, mediante um processo sem dilações ou formalismos excessivos.

Exatamente a perspectiva constitucional do processo veio a contribuir para afastar o processo do plano das construções conceituais e meramente técnicas e inseri-lo na realidade política e social. Tal se mostra particularmente adequado no que diz respeito ao formalismo excessivo, pois sua solução exige o exame do conflito dialético entre duas exigências contrapostas, mas igualmente dignas de proteção, asseguradas constitucionalmente: de um lado, a aspiração de um rito munido de um sistema possivelmente amplo e articulado de garantias "formais" e, de outro, o desejo de dispor de um mecanismo processual eficiente e funcional.

---

[30] Assim, Robert Alexy, *Teoria de los Derechos Fundamentales*, cit., p. 472, endossando entendimento nesse sentido do Tribunal Constitucional Federal alemão. Sobre o ponto, C. A. Alvaro de Oliveira, *Do Formalismo*, cit., p. 65-66. De observar que um dos valores supremos da ordem constitucional brasileira é a Justiça, como ressaltado no Preâmbulo da Constituição de 1988.

[31] Aspecto sublinhado com grande acuidade por Teori Albino Zavascki, *Antecipação de Tutela*, São Paulo, Saraiva, 1997, p. 64-65.

Nessa linha de entendimento, a Corte Européia dos Direitos do Homem, em vários pronunciamentos, vem proclamando que a Convenção Européia dos Direitos do Homem ostenta por finalidade proteger direitos não mais "teóricos ou ilusórios, mas concretos e efetivos".[32]

Para a Corte, a efetividade supõe, além disso, que o acesso à justiça não seja obstaculizado pela complexidade ou custo do procedimento. Tal implica que as limitações, sempre deixadas à margem de apreciação dos Estados nacionais, não podem em nenhum caso restringir o acesso assegurado ao litigante de tal maneira que seu direito a um tribunal seja atingido em sua própria substância, devendo ser observada "uma relação razoável de proporcionalidade entre os meios empregados e o fim visado". Ainda segundo o Tribunal, o litigante não deve ser impedido "de empregar um recurso existente e disponível", proibindo-se todo "entrave desproporcional a seu direito de acesso ao tribunal".[33]

Da mesma forma acentuou o Tribunal Constitucional espanhol que "(...) as normas que contêm os requisitos formais devem ser aplicadas tendo-se sempre presente o fim pretendido ao se estabelecer ditos requisitos, evitando qualquer excesso formalista que os converteria em meros obstáculos processuais e em fonte de incerteza e imprevisibilidade para a sorte das pretensões em jogo".[34]

Também o fator tempo veio a ganhar papel de destaque nesse quadro, ainda mais com a massificação das demandas levadas ao Judiciário e a conseqüente mudança de perfil dos usuários do sistema, a exigir uma solução mais ou menos premente do litígio. Daí a intensificação da tutela cautelar e antecipatória, da chamada jurisdição de urgência, em uma palavra, cujo substrato constitucional se mostra inegável. Também decorre desse imperativo a necessidade de se estabelecerem mecanismos de uma duração razoável do processo e, mais do que isso, da efetiva satisfação do direito reconhecido judicialmente, sem maiores delongas.[35]

---

[32] Arestos de 24.7.1968, no caso "lingüístico belga", série A, nº 6, p. 31, §§ 3 *in fine* e 4; Golder vs. Reino-Unido, de 25.2.1975, série A, nº 18, p. 18, § 35 *in fine*; Luedicke, Belkacem e Koç, de 28.11.1978, série A, nº 29, p. 17-18, § 41; Marckx, de 136.1979, série A, nº 31, p. 15, § 31, apud Bertrand Favreau, *Aux sources du procès équitable une certaine idée de la qualité de la Justice*, in *Le procès équitable et la protection juridictionnelle du citoyen*, Bruxelles, Bruylant, 2001, p. 11 e nota 3.

[33] Arestos Levages Prestations Services vs. França, de 23.10.1996, *Recueil*, 1996-V, p. 1996-V, p. 1543, § 40, Brualla Gómez de la Torre vs. Agne, de 19.12.1997, § 33, Garcia Manibardo vs. Espanha, de 15.2.2000, apud, apud Bertrand Favreau, ob. cit., p. 11e nota 8.

[34] Sentença 57, de 8.5.1984, na linha de outros precedentes, como ressalta Francisco Chamorro Bernal, *La Tutela*, cit., p. 315. Adiante, ob. cit., p. 317, refere que o mesmo tribunal entendeu haver excesso de formalismo na inadmissão de recurso por faltar 360 pesetas num preparo de 327.846.

[35] Oportuna a recomendação de José Rogério Cruz e Tucci, *Tempo e Processo*, São Paulo, RT, 1997, p. 146, *passim*, quanto à necessidade de serem adotados mecanismos endoprocessuais de repressão à chicana, de aceleração do processo e de controle (jurisdicional) externo da lentidão.

Jurisdição e Direitos Fundamentais

Por outro lado, a própria noção de Estado Democrático de Direito, erigida a princípio fundamental da Constituição Brasileira (art. 1º, *caput*), constitui substrato capital para a segurança jurídica, na medida em que salvaguarda a supremacia da Constituição e dos direitos fundamentais, garantindo o cidadão contra o arbítrio estatal, assegurando ao mesmo tempo elementos fundantes imprescindíveis a qualquer sociedade realmente democrática, como o princípio democrático, o da justiça, o da igualdade, o da divisão de poderes e o da legalidade.[36]

De mais a mais, o desenvolvimento, que se pode julgar excessivo, da penalização da vida social e política, exige sejam as regras jurídicas formuladas de maneira simples, clara, acessível e previsível: daí a noção de Estado de Direito e o princípio da segurança jurídica, produtos de desenvolvimentos sociais cada vez mais complexos e de evoluções cada vez mais incertas.[37]

Em tal contexto, ganha lugar de destaque o devido processo legal[38] (art. 5º, inciso LIV, da Constituição da República), princípio que exige como corolários a proibição de juízos de exceção e o princípio do juiz natural (art. 5º, incisos XXXVII e LIII), a igualdade (art. 5º, *caput*), aí compreendida a paridade de armas,[39] o contraditório e a ampla defesa, com os meios e recursos a ela inerentes (art. 5º, inciso LV), consideradas inadmissíveis as provas obtidas por meios ilícitos (art. 5º, inciso LVI), devendo o litígio ser solucionado por meio de decisão fundamentada (art. 94, inciso IX).

---

[36] Sobre o ponto, José Afonso da Silva, *Curso*, cit., p. 103-108, e J. J. Gomes Canotilho e Vital Moreira, *Fundamentos*, cit., p. 82-85. Walther J. Habscheid, *Droit Judiciaire Privé Suisse*, Genéve, Librairie de LUniversité, 1981, § 50, I, p. 306, tratando da autoridade da coisa julgada, menciona que o Tribunal Federal Constitucional alemão (*BverfGE* 15, 319) sublinhou que o Estado de Direito tem como tarefa preservar a segurança do direito.

[37] Cf. Bertrand Mathieu e Michel Verpeaux, *Contentieux Constitutionnel des Droits Fondamentaux*, Paris, LGDJ, 2002, p. 703, que ressaltam o emprego substancial desses conceitos tanto pelo juiz constitucional francês quanto pelo juiz ordinário.

[38] Cezar Saldanha de Souza Júnior, em suas aulas na Faculdade de Direito da Universidade Federal do Rio Grande do Sul, tem criticado essa forma de expressar a cláusula do *due process of law*, ao argumento de que *law* também é direito, propondo seja adotada a fórmula "devido processo de direito". A sugestão certamente é adequada à função do princípio. Todavia, além de a expressão estar consagrada pelo uso, não me parece esteja equivocada a tradução, em vista de que, no seu primeiro emprego no Estatuto do Rei Eduardo III (1354), como informa Kenneth Pennington, *The Prince and the Law, 1200-1600 (Sovereignty and Rights in the Western Legal Tradition)*, Berkeley, University of California Press, 1993, p. 145, nota 95, fazia-se referência expressa à lei: "saunz estre mesne en respons par due proces de lei".

[39] Para a Corte Européia dos Direitos do Homem, "consoante o princípio da igualdade de armas – um dos elementos da noção mais ampla de processo eqüitativo –, deve ser oferecida a cada uma das partes a possibilidade razoável de apresentar sua causa em condições tais que não a coloquem em situação de desvantagem em relação à outra": Assim, v.g., arestos Dombo Beheer B.V vs. Países-Baixos, de 27.10.1993, série A, nº 274, § 33, Bulut v. Áustria, de 22.2.1996, *Recueil* 1996, II, § 47, Foucher vs. França, de 17.3.1997, § 34, Kuopila vs. Finlândia, de 27.4.2000, apud Silvio Marcus-Helmons, *Quelques aspects de la notion dégalité des armes (Un aperçu de la jurisprudence de la Cour européenne des droits de lhomme)*, in *Le procès équitable*, cit., p. 68.

9. À vista do exposto, pode-se concluir que garantismo e eficiência devem ser postos em relação de adequada proporcionalidade, por meio de uma delicada escolha dos fins a atingir e de uma atenta valoração dos interesses a tutelar. E o que interessa realmente é que nessa difícil obra de ponderação sejam os problemas da justiça solucionados num plano diverso e mais alto do que o puramente formal dos procedimentos e transferidos ao plano concernente ao interesse humano objeto dos procedimentos: um processo assim na medida do homem, posto realmente ao serviço daqueles que pedem justiça.[40]

Em suma, com a ponderação desses dois valores fundamentais – efetividade e segurança jurídica – visa-se idealmente a alcançar um processo tendencialmente justo.

Observe-se, finalmente, à vista do caráter essencialmente principiológico dos direitos fundamentais, que só se pode determinar o que se entende por processo justo levando-se em conta as circunstâncias peculiares do caso.

---

[40] Detecta o problema, insere-o na perspectiva constitucional e o resolve nos termos enunciados no texto Nicolò Trocker, *Processo Civile e Costituzione – Problemi di Diritto Tedesco e Italiano*, Milano, Giuffrè, 1974, p. 734-736.

— XII —

Legislación y las políticas antidiscriminatorias en México: el inicio de un largo camino

CHRISTIAN COURTIS

Professor do ITAM (México) e da Universidade de Buenos Aires

Sumario: 1. La definición del término "discriminación" y su posible alcance; 2. Carácter grupal de la discriminación y factores prohibidos; 3. Alcance de la protección antidiscriminatoria: público/privado; 4. Medidas antidiscriminatorias y garantías; 5. La evaluación de los efectos y del cumplimiento de los objetivos de la ley; 6. Un paso en falso: una muestra de la debilidad del control judicial de constitucionalidad sobre discriminación en México.

Estas breves notas tienen la intención de sugerir algunos parámetros para considerar el alcance, las necesidades y los posibles efectos de la legislación y las políticas antidiscriminatorias que un Estado decida adoptar. No tienen, por supuesto, intención alguna de exhaustividad, pero creo que brindan un panorama de cuestiones a tener en consideración cuando se asume la tarea de adoptar y llevar a la práctica medidas antidiscriminatorias, como pretende hacerlo México. En este sentido, pueden ser relevantes para acompañar el proceso de puesta en práctica de la Ley Federal para Prevenir y Eliminar la Discriminación.

1. La definición del término "discriminación" y su posible alcance

Un primer parámetro insoslayable está vinculado con la concepción o noción de "discriminación" que la ley y las políticas públicas correspondientes adopten. Tratándose de un término con una carga emotiva importante, una tarea de clarificación del alcance del término permitirá una mejor

Jurisdição e Direitos Fundamentais

265

comprensión de los desafíos que implica la puesta en marcha de una política antidiscriminatoria. Para realizar esta tarea de clarificación, hemos de acudir a algunas distinciones ya acuñadas en el derecho antidiscriminatorio de países desarrollados.[1]

Así, una primera distinción relevante es la que media entre discriminación legal (o normativa, o *de jure*) y la discriminación de hecho (o *de facto*, o "invisible"). Por discriminación legal, normativa o *de jure* se entiende aquella distinción basada sobre un factor prohibido que excluye, restringe o menoscaba el goce o el ejercicio de un derecho. Explicaré después el significado del término "factor prohibido". Por ahora, basta con señalar que este tipo de discriminación puede manifestarse al menos de dos modos: de modo *directo*, es decir, cuando el factor prohibido es invocado explícitamente como motivo de distinción o exclusión – por ejemplo, cuando se prohíbe a las mujeres ejercer una profesión, o cuando se establecen distinciones raciales para el ejercicio de un derecho, o cuando se prohíbe a las personas con discapacidad acceder a un cargo o empleo público – e, inversamente, cuando se omite cumplir con una obligación o medida de acción positiva impuesta legalmente; y de modo *indirecto* – esto es, cuando pese a que el factor de distinción explícitamente empleado es aparentemente "neutro", no existe una justificación objetiva para emplearlo en relación con la cuestión decidida, y el efecto o resultado de su empleo es el de excluir de manera desproporcionada a un grupo o colectivo. Un ejemplo puede aclarar la discriminación normativa *indirecta*: supongamos que para postular a un puesto administrativo se exija una estatura de más de 1,80 metros, o correr 100 metros en menos de 15 segundos. En el primer caso, es probable que el criterio de distinción elegido impacte desfavorablemente sobre las mujeres; en el segundo caso, es probable que lo haga sobre las personas con movilidad física restringida.

La diferenciación entre discriminación normativa directa e indirecta tiene consecuencias importantes en materia de prueba: mientras en el primer caso bastaría – para acreditar la discriminación – con probar que una distinción legal se basa sobre el empleo de un factor prohibido, en el segundo caso es necesario acreditar, además de lo injustificado del criterio de distinción utilizado, el efecto o resultado desproporcionadamente perjudicial que tiene ese criterio sobre un grupo o colectivo – prueba que requiere indicios de carácter empírico.

---

[1] Ver, por ejemplo, María Ángeles Barrère Unzueta, *Discriminación, Derecho antidiscriminatorio y acción positiva a favor de las mujeres*, Civitas, Madrid, 1997 y "Problemas del Derecho antidiscriminatorio: subordinación *versus* discriminación y acción positiva *versus* igualdad de oportunidades, en Revista Vasca de Administración Pública, N° 60, mayo-agosto 2001, pp. 145-166; Fernando Rey Martínez, *El derecho fundamental a no ser discriminado por razón de sexo*, McGraw-Hill, Madrid, 1995; Miguel Rodríguez Piñero y María Fernanda Fernández López, *Igualdad y discriminación*, Tecnos, Madrid, 1986.

La llamada discriminación de hecho, *de facto* o "invisible" se caracteriza por la ausencia de expresión de un criterio para excluir, restringir o menoscabar los derechos de los miembros de un grupo determinado: el factor puede operar consciente o inconscientemente, pero el resultado es finalmente el de la exclusión de los miembros de un grupo. Por ejemplo, las decisiones de un empleador, o de la autoridad que decide el otorgamiento de becas o el ingreso a una entidad pública, tienen como resultado consistente la preferencia de varones sobre mujeres, o de miembros no indígenas sobre indígenas. En este caso, al igual que en el caso de la discriminación normativa indirecta, acreditar la existencia de discriminación supone aportar datos empíricos que demuestren el sesgo "invisible" en la adopción de decisiones.

En la literatura contemporánea se habla también de *discriminación estructural o sistémica*.[2] Se trata más bien de la descripción de la magnitud del fenómeno de la discriminación tanto *de jure* como *de facto* contra grupos en particular. El señalamiento de una situación de *discriminación estructural* se ha empleado como justificación de las medidas de acción afirmativa o positiva, de las que hablaremos después.

Otro de los sentidos clásicos del término "discriminación" se relaciona con las denominadas *expresiones discriminatorias*. Se trata del empleo de expresiones injuriantes, agraviantes o portadores de estereotipos negativos referidos a un grupo social y basadas sobre un factor prohibido.

Por último, la legislación de diferentes países se refiere a la *igualdad de oportunidades*, en relación con las medidas antidiscriminatorias. Se trata, ciertamente, de nociones estrechamente vinculadas: la idea de igualdad de oportunidades surge por contraste con la idea de igualdad formal o identidad de trato, a raíz de la constatación de la existencia de grupos y sectores que, pese a la declaración de igualdad formal, son sistemáticamente excluidos del acceso a bienes sociales tales como la representación política, el empleo, la educación, la cultura, etcétera. De allí la vinculación entre la existencia de discriminación y la ausencia de igualdad de oportunidades, y la correlativa necesidad de complementar medidas antidiscriminatorias con medidas de promoción de la igualdad de oportunidades, entre las que se encuentran las denominadas "medidas de acción positiva o afirmativa".

Ante este panorama, es útil subrayar un aspecto que ha caracterizado la evolución de las normas antidiscriminatorias. En el pasado, cuando la noción de discriminación se vinculaba casi exclusivamente con las expresiones discriminatorias o injuriosas, la concepción vigente ponía énfasis en los componentes subjetivos de la conducta de quien era acusado de discri-

---

[2] Ver Roberto Saba, "(Des)igualdad Estructural", en Jorge Amaya (ed.), *Visiones de la Constitución, 1853-2004*, UCES, Buenos Aires, 2004, pp. 479-514.

Jurisdição e Direitos Fundamentais

267

minar – es decir, en la intención o el propósito de discriminar. Por motivos diversos – entre ellos, la dificultad de probar la intención, y la creciente percepción de la existencia de fenómenos de discriminación que no son conscientes o voluntarios, sino efecto de la reproducción social de prejuicios y estereotipos – esta concepción ha variado, y hoy se pone énfasis en un tipo de análisis de la discriminación que privilegia los factores objetivos – entre ellos, el *efecto* o *resultado* discriminatorio, por sobre la *intención* de discriminar, o bien la "objetivización" de la intención o del propósito, más allá de las intenciones declaradas.

Huelga señalar que el alcance y tipo de medidas antidiscriminatorias elegidas depende de la noción de discriminación que se adopte. La adopción de una noción amplia de discriminación, que englobe todos los criterios señalados, requerirá la elaboración de medidas, técnicas y garantías adecuadas, que eviten que el fin protectorio sea frustrado por la ausencia de mecanismos idóneos para cumplir ese fin.

Paso ahora a revisar brevemente la disposición del último párrafo del artículo 1 de la Constitución Política de los Estados Unidos de México, y la del artículo 4 de la Ley Federal para Prevenir y Eliminar la Discriminación, donde se incluyen las respectivas concepciones sobre discriminación adoptadas por esos cuerpos normativos.

En cuanto a la norma constitucional, parece abarcar tanto la discriminación *de jure* – tanto directa como indirecta – y *de facto*, y las expresiones discriminatorias (en tanto "atenten contra la dignidad humana"). Sin embargo, la norma plantea alguna dificultad porque parece referirse exclusivamente a tipos de discriminación voluntaria o intencional (ya que requiere que la discriminación "*tenga por objeto* anular o menoscabar los derechos y libertades de las personas"). Para que la cláusula tenga un alcance adecuado, es necesario interpretar esta expresión en un sentido objetivo, es decir, independiente de las intenciones subjetivas de las autoridades o particulares autores de la discriminación – que, por supuesto, tienden a negar que la intención de cualquier distinción sea la de anular o menoscabar derechos o libertades de las personas.

En cuanto al artículo 4 de la Ley, la cláusula – inspirada en gran medida en el lenguaje de los instrumentos internacionales sobre derechos humanos[3] – , es más amplia que la disposición constitucional, y facilita la tarea de quien denuncia un acto discriminatorio, ya que habla explícitamen-

---

[3] Considérese, por ejemplo, su similitud con el art 2 a) de la Convención Interamericana para la Eliminación de Todas las Formas de Discriminación contra las Personas con Discapacidad, art. 2 a): "El término 'discriminación contra las personas con discapacidad' significa toda distinción, exclusión o restricción basada en una discapacidad, antecedente de discapacidad, consecuencia de discapacidad anterior o percepción de una discapacidad presente o pasada, que tenga el efecto o propósito de impedir o anular el reconocimiento, goce o ejercicio por parte de las personas con discapacidad, de sus derechos humanos y libertades fundamentales".

te de su *efectos*, y no ya de las intenciones que lo motivaron. La definición incluye claramente los casos de discriminación *de jure* – directa e indirecta – y *de facto*; en el caso de la discriminación *de jure*, también incluye la discriminación por omisión o por incumplimiento de obligaciones, acciones positivas o medidas compensatorias (en la medida en que la omisión denunciada tenga por efecto "impedir o anular el ejercicio de los derechos y la igualdad real de oportunidades"). Esto, sin perjuicio de las dificultades planteadas por el art. 5 – en especial, la del art. 5 inciso VIII, a la que me referiré después. Además, la definición legal incluye explícitamente expresiones discriminatorias tales como la xenofobia o el antisemitismo – aunque cabría reprochar la limitación de esta enumeración, ampliada de algún modo por el artículo 9 incisos XV, XVII y XVIII de la misma Ley.

2. Carácter grupal de la discriminación y factores prohibidos

Una segunda cuestión que requiere explicación tiene que ver con la proyección grupal o colectiva del fenómeno de la discriminación. Cuando se habla de discriminación o de medidas antidiscriminatorias, no se está haciendo referencia a cualquier tipo de distinción legal. Por ejemplo, la distinción legal, a efectos de otorgar un subsidio, entre productores de leche y productores de miel, podría ser cuestionada a partir del principio de igualdad o tratamiento igualitario, pero difícilmente refleje el sentido en el cual se habla de "discriminación" en tratados internacionales de derechos humanos o en la Ley Federal para Prevenir y Eliminar la Discriminación. Lo que caracteriza a la discriminación que estos cuerpos normativos pretenden atacar es la existencia de preconceptos o prejuicios contra un grupo social determinado, que tienen como efecto la exclusión de ese grupo del goce o ejercicio de derechos, y el consiguiente agravamiento de su exclusión o marginación social.[4] Esta noción supone explorar y definir de modo más preciso la idea de *grupo social* de la que se habla.

Los intentos de definir la noción de grupo o grupo social relevante a efectos de la noción de discriminación han sido varios, y suponen las típicas dificultades relativas a la necesidad de englobar bajo un mismo criterio conceptual una multiplicidad de fenómenos de alcance diverso. Existe algún consenso, sin embargo, en subrayar al menos las siguientes notas características: a) existe un factor común que vincula al grupo; b) el grupo se autoidentifica en alguna medida a través de ese factor; c) el grupo es identificado por quienes no son miembros del grupo a través de ese factor.

---

[4] Cfr. María Ángeles Barrère Unzueta, *Discriminación, Derecho antidiscriminatorio y acción positiva a favor de las mujeres*, Civitas, Madrid, 1997, pp. 26-29.

Jurisdição e Direitos Fundamentais

Existen versiones más fuertes de la nota b), que requieren que el factor constituya un rasgo importante de identidad del grupo.

Iris Marion Young, una de las autoras más influyentes en esta materia, establece dos diferenciaciones interesantes, que sirven para visualizar con mayor claridad la noción de grupo a la que hacemos referencia.[5] Por un lado, un grupo social se distingue de un mero conjunto, agregado o agrupado. Mientras un grupo social se caracteriza por lazos de identificación identitaria y colectiva – tales como una historia, lenguaje, tradición o experiencia común, entre otros – , un agrupado es el resultado del empleo de algún factor clasificatorio convencional. En alguna medida puede decirse que mientras un grupo refleja una experiencia colectiva de carácter social, el agrupado sólo se debe a una clasificación intelectual o legal, y carece de un referente empírico colectivo. Así, por ejemplo, Young considera ejemplos de grupos sociales a las mujeres, a las personas con discapacidad, a los miembros de minorías raciales, nacionales o lingüísticas, a las personas adultas mayores, etcétera. Por lo contrario, serían ejemplos de agrupados convencionales los propietarios de carros con matrícula terminada en número par, los sujetos exentos del impuesto a las rentas, los usuarios de medios de transporte públicos, etcétera.

Por otro lado, Young también diferencia entre grupos sociales y asociaciones. Las asociaciones se caracterizan por la adhesión voluntaria de sus miembros: así, uno es socio de un club deportivo, de una entidad de bien común, de un partido político, de una iglesia. En la pertenencia a grupos sociales, el factor voluntario es mucho más débil – en la medida en que parte de la definición de grupo supone la heteroidentificación por parte de quienes no son miembros del grupo. Así, independientemente de que alguien participe en un movimiento de reivindicación de los derechos indígenas, es identificado y considerado en tanto indígena. Lo mismo puede decirse de otras condiciones sociales, como la de mujer, homosexual, persona con discapacidad, miembro de una minoría nacional, religiosa o lingüística, etcétera.

Estas distinciones, no exentas de dificultades teóricas, son útiles para entender el fenómeno de la discriminación: no se trata de cualquier forma arbitraria de menoscabo de un derecho, sino sólo del menoscabo debido a la pertenencia de una o varias personas a un grupo social.

Evidentemente, la discriminación puede tener efectos individuales, pero esos efectos se relacionan con la pertenencia de la persona discrimi-

---

[5] Ver Iris Marion Young, *La justicia y la política de la diferencia*, Cátedra, Valencia, 2000, pp. 77-85; Nancy Fraser, "Cultura, economía política y diferencia. Sobre el libro de Iris Young: *Justicia y la política de la diferencia*", en *Iustitia Interrupta. Reflexiones crítica desde la posición "postsocialista"*, Siglo del Hombre-Universidad de los Andes, Bogotá, pp. 258-262; Owen Fiss, "Grupos y la cláusula de la igual protección", en Roberto Gargarella (comp.), *Derecho y grupos desaventajados*, Barcelona, Gedisa, 1999, pp. 136-167.

nada a un grupo social. Así, por ejemplo, si una mujer es rechazada por esa condición del ejercicio de un cargo público, además del efecto individual sobre la persona perjudicada, la discriminación afecta al grupo entero, ya que confirma el prejuicio y estereotipo no sólo para la persona afectada, sino para todo el resto de los miembros del género femenino.

A partir de este marco conceptual es más sencillo explicar la existencia de algunos "factores sospechosos", "categorías sospechosas" o "factores prohibidos", enumerados en cláusulas o disposiciones legales antidiscriminatorias. Puede tomarse como ejemplo el artículo 1 de la Constitución Política de los Estados Unidos de México, o el art. 4 de la Ley Federal para Prevenir o Eliminar la Discriminación. En el primer caso, se prohíbe la discriminación por "origen étnico o nacional", "género", "edad", "capacidades diferentes", "condición social", "condiciones de salud", "religión", "opiniones", "preferencias" y "estado civil", entre otros. En el segundo, se considera discriminación toda distinción basada sobre el "origen étnico o nacional", el "sexo", la "edad", la "condición social o económica", las "condiciones de salud", el "embarazo", la "lengua", la "religión", las "opiniones", las "preferencias sexuales", el "estado civil" o cualquier otra "que tenga por efecto impedir o anular el reconocimiento o el ejercicio de los derechos y la igualdad real de oportunidades de las personas".

Una forma de entender esta lista de factores es suponer que se trata de notas o rasgos que identifican grupos sociales susceptibles de sufrir prejuicios o estereotipos injustificados, que tienen el efecto de excluirlos del goce o el ejercicio de derechos. Ciertamente, esta lectura es más plausible cuando el propio grupo se identifica colectivamente y existen prácticas identitarias comunes – como en el caso del género, los pueblos indígenas, las minorías religiosas, lingüísticas y tal vez las nacionales, las personas con discapacidad, las personas homosexuales. Resulta más complejo extender esta visión a otros factores de la lista, tales como las "opiniones" o el "estado civil". En estos casos, parece más fácil pensar que el constituyente o legislador identificó factores que, pese a no responder a formas de organización e identificación grupal, resultan objetivamente en estereotipos o prácticas de exclusión.

Desde el punto de vista empírico, es más factible que quien denuncie y actúe contra la discriminación sea un grupo social con lazos y formas de organización ya establecidas, que las personas que sufren de marginación pero no se autoidentifican a partir de un rasgo común. Tal vez el desafío mayor de muchos de los países de nuestra región, incluido México, sea el de diseñar mecanismos para detectar y atacar la discriminación por razones de pobreza, combinados generalmente con factores raciales que, sin embargo, no han llevado a una identificación grupal colectiva. Un ejemplo de ello es la combinación de pobreza y mestizaje racial.

Jurisdição e Direitos Fundamentais

Desde el punto de vista jurídico, el listado de "categorías o factores sospechosos" o "prohibidos" implica la necesidad de un control estricto del empleo de estos factores como base para hacer distinciones *de jure* o *de facto*.[6] En el derecho constitucional comparado se han desarrollado técnicas tales como el escrutinio agravado o estricto de toda medida que emplee factores o categorías sospechosas o prohibidas – lo que implica que el Estado o quien emplee la categoría para distinguir justifique por qué empleó esa categoría, y por qué era necesario acudir a ella y no a otra alternativa – o la inversión de la carga probatoria – es decir, una vez identificado el empleo del factor o categoría prohibida o sospechosa, la presunción de invalidez de la medida y la necesidad de que el demandado sea quien la justifique, si pretende su pervivencia.

Una última aclaración referida a este punto se relaciona con la denominada "asimetría" de las medidas de acción positivas o afirmativas:[7] aunque estas medidas tengan – obviamente – en consideración factores prohibidos – de otra manera no podrían operar – no se las considera discriminatorias, ya que tienen el propósito de equiparar o igualar las oportunidades de grupos sociales discriminados o postergados y que, en principio, son de carácter temporal. Esta idea es recogida por el artículo 5 inciso I de la Ley Federal para Prevenir y Eliminar la Discriminación.

3. Alcance de la protección antidiscriminatoria: público/privado

Otro de los temas cruciales relativos al alcance de la protección antidiscriminatoria se vincula con el tipo de relaciones a las que se aplicará dicha protección. En este sentido – y más allá de los problemas de "penumbra" que pueda acarrear la distinción – la legislación y las políticas públicas en la materia deben decidir entre limitar su aplicación al ámbito de las relaciones entre individuos y poderes públicos, o a extenderla también al ámbito de las relaciones entre particulares.[8] Mientras el primero es el ám-

---

[6] Ver Víctor Abramovich y Christian Courtis, *Los derechos sociales como derechos exigibles*, Trotta, Madrid, 2002, pp. 102-109; Luis Prieto Sanchís, "Igualdad y minorías", en Revista Derechos y Libertades, n°5, Instituto Bartolomé de las Casas-Universidad Carlos III, Madrid, 1997, pp. 116-117.

[7] Ver Owen Fiss, "Grupos y la cláusula de la igual protección", en Roberto Gargarella (comp.), *Derecho y grupos desaventajados*, Barcelona, Gedisa, 1999, pp. 137-167.

[8] Ver, en general, Juan María Bilbao Ubillos, *La eficacia de los derechos fundamentales entre particulares. Análisis de la Jurisprudencia del Tribunal Constitucional*, Centro de Estudios Políticos y Constitucionales, Madrid, 1997; Alexei Julio Estrada, *La eficacia de los derechos fundamentales entre particulares*, Universidad del Externado, Bogotá, 2000; Luis Prieto Sanchís, "Igualdad y minorías", en Revista Derechos y Libertades, N°5, Instituto Bartolomé de las Casas-Universidad Carlos III, 1997, pp. 128-129; Ingo Wolfgang Sarlet, "Direito Fundamentais e Direito Privado: algumas considerações em torno da vinculação dos particulares aos direitos fundamentais", en Ingo Wolfgang Sarlet (org.), *A Constituição concretizada. Construindo pontes como o público e o privado*, Livraria do Advogado, Porto Alegre, 2000, pp. 107-163.

bito tradicional del control de constitucionalidad y de legalidad de la actuación estatal, el segundo implica penetrar en relaciones que, al menos en el marco de la distinción común entre Estado y mercado, quedaban libradas al principio de autonomía de la voluntad y, por ende, exentas del control de motivaciones o efectos. La Ley Federal para Prevenir y Eliminar la Discriminación se ha decidido claramente por la estrategia más amplia, incluyendo tanto las relaciones entre individuo y Estado, como las relaciones entre particulares. Claros ejemplos de esto se encuentran en la enumeración del artículo 9 de la ley – ver, así, entre otros, los incisos I (referido explícitamente a la educación privada), XXII (referido a instituciones privadas que presten servicios al público), XV, XXIII, XXVII y XXVIII (referidos a conductas que pueden ser llevadas a cabo tanto por servidores públicos como por particulares).

Esta elección de la Ley Federal mexicana tiene una importante serie de implicaciones, de las que es preciso tomar conciencia para poder aplicarla adecuadamente. Por lo pronto, como se dijo, significa una limitación considerable del principio de autonomía de la voluntad: ámbitos de interacción tan importantes como la contratación laboral, la oferta de productos y servicios, la utilización de espacios de propiedad privada pero de acceso público, la prestación de servicios médicos y educativos por parte de individuos o empresas privadas, quedan sujetos a la prohibición de discriminar y, por ende, a la calificación de ilicitud de la conducta en caso de discriminación.

Por otro lado, la legislación antidiscriminatoria supone también un control estricto de la actividad de órganos y entidades gubernamentales de los tres poderes. Esto implica la sustitución de la completa identificación entre interés público e interés gubernamental, y la limitación de la deferencia en la consideración de los criterios empleados por las autoridades públicas para ejercer derechos, acceder o mantener cargos o beneficios, desempeñar tareas oficiales, contratar o tercerizar servicios, etcétera.

4. Medidas antidiscriminatorias y garantías

Otro aspecto importante para considerar el alcance de la legislación antidiscriminatoria está relacionada con el tipo de mecanismos, dispositivos y medidas que incorpora, y con la existencia de garantías para el caso de incumplimiento de las obligaciones que la ley establece por parte de los sujetos obligados.[9] En este sentido, no basta con establecer una prohibición genérica de discriminar – muchos de los términos empleados por estas pro-

---

[9] Ver Luigi Ferrajoli, "Derechos fundamentales", en *Derechos y garantías. La ley del más débil*, Trotta, Madrid, 1999, pp. 37-72 y "Garantías", en Revista Jueces para la Democracia, N° 38, Madrid, julio 2000, pp. 39-46.

Jurisdição e Direitos Fundamentais

273

hibiciones son a su vez susceptibles de interpretación: por ejemplo, la razonabilidad o justificabilidad de una distinción, o la determinación de que "tenga por efecto impedir o anular el reconocimiento o el ejercicio de los derechos y la igualdad real de oportunidades de la personas", que "tenga por objeto anular o menoscabar los derechos y libertades de las personas", o que "atente contra la dignidad humana". Por ello, para que una ley o una política pública en materia de prevención y eliminación de la discriminación y promoción de la igualdad de oportunidades sea efectiva, es necesario al menos abordar específicamente las siguientes cuestiones:

a) afinar los criterios para determinar cuándo un acto u omisión es discriminatorio. Para ello es útil, por ejemplo, la identificación de casos paradigmáticos, y la especificación de los criterios de justificabilidad – y por ende, también de los de no justificabilidad – de las distinciones y diferenciaciones adoptadas por autoridades públicas y por particulares. Este nivel de incidencia ayuda a definir los alcances de la prohibición de discriminación.

b) diseñar acciones, medidas y dispositivos para prevenir y combatir la discriminación y promover la igualdad de oportunidades. Esto implica la identificación de ámbitos y prácticas discriminatorias y de obstáculos para la igualdad de oportunidades, y la definición de facultades de autoridades públicas, obligaciones de los particulares y creación de incentivos legales o económicos para evitar o minimizar las posibilidades de discriminación, permitir a quienes la sufren denunciarla y atacarla, y crear las condiciones para concretar la igualdad de oportunidades. Estas acciones, medidas y dispositivos requieren un análisis contextualizado de ámbitos tales como el empleo, la educación, el acceso a espacios públicos, la prestación de servicios de salud, el acceso a la justicia, etcétera, y la disposición de los recursos correspondientes para hacerlas efectivas.

c) el establecimiento de garantías – es decir, de acciones y recursos – para que, en caso de infracción de las prohibiciones o incumplimiento de las obligaciones por parte de las autoridades públicas o de los particulares responsables, el damnificado o el grupo social del que es parte pueda presentar una queja, ser escuchado por una autoridad imparcial, hacer uso de un mecanismo de solución de controversias y, en su caso, lograr que el acto u omisión discriminatoria cese, que su responsable sea sancionado, que la ofensa sea reparada y que se adopten medidas para impedir que el acto u omisión discriminatorio se repitan. Aunque los mecanismos de garantía pueden adoptar formas distintas, tal vez la forma arquetípica sea la posibilidad de presentar una denuncia o entablar una demanda ante un tribunal de justicia. Puede mencionarse como ejemplos de estas garantías de carácter jurisdiccional las acciones de amparo, las acciones de indemnización por daños y perjuicios, la aplicación de sanciones penales y administrativas a funcionarios o a particulares responsables, las acciones de inconstitucionalidad, etcétera.

Dicho esto, aplicaré brevemente estas nociones para comentar la Ley Federal para Prevenir y Eliminar la Discriminación. Con respecto al punto a), es decir, los criterios de determinación sobre la existencia de discriminación, cabe formular dos comentarios. En primer lugar, la ley cumple adecuadamente con este paso, tipificando una serie de supuestos que constituyen actos y omisiones discriminatorias en su artículo 9. Este aspecto permite al intérprete identificar actos y omisiones discriminatorios, e inferir criterios para aplicarlos por analogía a otros casos no expresamente tipificados. Por otro lado, y en un sentido opuesto, el artículo 5 ha establecido algunos supuestos de exclusión de la discriminación que son sumamente discutibles, y que parecen ofrecer especialmente al Estado espacios de discrecionalidad para establecer distinciones sobre fundamentos dudosos. Así, por ejemplo, los incisos III (establecimiento de distinciones por instituciones públicas de seguridad social), IV (establecimiento de límites por razones de edad en el ámbito educativo), V (establecimiento de requisitos de ingreso o permanencia para el desempaño del servicio público y cualquier otro señalado en los ordenamientos legales), VI (distinciones "en beneficio" de una persona que padezca alguna enfermedad mental) y VII (distinciones, exclusiones, restricciones o preferencias que se hagan entre ciudadanos y no ciudadanos) son excesivamente genéricos y pueden encubrir supuestos de discriminación intolerable. En igual sentido, la cláusula abierta del inciso VIII ("en general, todas las que no tengan el propósito de anular o menoscabar los derechos y libertades o la igualdad de oportunidades de las personas ni de atentar contra la dignidad humana") se encuentra en tensión con la definición del artículo 4, que habla no de *propósitos* discriminatorios, sino de *efectos* discriminatorios.

Queda, aún, un problema de cierta envergadura, que es el relativo a las discriminaciones normativas consagradas por leyes. Dadas las tendencias autoritarias, la ausencia de una práctica extendida de controles entre poderes y la inexistencia de una tradición interpretativa antidiscriminatoria,[10] no es raro encontrar en la legislación vigente en México ejemplos de discriminación injustificable, basada sobre estereotipos y factores prohibidos.

Cuatro ejemplos bastarán como muestra: la denominada Ley General de Población establece un procedimiento, librado a la discrecionalidad administrativa, que permite a la autoridad migratoria detener por tiempo indeterminado, sin control judicial alguno y sin el mínimo respeto al debido

---

[10] Ver, en este sentido, José Ramón Cossío Díaz, *Dogmática constitucional y régimen autoritario*, Fontamara, México, 1998 y *La teoría constitucional de la Suprema Corte de Justicia*, Fontamara, México, 2002.

Jurisdição e Direitos Fundamentais

proceso legal, a los extranjeros de los que se sospeche están en situación de irregularidad en su situación migratoria (cfr. art. 152 de la Ley General de Población). Tal afectación por parte de una autoridad administrativa a la libertad ambulatoria o al debido proceso de los mexicanos sería inaceptable: se trata de un evidente caso de discriminación basada sobre el origen nacional.

En el Código Civil Federal, y en los de numerosas entidades federativas que lo reproducen textualmente o con ligeras modificaciones, se prohíbe a la mujer contraer nuevo matrimonio hasta pasados trescientos días de la disolución del anterior.[11] La prohibición, claro está, no rige para los varones. Se trata de un claro supuesto de discriminación basada sobre el género.

También en el Código Civil Federal, y en el de gran parte de las entidades federativas, se establece como impedimento para celebrar matrimonio el padecer de enfermedades las enfermedades crónicas e incurables, que sean, además, contagiosas o hereditarias.[12] Así – a partir de nociones sustentadas en el perfeccionismo biológico – se prohíbe injustificadamente contraer matrimonio a personas contagiadas de enfermedades tales como la tuberculosis, el síndrome de inmunodeficiencia adquirida o la sífilis, sin que importe el conocimiento y de la voluntad de su pareja. En sentido semejante, el artículo 226 de Ley del Instituto de Seguridad Social para las Fuerzas Armadas Mexicanas (ISSFAM), establece en sus categorías 81, 82 y 83 que el contagio del virus VIH-SIDA da lugar al "retiro por inutilidad" de la institución castrense. Se trata de dos casos obvios de discriminación basada sobre la condición de salud de la persona, también prohibida por el artículo 1 *in fine* de la Constitución.

---

[11] Ver, Código Civil Federal, art. 158; Código Civil de Chiapas, art 155 (aunque dispensa de la prohibición a la mujer que probare por dictamen pericial que no está embarazada); Código Civil de Coahuila, art. 264; Código Civil de Durango, art. 153; Código Civil de Jalisco, art. 270 (también dispensa de la prohibición a la mujer que probare por dictamen médico que no está embarazada); Código Civil de Morelos, art. 129; Código Civil de Nuevo León, art 158 (dispensa de la prohibición a la mujer que probare por dos médicos que no está embarazada); Código Civil de Puebla, art. 310 (dispensa de la prohibición a la mujer que probare por dictamen médico que no está embarazada); Código Civil de Querétaro, art. 150; Código Civil de Quintana Roo, art. 702 (dispensa de la prohibición a la mujer que probare por dictamen médico que no está embarazada); Código Civil de Sinaloa, art. 158; Código Civil de Tabasco, art. 161 (la prohibición es de ciento ochenta días), entre muchos otros. La norma fue derogada en algunas entidades, como Oaxaca y el Distrito Federal.

[12] Ver Código Civil Federal, art. 156 numeral VIII; Código Civil de Chiapas, art 153.VIII; Código Civil de Coahuila, art. 164; Código Civil de Durango, art. 151.VIII; Código Civil de Jalisco, art. 268.VII; Código Civil de Morelos, art. 127.X; Código Civil de Nuevo León, art 156.VIII; Código Civil de Oaxaca, art. 156.VIII; Código Civil de Puebla, art. 299.VIII; Código Civil de Querétaro, art. 148.VIII; Código Civil de Quintana Roo, art. 700.X; Código Civil de Sinaloa, art. 156.VIII; Código Civil de Tabasco, art. 160.XI, entre muchos otros. En Coahuila se legisló expresamente para aclarar que constituye impedimento para celebrar matrimonio padecer del síndrome de inmunodeficiencia adquirida (Código Civil de Coahuila, art. 262.X).

Los ejemplos provenientes de una serie de leyes que establecen requisitos de salud, nacionalidad, edad y otros factores prohibidos para acceder o permanecer en un cargo, ejercer un derecho u obtener un beneficio podrían multiplicarse.

Sin embargo, pese a la claridad de casos de discriminación como los reseñados, la situación legal presenta en México aristas complejas. En primer lugar, la Ley Federal para Prevenir y Eliminar la Discriminación tiene la misma jerarquía normativa que las leyes que incluyen disposiciones discriminatorias. Podría sostenerse la aplicación del criterio de preferencia temporal, postulando que la Ley Federal para Prevenir y Eliminar la Discriminación ha derogado implícitamente toda disposición discriminatoria incluida en leyes vigentes sancionadas con anterioridad. Esta tesis se enfrenta con dos dificultades: ante la falta de derogación expresa de disposiciones anteriores, la derogación implícita requerirá casi seguramente una declaración judicial caso a caso. La falta de tradición judicial en la materia, y la falta de derogación expresa permiten albergar dudas sobre la efectividad de esta estrategia. En segundo término, la amplitud de las excepciones establecidas en el artículo 5 de la Ley Federal para Prevenir y Eliminar la Discriminación parece aportar elementos a favor del mantenimiento de las disposiciones discriminatorias. La excesiva amplitud de términos tales como los del inc. V (que no considera discriminatorias a las conductas "que se establezcan como requisitos de ingreso o permanencia para el desempeño del servicio público y cualquier otro señalado en los ordenamientos legales") requerirán, a efectos de restringir su aplicación, de un esfuerzo argumentativo que contrasta con la habitual deferencia de los tribunales de justicia mexicanos con las decisiones de los poderes políticos – en especial cuando estas encuentran algún sustento aparente en el texto de una ley.

Queda abierta, sin embargo, una segunda estrategia, consistente en la invocación directa del párrafo último del artículo 1 de la Constitución para tachar de inconstitucionales las disposiciones legales que establezcan discriminaciones injustas, basadas sobre los factores prohibidos enumerados en ese párrafo. La discusión se centrará en la demostración de que la diferenciación efectuada sobre la base de un factor prohibido atenta "contra la dignidad humana" y tiene "por objeto anular o menoscabar los derechos y libertades". Esta estrategia tampoco está libre de riesgos, en la medida en que los tribunales se muestren deferentes frente a las decisiones de los poderes políticos, o exijan una carga argumentativa alta para demostrar que una disposición atenta contra la dignidad humana y tiene por objeto anular o menoscabar derechos y libertades. La palabra final al respecto está en manos de los jueces.

Jurisdição e Direitos Fundamentais

Con respecto al punto b), es decir, al establecimiento de acciones, mecanismos y dispositivos para prevenir y atacar la discriminación, y promover la igualdad de oportunidades, la Ley ofrece en sus artículos 10 a 15 un buen punto de partida, identificando ejemplos de medidas a favor de las mujeres, de las niñas y niños, de las personas mayores adultas, de las personas con discapacidad y de los miembros de la población indígena. Es necesario entender, sin embargo, que se trata sólo de eso: de un punto de partida. La lista no es taxativa o exhaustiva, sino simplemente ejemplificativa. Esto significa que brinda un abanico de posibilidades, pero no las agota, de modo que corresponde al Consejo Nacional para Prevenir la Discriminación y a las respectivas autoridades, en la medida de sus competencias, la puesta en marcha de las medidas enunciadas por estas disposiciones, y el diseño de nuevas medidas adecuadas para los ámbitos en los que se detecten desigualdades de oportunidades y accesos desiguales a bienes sociales.

Cabe acotar que pocas de las medidas citadas en estos artículos son técnicamente medidas de acción afirmativa o positiva: las medidas de acción afirmativa o positiva son dispositivos de carácter temporal, destinados a superar una situación de desigualdad material, a atacar estereotipos y a acelerar la equiparación de oportunidades de grupos sociales desaventajados.[13] Parte de las medidas a las que se refieren los artículos 10, 11, 12, 13, 14 y 15 no son medidas de este tipo, sino simplemente el establecimiento de acciones destinadas a garantizar derechos universales, o bien derechos especiales o grupales – que son una manifestación del respeto a la diversidad y diferencia. Ninguno de estos derechos es de carácter temporal, de modo que las medidas para asegurarlos deben ser permanentes. Así, por ejemplo, las medidas destinadas a asegurar el derecho de las mujeres a obtener información sobre salud reproductiva, a decidir sobre el número y espaciamiento de sus hijas e hijos y a una correlativa cobertura de salud y de seguridad social, o a servicios de guardería para sus hijos, o (art. 10, incs. II, III y IV), el derecho de los niños a la existencia de medidas para combatir la mortalidad y desnutrición infantiles (art. 11, inc. I), el derecho de las personas adultas mayores de acceder a los servicios de atención médica y de seguridad social (art. 12, inc. I), el derecho de las personas con

---

[13] Ver, al respecto, María Ángeles Barrère Unzueta, *Discriminación, Derecho antidiscriminatorio y acción positiva a favor de las mujeres*, Civitas, Madrid, 1997, pp. 44-104, "Problemas del Derecho antidiscriminatorio: subordinación *versus* discriminación y acción positiva *versus* igualdad de oportunidades", en Revista Vasca de Administración Pública, N° 60, mayo-agosto 2001, pp. 145-166 y "Igualdad y "discriminación positiva": un esbozo de análisis teórico-conceptual", en Andrés García Inda y Emanuela Lombardo (coords), *Género y derechos humanos*, Mira Editores, Zaragoza, 2002, pp. 15-34; José García Añón, "Derechos sociales e igualdad", en Víctor Abramovich, María José Añón y Christian Courtis (comps.), *Derechos sociales: instrucciones de uso*, Fontamara, México, 2003, pp. 79-102; David Jiménez Gluck, *Una manifestación polémica del principio de igualdad. Acciones positivas moderadas y medidas de discriminación inversa*, Tirant lo Blanch, Valencia, 1999, pp. 57-85.

discapacidad a un entorno que permita su libre acceso y desplazamiento (art. 13, inc. I), o el derecho de los miembros de la población indígena a ser asistidos por medio de intérpretes en cualquier proceso legal (art. 14, inc. VII), etcétera.

La Ley, sin embargo, ha sido tibia en la ejemplificación de mecanismos que sí constituyen medidas de acción positiva, como las cuotas o cupos laborales, educativos o electorales, la previsión de incentivos legales o económicos para que los particulares empleen a personas pertenecientes a grupos vulnerables, las medidas de preferencia a miembros de grupos vulnerables en cargos públicos o para el otorgamiento de becas, subsidios o concesiones públicas, etcétera. Esto no empece la posibilidad de adoptarlas – dado el carácter meramente ejemplificativo de las enumeraciones de los artículos mencionados.

En todo caso, el lenguaje referido a "medidas positivas y compensatorias" constituye un reconocimiento legal de la existencia de casos de discriminación estructural o sistémica, que la ley identifica en grupos sociales concretos: mujeres, niñas y niños, adultos mayores, personas con discapacidad y miembros de poblaciones indígenas.

Por último, cabe decir sobre este punto que uno de los mecanismos adoptados por la Ley es la creación de un organismo administrativo descentralizado, el Consejo para Prevenir la Discriminación. Más allá del alcance de las funciones que la ley le asigna – de carácter más recomendatorio que coactivo – es menester señalar la importancia de contar con una agencia estatal específicamente dedicada al tema. Dada esa especialización, es muy probable que la puesta en marcha de las posibilidades que abre la Ley dependa en gran medida del trabajo que realice el Consejo.

En cuanto al punto c), es decir, el establecimiento de garantías para el caso de incumplimiento de obligaciones por parte de los sujetos responsables, la Ley presenta su aspecto más frustrante: sólo se diseña la posibilidad de presentación de quejas ante el Consejo, que conduce a un procedimiento de conciliación de carácter voluntario. Es decir, si el sujeto responsable de la discriminación no accede a conciliar, el Consejo no tiene ninguna otra facultad de proceder, imponer sanciones o requerir satisfacción o reparaciones.

Esto no quita, sin embargo, la posibilidad de imaginar acciones judiciales, al menos sobre la base de la tipificación de actos u omisiones ilícitos que hace el art. 9 de la Ley. Sin embargo, las Ley no menciona ni prevé expresamente estas acciones judiciales, de modo que su desarrollo depende en gran medida del empleo que le den a la ley los actores de la sociedad civil y los representantes de grupos que sufren de discriminación, y de la respuesta judicial que este empleo genere.

Jurisdição e Direitos Fundamentais

5. La evaluación de los efectos y del cumplimiento de los objetivos de la ley

De la estructura de la Ley Federal para Prevenir y Eliminar la Discriminación quedan claros varios objetivos de política pública: definir más claramente la discriminación, prevenirla y eliminarla, promover la igualdad de oportunidades, en especial de grupos desaventajados o estructuralmente discriminados. Fijados estos objetivos, la Ley dispone, como vimos, de un catálogo abierto de medios o instrumentos para llevar a cabo esos fines.

Es posible entonces entender que esos medios o instrumentos – en especial, las medidas mencionadas en los artículos 10 al 15 de la Ley – constituyen herramientas tentativas para el logro de los objetivos de política pública adoptados. Para evaluar el logro de esos objetivos, y la necesidad de reforzar, modificar o rediseñar las medidas correspondientes, es necesaria la previsión de mecanismos de monitoreo de los efectos y del cumplimiento de la ley. Estos mecanismos requieren la elaboración de indicadores, que permitan medir o estimar puntos de partida y resultados tomando en consideración lapsos temporales adecuados. Tales mecanismos de monitoreo pueden considerar variables diversas – dependiendo de los énfasis que se quieran colocar. Algunas variables, de más fácil manejo, son las vinculadas con el número de quejas recibidas por el Consejo, y su desglose por ámbito y por resultado. Esto, sin embargo, da una idea del funcionamiento del sistema de quejas, pero no mide necesariamente – aunque pueda funcionar como un indicador de – el fenómeno de la discriminación: muchos factores podrían explicar la brecha entre número y tipo de quejas recibidas e incidencia de prácticas discriminatorias – entre ellos, la falta de percepción de la discriminación por los propios discriminados, la falta de difusión de la normativa y del mecanismo de queja que ella prevé, la falta de acceso a servicios de asesoramiento legal, la desconfianza frente a los organismos estatales, etcétera.

Por ello, también son necesarios los intentos de elaboración de indicadores que intenten medir, por un lado, los factores de discriminación en ámbitos diversos – a efectos de prever medidas para prevenirla y combatirla– , y por otro los efectos de la adopción de las medidas adoptadas – por ejemplo. de las medidas adoptadas de acuerdo con los artículos 10 a 15 de la Ley, o de acuerdo con las propuestas y sugerencias del Consejo. Entre estas variables pueden pensarse, por ejemplo, la representación y el acceso de grupos desaventajados a bienes sociales tales como la educación, la representación política, los servicios de salud o el empleo – en especial el empleo formal y, dentro de él, el calificado.

Un último comentario se refiere a una condición casi imprescindible para que los mecanismos de evaluación o monitoreo puedan, a su vez, funcionar correctamente: se trata de la participación de las organizaciones de la sociedad civil en el proceso y, en especial, de aquellas organizaciones que representan a grupos que sufren de discriminación estructural. Sin esa participación, y sin la propia perspectiva de los representantes de grupos que sufren de discriminación, se corre el riesgo de equivocar el rumbo de las medidas a adoptar y de repetir los esquemas paternalistas y unilaterales típicos de muchos de nuestros Estados burocrático-corporativos.

6. Un paso en falso: una muestra de la debilidad del control judicial de constitucionalidad sobre discriminación en México

Para culminar, quisiera comentar brevemente una reciente sentencia de la Suprema Corte de Justicia ante un planteo de discriminación normativa de una ley federal.[14] El caso, resuelto negativamente para los actores, ilustra las dificultades de aplicación de normas antidiscriminatorias cuando el juzgador no ha desarrollado un arsenal conceptual adecuado para analizar la cuestión.

Se trata de una acción de amparo en la que los actores – un ciudadano mexicano y una ciudadana extranjera que pretenden casarse – impugnan la validez constitucional del art. 68 de la Ley General de Población, que establece que para poder casarse mexicanos con extranjeros, se exige "autorización de la Secretaría de Gobernación". Esa autorización no está sujeta a plazo ni a criterio alguno. Los impugnantes consideran que esa norma es violatoria del principio de igualdad establecido en el artículo 1° de la Constitución mexicana, y que se trata de un caso de discriminación motivado por origen nacional que menoscaba los derechos y libertades de las personas.

El voto de la mayoría de la Corte ignora derechamente la aplicación del último párrafo del artículo 1° de la Constitución – referido, como he comentado antes, a la prohibición de discriminación motivada por, entre otros factores, origen nacional – y centra su análisis de la cuestión en el alcance del principio de igualdad. El voto no es precisamente un alarde de claridad al respecto. De acuerdo con la mayoría de la Corte

el principio de igualdad es uno de los valores superiores del ordenamiento jurídico mexicano, que sirve de criterio básico para la producción normativa a cargo del legislador y de la posterior interpretación y aplicación de las disposiciones legales, para que con base en dicho principio, los poderes públicos tengan en cuenta que los particulares que se encuentren en igual situación de hecho, deben ser tratados de la misma manera, lo que a su vez implica que quienes se encuentren en una situación jurídica distinta, no pueden ser tratados de igual modo.

---

[14] Ver Suprema Corte de Justicia de la Nación, Amparo en revisión 543/2003. Quejosos: José Luis Quiroz Mateos y coagraviada. Sentencia del 20 de abril de 2004.

Jurisdição e Direitos Fundamentais

Como puede verse, en lugar de limitar al legislador, el principio de igualdad parece ser entendido *prima facie* como autorización para que el legislador distinga. Del párrafo citado surge la confusión, repetida en todo el voto, entre *desigualdad de hecho* y *desigualdad jurídica*: la aplicación de alguna lógica oscura parece derivar necesariamente, de la obligación de tratar igual a particulares que se encuentren en la misma situación de hecho, una obligación de tratar de modo distinto a quienes se encuentren en *situación jurídica distinta*. No parece necesario aclarar que una *situación jurídica distinta* se debe a una distinción introducida por una norma jurídica, no a un estado "natural" de cosas. Desde este párrafo en adelante, y a partir de un tratamiento formal y vacío del principio de igualdad, la Corte elude la cuestión central, que es la de la *relevancia* de la desigualdad de hecho a fin de establecer distinciones jurídicas.

La Corte continúa con estos dos párrafos sorprendentes:

> Por lo tanto, debe entenderse que el principio de igualdad busca colocar a los particulares en condiciones de tener acceso a los derechos constitucionalmente protegidos, pero ello no significa que todos los individuos deban ser iguales en todo, ya que si la propia Constitución Federal protege la propiedad privada, la libertad económica y otros derechos patrimoniales, al mismo tiempo está reconociendo la existencia de desigualdades económicas, materiales o de otra índole, que conducen a aceptar que no puede ser absoluta e ilimitada.

> En este orden de ideas, sería contraria al propio principio de igualdad, la norma que, expedida por el legislador para ser aplicada a situaciones de desigualdad entre distintos sujetos, produzca en su aplicación un trato igualitario, pues eso generaría mayor desigualdad que la que se busca eliminar.

El primer párrafo citado repite la confusión entre desigualdad de hecho y desigualdad jurídica: del "descubrimiento" de que la Constitución tiene en consideración la desigualdad de hecho de los individuos parece desprenderse que la igualdad jurídica entre los individuos no puede ser "absoluta e ilimitada". La cuestión a responder, claro, es en qué aspectos, pese a la desigualdad de hecho, *no* pueden introducirse desigualdades jurídicas.

Pero el próximo párrafo lleva la confusión a límites insospechados: parece afirmar que la existencia de trato normativo igualitario en situaciones de desigualdad fáctica ¡constituye necesariamente una violación al principio de igualdad! De modo que, en situaciones de desigualdad de hecho, el legislador debería *necesariamente* distinguir *de jure*. La aplicación de esta idea llevaría a consecuencias disparatadas. Por ejemplo – de acuerdo con esta singular idea – si los varones y las mujeres son desiguales en los hechos, y una norma prohíbe torturar a los hombres, la consecuencia de semejante razonamiento es que el legislador debería tratar distinto a las mujeres, es decir, permitir u obligar a que se las torturara. La idea es palmariamente absurda: la cuestión central a debatir en el análisis relativo a la permisibilidad o necesidad de distinciones jurídicas – es decir, de establecimiento normativo de tratos diferentes – es el de la *relevancia* de las desigualdades de hecho en relación con las *razones o justificaciones* para establecer distinciones jurídicas. Cientos de factores a partir de los cuales existen desigualdades de hecho – por ejemplo, el sexo, el color de piel, el peso, el tamaño de los pies, el color de ojos, la posición socioeconómica, la lengua materna, el largo del pelo, etcétera – son absolutamente irrelevantes frente a la norma que prohíbe la tortura, o a la que prohíbe ser detenido arbitrariamente, o a la que permite profesar la religión que uno desee. Dada esa irrelevancia, cualquier distinción normativa en este campo es injustificada y está prohibida. En otros casos, las desigualdades de hecho son relevantes a la luz del principio u objetivo que se pretende alcanzar: en esos casos, las distinciones normativas son permisibles. Así, por ejemplo, para fijar alícuotas de un impuesto, la condición socioeconómica de las personas resulta una categoría de crucial relevancia: distinguir jurídicamente entre personas de diferente ingreso a efecto del pago de impuestos es obviamente permisible.

Pese a lo dicho en el párrafo anteriormente glosado, esta idea parece desprenderse de los próximos dos párrafos de la sentencia:

> Esto es, el principio de igualdad, como valor constitucional superior, no implica que todos los sujetos de la norma se encuentren siempre, en todo momento y ante cualquier circunstancia, en condiciones de absoluta igualdad, sino que por las razones indicadas, debe entenderse que dicho principio se refiere a la igualdad jurídica, que debe traducirse en la seguridad de no tener que soportar un perjuicio o privarse de un beneficio, sin una justificación razonable y objetiva.

> Por lo tanto, debe concluirse que no toda desigualdad de trato ante la ley, immpca vulnerar la garantía de igualdad, ya que ésta exige que a iguales supuestos de hecho se asignen iguales consecuencias jurídicas, pero no prohíbe al legislador establecer una desigualdad de trato, sino sólo aquellas desigualdades que resulten artificiosas o injustificadas.

Aunque confundiendo nuevamente igualdad de hecho con igualdad de trato normativo, estos párrafos parecen sugerir que el principio de igualdad no exige siempre igualdad de trato, sino que permite establecer normativamente tratos diferentes en la medida en que las diferencias introducidas estén justificadas "razonable y objetivamente". Sin embargo, como veremos, la Corte – lejos de analizar la "razonabilidad", "objetividad", "artificiosidad" o "justificación" de la distinción – se limita a convalidarla por el simple hecho de que fue adoptada por el legislador.

En efecto, después de desplegar estas ideas, y de repetirlas varias veces, su aplicación concreta a la distinción normativa establecida por el artículo 68 de la Ley General de Población – que subordina la posibilidad de contraer matrimonio entre mexicanos y no mexicanos a la exigencia de requerir autorización previa de la Secretaría de Gobernación, distinguiendo

Jurisdição e Direitos Fundamentais

283

así entre contrayentes nacionales y no nacionales y sometiendo a estos a un trato más gravoso – es la siguiente:

> Aunque es cierto que el artículo reclamado introduce un trato diferenciado para los extranjeros, ello obedece a que la norma está llamada a proyectarse sobre situaciones jurídicas desiguales de hecho, pues desde el punto de vista jurídico existe diferencia entre un nacional y un extranjero, por ende es lógico que ante una diversa situación jurídica corresponda un diferente tratamiento; es decir, si uno de los sujetos a quien está dirigida la norma no cuenta con la calidad de mexicano, no es jurídicamente factible que se le trate como tal.

> Lo anterior es así pues si se colocara en pie de absoluta igualdad a los extranjeros y a los nacionales, la distinción prevista en los artículos 30 y 33 no tendría razón de ser, de donde se sigue que la desigualdad de trato establecida por el artículo 68 de la Ley General de Población, no es artificiosa ni arbitraria, pues esa diferencia proviene directamente del texto constitucional.

> Por lo tanto si el principio de igualdad busca colocar a los particulares en condiciones de tener acceso a los derechos constitucionalmente protegidos, lo cual no significa que todos los individuos deban ser iguales en todo, pues la propia garantía de igualdad implica que a situaciones jurídicas diversas deberá corresponder un diferente tratamiento, por ello es lógico que la norma establezca un acceso diferente a tales derechos cuando los particulares se encuentran en situaciones jurídicas distintas.

> De ahí que si la calidad de extranjero es jurídicamente distinta a la de mexicano, situación que la propia Constitución Federal reconoce, ello deriva en que el mexicano y el extranjero que pretenden celebrar el acto jurídico del matrimonio, se encuentren en diversa situación de hecho, de la que se encuentran los mexicanos para los mismos efectos, y por tanto el trato diferenciado está apegado al texto fundamental.

Como lo he apuntado antes, semejante razonamiento vacuo, referido a cualquier derecho establecido en el Título Primero de la Constitución, supondría la posibilidad – o la necesidad, sobre esto no se pone demasiado de acuerdo el texto de la sentencia – de distinguir en todo caso en el tratamiento jurídico de mexicanos y extranjeros. Así, por ejemplo, como está prohibido torturar a los mexicanos, o molestarlos en su persona, familia, domicilio, papeles o posesiones sin mandamiento escrito de autoridad competente que funde y motive la causa legal del procedimiento, y los extranjeros son distintos de los mexicanos, entonces el legislador podría autorizar para éstos la tortura, o la molestia en su persona, familia, domicilio, papeles o posesiones sin orden legítima de autoridad competente.

Pero ¿cuál es la justificación "razonable y objetiva" para hacer la distinción? De acuerdo con la sentencia, la distinción es justificable porque el mismo constituyente distingue entre mexicanos y extranjeros. La sentencia cree encontrar razones para la distinción normativa introducida por la ley en el siguiente artículo constitucional:

> Artículo 33. Son extranjeros los que no posean las calidades determinadas en el artículo 30. Tienen derecho a las garantías que otorga el Capítulo I, Título Primero,

284 *Christian Courtis*

de la presente Constitución; pero el Ejecutivo de la Unión tendrá la facultad exclusiva de hacer abandonar el territorio nacional, inmediatamente y sin necesidad de juicio previo, a todo extranjero cuya permanencia juzgue inconveniente.

Los extranjeros no podrán de ninguna manera inmiscuirse en los asuntos políticos del país.

De acuerdo con el razonamiento desarrollado por la mayoría, como la propia Constitución reconoce la diferencia entre mexicanos y extranjeros, y establece distinciones normativas a partir de esa diferencia, el legislador puede hacer lo mismo cuando lo juzgue conveniente. Pero esta lectura del artículo 33 de la Constitución mexicana es absurda, ya que no logra distinguir entre la regla establecida por la norma, y sus excepciones. La regla que establece la norma es que los extranjeros *"tienen derecho a las garantías que otorga el Capítulo I, Título Primero"* de la Constitución, es decir, la Constitución establece expresamente que, en cuanto a los derechos del Capítulo I, Título Primero de la Constitución, el carácter de extranjero o mexicano es irrelevante, y por ende el legislador no puede establecer diferencias de trato. A esta conclusión se llega además por vía de una lectura sistemática del art. 33 puesto en relación con el artículo 1° de la Constitución – en especial del último párrafo de ese artículo, que establece que está prohibido establecer distinciones que discriminen sobre la base del origen nacional y anulen o menoscaben los derechos y libertades de las personas. Parece obvio que el establecimiento del requisito de pedir permiso a la Secretaría de Gobernación para casarse cuando uno de los contrayentes es extranjero significa un menoscabo de la libertad de casarse establecida sobre la base de su origen nacional.[15]

Además de la regla que prescribe la igualdad de trato entre mexicanos y extranjeros en lo referido a los derechos del Capítulo I, Título Primero de la Constitución, el art. 33 establece dos excepciones, que – por imponer limitaciones a los derechos constitucionales– deberían haber sido leídas de manera restrictiva. Las dos excepciones – cuyo carácter anacrónico, vale subrayarlo, es por demás visible, y que difícilmente pasarían el escrutinio de los estándares internacionales de derechos humanos – son la limitación de los derechos a permanecer en el país y al debido proceso si el presidente

---

[15] Llamativamente, el derecho a casarse no está explícitamente reconocido como derecho en la Constitución mexicana. El voto de la minoría infiere ese derecho del párrafo primer del artículo 4° constitucional, que dispone que la ley "protegerá la organización y el desarrollo de la familia". En el mismo sentido, varios pactos internacionales ratificados por México reconocen en el elenco de derechos humanos al derecho a casarse (cfr. Convención Americana sobre Derechos Humanos, art. 17.3; Pacto Internacional de Derechos Civiles y Políticos, art. 23.2). De todos modos, el último párrafo del artículo 1 constitucional no se refiere únicamente a los derechos establecidos en la Constitución, sino en general a los derechos y libertades de las personas, es decir, incluye a los derechos y libertades creados por normas legislativas. Como vimos, el artículo 33 garantiza la igualdad de trato de los extranjeros en los derechos fundamentales establecidos por el Capítulo I, Título Primero de la Constitución, y esto incluye al artículo 1°.

Jurisdição e Direitos Fundamentais

de la Nación juzga que la permanencia del extranjero es inconveniente y decide expulsarlo, y la limitación al derecho a participar en los asuntos internos del país.[16]

La interpretación de la Corte contradice todo canon razonable de hermenéutica: en lugar de identificar la regla y delimitar las excepciones – entre las cuales, valga subrayarlo, *no* se encuentra la del derecho a casarse – infiere un principio de las excepciones, y lo convierte en una nueva regla – que, de paso, destroza el contenido de la regla expresamente establecida en la disposición. Así, en la lectura de la Corte, se ignora la prescripción de trato igual entre extranjeros y mexicanos de la primera parte de la segunda oración del artículo, y se emplea la excepción como forma de justificación de las distinciones que efectúe el legislador en relación con los extranjeros. Sobre esta base, el legislador podría establecer distinciones de trato ante todo derecho incluido en la primera parte de la Constitución sobre la base del origen nacional...

Al confundir regla y excepción, y desvirtuar así completamente el sentido del artículo 33, la Corte extrae de su lectura conclusiones insostenibles: en lugar de emplear la prescripción general de trato igual entre nacionales y extranjeros en materia de derechos fundamentales como parámetro para invalidar la normativa inferior que establezca diferencias, saca de contexto las excepciones, y utiliza su existencia como fundamento para justificar cualquier trato desigual establecido entre nacionales y extranjeros. Con ese razonamiento, claro, las diferencias de trato no tendrían limitación alguna.

Por último, la Corte evita inexplicablemente mencionar, aplicar o asignar algún contenido al último párrafo del artículo 1° constitucional, que – para la lectura de la mayoría – parece simplemente no existir. Ni una palabra sobre el alcance de la prohibición de discriminación, y mucho menos aún sobre el examen adecuado para considerar si una norma es o no discriminatoria. En resumen, una decisión desafortunada, justificatoria de normas heredadas del pasada autoritario y carente de un estándar que permita al menos avanzar en el análisis de casos posteriores.

La sentencia cuenta con un voto disidente firmado por cuatro jueces – los ministros Aguirre Anguiano, Cossío Díaz, Gudiño Pelayo y Luna Ramos. Este voto, mucho más sólido conceptualmente, permite vislumbrar alguna luz en la futura jurisprudencia de la Corte. Comentaré aquí alguna de sus principales líneas de argumentación.

Aunque la minoría sí se refiere a la prohibición de discriminación contenida en el último párrafo de artículo 1° constitucional, identificando

---

[16] Limitación que a su vez se ve reflejada en el régimen de los arts. 8° y 9° constitucionales, en materia de libertad de petición y de libertad de asociación y de reunión, respectivamente, cuando tengan por objeto asuntos del país.

el origen nacional como uno de los factores de distinción prohibidos, y se acerca en su lenguaje al empleo de la noción de "categoría sospechosa",[17] en realidad lo que propone es un estándar para analizar la justificación de las distinciones legales hechas por el legislador, es decir, criterios para examinar el respeto del principio de igualdad. En cuanto a las categorías enumeradas por el último párrafo del artículo 1° constitucional, la minoría propone un estándar más gravoso para el Estado que el establecido para el examen general acerca del respeto al principio de igualdad. Más abajo me referiré a las distintas consecuencias que acarrearía el empleo de la noción de "categoría sospechosa", más estricta desde el punto de vista del estándar para convalidar la norma examinada. Resulta, de todos modos, importante que algunos miembros de la Corte hayan desarrollado un estándar en materia de igualdad más conducente que la fórmula vacía de "igualdad para los iguales, desigualdad para los desiguales", y que establezca además criterios específicos de análisis en materia de discriminación.

En cuanto al estándar establecido para analizar la justificabilidad de una distinción de trato – es decir, la relevancia de la diferencia de hecho entre los sujetos distinguidos a la luz del objetivo de la distinción de trato – la minoría propone un tipo de *escrutinio simple,*[18] o de mera racionalidad. Este escrutinio estaría compuesto por tres pasos: a) la determinación de la validez constitucional del fin de la norma que establece la distinción; b) la racionalidad o adecuación de la distinción establecida por el legislador; y c) la proporcionalidad de la medida legislativa.

A su vez, cuando el legislador recurre a una de las categorías enumeradas en el último párrafo del artículo 1° constitucional, la minoría propone un examen que requiere mayor justificación del Estado – una forma de *escrutinio intermedio.* De acuerdo con la fórmula propuesta, el examen

---

[17] Cfr, por ejemplo, los siguientes párrafos del voto minoritario: "El párrafo tercero [del artículo 1°constitucional] no tiene por objeto establecer una excepción a la regla general que distingue las distinciones arbitrarias de aquellas que gozan de una justificación objetiva y razonable. *La enumeración constitucional de una serie de motivos tiene por objeto obligar al legislador a ser especialmente cuidadoso a la hora de establecer distinciones legislativas basadas en una serie de categorías, obligación que descansa sin duda sobre la base de un juicio histórico y sociológico que muestra que las personas han sido frecuentemente objeto de un trato injusto o incluso denigrante por motivos relacionados con esos factores: su origen étnico, su origen nacional, su condición social, su género, etcétera.*" (considerando II); "La efectividad de la medida contemplada en el artículo 68 [de la Ley General de Población] para alcanzar los fines que teóricamente persigue es muy dudosa, en un caso en el que – *por tratarse de una medida articulada en torno a un criterio de distinción sospechoso que incide en el ejercicio de derechos vitales para las personas* – es necesario que la misma se evidencie como indiscutiblemente útil para alcanzar sus objetivos" (considerando V) (la bastardilla es mía).

[18] Para situar esta discusión en el marco del derecho constitucional estadounidense, ver, por todos, Laurence Tribe, *American Constitutional Law*, Foundation Press, Nueva York, 2° ed., 1988, pp. 1465-1553; Geoffrey Stone, Louis Seidman, Cass Sunstein y Mark Tushnet, *Constitutional Law*, Little, Brown and Co., Boston-Toronto-Londres, 1986, pp. 495 y ss. En castellano puede consultarse Fernando Rey Martínez, *El derecho fundamental a no ser discriminado por razón de sexo*, McGraw-Hill, Madrid, 1995, pp. 44-54.

Jurisdição e Direitos Fundamentais

debería revisar: a) si la norma responde no ya a una finalidad admisible, sino a un *objetivo constitucionalmente importante*; b) si la distinción trazada en la norma está directamente conectada con la consecución de esos objetivos constitucionalmente importantes – y no simplemente si se trata de una medida racional; c) si la medida es *estrictamente proporcional* en relación con los objetivos procurados – es decir, el análisis de proporcionalidad es más riguroso: requiere al análisis cuidadoso del balance entre las distintas exigencias normativas en juego, y la inexistencia de alternativas menos gravosas frente a los derechos en cuestión para alcanzar el objetivo buscado.

Si la minoría que firma el voto hubiera empleado la noción de "categoría sospechosa", el tipo de análisis hubiera sido aún más gravoso para el Estado – o sea, el tipo de escrutinio denominado *escrutinio estricto*. La utilización por parte del legislador de una "categoría sospechosa" para establecer una distinción legal acarrearía – acreditada esa utilización por parte de los actores– : a) la presunción de inconstitucionalidad de la norma; b) la inversión de la carga probatoria: caída la presunción de constitucionalidad de la norma, es el Estado el que debe probar en la existencia de un *mandato constitucional imperioso* que justifique la distinción realizada; c) el agravamiento del estándar de justificación: para que la norma sea convalidada, el Estado debe probar no la mera razonabilidad de la medida, sino su *estricta necesidad* – es decir, la existencia de *razones imperiosas* que hayan impuesto la utilización de ese criterio de distinción y de las restricciones o limitaciones a derechos que se desprenden de su empleo, sin que fuera posible acudir a alternativas.

Haciendo empleo entonces de un tipo de escrutinio intermedio, la minoría analiza la distinción y restricción establecida en el artículo 68 de la Ley General de Población. De acuerdo con su análisis, el objetivo de la norma[19] es constitucionalmente importante. Sin embargo, la necesidad de autorización de la Secretaría de Gobernación para que contraigan matrimonio nacionales con extranjeros no superaría los pasos b) y c) del análisis propuesto.

Con respecto al paso b) – es decir, la conexión directa de la medida con los fines constitucionalmente importantes – los ministros que forman la minoría sostienen que la exigencia de autorización no es un medio idóneo ni eficaz para evitar que obtengan la nacionalidad mexicana personas que

---

[19] Que sería, de acuerdo con la lectura de la Ley General de Población que hace la minoría de la Corte, "controlar que los extranjeros admitidos a la vida nacional deseen sumarse al esfuerzo por el desarrollo del país y compartir experiencias y propósitos con los mexicanos" o, visto en términos negativos, impedir que extranjeros de mala voluntad o no movidos por el deseo de contribuir al esfuerzo por el desarrollo del país y por el deseo de compartir experiencias, instituciones y propósitos con los mexicanos, adquieran la nacionalidad mexicana utilizando para ello el matrimonio con un nacional como medio.

no desean sumarse al esfuerzo por el desarrollo y a las experiencias de los ciudadanos del país. Esto, porque el matrimonio de un extranjero con un nacional no es condición necesaria ni suficiente para adquirir la nacionalidad mexicana. En efecto, para adquirir la nacionalidad mexicana por naturalización no es necesario estar casado con un nacional mexicano y, además, casarse con un nacional mexicano no garantiza la concesión de la nacionalidad mexicana.

Con respecto al paso c), la minoría sostiene que se trata de una medida desproporcionada, en tanto impone un sacrificio excesivo e innecesario al derecho a casarse, irrelevante en relación con los objetivos de la ley. En este sentido, los magistrados que participan del voto señalan que muchos extranjeros se casan con mexicanos pero no solicitan la nacionalidad mexicana, ya que pueden residir legalmente en el país sin necesidad de naturalizarse. En términos de la tradición constitucional estadounidense, se trataría de una medida *sobreinclusiva* – es decir, una medida que sacrifica innecesariamente los derechos de una clase mayor que aquella necesaria para proteger el bien que se pretende tutelar. Amén de ello, la minoría apunta que la medida es desproporcionada porque existen alternativas menos gravosas para los derechos fundamentales capaces de lograr los fines previstos por la ley. Así, por ejemplo, señala que el objetivo quedaría cubierto simplemente con el trámite específico establecido por la intervención de la Secretaría de Gobernación una vez solicitada la naturalización – y que, por ende, es innecesario someter a los extranjeros que se casen con mexicanos a la necesidad de un doble control por motivos meramente preventivos.

En resumen, por las razones apuntadas, la minoría considera que el requisito del art. 68 de la Ley General de Población es inconstitucional, y propugna amparar a los actores.

Como puede verse, los distintos tipos de examen de constitucionalidad propuestos por la minoría son mucho más adecuados para dar sentido al principio de igualdad y a la prohibición de discriminación, que la fórmula hueca empleada por la mayoría de la Corte. Quisiera, sin embargo, deslizar algunos apuntes críticos al respecto, que permitirían afinar aún más el tipo de examen que requiere el análisis de medidas tachadas de discriminatorias.

Como he dicho, el empleo cabal de la noción de "categoría sospechosa", al menos en la medida en la que la ha desarrollado la jurisprudencia antidiscriminatoria estadounidense, impone una forma de escrutinio más gravosa aún que la propuesta por la minoría.

Me interesa, sin embargo, señalar un aspecto que atraviesa el análisis de las tres formas de escrutinio mencionadas – el escrutinio simple, el escrutinio intermedio y el escrutinio estricto – y que se vincula además con criterios procedimentales – en especial, el relativo a la carga probatoria.

Jurisdição e Direitos Fundamentais

289

Se trata del problema de los *fines u objetivos* de la norma que establece distinciones, que vertebran el análisis de todos los tipos de escrutinio: permisibilidad o mera autorización constitucional en el caso de escrutinio simple, importancia constitucional en el caso de escrutinio intermedio, imperiosidad o exigencia constitucional en el caso de escrutinio estricto.

Mi preocupación viene dada por la asignación de la carga de identificar el fin de la norma primero, y de demostrar su aceptabilidad, importancia o imperiosidad constitucional, según el tipo de escrutinio de que se trate. En un procedimiento judicial en el que se pone en tela de juicio la constitucionalidad de una norma, correspondería esa doble carga le correspondería al Estado. De la lectura de los votos de mayoría y de minoría, sin embargo, no surge ningún argumento aportado por el Estado destinado a identificar el fin de la norma, y mucho menos su permisibilidad o importancia constitucional. En el voto de la minoría son los propios ministros los que, supliendo la mala o inexistente argumentación de la parte encargada de defender la vigencia de la norma – es decir, la representación estatal – reconstruyen el supuesto fin de la medida, a la luz de la norma en la que está inserta. Creo que aquí existe una excesiva deferencia judicial con el Estado, en la medida en que los jueces no se han limitado a escuchar las justificaciones presentadas por las partes, sino que han suplido la carga argumentativa de una de ellas, elaborando argumentos no sólo para sostener la importancia constitucional de los fines de la norma impugnada, sino llanamente para identificar esos fines.

La tarea de identificación de los fines de una disposición, claro está, puede verse facilitada por la remisión a la exposición de motivos de la norma, o al debate parlamentario respectivo. Este método resulta, sin embargo, insuficiente en una infinidad de casos en los que la exposición de motivos o el debate parlamentario no existen, son oscuros, contradictorios o excesivamente genéricos. En estos casos, el esfuerzo argumentativo debe correr por cuenta del Estado, y la incapacidad de identificar un objetivo plausible o defendible debe traducirse en la invalidación de la norma.

En el caso que nos ocupa, el Estado no sólo no ha cumplido con esa carga, sino que ha llevado a la minoría a una elaboración destinada a suplir esa carga que, por lo demás, no resulta demasiado convincente. Como dije antes, de acuerdo con la línea sostenida por la minoría, el objetivo de la disposición impugnada es *impedir que extranjeros sin voluntad de contribuir al esfuerzo por el desarrollo del país y por el deseo de compartir experiencias, instituciones y propósitos con los mexicanos, adquieran la nacionalidad mexicana utilizando para ello el matrimonio con un nacional como medio.* No hace falta mayor análisis para señalar que una formulación de semejante vaguedad no cumple con requisitos conceptuales mínimos como para constituirse en finalidad de una disposición que tiene por efecto restringir derechos fundamentales. La paradoja del empleo de semejante criterio es que esas "razones" (?) se utilizarían para justificar la restricción del derecho de una extranjera que quiere casarse con un mexicano, es decir, con alguien que declaradamente – por virtud de la propia definición de matrimonio – pretende compartir "experiencias, instituciones y propósitos" con un mexicano...

Aún más difícil es sostener que semejante "objeto" vaporoso reviste "importancia constitucional". Ante la orfandad o ausencia de argumentación por parte del gobierno, los ministros de la minoría asumen la infausta tarea de valorar el fin asignado a la norma a la luz de las facultades constitucionales del Estado en materia extranjería. Para ello, repasan todas las normas en las que la Constitución hace alguna mención de la distinción entre nacionales y extranjeros, y a las facultades relacionadas con el régimen migratorio – artículos 8, 9, 33, 35, 11 y 32 constitucionales. Contrariamente a lo sostenido por los magistrados que forman la minoría, creo que de este conjunto abigarrado de artículos, que centralmente restringen los derechos de los extranjeros a participar en la política interna del país, otorgan al Estado autoridad para expulsar extranjeros considerados indeseables, o imponen la nacionalidad mexicana para ocupar ciertos cargos gubernamentales – amén de establecer la competencia legislativa para regular temas migratorios – *no* se desprende ninguna facultad constitucionalmente importante relacionada con necesidades especiales de regulación del matrimonio entre nacionales y extranjeros.

Más aún, parece claro que la regla constitucional que gobierna el caso en cuestión es la del artículo 33, que establece la igualdad de los extranjeros y los nacionales en materia de derechos establecidos por el Capítulo I, Título Primero de la Constitución. Ninguno de los supuestos citados – derechos políticos de los extranjeros, expulsión en caso de que su permanencia se juzgue inconveniente o perniciosa, prohibición de ocupar ciertos cargos públicos para quienes no sean nacionales – tiene relación alguna con la cuestión examinada, que se refiere al ejercicio de libertades relacionadas con la vida privada y familiar. Es decir, ni siquiera se da un supuesto de interferencia de normas o principios que pueda justificar la ponderación de intereses en conflicto.

De todas maneras, aún supliendo esta falta de argumentación por parte del Estado, y siendo excesivamente deferente con la identificación del fin de la disposición y con la justificación de su importancia constitucional, la minoría concluye correctamente que la norma impugnada no supera el examen de adecuación ni el de proporcionalidad agravados a los que la somete. Cabe señalar que, de haberse inclinado por emplear la fórmula del escrutinio estricto, el mero incumplimiento de la carga estatal de identificar la finalidad de la norma hubiera sido suficiente para mantener la presunción

Jurisdição e Direitos Fundamentais

de inconstitucionalidad de la distinción fundada en una categoría sospechosa, sin necesidad de mayor análisis.

Aún mediando estas críticas, el voto de la minoría inaugura una línea promisoria de análisis de violaciones al principio de igualdad y a la prohibición de discriminación. Lamentablemente, la decisión de la mayoría parece no hacerse cargo de ninguna de las distinciones conceptuales que requiere ese análisis. Para que las cláusulas constitucionales y las normas legales destinadas a prevenir y erradicar la discriminación tengan alguna eficacia, sería deseable que la situación se modifique en un futuro cercano.

— XIII —

Formação da convicção e inversão do ônus da prova segundo as peculiaridades do caso concreto

LUIZ GUILHERME MARINONI

Professor Titular de Direito Processual Civil na UFPR.
Advogado em Curitiba e em Brasília

Sumário: 1. A distribuição do ônus da prova e a formação da convicção; 2. Críticas às teses de que i) o juiz deve julgar sempre com base na verossimilhança que preponderar e de que ii) a falta de prova capaz de gerar convicção plena ou de verdade implica uma sentença que não produz coisa julgada material; 3. O julgamento fundado em verossimilhança, a inversão do ônus da prova na audiência preliminar e a inversão do ônus da prova na sentença; 4. O tratamento diferenciado do ônus da prova diante das várias necessidades do direito material; 5. A inversão do ônus da prova no Código de Defesa do Consumidor; 6. Convicção, decisão e motivação

1. A distribuição do ônus da prova e a formação da convicção

De acordo com o artigo 333 do CPC, o ônus da prova incumbe ao autor quanto ao fato constitutivo e ao réu em relação à existência de fato impeditivo, modificativo ou extintivo. Essa regra, ao distribuir o ônus da prova, funda-se na lógica de que o autor deve provar os fatos que constituem o direito que afirma, mas não a *não-existência* daqueles que impedem a sua constituição, determinam a sua modificação ou a sua extinção.

Não há racionalidade em exigir que alguém que afirma um direito deva ser obrigado a se referir a fatos que impedem o seu reconhecimento. Isso deve ser feito por aquele que pretende que o direito não seja declarado, isto é, pelo réu.

Na Alemanha, onde não há norma similar à do art. 333, a idéia de distribuição do ônus da prova segue a mesma lógica. Argumenta-se que a

Jurisdição e Direitos Fundamentais

parte que pretende ser beneficiada pelos efeitos de uma norma deve provar os pressupostos fáticos para a sua aplicação. Se, para a aplicação de uma norma, são relevantes os fatos constitutivos, impeditivos, modificativos e extintivos, aquele que deseja a produção dos seus efeitos deve provar somente os fatos que são exigidos para a sua aplicação, e não os que impedem a sua aplicação, ou modificam ou extinguem o direito. *Na ausência de regra expressa sobre a divisão do ônus da prova*, a doutrina alemã, desenvolvendo a idéia de que a discussão em torno da aplicação de uma norma pode girar em torno dos fatos constitutivos, impeditivos, modificativos e extintivos, chegou à conclusão lógica de que o autor deve somente provar os fatos pressupostos para a aplicação da norma, e o réu, os fatos impeditivos, modificativos ou extintivos. Por isso, a teoria que expressou tal problemática ficou conhecida como *Normentheorie*.[1]

Afirma-se que a regra do ônus da prova se destina a iluminar o juiz que chega ao final do procedimento sem se convencer sobre como os fatos se passaram. Nesse sentido, a regra do ônus da prova é um indicativo para o juiz se livrar do estado de dúvida e, assim, definir o mérito. Tal dúvida deve ser paga pela parte que tem o ônus da prova. Se a dúvida paira sobre o fato constitutivo, essa deve ser suportada pelo autor, ocorrendo o contrário em relação aos demais fatos.

Quando a doutrina considera a regra do ônus da prova em relação ao juiz, supõe que a sua única função é a de viabilizar a decisão em caso de dúvida. Nessa linha, por exemplo, Patti afirma que tal regra confere ao juiz a oportunidade de acolher ou rejeitar a demanda quando, não obstante a atividade probatória das partes – ou mesmo na sua ausência –, ele esteja em dúvida em relação à "verdade" dos fatos.[2]

Acontece que a idéia de que a regra do ônus da prova – quando dirigida ao juiz – importa apenas quando há dúvida, decorre da falta de constatação de que o juiz somente pode decidir após ter passado pela fase de convicção. Na fase de convicção, e portanto antes de decidir, o juiz deve considerar não só a natureza dos fatos em discussão e a quem incumbe a sua prova, mas também a natureza da situação concreta a ele levada para julgamento. Existem situações de direito substancial que exigem que o convencimento judicial possa se formar a partir da verossimilhança do direito sustentado pelo autor. Assim, por exemplo, nos casos das chamadas lesões pré-natais, quando não há racionalidade em exigir, para a procedência do pedido ressarcitório, uma convicção plena (ou de verdade) de que a doença do recémnascido deriva do acidente que a sua mãe sofreu quando em gestação.

---

[1] PATTI, Salvatore. *Prove – Disposizioni generali*, Bologna, Zanichelli, 1987, p. 85.
[2] PATTI, Salvatore. *Prove – Disposizioni generali*, cit., p. 3.

Em um caso como esse, a ausência de convicção plena ou de verdade não leva o juiz a um *estado de dúvida*, que teria que ser dissipada através da aplicação da regra do ônus da prova como "regra de decisão", julgando-se improcedente o pedido pelo motivo de o autor não ter-se desincumbido do ônus probatório. E isso por uma razão bastante simples: é que o juiz, nesses casos, não finaliza a fase de convencimento em estado de dúvida. Ora, estar *convicto* de que *basta* a verossimilhança não é o mesmo do que estar em dúvida.

Quando se fala que a regra do art. 333 importa para a *formação do convencimento*, deseja-se dizer que ela pode ser *atenuada ou invertida diante de determinadas situações de direito substancial*. Perceba-se que, ao se admitir que a regra do ônus da prova tem a ver com a formação do convencimento judicial, fica fácil explicar porque o juiz, ao considerar o direito material em litígio, pode *atenuar* ou *inverter* o ônus probatório na *sentença* ou mesmo *invertê-lo* na *audiência preliminar*.

Se o juiz, para decidir, deve passar por um contexto de descoberta, é necessário que ele saiba não apenas o objeto que deve descobrir, mas também se esse objeto pode *ser totalmente descoberto e qual das partes está em reais condições de esclarecê-lo*. Apenas nesse sentido é que o convencimento, considerado como expressão do juiz, pode ser compreendido. Ou melhor, o convencimento judicial somente pode ser pensado *a partir do módulo de convencimento próprio a uma específica situação de direito material*, pois o juiz somente pode-se dizer convencido quando sabe até onde o objeto do seu conhecimento pode ser esclarecido, assim como qual das partes pode elucidá-lo.

A exigência de convencimento varia conforme a situação de direito material e, por isso, não se pode exigir um convencimento judicial *unitário* para todas as situações concretas. Como o convencimento varia de acordo com o direito material, a regra do ônus da prova também não pode ser vista sempre do mesmo modo, sem considerar a dificuldade de convicção própria ao caso concreto.

Quando a regra do ônus da prova passa a considerar a convicção diante do caso concreto, ela passa a ser responsável pela formação da convicção, que pode ser de certeza ou de verossimilhança. Ou melhor, *pode ser de verossimilhança sem ser de dúvida*. Como o convencimento antecede a decisão, não há como aceitar a idéia de que a regra do ônus da prova somente tem importância para permitir a decisão em caso de dúvida, e não para a formação do convencimento. Ora, o juiz que decide com base em verossimilhança *não está em dúvida*; ao contrário, ele está *convencido* de que a verossimilhança *basta* diante das circunstâncias do caso concreto.

Jurisdição e Direitos Fundamentais

2. Críticas às teses de que I) o juiz deve julgar sempre com base na verossimilhança que preponderar e de que II) a falta de prova capaz de gerar convicção plena ou de verdade implica uma sentença que não produz coisa julgada material

Algumas doutrinas abandonaram a regra do ônus da prova como critério dirigente da decisão judicial em caso de dúvida. Isso porque, para elas, o julgamento pode fugir da regra do ônus da prova quando existir um grau *mínimo* de preponderância da prova.

Tais doutrinas aludem a verossimilhança preponderante – a *Överviktsprincip* na Suécia e a *Überwiegensprinzip* na Alemanha – para indicar que a convicção pode ser de verossimilhança preponderante.[3] A lógica dessa tese se funda na idéia de que a verossimilhança, ainda que mínima, permite um julgamento mais racional e mais justo do que aquele que se baseia na regra do ônus da prova.

A admissão de que o juiz está convencido quando a verossimilhança pende para um dos lados praticamente elimina a impossibilidade de convicção e, dessa maneira, o estado de dúvida, que exigiria a aplicação da regra do ônus da prova como método de decisão. Ou seja, se não existe dúvida, não há necessidade de adoção da regra do ônus da prova.

A lógica da verossimilhança preponderante se funda na premissa de que as partes sempre convencem o juiz, *ainda que minimamente*, o que é totalmente equivocado. O juiz não se convence quando *é obrigado* a se contentar com o que prepondera. Deixe-se claro que a teoria da verossimilhança preponderante *não se confunde com a possibilidade de o juiz reduzir as exigências de prova ou as exigências de convicção a partir de uma particular situação de direito material*. Nesse último caso, *não se trata de julgar com base na verossimilhança que preponderar, mas sim de julgar com base na verossimilhança exigível à luz das circunstâncias do caso concreto, quando então o juiz se convence, ainda que da verossimilhança, por ser essa a convicção de verdade possível diante do caso concreto.*

Uma outra teoria, ao lidar com a dúvida, em princípio, não a esconde, mas a afirma. Essa teoria aceita a possibilidade de o juiz chegar ao final do procedimento sem se convencer, dizendo que o juiz, nesse caso, deve proferir uma sentença contrária à parte que tem o ônus da prova. Porém, essa teoria tenta se desfazer da dúvida ao firmar a idéia de que a sentença proferida pelo juiz que não se convenceu, e assim foi obrigado a julgar com base na regra do ônus da prova, não produz coisa julgada material (não se torna indiscutível e imutável).

Contudo, não há muita diferença em proibir que o juiz deixe de julgar (o chamado *non liquet)* e admitir que a sentença, na hipótese de insuficiên-

---

[3] PATTI, Salvatore. *Prove. Disposizioni generali*, cit., p. 164.

cia de provas, não produz coisa julgada material. Ora, se o juiz é obrigado a julgar, o seu julgamento deve ter autoridade e se tornar estável, impedindo a sua negação ou rediscussão.

Em resumo: i) não é correto obrigar o juiz a julgar com base na verossimilhança que preponderar, independentemente da situação concreta, como também ii) não se pode admitir que a sentença não produz coisa julgada material apenas por ser fundada em prova insuficiente para esclarecer os fatos. É que as partes *devem convencer o juiz*, e esse, para julgar, *em regra deve estar convicto da verdade, com exceção de particulares situações de direito substancial* em que se admite que a sua convicção possa se formar com base em verossimilhança. Por outro lado, não há qualquer racionalidade em admitir que a sentença, apenas porque baseada em provas insuficientes, não produz coisa julgada material, *pois isso seria o mesmo que supor que os conflitos devem se eternizar até que as partes tenham meios para provar ou até que o juiz possa se convencer, o que apenas serve para negar a evidência da falibilidade dos meios de conhecimento, da prova, do processo, das partes e do juiz.*

3. O julgamento fundado em verossimilhança, a inversão do ônus da prova na audiência preliminar e a inversão do ônus da prova na sentença

Como visto, se o juiz deve-se convencer de algo que está no plano do direito material, não há como exigir uma convicção *uniforme* para todas as situações de direito substancial. Em alguns casos, como os de lesões prénatais, de seguro e relativos a atividades perigosas, a redução das exigências de prova ou de convicção de certeza é decorrência da própria natureza dessas situações. Por isso, diante delas é admitida a convicção de verossimilhança. Tais situações têm particularidades específicas, suficientes para demonstrar que a exigência de *prova plena* seria contrária ao desejo do direito material.

O objetivo deste item é deixar claro que existem três formas para adequadamente atender o direito material diante da fria regra do ônus da prova. A primeira é a de admitir, a partir de dada situação de direito material, o julgamento com base em verossimilhança, isto é, a redução das exigências de prova ou de convicção; a segunda é a da inversão do ônus da prova *na audiência preliminar*; e a terceira é a da inversão do ônus da prova *na sentença*, quando o juiz não chega *sequer a uma convicção de verossimilhança*, em face da *inesclarecibilidade da situação fática.*

Como é óbvio, quando o direito material nada tem de particular, a dúvida implica o julgamento com base na regra do ônus da prova, e assim a verossimilhança aí não basta. *Mas existem situações de direito material que, embora não permitam a formação de convicção de verossimilhança, exigem a inversão do ônus da prova na audiência preliminar ou na sentença.*

Em princípio, a inversão do ônus da prova somente é admissível como regra dirigida às partes, pois deve dar à parte que originariamente não possui o ônus da prova a *oportunidade de produzi-la.* Nessa lógica, quando se inverte o ônus é preciso supor que aquele que vai assumi-lo terá a *possibilidade* de cumpri-lo, pena de a inversão do ônus da prova significar a imposição de uma perda, e não apenas a transferência de um ônus. *A inversão do ônus da prova, nessa linha, somente deve ocorrer quando o réu tem a possibilidade de demonstrar a não-existência do fato constitutivo.*

É evidente que o fato de o réu ter condições de provar a não-existência do fato constitutivo não permite, por si só, a inversão do ônus da prova. Isso apenas pode acontecer quando as especificidades da situação de direito material, objeto do processo, demonstrarem que não é racional exigir a prova do fato constitutivo, mas sim exigir a prova de que o fato constitutivo não existe. Ou seja, *a inversão do ônus da prova é imperativo de bom-senso quando ao autor é impossível, ou muito difícil, provar o fato constitutivo, mas ao réu é viável, ou muito mais fácil, provar a sua inexistência.*

Em outros casos, porém, *a produção da prova é impossível às duas partes*, e assim não há razão para inversão do ônus da prova na audiência preliminar. Contudo, diante da impossibilidade da produção de prova, o juiz não consegue formar sequer uma convicção de verossimilhança, mas, ainda assim, a inesclarecibilidade da situação de direito material não deve ser suportada pelo autor, como ocorre nos "casos comuns".[4]

Pense-se no exemplo dado por Walter,[5] da vítima que foi nadar em clube de natação que deixou de informar, seguindo as regras legais, a profundidade das piscinas aptas àqueles que ainda estavam aprendendo a nadar. Ocorrida uma morte em piscina de grande profundidade, sem que essa estivesse definida como imprópria aos nadadores iniciantes, os familiares do falecido ingressaram com ação ressarcitória. Os autores afirmaram que a vítima morreu afogada, enquanto o réu disse que a morte teria sido ocasionada por um colapso. Não havia como demonstrar uma coisa nem outra e, assim, *existia uma situação de "inesclarecibilidade". Diante da impossibilidade de produção de prova, sequer indiciária, o juiz não teve condições de chegar nem mesmo a uma convicção de verossimilhança.* Frise-se que, nesse caso, além de ter sido impossível a inversão do ônus da prova na audiência preliminar, o juiz não encontrou uma convicção de verossimilhança.

---

[4] Para um maior aprofundamento desta questão, ver Luiz Guilherme Marinoni e Sérgio Cruz Arenhart, *Comentários ao Código de Processo Civil*, São Paulo: RT, 2005, 2ª. ed., v. 5, t. 1, p. 183 e ss.

[5] Gerhard Walter, *Libre apreciación de la prueba*, Bogotá: Temis, 1985, p. 277-278.

Mas seria justo que a sentença concluísse que os autores deveriam pagar pela não-produção de prova? Ou a dúvida deveria ser arcada pelo réu? Partindo-se do pressuposto de que aquele que viola uma norma de prevenção ou de proteção aceita o risco de produzir dano, a aceitação desse risco implica, por conseqüência lógica, assumir o risco relativo à dificuldade na elucidação da causalidade entre a violação e o dano, ou melhor, assumir o ônus da prova capaz de esclarecê-la. Vale dizer que, *quando há uma situação de inesclarecibilidade que pode ser imputada ao réu, a sentença deve inverter o ônus da prova*. Nessa hipótese, como não há convicção de verossimilhança, a dúvida tem que ser paga por uma das partes. Mas não há racionalidade em imputá-la ao autor quando o risco da inesclarecibilidade do fato constitutivo é assumido pelo réu.

Resumindo: o juiz deve procurar uma *convicção de verdade* e, por isso, quando está em dúvida – isto é, quando o autor não lhe convencer da existência do fato constitutivo –, em regra deve julgar com base na regra do art. 333. Porém, *algumas* situações de direito material exigem que o juiz *reduza as exigências* de prova, contentando-se com uma convicção de verossimilhança. Ao lado disso, há situações em que ao autor é impossível, ou muito difícil, a produção da prova do fato constitutivo, *mas ao réu é viável, ou mais fácil, a demonstração da sua inexistência, o que justifica a inversão do ônus da prova na audiência preliminar*. Acontece que há casos em que a prova é impossível, ou muito difícil, *para ambas as partes*, quando então não há como inverter o ônus probatório na audiência preliminar, e o juiz não chega sequer a uma convicção de verossimilhança ao final do procedimento. Nessas hipóteses, determinada circunstância de direito material pode permitir a conclusão de que a impossibilidade de esclarecimento da situação fática não deve ser paga pelo autor, *quando a inversão do ônus da prova deve ocorrer na sentença*.

4. O tratamento diferenciado do ônus da prova diante das várias necessidades do direito material

Há um grande equívoco em supor que o juiz apenas pode inverter ou atenuar o ônus da prova quando pode aplicar o CDC. *O fato de o art. 6º, VIII, do CDC, afirmar expressamente que o consumidor tem direito à inversão do ônus da prova não significa que o juiz não possa assim proceder diante de outras situações de direito material.*

Caso contrário, teríamos que raciocinar com uma das seguintes hipóteses: i) ou admitiríamos que *apenas as relações de consumo* podem abrir margem ao tratamento diferenciado do ônus da prova; ii) ou teríamos que aceitar que *outras* situações de direito substancial, ainda que tão características quanto as pertinentes às relações de consumo, não admitem tal tratamento diferenciado apenas porque o juiz *não está autorizado pela lei*.

Jurisdição e Direitos Fundamentais

A idéia de que somente as relações de consumo reclamam a inversão do ônus da prova não tem sustentação. Considerada a natureza das relações de consumo, é certo que ao consumidor não pode ser imputado o ônus de provar certos fatos – como a relação de causalidade entre o defeito do produto – ou do serviço – e os danos – nas ações de ressarcimento que podem ser propostas contra o fabricante, o produtor, o construtor, o importador de produtos e o fornecedor de serviços (arts. 12 e 14 do CDC). Porém, *isso não quer dizer que não existam outras situações de direito substancial que exijam a inversão do ônus da prova ou mesmo requeiram uma atenuação do rigor na aplicação da regra do ônus da prova, contentando-se com a verossimilhança.*

Basta pensar nas chamadas atividades perigosas ou na responsabilidade pelo perigo e nos casos em que a responsabilidade se relaciona com a violação de deveres legais, quando o juiz não pode aplicar a regra do ônus da prova como se estivesse frente a um caso "comum", exigindo que o autor prove a causalidade entre a atividade e o dano e entre a violação do dever e o dano sofrido. Ou seja, *não há razão para forçar uma interpretação capaz de concluir que o art. 6º, VIII, do CDC pode ser aplicado, por exemplo, nos casos de dano ambiental, quando se tem a consciência de que a inversão do ônus da prova ou a redução das exigências de prova têm a ver com as necessidades do direito material, e não com uma única situação específica ou com uma lei determinada.*

Não existe motivo para supor que a inversão do ônus da prova somente é viável quando prevista em lei. Aliás, a própria norma contida no art. 333 não precisaria estar expressamente prevista, pois decorre do bom-senso ou do interesse na aplicação da norma de direito material, que requer a presença de certos pressupostos de fato, alguns de interesse daquele que postula a sua atuação e outros daquele que não deseja vê-la efetivada. Recorde-se que o ordenamento alemão não contém norma similar à do art. 333, e exatamente por isso a doutrina alemã construiu a *Normentheorie*.[6]

Da mesma forma que a regra do ônus da prova decorre do direito material, algumas situações específicas exigem o seu tratamento diferenciado. Isso pelo simples motivo de que as situações de direito material não são uniformes. A suposição de que a inversão do ônus da prova deve estar expressa na lei está presa à idéia de que qualquer incremento do poder do juiz deve estar definido na legislação, pois de outra forma estará aberta à possibilidade de o poder ser utilizado de maneira arbitrária.

Atualmente, contudo, não se deve pretender limitar o poder do juiz, mas sim controlá-lo, e isso não pode ser feito mediante uma previsão legal

---

6 ROSENBERG, Leo. *Die Beweislast auf der Grundlage des Bürgerlichen Gesetzbuchs und der Zivilprozessordinung.* München: Beck, 1965, 5a. ed., p. 91 e ss.

da conduta judicial, como se a lei pudesse dizer o que o juiz deve fazer para prestar a adequada tutela jurisdicional diante de todas as situações concretas. Como as situações de direito material são várias, deve-se procurar a justiça do caso concreto, o que repele as teses de que a lei poderia controlar o poder do juiz. Esse controle, atualmente, somente pode ser obtido mediante a imposição de uma rígida justificativa racional das decisões, que podem ser auxiliadas por regras como a da proporcionalidade e suas sub-regras.

Se não é possível ao legislador afirmar, como se estivesse tratando de situações uniformes, que o juiz deve sempre aplicar a regra do ônus da prova, também não lhe é possível dizer que apenas uma ou outra situação de direito material pode permitir a sua inversão. É claro que tal inversão pode ser prevista para determinadas situações – como acontece com as relações de consumo –, mas não é certo concluir que a ausência de expressa previsão legal possa excluir a atuação judicial em todas as outras.

5. A inversão do ônus da prova no
Código de Defesa do Consumidor

Demonstrado que o ônus da prova *não é exclusividade de uma específica situação de direito material, mas sim necessidade para o seu adequado tratamento*, cabe passar à análise da regra do art. 6º, VIII, do Código de Defesa do Consumidor, que expressamente indica os *pressupostos* para a inversão do ônus da prova nas *relações de consumo*.

De acordo com essa norma, é direito básico do consumidor "a facilitação da defesa de seus direitos, inclusive com a inversão do ônus da prova, a seu favor, no processo civil, quando, a critério do juiz, *for verossímil a alegação ou quando for ele hipossuficiente*, segundo as regras ordinárias de experiência". Aqui, os critérios para a inversão devem ser pensados a partir dos pressupostos postos na lei, ao contrário do que ocorre quando nos ocupamos dos critérios para a inversão do ônus da prova fora do Código de Defesa do Consumidor.

A leitura da regra do art. 6º, VIII, propõe as seguintes questões: i) a inversão do ônus da prova exige a verossimilhança da alegação e a hipossuficiência do consumidor ou apenas um desses elementos?; ii) o que significa verossimilhança da alegação e hipossuficiência do consumidor?; iii) qual é o momento para a inversão do ônus da prova?

O art. 6º, VIII, afirma claramente que a inversão do ônus da prova é possível, em favor do consumidor, quando "for verossímil a alegação *ou quando* for ele hipossuficiente". De modo que a própria interpretação gramatical impõe a conclusão de que basta a verossimilhança *ou* a hipossuficiência.

Jurisdição e Direitos Fundamentais

Mas, para que seja possível expressar os significados de verossimilhança e hipossuficiência, é preciso considerar o contexto em que essas expressões são utilizadas. Ou seja, é preciso recordar as razões de distribuição e inversão do ônus da prova e agora relacioná-las com a natureza das relações de consumo e com a posição que o consumidor nelas ocupa.

Deixe-se claro que o fato de o consumidor não precisar provar culpa quando pretende o i) adimplemento da obrigação ou o ii) ressarcimento do dano (tenha esse dano sido provocado pelo inadimplemento ou pelo chamado "acidente de consumo") nada tem a ver com inversão do ônus da prova. No primeiro caso, sequer é possível cogitar sobre a presença de culpa, *pois o direito ao adimplemento da obrigação independe da ocorrência de culpa*. Nas hipóteses de *dano* provocado pelo inadimplemento ou pelo adimplemento imperfeito e de *dano* derivado de "acidente de consumo", o próprio Código de Defesa do Consumidor *é expresso em excluir a necessidade da demonstração da culpa* (arts. 12, 14 e 23, CDC).[7]

Por outro lado, no caso de responsabilidade pelo fato do produto, o art. 12, § 3º, do CDC diz que "o fabricante, o construtor, o produtor ou importador só não será responsabilizado quando provar: I – que não colocou o produto no mercado; II – *que, embora haja colocado o produto no mercado, o defeito inexiste*; III – a culpa exclusiva do consumidor ou de terceiro". Na hipótese de responsabilidade pelo fato do serviço, preceitua o art. 14, § 3º, do mesmo código que "o fornecedor de serviços só não será responsabilizado quando provar: I – que, tendo prestado o serviço, *o defeito inexiste*; II – a culpa exclusiva do consumidor ou de terceiro". Como se vê, tais normas afirmam expressamente que o consumidor não precisa provar o defeito do produto ou do serviço, *incumbindo ao réu o ônus de provar que esses defeitos não existem.*

---

[7] Em relação à responsabilidade pelos "acidentes de consumo", o CDC estabelece de forma expressa a responsabilidade objetiva (arts. 12 e 14, CDC). Mas, no que diz respeito à responsabilidade pelo vício do produto ou do serviço, a doutrina pensa ora em responsabilidade objetiva ora em culpa *juris et de jure*. Porém, falta-lhe a percepção de que a responsabilidade pelo vício do produto ou do serviço tem dois patamares: *a do inadimplemento (propriamente dito) e a do dano por ele provocado*. O direito de exigir o adimplemento perfeito independe de culpa e, assim, essa somente *poderia ter relevância diante do dano* provocado pelo adimplemento imperfeito.

Contudo, o art. 23 do CDC afirma que "*a ignorância do fornecedor* sobre os vícios de qualidade por inadequação dos produtos e serviços *não o exime de responsabilidade*". Como é óbvio, esse artigo diz respeito à responsabilidade *pelo dano* derivado do adimplemento imperfeito. O art. 23 evidencia que, no sistema do CDC, a demonstração de boa-fé não é capaz de elidir a responsabilidade *pelo dano* causado ao consumidor.

Assim, considerando que o consumidor tem direito ao adimplemento perfeito (específico) ainda que não tenha ocorrido culpa, resta a conclusão de que essa somente poderia ter sido dispensada em relação aos danos provocados pelo inadimplemento (art. 23) e no que concerne aos danos decorrentes dos acidentes de consumo (arts. 12 e 14). Ou seja, a culpa foi dispensada nos únicos lugares em que dela se poderia cogitar. (Ver Luiz Guilherme Marinoni, *Técnica processual e tutela dos direitos*, São Paulo: RT, 2004, p. 234 e ss).

Em ação de ressarcimento baseada em responsabilidade pelo fato do produto ou do serviço, além de a *responsabilidade ser independente de culpa (objetiva)*, o consumidor é *dispensado* de provar o defeito do produto ou do serviço. Até aqui, a única questão probatória que aparece diz respeito à prova do defeito, mas o ônus dessa prova é expressamente imputado ao réu, não recaindo sobre o consumidor. Nesse caso, como é óbvio, o juiz não precisa inverter o ônus da prova, pois esse ônus já está invertido (ou definido) pela lei.

No caso em que o réu não consegue demonstrar que o defeito não existe, faltaria ainda ligar esse defeito ao dano. Exemplifique-se com a hipótese do remédio que contém defeito na sua fabricação. Como é pouco mais do que óbvio, um remédio com defeito somente pode gerar responsabilidade – ainda que essa prescinda de culpa – quando causa um dano. O problema, então, passa a ser o da prova da causalidade. Como provar que uma doença, ou um problema no feto, foi ocasionado pelo defeito de um remédio?

Frise-se que, em um caso com esse (de defeito na composição de remédio), a relação de consumo *é marcada pela violação de uma norma que objetiva dar proteção ao consumidor*. O fabricante que viola essa norma *assume o risco da dificuldade de prova da causalidade*. Se a prova da causalidade é difícil, basta que o juiz chegue a uma convicção de verossimilhança para responsabilizar o réu. Essa convicção de verossimilhança, é claro, *não se confunde com a convicção de verossimilhança da tutela antecipatória*, pois não é uma convicção fundada em parcela das provas que ainda podem ser feitas no processo, mas sim, uma convicção que se funda nas provas que puderam ser realizadas no processo, mas, *diante da natureza da relação de direito material*, devem ser consideradas suficientes para fazer crer que o direito pertence ao consumidor.

Essa convicção de *verossimilhança nada mais é do que a convicção derivada da redução das exigências de prova*, e assim, em princípio, *seria distinta da inversão do ônus da prova*. Mas, o art. 6º, VIII, do Código de Defesa do *Consumidor alude expressamente à possibilidade de inversão do ônus da prova quando a alegação for verossímil*. Na verdade, *quando esse código mistura verossimilhança com inversão do ônus da prova, está querendo dizer que basta a verossimilhança preponderante, embora chame a técnica da verossimilhança preponderante de inversão do ônus da prova*.

No caso em que o autor alega que um defeito no sistema de freios do seu veículo lhe acarretou um acidente com danos materiais e pessoais, e o fabricante não demonstra a inexistência desse defeito, a dificuldade no *preciso esclarecimento* de que o dano foi gerado pelo defeito não pode ser suportada pelo consumidor, bastando-lhe, assim, fazer o juiz *acreditar na verossimilhança* de que esse defeito tenha provocado o dano. A dificuldade no *pleno esclarecimento* da relação de causalidade, diante do risco probatório assumido pelo fabricante – que produziu o sistema de freios com defeito –, obviamente deve ser imputada a ele. É por isso que basta a verossimilhança ou, como quer o art. 6º, VIII, do Código de Defesa do Consumidor, que o juiz inverta o ônus da prova, com base na verossimilhança, na própria sentença.

A outra hipótese de inversão do ônus da prova na sentença decorre da chamada *hipossuficiência do consumidor*. Por hipossuficiência, aqui, deve-se entender *a impossibilidade de prova – ou de esclarecimento da relação de causalidade* – trazida ao consumidor pela violação de uma norma que lhe dá proteção, por parte do fabricante ou do fornecedor. A hipossuficiência importa quando há *inesclarecibilidade* da relação de causalidade, e essa impossibilidade de esclarecimento tem relação com a própria violação da norma de proteção.

Melhor explicando: em determinados casos, ainda que não seja possível determinar, através de prova, que um defeito ocasionou um dano, seja porque as provas não são conclusivas, seja porque as regras de experiência não são absolutas, pode ser viável ao menos chegar a uma *convicção de verossimilhança*, a qual é legitimada em razão de que o violador da norma de proteção assumiu o risco da dúvida. Nessas situações, é possível julgar com base na *verossimilhança preponderante*, ou, nos termos do Código de Defesa do Consumidor, inverter o ônus da prova na sentença com base na *verossimilhança da alegação*. Porém, quando não se pode chegar *nem mesmo à verossimilhança da alegação*, há uma situação de *inesclarecibilidade*, ou a impossibilidade de o consumidor produzir prova para esclarecer a relação de causalidade. Nessa situação, a inversão do ônus da prova deve ser feita com base em hipossuficiência, tal como compreendida no parágrafo acima.

Nessas duas hipóteses, a inversão do ônus da prova é voltada ao juiz. Não há sequer motivo para pensá-la como regra dirigida à parte, pois em nenhum dos casos se exige prova do fabricante ou do fornecedor.

Mas, quando a prova é impossível, ou muito difícil, ao consumidor, e possível, ou mais fácil, ao fabricante ou ao fornecedor, *a inversão do ônus da prova se destina a dar ao réu a oportunidade de produzir a prova que, de acordo com a regra do art. 333, incumbiria ao autor. Agora não se trata de inverter o ônus da prova para legitimar – na sentença – a incompletude ou a impossibilidade da prova, mas de transferir do autor ao réu o ônus de produzi-la – o que deve ser feito na audiência preliminar.*

Alguém perguntaria se, nesse último caso, a inversão seria fruto da verossimilhança ou da hipossuficiência. Porém, como essa verossimilhança – conforme já dito – não deve ser confundida com a verossimilhança própria aos juízos que se formam no curso do processo, somente a dificuldade de produção de prova caracterizada pela peculiar posição do consumidor – ou a hipossuficiência –, pode dar base à inversão do ônus da prova na audiência preliminar.

6. Convicção, decisão e motivação

Como visto, o juiz pode chegar ao final do procedimento i) em estado de dúvida e simplesmente aplicar a regra do ônus da prova, como também ii) julgar com base em verossimilhança ou inverter o ônus da prova em razão da "verossimilhança da alegação" e ainda iii) inverter o ônus da prova em razão da inesclarecibilidade da situação fática ou da hipossuficiência do consumidor.

Acontece que a convicção obviamente não pode ser medida em graus ou em números. A dúvida, a convicção de verossimilhança e a inesclarecibilidade, ainda que constituam pressupostos para o juiz decidir, *apenas podem ser demonstradas na motivação da sentença*. De modo que a motivação justifica a decisão e o seu antecedente imediato, isto é, a convicção.

Como a convicção é explicada através da motivação, é possível dizer que a convicção é aí racionalizada. Ou melhor, a convicção de verdade, a dúvida, a convicção de verossimilhança e a inesclarecibilidade do fato constitutivo são racionalizadas mediante a racionalização dos argumentos utilizados para justificá-las.

Vale dizer que a legitimidade do julgamento fundado em verossimilhança (ou a inversão do ônus da prova com base na "verossimilhança da alegação") e da inversão do ônus da prova em razão de inesclarecibilidade (ou com base na "hipossuficiência" do consumidor), requer a análise da motivação. Se os argumentos utilizados – a circunstância de direito material que impõe a dificuldade ou a impossibilidade de produção da prova, ou, por exemplo, a existência de uma regra de experiência[8] que aponte para a verossimilhança – não forem adequados para justificar uma ou outra, ou ainda se a motivação incidir em falta de coerência lógica[9] em relação aos critérios utilizados para demonstrar a convicção de verossimilhança ou a inesclarecibilidade, a decisão carecerá de legitimidade.

Isso demonstra a separação entre *convicção, decisão e motivação*. A convicção é imprescindível para a decisão, pois o juiz, para decidir, tem que saber o que é necessário (ou o que basta) para julgar o pedido procedente, e assim, por exemplo, quando a convicção de verossimilhança é

---

[8] Sobre o controle da utilização das regras de experiência, ver Luiz Guilherme Marinoni e Sérgio Cruz Arenhart, *Comentários ao Código de Processo Civil*, v. 5, t. 1, cit., p. 460 e ss.

[9] A respeito da coerência lógica e da coerência narrativa da decisão, ver Luiz Guilherme Marinoni e Sérgio Cruz Arenhart, *Manual do processo de conhecimento*, São Paulo: RT, 2004, 4ª ed., p. 473 e ss; Michele Taruffo, *La prova dei fatti giuridici*, Milano: Giuffrè, 1992, p. 287 e ss.

Jurisdição e Direitos Fundamentais

suficiente. Mas a convicção apenas é exteriorizada quando é racionalizada na motivação. Ou seja, se a convicção é importante para a decisão, o certo é que a convicção e a decisão somente poderão ser compreendidas em face da motivação, quando deverão ser justificadas. Portanto, se a sentença de procedência requer, por exemplo, convicção de verossimilhança, tal sentença somente será legítima quando a sua motivação racionalizar adequadamente tal convicção e os elementos que a determinaram.

— XIV —

Legitimidad y conveniencia del control constitucional a la economia[1]

RODRIGO UPRIMNY

Abogado colombiano, doctor en Economía Política Entre
1994 y 2004 se desempeñó como Magistrado Auxiliar de la Corte
Constitucional. Desde 1993 es profesor de la Facultad de Derecho de la
Universidad Nacional. Ha sido también magistrado titular encargado de la
Corte Constitucional. Desde enero de 2005 dirige el Centro de Estudios de
Derechos Justicia y Sociedad DJS. Ha publicado escritos sobre derecho
constitucional democracia, administración de justicia,
resolución de conflictos y derechos humanos.

Sumário: 1. Las críticas a la intromisión judicial en la economía; 2. La incapacidad
técnica de los jueces constitucionales; 3. El "populismo" y la insensibilidad de los
jueces frente a las consecuencias de sus decisiones; 4. Sobre el carácter antidemocrático del control constitucional de los procesos económicos; 4.1. La llamada "dificultad contramayoritaria" y una defensa democrática del control constitucional; 4.2.
La especificidad del ámbito económico y el problema de la "justiciabilidad" de los
derechos sociales; 5. Sobre los riesgos de rigidez constitucional; 6. Los problemas
de inseguridad jurídica; 7. Los riesgos de desmovilización ciudadana y politización
de la justicia; 8. Conclusiones.

En uno de sus textos, Amartya Sen señala que "la economía moderna
se empobreció en forma sustancial debido a la distancia que se ha abierto
entre la ética y la economía",[2] ya que, como consecuencia de ese divorcio,
la ciencia económica ha tenido una visión estrecha de las motivaciones del

---

[1] Este artículo se basa en trabajos anteriores del autor, en especial "Justicia constitucional, derechos
sociales y economía: un análisis teórico y una discusión de las sentencias de UPAC" en Pensamiento
Jurídico No 13 (2000) y "Un ejemplo, cinco tesis y una metáfora: notas para estimular un dialogo en
Colombia entre economistas, y juristas sobre la relación entre la justicia constitucional y la economía"
(en prensa).

[2] Ver Amartya Sen.(1992) "Comportamento económico e sentimentos morais" en *Lua Nova*, No 25,
pp. 108 y ss. Se trata de una traducción del primer capítulo de su libro *On ethics and economics*.
Blackwell, Oxford, 1990.

Jurisdição e Direitos Fundamentais

comportamiento humano y del significado del desarrollo social. Pero a su vez, señala Sen, este distanciamiento también ha perjudicado a la ética, que ha perdido la posibilidad de usar el fino instrumental analítico de la economía, para enriquecer sus visiones, y en especial para poder tomar en cuenta en sus análisis normativos las complejas interdependencias que existen entre los comportamientos de los distintos agentes sociales.

Esta reflexión de Sen puede ser proyectada a la relación, también bastante problemática, que se ha dado entre la economía y el derecho. La separación académica que durante mucho tiempo ha existido entre esas disciplinas ha tenido efectos empobrecedores para ambas. La economía ha solido desconocer la importancia que tienen la dimensión normativa y los arreglos institucionales en el comportamiento de los agentes económicos y en el significado del propio desarrollo, mientras que el olvido de los condicionamientos económicos puede llevar al análisis jurídico a moverse en abstracciones desvinculadas de la dinámica objetiva de los procesos sociales.

Es cierto que en los últimos años, existen interesantes propuestas académicas que buscan precisamente acercar el derecho y la economía. Bástenos citar los siguientes dos ejemplos; de un lado, los trabajos de la llamada escuela neoinstitucionalista, y en especial la obra de Douglas North, han enfatizado el enorme impacto que tienen los arreglos institucionales como presupuestos de funcionamiento de los mercados, que es una forma de reconocer, desde el campo económico, la importancia del derecho y de las instituciones en los procesos económicos. Pero a su vez, toda la llamada escuela del "análisis económico del derecho", liderada por las obras, no siempre compatibles, de autores como Posner y Calabresi, ha incorporado una parte considerable del instrumental analítico de la economía, en especial de la microeconomía, como criterio para evaluar las reformas legislativas y las decisiones judiciales, que es una forma de reconocer, desde el derecho, la pertinencia de la lógica económica en el análisis normativo.[3]

Sin importar cual sea nuestra opinión sobre la riqueza de esas escuelas, es indudable que ellas son significativas en la medida en que intentan establecer puentes entre los análisis económicos y las discusiones jurídicas. Y esa perspectiva puede orientarnos sobre la manera como deberíamos enfocar el debate que ha suscitado la jurisprudencia económica de la Corte Constitucional, por llamar de alguna manera las decisiones de ese tribunal que han afectado la política económica del Estado colombiano. Esta con-

---

[3] La bibliografía sobre estas dos corrientes es muy amplia y por tanto, cualquier referencia es muy limitada. Con todo, sobre neoinstitucionalismo, uno de los textos de referencia es Douglas North. (1993) *Instituciones, cambio institucional y desarrollo económico*. México, Fondo de Cultura Económica. Y sobre análisis económico del derecho, una de las obras más relevantes es Richard Posner. (1992) *Economic Analysis of Law*. Boston: Little Brown and Company.

troversia puede ser la oportunidad para un diálogo enriquecedor entre las perspectivas de economistas y juristas sobre el papel que debe jugar el derecho en general, y la justicia constitucional en particular, en la definición y ejecución de la política económica en una democracia. Pero lo cierto es que hasta ahora, la polémica ha tendido a acentuar la separación entre los análisis económicos y los estudios jurídicos, no sólo por las innecesarias diatribas que economistas y juristas han intercambiado, generosamente,[4] sino además, porque incluso los estudios más serios no han logrado romper la unilateralidad de las perspectivas. Un ejemplo significativo es el primer trabajo de Salomón Kalmanovitz sobre el tema, en donde ese autor intenta un análisis sistemático y comprensivo de la jurisprudencia económica de la Corte, pero se queda en una visión puramente externa de las decisiones del juez constitucional, como lo muestra incluso el propio título de su artículo.[5]

En ese contexto, ese trabajo busca abandonar las posturas puramente defensivas, y si se quiere, "gremiales" de economistas y abogados, a fin de intentar un diálogo constructivo entre nuestras perspectivas. No se trata de eludir el debate, que debe ser vigoroso, como corresponde a la academia, ni de ocultar las diferencias que existen dentro de las mismas disciplinas, pues en ocasiones puede haber mayores controversias entre los abogados o los economistas sobre el papel jugado por la Corte Constitucional; pero creo que conviene abandonar las defensas a ultranza y las diatribas, a fin de favorecer una discusión interdisciplinaria sobre el papel de la justicia constitucional en el diseño y ejecución de la política económica en una democracia.

Para adelantar esa discusión, conviene comenzar por distinguir las diversas facetas del problema, pues la polémica sobre la jurisprudencia

---

[4] Por no citar sino un caso: algunos economistas prestigiosos y conocidos, como el exministro de Hacienda Rudolf Hommes, han acusado a los magistrados de la Corte Constitucional de ignorancia extrema, al punto de calificarlos de "burrisconsultos", que no parece la mejor forma de iniciar un debate académico sobre el tema. Ver *El Colombiano*, julio 4 de 1999. Frente a esos ataques, uno está tentado a responder con Borges. Después de esos insultos señor ¿cuáles son sus argumentos?

[5] Su texto se llama significativamente "Las consecuencias económicas de los fallos de la Corte Constitucional", (ver *Economía Colombiana*. No 276, Nov 1999). que es en el fondo una renuncia explícita en entrar en un análisis de los aspectos jurídicos de la jurisprudencia de la Corte. Eso no es un defecto sino una opción metodológica perfectamente válida, pero que mantiene la separación entre las discusiones jurídicas y los análisis económicos. Desafortunadamente, en textos posteriores, los análisis de Kalmanovitz sobre el trabajo de la Corte Constitucional han perdido mucho rigor, pues su crítica ya no se basa en un estudio sistemático de la labor de ese tribunal sino en comentarios efectistas hechos a partir de citas descontextualizadas de las sentencias de ese tribunal. Así, en su artículo publicado en Lecturas Dominicales de El Tiempo del 11 de diciembre de 2000, Kalmanovitz invoca una referencia que hizo una sentencia de la Corte a una encíclica papal para concluir que ese tribunal recurre al Vaticano para construir su visión de la moral social. Sin lugar a dudas, esa referencia de esa sentencia a un documento de la iglesia Católica fue desafortunada, pues la constitución establece la igualdad entre todas las confesiones religiosas; pero igualmente desafortunada es la conclusión que intenta establecer Kalmanovitz a partir de ese párrafo, y que ignora la línea básica de la jurisprudencia de la Corte en materia de igualdad y libertad religiosas, que llevó a ese tribunal a anular todos las prerrogativas de la iglesia católica.

Jurisdição e Direitos Fundamentais

309

económica de la Corte plantea cuatro interrogantes, que se encuentran interrelacionados pero que son diversos. En primer término, un problema de fundamentación: ¿es posible y legítimo que exista un control constitucional de la economía? Uno segundo que es institucional: ¿cuáles son los diseños procesales más adecuados para el desarrollo de la justicia constitucional en este campo? En tercer término, existe un problema hermenéutico: ¿es necesaria.alguna forma especial de interpretar y aplicar la Constitución en materia económica o son válidas las herramientas argumentativas ordinarias? Y finalmente uno empírico, referido al trabajo de la Corte: ¿qué tan acertadas o equivocadas han sido sus decisiones?

Todos estos distintos problemas son interesantes e importantes; pero el debate sobre la fundamentación tiene una prioridad lógica y metodológica, pues si concluimos que no es legítimo que la justicia constitucional intervenga en la economía, las otras preguntas pierden mucha de su relevancia. Por ello, mi trabajo se centra en discutir si es legítimo y conveniente que exista un control judicial de constitucionalidad de los procesos económicos. El artículo comienza entonces por reseñar las principales razones que algunos estudiosos aducen en contra del control constitucional de la economía, para luego intentar responder a cada una de ellas, y mostrar así las posibilidades y límites de la intervención de los jueces constitucionales en esa esfera.

1. Las críticas a la intromisión judicial en la economía

Según algunos analistas, los tribunales constitucionales no deben conocer de asuntos económicos, por muchas razones, que pueden ser englobadas en algunas objeciones básicas.

Un primer tipo de críticas cuestiona la idoneidad técnica de los jueces constitucionales en este campo, por lo cual su intervención produce malas políticas económicas. Según estas objeciones, los jueces no son expertos en estos temas, y por ende, son muy altos los riesgos de que los jueces se equivoquen, debido a su falta de conocimientos técnicos en la materia.

Directamente ligado a lo anterior, otras críticas cuestionan la tendencia de los jueces a ser "botaratas", en la medida en que no tienen en cuenta las restricciones presupuestales, ya que no les corresponde la difícil tarea de cobrar los impuestos y obtener los recursos para financiar las políticas sociales. Permitir entonces que los tribunales intervengan en la política económica y decreten gasto sería entonces inconveniente, pues podría conducir a una suerte de "populismo judicial".

Según estos planteamientos, estos riesgos son mayores en los países del Tercer Mundo, con escaso desarrollo de las fuerzas productivas, como Colombia, pues hoy en día, en general, las intervenciones judiciales en las decisiones económicas pretenden realizar los derechos sociales, lo cual implica casi siempre erogaciones presupuestarias importantes; sin embargo, en estos países, la posibilidad de financiar efectivamente la satisfacción de la totalidad de los derechos sociales es todavía muy precaria, por lo cual son aún más altos los peligros de que caigamos en un populismo judicial, que tenga efectos macreconómicos desastrosos. Jugando con las palabras, habría entonces que concluir que, al decidir estos casos económicos, los jueces "fallan" mucho, y que en los países subdesarrollados, sus "fallos" son aún mayores.

Un tercer tipo de críticas se funda en la filosofía democrática y participativa, pues parte de la idea de que, en las democracias, los parlamentos y los gobiernos son quienes tienen derecho a decidir sobre el modelo económico del país y sobre la orientación del gasto público, pues al fin y al cabo, para eso fueron electos por las mayorías políticas. La intervención judicial en la economía sería entonces antidemocrática, pues los tribunales constitucionales, compuestos por jueces no electos, impondrían su filosofía económica y arrebatarían a las mayorías el derecho que éstas tienen a tomar las opciones básicas sobre el desarrollo social y económico de un país.

Directamente ligado a lo anterior, un cuarto tipo de reparos considera que la intervención de las cortes constitucionales en la economía desfigura y deslegitima la función de las constituciones en las complejas sociedades pluralistas contemporáneas. Según estas perspectivas, la anulación por el juez constitucional de determinadas decisiones económicas implica una inevitable "constitucionalización" de un cierto modelo de desarrollo, pues el tribunal estaría señalando que algunas estrategias económicas no caben dentro del ordenamiento jurídico, o que a veces, sólo una determinada política es posible, lo cual tiene dos efectos perversos: de un lado, introduce una excesiva rigidez en el manejo económico, pues para modificar una estrategia económica, podría ser necesaria una muy dispendiosa reforma constitucional: y, de otro lado, la exclusión por el juez constitucional de ciertas opciones económicas, que pueden ser apoyadas por grupos importantes de la población, implica que esos sectores sociales pueden a su vez sentirse excluidos de la constitución, que pierde entonces apoyo y legitimidad social. La constitución dejaría entonces de ser un marco pluralista, en donde caben la mayor parte de opciones y modos de vida de los ciudadanos, para convertirse en la expresión de ciertas doctrinas económicas y ciertos modelos de desarrollo: aquellos que son más apreciados por los magistrados.

Un quinto de críticas se basa en consideraciones de seguridad jurídica y argumenta que la intervención de los jueces constitucionales en esta esfera pone en peligro la certeza de los contratos y de las regulaciones, pues en cualquier momento una ley podría ser anulada por razones de constitucio-

Jurisdição e Direitos Fundamentais

nalidad, muchas veces con efectos retroactivos. Esta inseguridad jurídica tendría graves efectos sobre el desarrollo pues aumenta considerablemente los costos de transacción y desestimula la inversión, ya que los agentes económicos no logran conocer con exactitud cuáles son las reglas jurídicas aplicables.

Un sexto tipo de críticas invoca los efectos perversos que esas injerencias judiciales en la economía tienen sobre el sistema político y sobre la propia administración de justicia. Así, según estas objeciones, la intromisión de los tribunales en las políticas económicas erosiona la participación democrática, puesto que los ciudadanos reemplazan la lucha electoral y la movilización política por la interposición de acciones judiciales. Además, esta "judicialización" de la política económica acarrea casi inevitablemente una "politización", en el mal sentido del término, de la justicia, pues los tribunales y los procesos se convierten en escenarios e instrumentos de estrategias de los actores políticos, lo cual afecta la independencia judicial y desestabiliza en forma profunda el papel del sistema judicial como garante de los derechos de las personas y de las reglas del juego democrático. Igualmente grave, según estas perspectivas, es que este proceso puede comportar una sobrecarga del aparato judicial, que empieza a asumir con dificultad tareas que no le corresponden y para las cuales carece de los medios técnicos y materiales necesarios. Así, la transferencia de la resolución de los problemas económicos a los jueces, y en especial al tribunal constitucional, puede terminar por afectar la propia legitimidad de la administración de justicia, que no tiene en el largo plazo la capacidad de enfrentar tales retos.

Estas críticas, que he reseñado muy brevemente, no son para nada deleznables, pues se basan en argumentos teóricos razonables y en experiencias históricas desafortunadas. Así, es indudable que en general los jueces, por su formación profesional, no suelen ser expertos en el manejo de las variables económicas y tienden a ignorar las consecuencias financieras de sus fallos.

Además, es cierto que a veces los tribunales constitucionales han tenido intervenciones antidemocráticas, ya que han bloqueado, o al menos, obstaculizado durablemente, los cambios económicos, invocando filosofías personales o argumentos formalistas, para anular políticas económicas masivamente apoyadas por la ciudadanía y por los órganos de elección popular. El ejemplo clásico, pero no el único, fue la actitud de la Corte Suprema de los Estados Unidos en las primeras décadas de este siglo; así, entre 1905 y 1937, ese tribunal anuló leyes que establecían salarios mínimos o jornadas máximas de trabajo, con el argumento de que violaban la libertad contractual, con lo cual entorpeció la puesta en marcha de políticas sociales, y en especial el desarrollo del "New Deal" de Franklin

Delano Roosevelt.[6] El caso más célebre, por cuanto simboliza este proceso, fue Lochner v New York de 1905, en donde la Corte anuló una ley de ese Estado que limitaba la jornada de trabajo a diez horas diarias, con lo cual la jurisprudencia dio preferencia al liberalismo económico sobre los criterios de las mayorías, el pluralismo económico y la búsqueda de la igualdad social. Y el activismo judicial de ese tribunal en materia económica, en esa época, se acompañó de una pasividad y complacencia sorprendente en materia de eventuales violaciones a los derechos civiles. Así, mientras anulaba las leyes de intervención económica, por supuestamente afectar la libertad contractual, la Corte Suprema defendía la constitucionalidad de las leyes que establecían la segregación racial, en el sur de los Estados Unidos, por cuanto consideraba que éstas no desconocían la igualdad, en virtud de la tristemente célebre doctrina de "separados pero iguales", desarrollada en el caso Plessy v Ferguson de 1896. Y eso que Estados Unidos había vivido una guerra civil que estuvo en gran parte motivada por la idea de abolir la esclavitud y lograr una mayor igualdad entre las razas. No siempre los tribunales constitucionales han sido entonces paladines de la justicia, por lo cual, los ciudadanos no pueden depositar ciegamente en ellos toda su confianza para la construcción de un mundo justo. Es más, muchos analistas consideran que los jueces en general, y en especial los tribunales constitucionales, pueden ser muy poderosos para bloquear, de manera durable, las tentativas de progreso social, mientras que su eficacia para producir reformas emancipatorias es muy limitada.[7]

En ese mismo orden de ideas, también creo que los críticos aciertan en señalar que una judicialización excesiva de la política económica, y de la política en general, puede ser muy negativa para la dinámica democrática y para el propio aparato judicial, pues no sólo puede generar un exceso de expectativas en las posibilidades de que unos tribunales providenciales materialicen la justicia social sino que, además, acentúa la desmovilización ciudadana. Y ambas cosas son perjudiciales para la administración de justicia y el desarrollo democrático, de suerte que las victorias democráticas de los movimientos progresistas ante la justicia constitucional terminan por ser muchas veces ilusorias, pues la decisión judicial conduce a la pasividad ciudadana y los propios tribunales no tienen los medios necesarios para poner en marcha las reformas sociales.

Los riesgos de un gobierno de los jueces, en especial en el ámbito económico, y sus efectos perversos sobre el desarrollo, la democracia, y la

---

[6] La bibliografía sobre este tema, y en general sobre el papel de la Corte Suprema en el sistema político estadounidense, es inmensa. Ver, entre muchos otros, Laurence Tribe. *Constitutional Law. Law* (2 Ed). New York: The Foundation Press, 1998. Ver igualmente Cass Sunstein. *The partial constitution.* Cambridge: Harvard, University Press, 1993, capítulo 2.

[7] Ver Gerald Rosenber. *The hollow hope. Can courts bring about social change?* Chicago: The University of Chicago, 1993, en especial pp. 5 y ss, y pp. 336 y ss.

Jurisdição e Direitos Fundamentais

313

legitimidad misma de la constitución, no son entonces meramente hipotéticos, por lo cual, muchos países han tendido a limitar el papel de la justicia constitucional en este campo. Así, en Estados Unidos, en los años treinta, luego de vigorosas críticas por parte de la opinión pública y de amenazas del Presidente Roosevelt de modificar la composición de la Corte Suprema, ese tribunal varió, a partir del caso West Coast Hotel Co v Parrish de 1937, su jurisprudencia en materia de libertad contractual y reconoció la posibilidad que tenían las mayorías democráticas de establecer normas diversas para la intervención estatal en los procesos económicos. En la práctica, después de esa verdadera "revolución constitucional", como la denominan algunos autores,[8] la Corte Suprema asumió entonces los criterios del juez Oliver Holmes, quien en su célebre voto disidente en el caso Lochner de 1905, había indicado que "la constitución no pretende adoptar una particular teoría económica, sea ésta paternalista, o de una relación orgánica entre los ciudadanos y el Estado, o del *laissez faire*". Según Holmes, la función de un juez constitucional no es determinar la corrección de una determinada política o doctrina económica pues, en una democracia, las mayorías tienen derecho a experimentar ya convertir sus opiniones económicas en ley y las constituciones están hechas para personas con puntos de vista muy diferentes. A partir de esa sentencia, la Corte Suprema de los Estados Unidos se ha abstenido, casi totalmente, de cuestionar las políticas económicas de los órganos políticos.

Igualmente, y tal vez orientada por esa evolución estadounidense, la doctrina y la jurisprudencia constitucionales alemanas consideran que la Carta de Bonn es "neutra" desde el punto de vista económico, a fin de permitir al Legislador que desarrolle la estrategia de desarrollo que a su juicio sea la más adecuada. Por ello, el control ejercido por el Tribunal Constitucional sobre la orientación de esas políticas ha sido muy escaso.[9] En España, también el sector mayoritario de la doctrina, y las orientaciones básicas de la jurisprudencia constitucional, consideran que la Constitución de 1978 no incorpora un modelo económico específico sino que es un texto abierto en esta materia, por lo cual son posibles políticas distintas, e incluso contradictorias.[10]

Existen pues críticas poderosas a la intervención de los tribunales constitucionales en la economía. ¿Significa lo anterior que debemos entonces suprimir a la Corte Constitucional colombiana cualquier posibilidad de

---

[8] Ver Cass Sunstein. *The partial constitution. Loc. cit.,* capítulo 2.

[9] Al respecto ver Juan Jorge Papier. "Ley Fundamental y orden económico" en Ernesto Benda *et al. Manual de Derecho Constitucional.* Madrid: Marcial Pons, 1996, pp. 561 y ss.

[10] Ver una presentación de esas posiciones en Oscar de Juan Asenjo. *La Constitución económica española.* Madrid: Centro de Estudios Constitucionales, 1984, capítulo III. Ver también Martin Bassols Coma. *Constitución y sistema económico.* Madrid: Tecnos, 1985, capítulos 1 y 2.

entrar a examinar la legitimidad de las decisiones de política económica, tal y como lo han sugerido algunos representantes gremiales[11]? ¿O que esta competencia debería estar radicada en una sala económica especial, como lo han planteado otros críticos? No lo creo, pues las objeciones anteriores, a pesar de que son relevantes, y no pueden ser ignoradas, no son contundentes, como intentaré mostrarlo a continuación.

2. La incapacidad técnica de los jueces constitucionales

Comencemos entonces con las críticas sobre la incapacidad técnica de los tribunales constitucionales para decidir asuntos económicos, pues creo que son las más fáciles de responder, a pesar de que pueden ser aparentemente las más efectistas. Así, el argumento sobre la falta de conocimientos económicos de los jueces es fácilmente rebatible, pues en derecho existen los peritos, las audiencias y los conceptos técnicos, precisamente para que los tribunales se familiaricen con los alcances de los temas que no conocen, sean estos económicos o de otra naturaleza. Y si se acepta que un juez puede decidir un homicidio con base en un concepto médico, o un asunto contractual a partir de un peritazgo arquitectónico o químico, o una discusión sobre derechos de las comunidades indígenas tomando en cuenta análisis antropológicos, ¿por qué no podrá pronunciarse sobre un asunto financiero o sobre una política macroeconómica? ¿Cuál es la especial dificultad de la ciencia económica frente a otras disciplinas, igualmente complejas, como la medicina, la ingeniería o la antropología? No parece que exista, como lo demuestran los permanentes pronunciamientos de los jueces y tribunales, en otros países, sobre complejas materias económicas. Así, si quisiéramos un ejemplo reciente, bastaría recordar la decisión, en noviembre de 1999, en Estados Unidos, del juez federal Thomas Penfield Jackson, quien señaló que la empresa Microsoft, del poderoso Bill Gates, tiene un control monopólico de los sistemas operativos y ha abusado de ellos en perjuicio de los consumidores. Esta intervención judicial podría llevar al fraccionamiento obligado de la más poderosa empresa del mundo, en el más estratégico de los sectores, como es la informática y el Internet.[12]

Con todo, podría objetarse que el anterior ejemplo no es relevante, ya que en ese caso, el juez no retiró del ordenamiento jurídico una disposición legal de contenido económico, sino que se limitó a aplicar sus mandatos, mientras que las críticas a la Corte derivan de que ésta ha anulado, o incluso modificado, el alcance de las políticas económicas y de las normas finan-

---

[11] Así, según Jorge Humberto Botero, presidente de Asobancaria, es necesario "adoptar un modelo que limite ese superpoder que hoy tienen los magistrados y que amenaza el normal curso de la economía nacional" (*El Espectador*, julio 6 de 1999).

[12] Ver al respecto, la edición de *Time* del 12 de noviembre de 1999, pp. 5 y ss. Ver igualmente *Time*, mayo 5 de 2000, en donde se evalúan los distintos posibles desarrollos prácticos de este caso.

Jurisdição e Direitos Fundamentais

cieras aprobadas por el Congreso o por el Gobierno. Pero ese reparo tampoco es admisible, por cuanto en derecho comparado, no es inusual que los jueces constitucionales controlen las leyes de contenido económico. En este campo, el ejemplo tal vez más impactante es el Tribunal de las Comunidades Europeas de Luxemburgo, que tiene, como uno de sus cometidos esenciales, la tarea de controlar que las legislaciones de los países de la Comunidad, y las decisiones de los jueces nacionales, se adecuen a las normas comunitarias, las cuales han tenido esencialmente un contenido económico. Ese tribunal puede entonces ser caracterizado como una especie de Corte Económica Internacional.[13] Pero el anterior no es el único caso de una incidencia decisiva de los jueces en asuntos económicos complejos y de gran trascendencia. Así, el Tribunal Constitucional Español, por ejemplo, en la sentencia 103 de 1983, consideró que era contrario a la Constitución un modelo de seguridad social basado en la compensación del daño, y lo sustituyó por uno fundado en la protección frente a la necesidad o la pobreza económica.[14] Por su parte, el Consejo Constitucional en Francia, uno de los países más temerosos al "gobierno de los jueces", tuvo una intervención importante en el control de las nacionalizaciones adelantas por el gobierno socialista en 1981, pues en la sentencia del 16 de enero de 1982 declaró la inconstitucionalidad de las normas que regulaban el cálculo de las indemnizaciones, por desconocer el derecho de propiedad.[15] Igualmente, el tribunal constitucional austriaco, en sentencia del 24 de enero de 1997, anuló, por violar la igualdad, una norma que obligaba a ciertas sociedades a realizar pagos anticipados en relación con el impuesto de sociedades. Los efectos fiscales de esa sentencia para solo 1996 fueron de casi 400 millones de chelines y, según los analistas, "las repercusiones indirectas que las consideraciones de la sentencia en relación con el principio de igualdad pueden tener en la promulgación de nuevas leyes tributarias no pueden ser estimadas ni siquiera aproximadamente".[16] ¿Podemos entonces seguir sosteniendo que el mundo de la economía y de los negocios no debe estar contaminado por el derecho constitucional y por las decisiones judiciales?

Además, el argumento de la falta de conocimientos económicos por parte de los jueces conduce a resultados antidemocráticos, pues tampoco los parlamentarios ni los ciudadanos suelen ser peritos en esta materia.

---

[13] Retomo ese ejemplo de la charla dictada, en la Universidad de los Andes, el 23 de marzo de 1999, por Manuel José Cepeda sobre temas relacionados con el control judicial de la actividad económica.

[14] Ver Luis Prieto Sanchís. "Los derechos sociales y el principio de igualdad sustancial" en *Revista del centro de estudios constitucionales*. No 22, (1995), p. 40.

[15] Ver Javier Pardo Falcón. *El Consejo Constitucional Francés*. Madrid: Centro de Estudios Constitucionales, 1990, pp. 51 y ss.

[16] Ver Heinz Schaffer. "Austria: La relación entre el tribunal constitucioonal y el legislador" en Eliseo Aja (Ed) *Las tensiones entre el Tribunal Constitucional y el Legislador en la Europa actual*. Barcelona: Ariel, 1998, p. 44.

¿Significa entonces que las decisiones macroeconómicas deben ser sustraídas del debate ciudadano y radicadas en el cuerpo selecto de los sabios que conocen de estas materias, como el FMI o el Banco de la República? No parece tampoco razonable.

En síntesis, es cierto que la teoría económica no siempre es un asunto fácil, ya que las dinámicas sectoriales y los procesos macroeconómicos a veces son muy complejos, y su lógica puede incluso vulnerar el sentido común. Así, para quien no ha trabajado mínimamente esas materias, puede parecer incomprensible que un hecho aparentemente afortunado para un país – como puede ser el descubrimiento de enormes reservas petroleras – pueda tener efectos negativos, en virtud de la llamada "enfermedad holandesa", que tiende a generar economías rentistas y a afectar desfavorablemente al sector industrial nacional. Es cierto también que las explicaciones de algunos economistas complican, más allá de lo necesario, la presentación de esos fenómenos. Sin embargo, eso no significa que los mecanismos económicos sean incomprensibles, puesto que un buen concepto académico permite que una persona razonable – como se espera que sean los jueces – entienda la dinámica básica de esos procesos. Así, volviendo a nuestro ejemplo de la enfermedad holandesa, no se necesita ser Einstein para entender que un incremento súbito y masivo de las exportaciones de petróleo, que no sea adecuadamente controlado por las autoridades económicas, genera un ingreso considerable de divisas, que tiende a sobrevaluar la moneda local, lo cual favorece las importaciones y disminuye la competividad de las exportaciones nacionales, y puede por ende tener efectos negativos para la industria nacional que trabaja en bienes "transables", esto es, vinculados al mercado internacional.

Es pues válido exigir de los jueces que tomen en cuenta los conocimientos especializados de las materias sobre las cuales van a tomar una decisión. Pero una cosa es exigir esa consulta a expertos, y otra muy diferente es sostener que los jueces sólo pueden decidir en las materias en que sean ellos mismos especialistas, por lo cual la Corte Constitucional colombiana no puede conocer de asuntos económicos y debería existir una sala económica para esas materias. Si esa crítica fuera válida, entonces debería también ponerse en funcionamiento una "sala médica" para estudiar los derechos de los pacientes, una "sala antropológica" para decidir los casos de comunidades indígenas, e incluso, como dijo irónicamente en una entrevista radial uno de los magistrados de la Corte Constitucional, una "sala cuna" para analizar los casos de los derechos de los niños. Esa fragmentación de la justicia constitucional aumentaría considerablemente la inseguridad jurídica, pues no existiría un órgano de cierre, con la facultad de unificar la interpretación de la Constitución.

Por último, conviene destacar que el control constitucional de las políticas económicas puede tener efectos positivos, en términos de transpa-

Jurisdição e Direitos Fundamentais

rencia de las políticas públicas, pues el debate judicial obliga a quienes toman determinadas decisiones a defenderlas en un lenguaje que sea accesible a quien es lego en la materia, ya que deben explicar y convencer a los jueces de la legitimidad constitucional de las estrategias económicas. De esa manera, la población tiene también oportunidad de entender mejor cuáles son las razones éticas, políticas y económicas, que justifican determinadas decisiones públicas, lo cual estimula la democracia, pues incrementa el control ciudadano a las autoridades y alimenta el debate y la deliberación política.

3. El "populismo" y la insensibilidad de los jueces frente a las consecuencias de sus decisiones

Las objeciones por la falta de conocimientos económicos de los tribunales no son entonces convincentes. En ese mismo contexto, la crítica basada en la falta de sensibilidad de los jueces por las consecuencias financieras de sus fallos es en parte válida, pero insuficiente, pues desconoce ciertas particularidades de la función judicial y el papel del derecho en una sociedad democrática.

Así, es indudable que una decisión judicial deja de ser adecuada, por bien fundamentada que se encuentre a nivel normativo, si tiene resultados catastróficos en la práctica. Los buenos jueces no pueden entonces ignorar totalmente los posibles efectos de sus decisiones, por lo cual, en todos los campos, y en especial en materia económica, es razonable que los tribunales presten consideración a las posibles consecuencias de optar por una u otra determinación. Y tal fue precisamente la razón por la cual la sentencia C-700 de 1999 decidió mantener, por algunos meses, el sistema UPAC, a pesar de considerar que era inconstitucional, con el fin de evitar vacíos normativos capaces de generar graves traumatismos económicos. Dijo entonces la Corte que era necesario consagrar un plazo para permitir que la ley "establezca las directrices necesarias para la instauración del sistema que haya de sustituir al denominado UPAC, sin que exista un vacío inmediato, por falta de normatividad aplicable". Sin embargo, esa prudencia judicial de la Corte Constitucional fue criticada por ciertos comentaristas, e incluso por algunos de los magistrados que aclararon su voto, quienes consideraron que era lógicamente inconsistente, y contrario a sus funciones, que la Corte decidiera mantener en el ordenamiento una disposición que era inconstitucional, por lo cual la sentencia debió declarar su inexequibilidad, sin importar las consecuencias. Como vemos, si la Corte declara la inmediata inconstitucionalidad de una norma económica, entonces se la critica por no tener en cuenta los efectos de esa decisión; pero si, debido a las consecuencias traumáticas de una inexequibilidad inmediata, la Corte decide mantener temporalmente en el ordenamiento una disposición, que ha constatado que es inconstitucional, se la cuestiona por no cumplir sus funciones de guardiana de la supremacía de la Constitución. Como dice el dicho, "palo porque bogas y palo porque no bogas".[17]

Es pues válido que se exija de los jueces una cierta valoración de los eventuales efectos de las sentencias. Sin embargo, en un régimen que reconoce los derechos de la persona, una cierta insensibilidad de los jueces por las consecuencias – financieras o políticas – de sus decisiones es también recomendable, pues implica que existe una autoridad estatal – el juez – que estará dispuesta a proteger ciertos valores, sin importar que su decisión sea impopular o cueste mucho al erario público. En eso consiste precisamente la independencia judicial, que es una de las grandes conquistas del Estado de derecho. ¿O imaginen ustedes en que quedan los derechos humanos, si los jueces se abstuvieran de proteger al inocente, por el temor a las reacciones sociales por un fallo absolutorio, o de condenar al Estado por el daño ocasionado por sus agentes, por los efectos financieros negativos de esa decisión sobre el equilibrio fiscal?

---

[17] Ver por ejemplo el artículo de Alfonso López Michelsen en *El Tiempo* del 3 de octubre de 1999, en donde afirma que "mal puede la Corte mantener la vigencia de una disposición inconstitucional, cuando su misión es la guarda de la Constitución y, precisamente, si hay determinación, es sobre por cuál de los dos conceptos se opta: si la ley es inconstitucional, para no aplicarla, o si es constitucional, para mantenerla." En el mismo sentido, ver la aclaración de voto de los magistrados Alfredo Beltrán y José Gregorio Hernández a esa sentencia C-700 de 1999, en donde arguyen que "riñe con la lógica jurídica que lo que es inconstitucional prolongue su existencia en el tiempo con posterioridad al fallo en el que así se declara por esta Corporación." A pesar de su aparente fuerza, estas críticas son infundadas y desconocen el derecho constitucional contemporáneo, que admite las constitucionalides temporales, o lo que es lo mismo, las inconstitucionalidades diferidas. Además, estas objeciones se basan en una confusión conceptual. Una cosa es que el juez constitucional precise si una norma legal viola o no la constitución, que es un acto de conocimiento, y otra que decida declarar su inexequibilidad, anularla, o retirarla del ordenamiento, que es una decisión. Como dirían algunos filósofos, como Austin, la constatación de la contradicción entre la ley y la constitución es un acto en donde el lenguaje juega una función puramente descriptiva, mientras que en la declaración de inexequibilidad estamos frente a un acto "performativo", pues el juez transforma el mundo jurídico con su pronunciamiento. Por ende, no existe ninguna contradicción en que un juez constitucional constate la incompatibilidad de la disposición acusada con la constitución, pero decida no anularla, como lo ha hecho, en innumerables ocasiones, el Tribunal Constitucional alemán, quien precisamente distingue entre la verificación de la contradicción de una ley con la constitución, o "inconstitucionalidad simple", y la decisión de anularla. (Ver al respecto Klaus Schlaich. "El Tribunal Constitucional Federal Alemán" en Varios Autores. *Tribunales constitucionales europeos y derechos fundamentales.* Madrid: Centro de Estudios Constitucionales, 1984, pp. 192 y ss) ¿Y por qué recurre el tribunal alemán a esa distinción? Precisamente para tener en cuenta los efectos de las sentencias, pues ¿qué sucede si el juez constitucional concluye que una norma es inconstitucional, pero su anulación inmediata genera una situación peor, desde el punto de vista de los valores constitucionales, que preservar la disposición en el ordenamiento? ¿Debe el tribunal anular la norma, a pesar de esos efectos de la decisión? No es razonable, pues estaría generando una situación constitucionalmente más crítica. ¿Debe entonces declararla constitucional? No es procedente pues la norma es en sí misma inconstitucional. En tales casos, la única alternativa parece ser la constitucionalidad temporal, o la inconstitucionalidad diferida, a fin de permitir que el legislador modifique, en un plazo prudencial, la disposición inconstitucional. Por ello, en la sentencia C-221 de 1997, en donde estudió *in extenso* los fundamentos y la necesidad de este tipo de sentencias, la Corte concluyó que esa situación explica "la aparente paradoja de que la Corte constate la inconstitucionalidad material de una norma pero decida mantener su vigencia, ya que en estos casos resulta todavía más inconstitucional la expulsión de la disposición acusada del ordenamiento por los graves efectos que ella acarrea sobre otros principios constitucionales".

Jurisdição e Direitos Fundamentais

El siguiente es un ejemplo, entre muchos otros, que me parece ilustrativo de las bondades que significa para el Estado democrático que los jueces tengan una cierta insensibilidad financiera: en Estados Unidos, en numerosas oportunidades, los jueces y tribunales han decretado órdenes para mejorar las condiciones de las prisiones, a fin de que éstas se adecuen a estándares mínimos de dignidad humana. Esa intervención judicial, a pesar de que supone un gasto público considerable, ha sido considerada necesaria, por cuanto la sociedad y el sistema político no parecen desvelarse mucho por la suerte de los presos, quienes carecen de voto, son políticamente impopulares y son vistos como una amenaza para la sociedad. ¿Quien podría entonces interesarse en su suerte? En tal contexto, como lo señaló el juez de la Corte Suprema de ese país, Brennan, "las cortes han emergido como una fuerza crítica detrás de los esfuerzos para mejorar condiciones inhumanas" ¿Y por qué ese papel? La respuesta de Brennan es ilustrativa: "Aisladas, como están, de las presiones políticas, e investidas con el deber de aplicar la Constitución, las cortes están en la mejor posición para insisitr en que las condiciones inconstitucionales sean remediadas, incluso si el costo financiero es significativo".[18]

Lo anterior muestra que si los jueces decidieran exclusivamente tomando en cuenta las consecuencias eventuales de su determinación, entonces dejarían de ser jueces independientes para convertirse en órganos políticos, y el derecho perdería todo su sentido como instancia normativa de cohesión social. En efecto, defender que los jueces tomen sus decisiones con criterios puramente "consecuencialistas", esto es, basados únicamente en los eventuales efectos del fallo, puede conducir a una politización extrema de la administración de justicia, con graves efectos sobre la seguridad jurídica y sobre los derechos individuales, por las siguientes tres razones: de un lado, como lo sabe cualquier sociólogo o economista que haya estudiado un poco el tema, conocer con precisión los efectos sociales de una decisión judicial es, en muchos casos, no sólo una labor muy ardua, sino que conduce a conclusiones encontradas entre los propios investigadores. Por ejemplo, y retomando el ejemplo del fallo del juez federal Jackson sobre Microsoft, muchos economistas están en desacuerdo sobre su impacto sobre los consumidores; para algunos, esa decisión estimula la competencia y debería entonces favorecer a los usuarios por la disminución de precios y la oferta de productos diversificados, mientras que otros argumentan que el dominio del mercado de Microsoft había tenido un efecto positivo, ya que había logrado estandarizar los sistemas operativos de las computadoras. Por ende, si las ciencias sociales empíricas no logran ponerse de acuerdo sobre

---

[18] Ver su voto concurrente, en el caso Rhodes v. Chapman, 452 U.S. 337 (1981). En ese voto, Brennan relata las condiciones inhumanas de muchas prisiones estadounidenses, y los esfuerzos judiciales por mejorar esas condiciones.

qué podría suceder si un funcionario judicial falla de determinada manera, entonces ¿qué puede hacer el juez que quiera decidir con base en las consecuencias sino basarse en una evaluación subjetiva de lo que pueda acontecer? Por ello, Niklas Luhman ha criticado vigorosamente esta orientación consecuencialista, pues considera que conduce "hacia una sociologización masiva e irreflexiva de la aplicación del derecho, sin que la propia sociología proporcione instrumentos o teorías para ello".[19]

De otro lado, incluso si lográramos determinar con precisión las consecuencias de la decisión, de todos modos el grado de subjetividad judicial sería muy importante ya que, salvo en el mundo ideal de los óptimos paretianos, toda sentencia favorece unos intereses, mientras que afecta negativamente a otras personas. En tales condiciones, ¿cuál es la decisión óptima? No es posible determinarlo, sin que exista un juicio de valor, explícito o implícito, sobre cuáles de esos intereses ameritan mayor protección judicial, en el balance global de pérdidas y ganancias.

Con todo, ciertos economistas podrían argumentar que las anteriores objeciones no son válidas, por cuanto en muchos casos existe un amplio consenso académico sobre los posibles efectos de una decisión, y el análisis económico ha ideado herramientas que permiten evaluar si un determinado resultado es mejor que otro, incluso en aquellos casos eventos en donde hay ganadores y perdedores, por lo cual, podría haber análisis consecuencialistas objetivos. Por ejemplo, conforme al llamado criterio Kaldor-Hicks, el paso de la situación A a la B implica un beneficio social, incluso si ha habido personas negativamente afectadas por el cambio, siempre y cuando aquellos que se beneficiaron de la modificación sean potencialmente capaces de compensar a aquellos que fueron perjudicados. Sin embargo, incluso esa metodología más sofisticada no evita los juicios de valor, pues se basa en la capacidad de pago de los sujetos, sin tomar en cuenta los problemas de equidad, con lo cual se introducen distorsiones notables. Así, que A "desee" pagar una cantidad mayor que B por un objeto X no significa que obligatoriamente produzca mayor bienestar social que el objeto quede en manos de A. Puede suceder simplemente que A tiene mucha mayor capacidad de pago que B, y por eso puede pagar más que él por el objeto X, aunque B requiera más de él objetivamente.[20] Por eso, creo que Guido Calabresi,

---

[19] N. Luhman. *Sistema jurídico y dogmática jurídica*. Madrid: Centro de Estudios Constitucionales, 1993, p. 16.

[20] Un ejemplo elemental ilustra esa paradoja. Ver Jeffrey L Harrison (1995). *Law and Economics in a nutshell*. St Paul, Wesr Publishing Co, pp. 34 y ss. Supongamos, siguiendo un ejemplo de ese autor, que dos personas, una rica y otra pobre, quieren una botella de leche. El pobre la desea desesperadamente y está dispuesto a entregar su último dólar por ella. El rico no desea tomarse la leche pero le parece divertido mirar qué efectos produce la caída de ese líquido en un charco, y por ese gusto estaría dispuesto a pagar dos dólares. Conforme a los criterios Kaldor-Hicks, produce más bienestar que el rico acceda a la leche.

Jurisdição e Direitos Fundamentais

considerado como uno de los fundadores del llamado análisis económico del derecho, tiene razón cuando concluye que una evaluación puramente consecuencialista de una decisión jurídica, basada en la maximización de la riqueza, no puede ser éticamente neutral.[21]

Fuera de lo anterior, una actitud consecuencialista de los jueces plantea el riesgo de que el sistema jurídico se oriente con criterios puramente utilitarios. Ahora bien, la concepción utilitaria es, para determinadas disputas, una perspectiva interesante de análisis y evaluación, pero en materia de derechos individuales es peligrosa, pues puede conducir a una disolución de esos derechos, a fin de favorecer la consecución de objetivos colectivos que incrementen el bienestar general. Así, con criterios utilitarios, habría que eventualmente considerar correcta la decisión del juez que decide aceptar la tortura de un detenido, por cuanto de esa manera la policía logró desarticular una peligrosa banda de secuestradores, pues el sufrimiento que hubieran podido ocasionar esos delincuentes, compensa el dolor ocasionado por el Estado al detenido. Es obvio que esa conclusión resulta inaceptable en una democracia constitucional fundada en la dignidad humana.[22]

Una rama judicial puramente consecuencialista deja entonces de ser una administración de justicia centrada en la protección de derechos y en la aplicación de normas, pues deviene un órgano puramente político, que para decidir evalúa y clasifica intereses, conforme a valoraciones subjetivas. Es precisamente para evitar esa disolución del sistema jurídico que la democracia postula que los jueces deben decidir con base en las pautas normativas del ordenamiento jurídico, pues sólo así se logra una cierta seguridad jurídica. Como dice sugestivamente Luhman, el "ciudadano tiene que prever las decisiones del sistema jurídico. Precisamente por eso la decisión de este sistema jurídico no puede basarse a su vez tan sólo en la previsión de sus propias consecuencias. Esto obligaría al ciudadano a prever las previsiones".[23] Resulta entonces, por lo menos extraño, que muchos economistas, que critican la inseguridad jurídica provocada por la Corte Constitucional, tiendan a creer que la solución es que la jurisprudencia tome más en serio los efectos financieros y sociales de los fallos, cuando es muy posible que ese tipo de práctica judicial sea menos segura jurídicamente. Por formularlo paradójicamente, un análisis consecuencialista parece llevar a la conclusión de que lo mejor es que los jueces no sean consecuencialistas.

---

[21] En este punto, Calabresi se distancia considerablemente de otro de los representantes de este movimiento, el juez Richard Posner, quien defiende la supuesta neutralidad valorativa del análisis económico del derecho, en la medida en éste que se funda en la "ciencia" económica. Calabresi objeta que la comparación ética es inevitable, pues la "identidad y el mérito de los ganadores y perdedores se hace esencial". (Citado por Liborio Hierro. "La pobreza como injusticia (Dworkin v Calabresi)" en *Doxa*, Alicante, 1994, nº 15-16, pp. 951 y ss.)

[22] Sobre las críticas al utilitarismo y la defensa de un razonamiento fundado en derechos, la "teoría de la justicia" de Rawls y "los derechos en serio" de Dworkin siguen siendo obras ineludibles.

[23] N. Luhman. *Op. cit.*, p. 68.

En tales condiciones, para que el derecho pueda normativamente regular la vida en sociedad, es necesario que existan órganos judiciales dispuestos a aplicar sus mandatos; por ello, lo propio de un juez es que debe decidir primariamente conforme al derecho vigente, y no de acuerdo a un cálculo consecuencial sobre los efectos de su decisión. Esto no excluye un cierta valoración de esos efectos, pero ésta no puede convertirse en el elemento decisivo para la solución de las controversias judiciales. En ese sentido, son relevantes las palabras del Tribunal Europeo de Justicia, en la sentencia del 15 de diciembre de 1995, cuando rechazó la solicitud de una de las partes en el proceso, la cual había pedido que no se tomara una determinada decisión, por los graves efectos económicos que ésta tendría. Dijo entonces esa corporación judicial que "las consecuencias prácticas de cualquier decisión jurisdiccional deben sopesarse cuidadosamente" pero que "no puede llegarse hasta el punto de distorsionar la objetividad del Derecho y poner en peligro su aplicación futura por causa de las repercusiones que puede tener una resolución judicial. Como máximo, tales repercusiones podrían ser tenidas en cuenta para decidir, en su caso, si procede, con carácter excepcional, limitar los efectos de una sentencia en el tiempo."

En síntesis, los jueces no pueden ignorar totalmente los efectos de sus decisiones, pues la actitud de que se debe hacer justicia aunque perezca el mundo no parece razonable en una democracia. Por ello, es necesario que los tribunales constitucionales consulten y escuchen a los expertos y peritos en estas materias, y de ser posible, que cuenten incluso con equipos técnicos capacitados de economistas, que puedan asesorarlos de manera imparcial. Y lo cierto es que en la práctica, la Corte Constitucional colombiana ha tratado de avanzar en ambas direcciones, y no sólo en el campo económico sino en muchos otros temas, como lo muestran numerosas sentencias en donde ha tomado decisiones basándose en amplias consultas a los expertos, y en donde ha evaluado cuidadosamente las eventuales consecuencias de su determinación.[24] Sin embargo, los cálculos consecuenciales, de tipo pu-

---

[24] Ver por ejemplo la sentencia C-320 de 1997, Fundamentos 15 y 16, en donde la Corte evaluó las consecuencias eventuales de su decisión de limitar el alcance del "pase", o los derechos deportivos. Sobre consultas a expertos, ver la sentencia SU-510 de 1998, relativa a un conflicto entre libertad religiosa y autonomía cultural de la comunidad Arhuaca, en donde la Corte consultó una gran cantidad de expertos en el tema. Igualmente, la sentencia SU-337 de 1999, sobre consentimiento informado en casos de hermafroditismo o ambigüedad genital, en donde la Corte consultó a los principales expertos nacionales e internacionales sobre este tema. Y en el tema económico, ver la sentencia C-481 de 1999, sobre el alcance de la autonomía del Banco de la República, en donde la Corte consultó a numerosos expertos y examinó la principal literatura económica sobre la materia, al punto de que, según el prestigioso economista Jorge Iván González, esa sentencia es "una pieza maestra de análisis de las interacciones macro de la política económica", que debería incluirse en "los cursos de macroeconomía aplicada", ya que "resume muy bien el debate nacional e internacional sobre la forma como la actividad monetaria afecta la actividad real" (Ver Jorge Iván González (1999) "Incompatibilidades entre el modelo económico liberal y el Estado social de derecho", en VV.AA. *Construyendo democracia. El papel de la Corte Constitucional en la consolidación del Estado democrático*. Bogotá: Viva la Ciudadanía, pp. 133 y 134).

ramente económico y sociológico, no pueden ser el criterio esencial de la decisión judicial. En ese contexto, la distinción propuesta por Amartya Sen entre un análisis que sea "sensible a las consecuencias" y un análisis "totalmente consecuencialista"[25] resulta muy sugestiva, pues uno de los retos más difíciles e interesantes de una buena dogmática constitucional es incorporar esa dimensión consecuencial, a fin de construir argumentaciones que sean sensibles a las consecuencias, sin que el derecho se disuelva en un puro cálculo pragmático de los eventuales efectos financieros y sociales de las sentencias. Y es obvio que éste es un terreno en donde el trabajo interdisciplinario entre juristas y economistas puede ofrecer resultados fecundos, que mejoren la calidad de la argumentación constitucional.

Por todo lo anterior, la acusación de parte de los órganos de dirección económica y de algunos gremios de la producción de que el tribunal constitucional no debe participar en las controversias económicas, porque no comprenden la dinámica económica, no deja de evocar el reproche clásico de muchos policías contra los jueces, según el cual, los funcionarios judiciales no deberían inspeccionar la acción policial, porque no comprenden verdaderamente qué es luchar contra la delincuencia. En ambos casos, pareciera que la motivación subyacente es eliminar los controles judiciales a esas actividades. Esto nos lleva pues a estudiar otra objeción contra el control constitucional de la economía, y es la siguiente: ¿que tan legítima es esa intervención judicial en una democracia?

4. Sobre el carácter antidemocrático del control constitucional de los procesos económicos

Las críticas sobre el carácter antidemocrático del control constitucional de las decisiones económicas de los órganos legislativos son mucho más profundas y difíciles de responder, ya que remiten a discusiones filosóficas y jurídicas muy complejas. En efecto, esta objeción se funda, en el fondo, en una aplicación, al campo económico, de la llamada "dificultad contramayoritaria", según la sugestiva expresión de Bickel,[26] con la cual se ha querido impugnar la legitimidad del control constitucional en todos los campos. Este cuestionamiento podría ser formulado así: ¿cómo es posible aceptar que en una democracia unas pocas personas, que no fueron electas popularmente, sean capaces de anular las decisiones tomadas por los representantes del pueblo? ¿Es acaso compatible el control constitucional con el principio de mayoría, que es el fundamento democrático de un régimen

---

25 Ver Amartya Sen. (1985)"Rights and Capabilities" en Ted Honderich (Ed) *Morality and Objectivity. A tribute to J.L. Mackie.* Londres, Routledge and Kegan Paul, p. 136.

26 Ver Alexander Bickel. *The Least Dangerous Branch: The Supreme Court at the Bar of Politics.* (2 Ed). New Haven: Yale University Press, 1986.

democrático? O, por el contrario, ¿no implica ese poder exhorbitante del tribunal constitucional la incorporación, en nuestras constituciones, de un elemento aristocrático que es incompatible con el principio democrático?

Resulta ingenuo intentar resolver, en unos pocos párrafos, estos arduos interrogantes, que han dado lugar al desarrollo de algunas de las reflexiones más profundas e interesantes en teoría constitucional.[27] Además, no es procedente entrar de lleno en estas discusiones, pues en la actualidad no se está cuestionando el control constitucional en general – o al menos eso parece – sino únicamente la intervención de la Corte y de los jueces de tutela en el ámbito económico. Sin embargo, no es tampoco posible dejar totalmente de lado esta discusión, pues si en general el control judicial de constitucionalidad es antidemocrático, entonces también es ilegítimo en relación con las políticas económicas. Por ello, lo que haré será intentar resumir brevemente las justificaciones más lúcidas del control constitucional, para luego examinar si existen especificidades en el ámbito económico que expliquen la exclusión de la intervención de los jueces constitucionales en tales esferas.

4.1. La llamada "dificultad contramayoritaria" y una defensa democrática del control constitucional

Existen[28] tres justificaciones clásicas del control constitucional, que fueron formuladas desde los orígenes de esta institución, en el Federalista No 78 de Hamilton y en la célebre sentencia de la Corte Suprema de los Estados Unidos Marbury v Madison de 1803, y que fueron retomadas posteriormente por otros autores como Hans Kelsen. De un lado, estos textos argumentan que si la constitución es una norma suprema, o una ley fundamental, entonces alguien debe garantizar que las normas de inferior jerarquía no la desconozcan; y ese papel sólo lo pueden jugar los jueces, o un tribunal constitucional, y no el legislador, ni el jefe de Estado, por cuanto la constitución busca precisamente limitar a los órganos políticos y en especial al congreso. De otro lado, y directamente ligado a lo anterior, esa

---

[27] La literatura sobre el tema es muy extensa, sobre todo en Estados Unidos. Así, fuera del texto ya clásico de Bickel, una de las obras más influyentes contemporáneas es John Hart Ely. *Democracy and distrust. A theory of judicial review*. Cambridge : Harvard University Press, 1982, libro que fue recientemente traducido por la Universidad de los Andes. Desde enfoques diversos, ver John Elster y Rune Slagstrad (Comps). *Constitutionalism and Democracy*. Cambridge: Cambridge University Press, 1988. En elmarco europeo, ver Mauro Cappelletti. "Necesidad y legitimidad de la justicia constitucional" en Varios Autores. *Tribunales constitucionales europeos y derechos fundamentales*. Madrid: Centro de Estudios Constitucionales, 1984. En latinoamérica, pueden consultarse los notables trabajos de Carlos Santiago Nino. Ver por ejemplo *La constitución de la democracia deliberativa*. Barcelona: Gedisa, 1997. Para una buenas síntesis del debate, ver Eduardo García de Enterría. *La Constitución como norma y el Tribunal Constitucional* . Editorial Civitas. Madrid, 1985, cap. IV, V y VI. Y también ver Roberto Gargarella. *La justicia frente al gobierno*. Barcelona: Ariel, 1996.

[28] En este aparte me baso mucho en los textos citados en la nota anterior, y en especial en los trabajos de Nino, aunque no los citaré sistemáticamente para evitar que la exposición sea demasiado engorrosa.

Jurisdição e Direitos Fundamentais

325

supremacía de la constitución es considerada necesaria para asegurar un gobierno limitado y no arbitrario, pues si no existiera, o no fuera una norma suprema, el parlamento podría hacer lo que quisiera, lo cual pone en riesgo los derechos de la persona. Y, en tercer término, la constitución contiene los mandatos del pueblo soberano, mientras que los legisladores son simplemente sus representantes. Por ende, el tribunal constitucional, al anular una ley, no está contradiciendo la voluntad popular e imponiendo su criterio sobre los legisladores. Por el contrario, esa anulación lo único que hace es ratificar una voluntad popular superior encarnada en la constitución, la cual prima sobre los deseos de las distintas mayorías históricas. Como dice Hamilton en el Federalista No 78, la anulación de las leyes por el tribunal constitucional "no supone de ningún modo la superioridad del poder judicial sobre el legislativo. Sólo significa que el poder del pueblo es superior a ambos, y que donde la voluntad de la legislatura, declarada en sus leyes, se encuentra en oposición con la del pueblo, declarada en la Constitución, los jueces deberán gobernarse por esta última antes que por las primeras".

Estas justificaciones tienen elementos válidos y sustanciales, que permitan que sigan siendo importantes. Por ejemplo, es indudable que si asumimos que la Constitución es una norma de superior jerarquía, que vincula al legislador, entonces debe haber un control constitucional por un órgano judicial o semijudicial. Así, según Kelsen, sólo la existencia de un tribunal constitucional, con esas características, asegura la vinculación del Legislador a la constitución pues, como dice el jurista vienés, "no es, pues, con el propio parlamento con quien hay que contar para hacer efectiva su subordinación a la Constitución", por lo cual hay que concluir que "una constitución que carezca de la garantía de anulabilidad de los actos inconstitucionales no es una Constitución plenamente obligatoria, en sentido técnico".[29] Sin embargo, un examen crítico muestra que esas justificaciones clásicas son insuficientes. Así, el argumento sobre la fuerza normativa de la constitución y su supremacía no resuelve el problema sino que simplemente lo desplaza, pues inevitablemente surgen nuevos interrogantes: ¿por qué las constituciones deben ser consideradas normas y por qué tienen que tener una fuerza normativa superior a la de las leyes? ¿No es acaso más democrático considerarlas simplemente documentos políticos que guían la acción de los órganos políticos, a fin de permitir que las mayorías puedan gobernar sin ataduras?

Por su parte, el argumento relativo al gobierno limitado es también discutible, por cuanto el control judicial de constitucionalidad convierte a los jueces constitucionales en órganos supremos del ordenamiento, ya que son depositarios de la última palabra sobre el alcance de la norma funda-

---

[29] Hans Kelsen. La garantía jurisdiccional de la constitución" en *Escritos sobre democracia y socialismo*. Madrid, 1988, p. 129 y p. 150.

mental, con lo cual devienen, en cierta medida, un órgano jurídicamente infalible. Así, el Juez Jackson de la Corte Suprema de Estados Unidos decía explícitamente: "No tenemos la última palabra porque seamos infalibles pero somos infalibles porque tenemos la última palabra".[30] Nuevas preguntas surgen entonces: ¿quien garantiza que el tribunal constitucional no se desborde a su vez, con lo cual el gobierno deja de ser limitado? ¿Y por qué no considerar que la soberanía del parlamento asegura mejor que el control constitucional los derechos de las personas y el carácter limitado del gobierno? Y si de todos modos va a existir un órgano supremo ¿no es mejor que sea el parlamento, que tiene origen democrático, y no el tribunal constitucional, que carece de esa legitimación? Al fin y al cabo, podría aducir un demócrata: "Al menos a los congresistas podemos no reelegirlos, si no nos gusta lo que hacen ¿pero qué podemos hacer con los jueces del tribunal constitucional?"

Finalmente, la justificación de Hamilton, basada en la idea de que el juez constitucional se limita a expresar la voluntad del pueblo contenida en la constitución, es cuestionable desde tres puntos de vista: (i) no es históricamente claro que las asambleas que hacen las constituciones sean más democráticas que los congresos que hacen las leyes, ni existe ningún mecanismo que permita concluir que en estas asambleas se manifiesta el pueblo, mientras que en las legislaturas operan únicamente sus representantes; (ii) incluso si aceptáramos que la constitución efectivamente fue obra del pueblo (por ejemplo, porque fue aprobada por un referéndum) ¿cuál es la razón para que generaciones posteriores deban ajustarse a los mandatos de una constitución que no tuvieron la oportunidad de aprobar?; y (iii), la tesis de Hamilton supone que una constitución tiene un sentido inequívoco y no está sujeta a controversias, pues si el texto implica debates hermenéuticos, y existen interpretaciones disímiles y contradictorias sobre su alcance, como suele suceder, entonces resulta difícil sostener que el tribunal constitucional lo único que hace es ejecutar la voluntad popular constituyente.

Las defensas clásicas, sin ser irrelevantes, no son entonces concluyentes. Sin embargo, eso no significa que no exista una posibilidad de fundamentar democráticamente el control constitucional, por cuanto existen justificaciones contemporáneas que son mucho más convincentes. Ellas reposan, a mi juicio, sobre dos ideas elementales, pero profundas y complementarias: los "defectos" y "paradojas" del principio de mayoría, y la importancia de los derechos fundamentales en las sociedades contemporáneas.[31]

---

[30] Ver su voto concurrente en el caso Brown v. Allen, 344 U.S. 443, 540 (1953).

[31] El lector atento notará que, aunque no sigo literalmente sus textos, mis deudas teóricas con Ely y Nino, y en especial con este último, son enormes. Y es que no pretendo ser original sino simplemente incorporar al debate colombiano unas reflexiones muy sugestivas pero que, desafortunadamente, no son suficientemente conocidas en nuestro medio.

Jurisdição e Direitos Fundamentais

Así, en primer término, la democracia no puede ser concebida simplemente como el gobierno omnímodo de las mayorías, por cuanto esa concepción conduce a una anulación de la propia democracia. En efecto, supongamos que una mayoría política ocasional aprueba una norma en virtud de la cual delega todo el poder en un dictador, o establece que las leyes aprobadas por esa mayoría no podrán ser cambiadas en el futuro. ¿Debemos aceptar esa decisión por ser expresión del principio de mayoría? No parece posible, por cuanto esa determinación acaba con la operatividad futura de ese principio democrático. Por consiguiente, existen algunas cosas que no pueden ser decididas por el principio de mayoría, pues si lo permitimos, corremos el riesgo de que ese principio se anule a sí mismo, por cuanto una mayoría ocasional trataría de autoperpetuarse en el poder, modificando las reglas de los procesos electorales, o imponiendo el silencio a sus oponentes. Hay pues aspectos que no deben ser debatidos ni decididos en el proceso democrático, por cuanto constituyen las reglas mismas del juego democrático, ya que representan el presupuesto de funcionamiento del principio de mayoría.

La democracia y el principio de mayoría, si quieren ser funcionales y perdurar, deben entonces admitir que no deben tocar ciertos temas, a saber, aquellos que definen el proceso democrático. Por ello, como sugiere un analista, la democracia, si quiere preservar sus manos – esto es, subsistir como democracia – debe atarse un poco las manos, esto es, aceptar que ciertos asuntos, y en especial, las reglas del juego democrático, quedan sustraídas del debate democrático.[32] Y esto es lo que explica los pactos constituyentes, la supremacía de la constitución sobre las leyes ordinarias, así como la legitimidad democrática del control judicial de constitucionalidad. En efecto, estos pactos representan el acuerdo sobre las reglas del juego democrático; y deben tener supremacía sobre las leyes, pues es la única forma de que esas reglas no puedan ser afectadas por el debate democrático ordinario; y, finalmente, para que esas reglas de juego sean respetadas, es necesario que exista un guardián que las haga cumplir. Y como es obvio, ese garante del cumplimiento del juego democrático no puede a su vez pertenecer a las mayorías, pues precisamente pretende controlarlas; debe ser un órgano independiente, esto es, algo parecido a un tribunal constitucional, sin importar el nombre que se le dé. Por ende, si bien no tiene un origen democrático, el juez constitucional cumple un papel democrático esencial pues es el guardián de la continuidad del proceso democrático.

La anterior justificación del control constitucional se vincula además a la importancia que tienen los derechos fundamentales en una sociedad

---

[32] Ver Stephen Holmes. "Precommitment and the paradox of democracy" en John Elster y Rune Slagstrad (Comps). *Constitutionalism and Democracy*. Cambridge: Cambridge University Press, 1988, p. 232. Según este autor, la paradoja de la democracia es que "sin atarse las manos, el pueblo no tendría manos".

democrática. La idea es que muchos de esos derechos son en primer término presupuestos procesales del funcionamiento de la democracia, pues mal podría existir un verdadero debate democrático si no se garantiza la libertad de expresión y de movilización, los derechos de asociación, los derechos políticos, etc. La existencia de esos derechos es pues un elemento esencial para que la democracia pueda realmente ser considerada un régimen en donde los ciudadanos son libres y deliberan para autogobernarse. Pero para que esas personas sean verdaderamente libres, es además necesario asegurarles unas condiciones mínimas de dignidad, que les permitan desenvolverse como individuos autónomos. Los derechos fundamentales representan entonces esos bienes, que se consideran que son indispensables para que todas las personas gocen de la dignidad necesaria para ser ciudadanos verdaderamente libres, iguales y autónomos. En esa medida, esos derechos aparecen también como una suerte de presupuestos materiales del régimen democrático, pues sin ciudadanos libres e iguales, mal podríamos hablar de gobierno democrático. Por ende, si los derechos fundamentales son tanto presupuestos procesales como materiales de la democracia, es obvio que estos derechos deben ser garantizados, independientemente de la opinión de las mayorías. Esto explica la sugestiva idea de Ronald Dworkin,[33] según la cual, los derechos constitucionales constituyen, en el sentido riguroso del término, cartas de triunfo contra las mayorías y la persecución del bienestar colectivo, pues sólo se puede decir que una persona A tiene derecho a hacer una conducta X si la mayoría no puede evitar que A realice X, aun cuando la mayoría considere que la realización de X disminuye su bienestar. Es pues lógico que tales derechos sean asegurados por una institución que no pertenezca a las mayorías, como puede ser el tribunal constitucional. En tal contexto, si los derechos fundamentales son, y perdonen la redundancia, fundamentales para la democracia, entonces es obvio que al asegurar su realización, el juez constitucional cumple una función democrática esencial.

Las reflexiones precedentes conducen finalmente a otra conclusión, y que constituye una tercera justificación del control constitucional, y es la siguiente: la democracia, para que conserve aquellos elementos por los cuales es un régimen digno de ser respetado y obedecido, no puede ser tampoco pensada como un gobierno de las mayorías en beneficio de las mayorías; la democracia utiliza como criterio de decisión el principio mayoritario, por cuanto, en materias complejas y en organizaciones numerosas, es imposible alcanzar el consenso, que parece ser el único criterio de justicia aceptable en nuestras sociedades pluralistas. El principio de mayoría opera entonces como una especie de consenso imperfecto, y por eso parece el mecanismo más adecuado y justo de decisión. Pero esto no signi-

---

[33] Ver Ronald Dworkin. *Los derechos en serio*. Barcelona: Ariel, 1984.

Jurisdição e Direitos Fundamentais

329

fica que las mayorías que controlan el Parlamento puedan gozar exclusivamente de los beneficios de las políticas que allí se decretan, mientras que descargan sus costos en aquellas minorías que no pueden acceder al poder, puesto que la idea del consenso, que es la que justifica el principio de mayoría, implica que es justa aquella decisión que toma en consideración, de manera imparcial, los intereses de todos los eventuales afectados por esa determinación. La democracia no es entonces una tiranía de la mayoría sino que es un régimen basado en el principio de mayoría pero que debe procurar satisfacer igualitariamente los intereses de todos. Las mayorías tienen entonces el derecho de optar por determinadas políticas, siempre y cuando esas estrategias tomen en consideración, de manera imparcial, los intereses de todos los gobernados. Por ende, también debe existir un órgano que asegure la imparcialidad de los resultados del proceso democrático. Y, por las mismas razones que señalé anteriormente, esta institución debe ser independiente de las mayorías, esto es, debe ser algo como un tribunal constitucional.

Conforme a lo anterior, y utilizando la terminología sugerida por Luigi Ferrajoli,[34] aunque los tribunales constitucionales carecen de legitimidad democrática formal, pues no tienen origen en la voluntad popular, lo cierto es que gozan de una legitimidad democrática sustancial, en la medida en que aseguran los derechos fundamentales y protegen la continuidad e imparcialidad del proceso democrático. El control judicial de constitucionalidad tiene entonces una amplia justificación democrática. Y esto explicaría que la tendencia dominante, a nivel mundial, es la existencia de alguna forma de justicia constitucional, en general por medio de la introducción de cortes especializadas en la materia: los tribunales constitucionales.[35] Esto no significa, sin embargo, que cualquier intervención del juez constitucional sea legítima, puesto que si desborda estas funciones de protección del proceso democrático y garantía de los derechos humanos, entonces su actividad es cuestionable en términos democráticos. Una cosa es entonces defender democráticamente cierta forma de control judicial de constitucionalidad, que es lo que he intentado hacer en los párrafos precedentes, y otra muy diferente es respaldar ciegamente toda intervención de los jueces cons-

---

[34] Ver Luigi Ferrajoli. *Razón y derecho*. Madrid: Trotta, 1985, pp. 855 y ss.

[35] Así, despues de la Segunda Guerra Mundial, varias democracias importantes – como Italia y Alemania – adoptaron cortes constitucionales. Luego de la caída de sus dictaduras, en los años setentas, Portugal y Espana también incorporaron un tribunal constitucional. En los años noventa, un vez caído el comunismo, casi todos los países de Europa oriental introdujeron tribunales constitucionales. Incluso Francia, el país más temeroso del gobierno de los jueces, ha adoptado una forma de justicia constitucional. En Africa, también algunos países, como Sur Africa, tienen control constitucional. En Asia, la Corte Suprema de India ha ejercido una función esencial como juez constitucional. Y en las Américas, no sólo existen los países con una tradición importante en control constitucional, como Estados Unidos, Colombia, Venezuela y Argentina, sino que en los últimos años otras naciones han adoptado alguna forma de control constitucional, como en Costa Rica, Bolivia y Guatemala.

tucionales. Una obvia pregunta surge: ¿tiene la regulación de la economía ciertas especificidades que justifican que se excluya al juez constitucional de este campo?

4.2. La especificidad del ámbito económico y el problema de la "justiciabilidad" de los derechos sociales

Algunos críticos podrían compartir las anteriores consideraciones sobre la legitimidad democrática del control constitucional, pero sin embargo argüir que, en materia económica, los tribunales constitucionales no deben intervenir, o al menos deben hacerlo de manera muy prudente y limitada, por cuanto estas decisiones son mucho más delicadas, ya que implican una reorientación del gasto público y de las dinámicas financieras, con consecuencias macroeconómicas que los jueces no pueden prever adecuadamente. Esta me parece que es, en cierta medida, la posición de Kalmanovitz, quien defiende la labor de la Corte Constitucional en el campo de las libertades individuales y la limitación de los poderes excesivos del Congreso y del Presidente, pero cuestiona duramente sus intervenciones en la regulación del sector financiero y la economía.[36]

Según estas perspectivas, ni siquiera el argumento de los derechos sociales es suficiente, ya que éstos no pueden ser satisfechos de la misma forma que los derechos civiles y políticos, por la sencilla razón de que la realización de los primeros implica, en general, un ordenamiento de un gasto público, a partir de recursos que no son infinitos, mientras que la protección de los derechos civiles clásicos no implica ese tipo de erogaciones. Por ende, podría continuar la objeción, si la Corte Constitucional decide inaplicar o anular una regulación legal para satisfacer un determinado derecho social, en una situación específica, entonces pueden seguirse varios efectos complejos y delicados: de un lado, si es un caso de tutela y la Corte limita su decisión a la situación particular, y la singulariza, entonces paradójicamente el tribunal constitucional podría estar propiciando una violación al principio de igualdad, ya que sólo gozarían de ese derecho social aquellos peticionarios que tuvieron la suerte de que su tutela fuera seleccionada y decidida por esa corporación judicial, lo cual no parece muy compatible con los valores constitucionales del Estado social de derecho. Si, por el contrario, con el fin de evitar esa afectación de la igualdad, la Corte establece una regla general que cubra todos los casos que tienen ciertas características, que en el fondo es lo jurídicamente correcto, pues los jueces deben fallar guiados por el principio de universalidad que obliga

---

[36] Ver Salomón Kalmanovtiz. *Op. cit.*, p. 124.

Jurisdição e Direitos Fundamentais

a tratar de la misma manera los casos semejantes,[37] entonces esa decisión puede tener consecuencias financieras y presupuestales muy complejas. Puede ser que la determinación genere desequilibrios en campos que el juez constitucional no podía prever, agudizando por ejemplo una recesión o un déficit fiscal, o que la sentencia sustraiga recursos importantes que estaban destinados a satisfacer otros derechos sociales, con lo cual, la determinación del juez constitucional podría convertirse, paradójicamente, en un factor de violación de derechos fundamentales. Por ejemplo, algunos criticaron la sentencia C-136 de 1999, que extendió el impuesto del dos por mil a las transacciones interbancarias, argumentando que ésta habría obstaculizado el descenso de las tasas de interés, y con ello, habría introducido un nuevo factor recesivo en la economía. Otros han criticado las tutelas en donde la Corte ha ordenado medicamentos para ciertas enfermedades catastróficas, por fuera del plan obligatorio de salud, por cuanto esas providencias estarían desequilibrando el sistema de seguridad social, de suerte que, a veces, por atender a uno de esos enfermos, es posible que se deje de vacunar a centenares de niños. Así, según Kalmanovitz, con este tipo de sentencias, "la Corte le está resolviendo el problema a un paciente pero está comprometiendo el derecho a la salud de 12 millones de colombianos que cotizan responsablemente".[38] No entro a analizar, por el momento, la validez de estas críticas; simplemente las cito como una ilustración del tipo de objeciones que se formulan a estas decisiones judiciales.

Por todo ello, concluirían los críticos, los tribunales constitucionales deben abstenerse de invocar el Estado social de derecho y los derechos sociales para intervenir en los procesos económicos, ya que es imposible satisfacer todos esos derechos al mismo tiempo. Las decisiones sobre asignación y distribución de los recursos económicos, por definición escasos, para la realización de esos derechos, debe entonces, según tales enfoques, dejarse a los órganos políticos, no sólo porque ellos tienen la responsabilidad de financiar esas políticas, sino además, porque se adecua más a la filosofía democrática que las mayorías sociales decidan acerca del el modelo de desarrollo y adopten las estrategias económicas para lograr la justicia social. Por tales razones, muchos autores importantes. y algunos sistemas constitucionales. han negado una verdadera eficacia jurídica a los derechos sociales. Por ejemplo, en su clásica teoría de la constitución, Carl Schmitt distingue entre los verdaderos derechos fundamentales, que son aquellos de la tradición liberal, y los derechos sociales, que son a lo sumo

---

[37] La exigencia de universalidad es tan importante que es para muchos teóricos contemporáneos el requisito elemental de racionalidad de toda decisión judicial. Ver, entre muchos otros, Robert Alexy. *Teoría de la argumentación jurídica*. Madrid: Centro de Estudios Constitucionales, 1989, pp. 214 y ss. La Corte Constitucional explicó en detalle ese principio en los fundamentos 48 y ss de la sentencia SU-047 de 1999.

[38] Salomón Kalmanotiz. *Op. cit.*, p. 125.

mandatos al legislador, pero que no deben ser considerados derechos fundamentales subjetivos, ya que no pueden ser exigidos judicialmente.[39] Por esas mismas razones, algunas constituciones, como la de India o la de España, no establecen expresamente "derechos sociales", sino que proclaman "principios sociales", precisamente con el ánimo de evitar que las garantías sociales sean concebidas como derechos subjetivos, que puedan ser invocadas directamente ante los jueces.[40] En el mismo sentido, en el debate sobre la reforma a la declaración de derechos en Canadá, en 1992, el llamado "Comité Beaudoin Dobbie" prefirió adoptar una Carta Social, basada en una declaración de "compromisos sociales", en vez de recurrir a una proclamación de derechos sociales justiciables. Las razones invocadas fueron las siguientes:

> Estos compromisos son, en muchos aspectos, tan importantes para los canadienses como sus derechos y libertades; pero son diferentes. Estos compromisos expresan objetivos, no derechos, y abarcan responsabilidades enormes. Por consiguiente, aunque son materias apropiadas para ser reconocidas en la Constitución, los órganos electos deben conservar la atribución de decidir cómo es la mejor forma de cumplirlos. Creemos que los temas tratados en la Carta Social son resueltos mejor por medios democráticos.[41]

Las anteriores objeciones no son deleznables ya que nadie puede negar las enormes dificultades que plantea la protección judicial de los derechos sociales, debido a su carácter esencialmente "prestacional", esto es, a que su satisfacción supone una acción estatal, a fin de que la persona pueda acceder a un bien o servicio, como la alimentación, la educación, la salud o la vivienda.[42] Las órdenes judiciales para realizar esos derechos tienen entonces, sin lugar a dudas, efectos complejos sobre las dinámicas económicas, el gasto público y el arbitraje de recursos económicos escasos, en especial en los países del Tercer Mundo, como el nuestro. Sin embargo, el reconocimiento de esa dificultad no implica la consecuencia que algunos intentan extraer, que es negar toda eficacia jurídica o "justiciabilidad" a esos derechos sociales, a fin de concebirlos como pautas puramente programáticas, que el legislador podría desarrollar, pero que no pueden ser exigidas por la vía judicial.

---

[39] Ver Carl Schmitt. *Teoría de la Constitución*. Madrid: Revista de Derecho Privado, 1934, p. 196.

[40] Sobre el caso español, ver Martin Bassols Coma. *Op. cit.,* pp. 987 y ss.

[41] Ver Martha Jackman. "Constitutional rethoric and social justice: reflections on the justiciability debate" in Joel Bakan and D. Schneiderman (eds) *Social justice and the Constitution: Perspectives on a Social Union for Canada* 17 (1992), 18.

[42] Para análisis profundos de la complejidad jurídica y conceptual de esos derechos, ver el capítulo sobre derechos prestacionales de Robert Alexy. *Teoría de los derechos fundamentales*. Madrid: Centro de Estudios Constitucionales, 1993, pp. 435 y ss. Ver igualmente Luis Prieto Sanchís. "Los derechos sociales y el principio de igualdad sustancial" en *Revista del Centro de Estudios Constitucionales*, No 22, 1995. Ver también J. J. Gomes Canotilho Vital Moreira. *Fundamentos da Constituicao*. Coimbra: Coimbra editora, 1991, pp. 127 y ss. En la doctrina colombiana, ver Rodolfo Arango. "Los derechos sociales fundamentales como derechos subjetivos" en *Pensamiento Jurídico*, No 8, pp. 63 y ss.

Jurisdição e Direitos Fundamentais

En primer término, sin negar la especificidad de los derechos sociales, es indudable que la oposición entre los derechos civiles, que supuestamente implicarían únicamente abstenciones u obligaciones "negativas" del Estado, y derechos sociales, que implicarían prestaciones "positivas" de las autoridades, debe ser matizada, pues no todos los derechos sociales implican prestaciones positivas para el Estado, ni todos los derechos civiles y políticos únicamente generan deberes de abstención. La situación es más compleja. Así, muchos derechos sociales no establecen una prestación sino un mandato de respeto de parte de las autoridades, como sucede con el derecho de sindicalización de los trabajadores, que implica ante todo que el Estado no interfiera en el desarrollo de estas asociaciones. Y, más importante aún, la garantía de los derechos civiles supone, en muchos casos, no sólo claras prestaciones positivas, como sucede con el derecho de defensa, que incluye el deber del Estado de suministrar un abogado al acusado pobre sino que, además, la vigencia efectiva de las libertades más clásicas, como la intimidad, requiere que existan unas autoridades policiales y judiciales capaces de amparar a las personas contra las agresiones a sus derechos por parte de los otros ciudadanos. Por ello, como lo han mostrado Sunstein y Holmes, la protección de todos los derechos, incluso de las libertades civiles, tiene costos económicos y supone un arbitraje entre usos alternativos de recursos escasos.[43] Por ende, si el argumento fuera exclusivamente de costos y de ordenamiento de gasto por la vía judicial, entonces habría también que eliminar las decisiones judiciales para amparar los derechos civiles, ya que esas intervenciones también implican, en muchos casos, erogaciones presupuestarias.

De otro lado, el argumento sobre la absoluta libertad de los órganos políticos y de las mayorías para optar por cualquier modelo económico se basa, en el fondo, en un deseo de eliminar toda fuerza normativa al contenido social de la Constitución y a los pactos internacionales que reconocen derechos sociales. Y eso es inaceptable ya que, así como no puede existir una verdadera democracia sin una garantía a la libertad de expresión y una protección del debido proceso, la incorporación de los derechos sociales parte del supuesto de que no puede existir una verdadera deliberación democrática, si no existe una cierta igualdad social y no se garantiza a las personas al menos una satisfacción básica de sus necesidades. En efecto, ¿quien puede razonablemente negar que la falta de alimentación, salud, vivienda o educación afecta la dignidad humana, y por ende disminuye la capacidad de las personas para ser ciudadanos autónomos? Como lo señaló Rousseau, hace más de doscientos años, el ejercicio de la libertad democrática supone un mínimo de igualdad fáctica, a fin de que "ningún ciudadano

---

[43] Ver Stephen Holmes y Cass Sunstein. *The cost of rights. Why liberty depends on taxes.* New York: Norton, 1999.

sea suficientemente opulento como para comprar a otro, ni ninguno tan pobre como para ser obligado a venderse".[44] Esto muestra entonces que una democracia constitucional genuina supone el reconocimiento de al menos tres tipos de derechos constitucionales: unos derechos de defensa contra el Estado, a fin amparar la autonomía de la persona y protegerla contra el gobierno arbitrario; unos derechos a la igual participación política o derechos de ciudadanía política, que tienen su expresión más clara en la universalidad del voto; y, finalmente, unas garantías materiales, que configuran una suerte de "ciudadanía social", pues sólo con ellas existirán verdaderamente ciudadanos libres e iguales.[45]

Esta dimensión social de la ciudadanía y de la dignidad de la persona justifican y explican entonces que la Constitución haya incorporado derechos sociales – como el derecho a la vivienda o el derecho a la salud – que tienen fuerza normativa. Por consiguiente, las mayorías políticas no son totalmente libres para escoger cualquier política económica, ya que, como lo explicamos anteriormente, un derecho constitucional es precisamente algo que ha sido sustraído al debate democrático, pues se considera que debe ser garantizado, independientemente de la opinión de las mayorías, por su importancia para asegurar un mínimo de dignidad humana y para preservar el propio proceso democrático. En tales circunstancias, el reconocimiento constitucional e internacional de los derechos sociales implica que las distintas estrategias económicas deben estar orientadas a progresivamente realizar esos derechos, que son entonces límites a la libertad que tienen las mayorías para optar por distintas políticas económicas. Por ello, incluso en aquellos países cuyas constituciones prefirieron hablar de "principios sociales" en vez de "derechos sociales", la jurisprudencia ha terminado por señalar que esos principios son verdaderas normas, que deben ser aplicadas por los jueces y que condicionan la validez de las leyes expedidas por los parlamentos.

Ahora bien, y siguiendo el argumento desarrollado en el punto anterior, si los derechos sociales son límites normativos, que deben ser respetados por las mayorías políticas, pues es obvio que alguien debe garantizar que tales límites no sean violados, si no queremos que los derechos sociales tengan una pura eficacia retórica. Y nuevamente es claro que ese alguien debe ser un órgano contramayoritario, como el tribunal constitucional,

---

[44] Ver Rousseau. *El Contrato Social.*

[45] Sobre esta ampliación de los derechos y de la ciudadanía, ver, a un nivel sociológico, el trabajo ya clásico de T. H Marshall. *Class, Citizenship. and Social Development.* Westport. Greenwold, 1973. En mi texto *La dialéctica de los derechos humanos en Colombia.* Bogotá: FUAC, 1990, capítulo dos, analicé más en detalle esta evolución. Finalmente, pPara una aplicación sugestiva de estos tipos de derechos en la teoría constitucional, ver J.J Gomes Canotilho Vital Moreira. *Fundamentos da Loc. cit,* capítulo III.

Jurisdição e Direitos Fundamentais

puesto que se trata precisamente de controlar que las mayorías cumplan con el deber de realizar esos derechos a fin de materializar la ciudadanía social.

En ese orden de ideas, creo que las dificultades de las decisiones relativas a la realización de los derechos sociales no impiden que el tribunal constitucional se pronuncie sobre estos temas; es más, es su deber hacerlo, por cuanto así lo ordenan la propia constitución y los pactos de derechos humanos. Sin embargo esas dificultades tienen consecuencias, sobre la función judicial que no deben ser ignoradas. Así, el juez constitucional no puede intervenir en este campo de la misma manera que como lo hace en relación con los derechos civiles y políticos, al menos por dos razones, íntimamente relacionadas con el carácter esencialmente prestacional de los derechos sociales: (i) la progresividad del deber estatal de realizar esos derechos y (ii) la amplia libertad que tiene la ley para delimitar el contenido mismo de esos derechos y configurar los mecanismos para su satisfacción.

En primer término, conforme a los pactos internacionales, la constitución, y la doctrina más autorizada, la obligación que tiene el Estado, y en especial el Legislador y el Ejecutivo, de asegurar la vigencia de los derechos sociales, debido precisamente a su carácter prestacional, no es idéntica a los deberes que tiene el Estado en relación con los derechos civiles y políticos. Por ello, estos textos señalan que esos derechos no son de aplicación inmediata integral sino de "realización progresiva" pues su satisfacción depende de la disponibilidad de recursos. Por ende, la labor interpretativa del juez constitucional es, sin lugar a dudas, más difícil en este campo, pues debe no sólo tener en cuenta el problema de la existencia de recursos limitados para satisfacer distintos derechos sino que, además, debe tomar en cuenta el principio de progresividad.

Sin embargo, es claro que la progresividad no implica una ausencia total de justiciabilidad, esto es, una imposibilidad de control judicial, pues el Estado debe, de todos modos, conforme a los pactos internacionales, adoptar todas las medidas que sean necesarias, y hasta el máximo de los recursos disponibles, según su grado de desarrollo, a fin de lograr progresivamente la plena efectividad de estos derechos sociales prestacionales. Esto explica que existen obligaciones inmediatas, controlables judicialmente, pues, como han señalado los intérpretes autorizados de estos pactos, el Estado debe inmediatamente tomar medidas para la realización de esos derechos, pues si se abstiene de hacerlo, incurre en una violación a estos compromisos internacionales, que es justiciable. Así, el máximo intérprete del Pacto de Derechos Económicos, Sociales y Culturales de las Naciones Unidas, el Comité de Derechos Económicos Sociales y Culturales de Naciones Unidas, ha sintetizado el sentido y alcance de este deber de realización progresiva, en los siguientes términos:

Por una parte, se requiere un dispositivo de flexibilidad necesaria que refleje las realidades del mundo real y las dificultades que implica para cada país el asegurar la plena efectividad de los derechos económicos, sociales y culturales. Por otra parte, la frase debe interpretarse a la luz del objetivo general, en realidad la razón de ser del Pacto, que es establecer claras obligaciones para los Estados Partes con respecto a la plena efectividad de los derechos de que se trata. Este impone así una obligación de proceder lo más expedita y eficazmente posible con miras a lograr ese objetivo. Además, todas las medidas de carácter deliberadamente retroactivo en este aspecto requerirán la consideración más cuidadosa y deberán justificarse plenamente por referencia a la totalidad de los derechos previstos en el Pacto y en el contexto del aprovechamiento pleno del máximo de los recursos de que se disponga.[46]

De otro lado, como hemos visto, los derechos sociales suponen una prestación pública, ya sea porque el Estado directamente distribuye el bien o el servicio respectivo, o ya sea porque las autoridades subsidian a las personas que carecen de recursos a fin de que éstas satisfagan su necesidad por otras vías, como puede ser el mercado. Esto significa que el Estado debe determinar la manera como presta el servicio o suministra los subsidios, y por ende debe arbitrar los correspondientes recursos, organizar los procedimientos de distribución a la población, e incluso, en ocasiones, establecer entidades específicas encargadas de llevar a cabo esas tareas. Como lo señaló la sentencia SU-111 de 1997 de la Corte Constitucional, esta características confieren al Legislador un papel decisivo en el desarrollo de esos derechos, pues corresponde, en principio, a los representantes del pueblo realizar los diseños institucionales y tomar las decisiones presupuestales para lograr su satisfacción.[47] El control constitucional no puede entonces ignorar el papel enorme que tiene la ley en la concreción del contenido de los derechos sociales y en la definición de los mecanismos para su realización. Pero una cosa es reconocer la amplia libertad que tiene el legislador para desarrollar distintas estrategias para satisfacer los derechos sociales, las cuales incluso pueden ser contradictorias en el tiempo, según los cambios de mayorías políticas; y otra muy diferente es inferir de ese hecho que no puede haber un control constitucional sobre las políticas económicas y sociales.

Las anteriores reflexiones permiten entonces concluir que la intervención de los jueces constitucionales en la política económica, a fin de satisfacer los derechos sociales y los mandatos constitucionales, es más

---

[46] Comité de Derechos Económicos Sociales y Culturales, Observación General n° 3, adoptado en el Quinto Período de Sesiones de 1990, y que figuran en el documento E/1991/23. Sobre el alcance de estas obligaciones, ver también los cuatro informes del Relator de Derechos Económicos, Sociales y Culturales de Naciones Unidas publicados en 1989 (E/CN2/Sub.2/1989/19), 1990 (E/CN4/Sub.2/1990/19), 1991 (E/CN4/Sub.2/1991/17) y 1992 (E/CN4/Sub.2/1992/16).

[47] En el mismo sentido, ver las sentencia C-222 de 1992, y C-189 de 1987 del Tribunal Constitucional Español, que resaltan la libertad de configuración del legislador para escoger medios distintos para cumplir con los fines sociales del Estado.

Jurisdição e Direitos Fundamentais

337

compleja y difícil, y requiere una mayor responsabilidad de los jueces; pero no es en sí misma antidemocrática, por cuanto a ella se aplican exactamente las mismas razones que justifican el control constitucional en general; si bien estos jueces carecen de legitimidad democrática formal, pues no son, ni deben ser, electos popularmente, estas intervenciones son sustantivamente democráticas, pues se orientan a preservar la dignidad de las personas y a materializar la ciudadanía social, y en esa medida contribuyen a asegurar la continuidad e imparcialidad del proceso democrático. Esto no significa, obviamente, que toda intervención de los tribunales constitucionales en estas materias sea adecuada, pues algunas decisiones pueden ser perjudiciales, por una mala ponderación de los derechos y principios constitucionales en conflicto, o antidemocráticas, por una extralimitación del juez en sus competencias. Es además innegable que el examen precedente ha mostrado que los derechos sociales, por su dimensión prestacional, no se adaptan fácilmente a las instituciones y técnicas jurisdiccionales,[48] lo cual hace que el control constitucional en este campo sea más difícil y requiera de jueces muy competentes y de construcciones conceptuales depuradas y sofisticadas. Pero creo que es absolutamente legítimo que exista un cierto control constitucional a la política económica, pues las mayorías democráticas no son totalmente libres, ya que deben plantear estrategias de desarrollo que logren progresivamente una satisfacción de los derechos sociales de la población.

5. Sobre los riesgos de rigidez constitucional

Una vez mostrada la posibilidad técnica y la legitimidad democrática del control constitucional de la actividad económica, procedo, por último, a analizar aquellas críticas relacionadas con los supuestos efectos perversos de esas intervenciones judiciales sobre la naturaleza pluralista de las constituciones, la seguridad jurídica y la política democrática.

El análisis adelantado en los puntos precedentes es suficiente para concluir que no es cierto que el control judicial de las políticas de desarrollo, y una cierta constitucionalización del tema económico, provoquen *per se* una desnaturalización de la constitución, y que ésta pierda su legitimidad y su carácter pluralista. En efecto, una constitución que reconoce los derechos sociales no puede ser absolutamente neutra en materia económica, como tampoco es neutra, en política criminal, una constitución que reconoce el debido proceso penal y prohíbe la tortura, pues en ambos casos, la ley fundamental está excluyendo ciertas opciones políticas a las mayorías de-

---

[48] Como dice Geoffey Marshall, "nadie es verdaderamente un experto a la hora de elaborar y aplicar los derechos económicos del hombre, y menos que nadie, los jueces" (*Teoría constitucional*. Madrid: Espasa-Calpe, 1982, p. 176.)

mocráticas. Así, no puede el Congreso invocar el principio democrático para poner en marcha una estrategia contra el delito fundada en la tortura sistemática y en el desconocimiento masivo del derecho de defensa de los acusados. En ese mismo orden de ideas, tampoco pueden las mayorías democráticas poner en marcha estrategias de crecimiento contrarias a los derechos sociales prestacionales, o fundadas en la eliminación del derecho de huelga de los trabajadores. Es pues indudable que ciertas opciones económicas son inconstitucionales. Sin embargo, esto no significa que la Constitución excluya la posibilidad de que existan múltiples alternativas de desarrollo, pero todas dentro de los marcos que fijan los derechos sociales. La constitución de un Estado social, fundado en los derechos sociales debe entonces ser "abierta" pero no es "neutra", sin que eso acabe el pluralismo y socave la legitimidad del ordenamiento jurídico ya que, como dice la doctrina española, "una constitución abierta no es lo mismo que una Constitución vacía y desprovista de fuerza jurídica",[49] pues si tuviera tal carácter, dejaría de ser una constitución. En ese mismo sentido, desde sus primeras sentencias, la Corte Constitucional señaló que si bien las mayorías pueden optar por muy diversas políticas económicas, la Constitución de 1991 no es "un texto neutro que permita la aplicación de cualquier modelo económico, pues las instancias de decisión política deben de una parte respetar los límites impuestos por el conjunto de derechos, y de otra operar conforme a los valores y principios rectores que la Carta consagra, así como procurar la plena realización de los derechos fundamentales".[50]

El control judicial de la economía no erosiona entonces el pluralismo de la Constitución; pero sin embargo esta preocupación es relevante, ya que la defensa del carácter pluralista de la Carta permite orientar el sentido de la jurisprudencia que deben elaborar los tribunales constitucionales en todos los campos, pero en especial en el tema económico. En efecto, si la Constitución pretende ser un marco de coincidencias entre puntos de vista disímiles, entonces, en lo posible, el juez debe evitar adoptar fórmulas demasiado rígidas, salvo que el texto constitucional se las imponga inequívocamente, por cuanto estaría cerrando las posibilidades de que exista una deliberación democrática, que permita encontrar distintas opciones a un determinado problema. Por ello, como bien lo destaca Nino, los jueces, al ejercer el control constitucional, no deben descartar políticas que resulten del debate democrático, únicamente porque consideran que existen otras mejores, pero en cambio "pueden, y deben, adoptar medidas que promuevan el proceso de deliberación pública o la consideración más cuidadosa por parte de los cuerpos políticos".[51] Los jueces deben entonces preferir las

---

[49] Oscar de Juan Asenjo. *Op. cit.,* p. 69.

[50] Sentencia C-040 de 1993. MP. Ciro Angarita Barón.

[51] Carlos Santiago Nino. La constitución de la loc. cit, p. 292.

Jurisdição e Direitos Fundamentais

339

decisiones que hagan más vigoroso el debate democrático, y en cambio deben rechazar aquellas determinaciones que arrebatan, sin razones convincentes, la resolución de un problema a la decisión ciudadana, pues una de las funciones decisivas del control constitucional es "contribuir a mejorar la calidad del proceso de discusión democrática y toma de decisiones, estimulando el debate público y promoviendo decisiones más reflexivas".[52]

6. Los problemas de inseguridad jurídica

Las críticas sobre la inseguridad jurídica generada por la posibilidad de que un juez constitucional anule una regulación legal no me parecen tampoco convincentes. En efecto, esas críticas parten de los siguientes dos supuestos: (i) que ni el Congreso ni el Ejecutivo son fuentes de inestabilidad jurídica y (ii) que la anulación de una ley inconstitucional es fuente de inseguridad jurídica. Pero esas dos suposiciones son muy discutibles. Así, muchos estudios empíricos han mostrado que en Colombia, la legislación cambia con enorme rapidez y genera una vida efímera de las normas, que impide su asimilación por los operadores jurídicos. Para ello basta pensar en las numerosas reformas tributarias que se han realizado en los últimos años. No es pues cierto que la principal fuente de inestabilidad normativa se encuentre en los jueces constitucionales.

Pero hay más; la anulación de una ley por el tribunal constitucional pretende, en muchas ocasiones, proteger precisamente la seguridad jurídica de los ciudadanos en sus derechos frente a variaciones caprichosas de las normas legales por parte de los órganos políticos. Así, por tomar un ejemplo elemental, supongamos que el Congreso, por medio de una ley, o el Gobierno, en virtud de un decreto legislativo, establece un impuesto retroactivo, y que la Corte lo declara inconstitucional por violar el mandato constitucional según el cual los tributos no pueden ser retroactivos. ¿Generó inseguridad jurídica esa decisión de la Corte, al retirar del ordenamiento una norma legal? No lo creo. Esa sentencia de inconstitucionalidad lo que hace es fortalecer la confianza de los agentes económicos de que en ese sistema jurídico no existirán impuestos retroactivos, lo cual reduce su incertidumbre sobre cuáles serán las reglas jurídicas aplicables a sus transacciones económicas. Por ello, muchos autores defienden la constitucionalización de ciertos aspectos del manejo económico, y su control por un tribunal independiente, precisamente como un mecanismo para lograr una cierta seguridad jurídica frente a la volubilidad y variabilidad de criterios de los órganos políticos.

No es pues cierto que el control constitucional de la economía implique, *per se*, una mayor inseguridad jurídica. Con ello no estoy negando que,

---

[52] Ibídem, p. 293.

en ciertos casos, el comportamiento concreto de la justicia constitucional pueda llegar a generar inestabilidades normativas agudas, que obstaculicen el desarrollo de un país. Pero eso no sería un defecto intrínseco a la intervención de los jueces en la economía sino que derivaría de otros factores, como podrían ser ciertos diseños procesales o la excesiva variabilidad de los criterios interpretativos de la justicia constitucional.

7. Los riesgos de desmovilización ciudadana y politización de la justicia

Las críticas sobre el efecto negativo del control constitucional de la economía sobre el aparato judicial y el sistema político no deben tampoco ser ignoradas, pero no son concluyentes. Así, como intenté mostrarlo en un texto anterior,[53] sin lugar a dudas una "judicialización" excesiva de la política en general, y de la política económica en particular, puede ser inconveniente para la justicia, que tiende a politizarse y a sobrecargarse de tareas que tal vez no pueda cumplir. Y esa judicialización puede también generar efectos negativos en la participación ciudadana y en la propia cultura democrática. Sin embargo, no creo que esos peligros, que son reales, basten para condenar cualquier activismo judicial para satisfacer derechos sociales. En este campo, el modelo teórico ofrecido por Mauricio García para analizar los riesgos y las potencialidades del activismo judicial, en una democracia, me parece muy útil y sugestivo, pues evita las conclusiones simplistas. Según ese autor, tres variables son centrales para valorar el activismo: (i) la actitud de los jueces (progresista o no), (ii) su competencia o incompetencia, en términos técnicos y de conocimiento del asunto, y (iii) que exista o no una participación política eficiente o no para desarrollar los derechos sociales.[54] En tal contexto, el activismo más antidemocrático sería aquel realizado por jueces incompetentes, que toman decisiones muy conservadoras, en momentos históricos en que hay una amplia movilización democrática, tal y como lo hizo la Corte Suprema de Estados Unidos en las

---

[53] Ver, Rodrigo Uprimny Yepes. "Jueces, narcos y política: la judicialización de la crisis política colombiana" en Francisco Leal (Comp) *Trás las huellas de la crisis*. Bogotá: Fescol, IÉPRI.

[54] Ver Mauricio García. "Derechos sociales y necesidades políticas. La eficacia judicial de los derechos sociales en el constitucionalismo colombiano." en Boaventura de Sousa Santos y Mauricio García. *El caleidoscopio de las justicias en Colombia*. Bogotá: UN, UNIANDES, 2001, pp. 476 y ss. Sin embargo, he modificado la denominación que este autor confiere a algunas de sus variables y he adaptado un poco su modelo. En particular, García, siguiendo a Duncan Kennedy, califica de activista a un juez que trata "la decisión judicial como un poder autónomo y creativo destinado al desarrollo económico y político de la sociedad". Esta definición me parece restrictiva pues sólo hace referencia al "activismo progresista". Pero puede haber un "activismo conservador", que es propio de aquellos jueces que consideran que ejercen un "poder autónomo y creativo" pero para evitar ciertos cambios sociales. Por ello creo que conviene distinguir entre si el juez tiene o no una actitud activista, y el sentido político que podemos atribuir a esa actitud. Es obvio que no siempre es fácil definir si una decisión es materialmente progresista o conservadora, pero esa variable me parece central.

Jurisdição e Direitos Fundamentais

341

primeras décadas del Siglo XX. En cambio, en ese mismo país, el activismo de la llamada Corte Warren, durante los años cincuenta y sesenta, es más admisible, pues impulsó, o al menos acompañó y legitimó, los cambios democráticos de ese período.

El ejemplo de las sentencias sobre el sistema UPAC es muy ilustrativo al respecto; así, la situación de los deudores se agravó en gran medida por la indiferencia de los órganos políticos, que no tomaron medidas de alivio, cuando era evidente que, al ligar el cálculo de la UPAC al DTF, y no a la inflación, el efecto combinado del aumento de las tasas de interés, el incremento del desempleo y la caída de los precios de la vivienda, hacía que las deudas se volvieran impagables. Pero cuando la Corte intervino en el tema para defender a los deudores hipotecarios, entonces sus decisiones fueron cuestionadas como un activismo judicial excesivo y antidemocrático. Pero ¿podía la Corte abstenerse de intervenir cuando era evidente que esa situación fácticamente afectaba el derecho a la vivienda y los otros órganos estatales se mostraban indiferentes ante la situación de los deudores hipotecarios? No lo creo, pues la Corte hubiera renunciado a su deber de defender la supremacía de la Constitución y amparar los derechos sociales de la población. ¿Hubiera podido evitarse esa intervención judicial en la política económica? Claro, si los órganos responsables de la política económica hubieran tomado a tiempo las medidas adecuadas. Pero lo que resulta inaceptable es que, desde su pasividad, los otros órganos de poder cuestionen a un tribunal que intentó solucionar un problema social complejo y dramático. En tal contexto, en muchos eventos, la solución a un eventual activismo excesivo de la Corte Constitucional no consiste en recortar sus competencias sino en impulsar la participación democrática y fortalecer la intervención de los otros órganos del Estado en la realización de los derechos fundamentales.

8. Conclusiones

He intentado mostrar que los derechos sociales son derechos de la persona y que su realización es esencial para la continuidad e imparcialidad del proceso democrático, por lo cual debemos admitir algún control judicial sobre las decisiones económicas. Preservar el control constitucional sobre las decisiones económicas es entonces defender la eficacia jurídica de los derechos sociales, lo cual es importante para la consolidación democrática en un país como Colombia, con desigualdades profundas y niveles intolerables de pobreza. En esas situaciones, la defensa de la fuerza normativa de los derechos sociales adquiere aún mayor sentido, precisamente porque las necesidades insatisfechas de las personas son enormes.[55] La Corte Consti-

---

[55] Ver Eduardo Cifuentes Muñoz. "El constitucionalismo de la pobreza" en *Lecturas Constitucionales*

tucional ha tenido entonces razón en entrar a analizar esos temas y en defender vigorosamente los derechos sociales, pues si queremos construir un verdadero Estado social de derecho, debemos, parafraseando a Dworkin, tomar en serio los derechos sociales.

Sin embargo, el examen precedente también ha mostrado la complejidad conceptual de los derechos sociales y las dificultades objetivas que existen para protegerlos judicialmente de manera adecuada. Estos obstáculos son aún mayores en contextos de pobreza e inequidad, como los que dominan en Colombia y en América Latina, pues los recursos son más escasos y las carencias que deben ser colmadas mayores. La paradoja es evidente: en estas sociedades, el constitucionalismo social y la protección judicial de los derechos sociales son más necesarios que en los países desarrollados, pero tienen menores condiciones de posibilidad. Esto plantea desafíos teóricos indudables al punto de que, como sugiere Eduardo Cifuentes, "el proceso constituyente latinoamericano está en mora de una nueva construcción teórica" pues el activismo constitucional, de contenidos social, en estos contextos de pobreza, no se adapta fácilmente a los esquemas teóricos desarrollados en otras latitudes.[56] E igualmente esta situación pone a los jueces constitucionales latinoamericanos frente a retos hermenéuticos formidables, pues deben ser capaces de defender la fuerza normativa de los derechos sociales, en contextos fácticos que hacen muy problemática la aplicación judicial de esos mismos derechos.

Pero no sólo el amparo judicial de los derechos sociales es difícil sino que además tiene limitaciones e incluso puede afectar el dinamismo y la creatividad de los movimientos sociales. Por tal razón, considero que la justicia constitucional puede llegar a ser importante para el progreso democrático, siempre y cuando se la entienda como un componente de luchas sociales más amplias. Y es que, como dice ilustrativamente Benjamim Barber, "la democracia sólo puede sobrevivir como democracia fuerte, asegurada no por grandes líderes sino por ciudadanos responsables y competentes. Las dictaduras efectivas requieren grandes líderes. Las democracias efectivas requieren grandes ciudadanos".[57] La democracia, más que grandes jueces, requiere entonces de grandes ciudadanos. La realización de las promesas sociales de muchas constituciones es un asunto demasiado serio para dejárselo únicamente a los jueces constitucionales.

Andinas. Lima: Comisión Andina de Juristas, n° 3. 1994.

[56] Ibídem.

[57] Benjamin Barber. *Strong Democracy. Participatory politics for a new age.* Berkeley, University of California Press, 1990, p. xvii.

Jurisdição e Direitos Fundamentais

— XV —

A função jurisdicional no mundo contemporâneo e o papel das escolas judiciais[1]

RUY ROSADO DE AGUIAR JÚNIOR

Ministro aposentado do Superior Tribunal de Justiça (STJ).

1. O ilustre Diretor da Escola Superior da Magistratura do Estado do Rio Grande do Sul, Professor Doutor Eugênio Facchini Neto, atribuiu-me o honroso encargo de falar na solenidade em que se comemoram os 25 anos da Escola da Magistratura do Estado do Rio Grande do Sul e sugeriu o tema que titula esta palestra: "A função jurisdicional no mundo contemporâneo e o papel das Escolas Judiciais".

2. Para atender ao tema proposto, deverei me referir a três conceitos: (1) ao mundo contemporâneo, no aspecto que interessa à ordenação jurídica; (2) à função jurisdicional que nele deve ser exercida; e (3) ao significado da atuação de uma escola judicial, nesse mundo, e para o exercício da função jurisdicional.

3. O mundo contemporâneo se caracteriza pela substituição radical de paradigmas, cuja velocidade o Estado-legislador não consegue acompanhar, com direta influência sobre a organização jurídica dos Estados.

A incapacidade do Estado em regular, pela via formal da lei, as multifacetadas relações sociais, termina por colocar nas mãos do juiz o encargo de fazer a adaptação da ordem jurídica ao mundo real. Isso não quer dizer que o Estado deixou de legislar: ao contrário, legisla cada vez mais, mas cada vez pior.

---

[1] Artigo baseado no texto básico da palestra proferida na Escola Superior da Magistratura do Rio Grande do Sul – AJURIS, por ocasião da solenidade comemorativa dos seus 25 anos, em Porto Alegre, no dia 17 de novembro 2005.

Jurisdição e Direitos Fundamentais

A globalização pôs em evidência a força e a importância da infra-estrutura econômica dos países desenvolvidos, que podem ordenar as soluções aos subdesenvolvidos. As decisões tomadas nos centros de poder, isto é, pelos países e pelas empresas do primeiro mundo, com subordinação dos periféricos – entre os quais se encontra o Brasil – tem eficácia imediata. Decidem sobre o preço e os subsídios dos produtos, sobre o modo pelo qual devemos tratar a falência de nossas empresas, sobre a conveniência ou inconveniência de empresas públicas ou privadas, e assim por diante, e isso tudo tem reflexo direto não apenas sobre o mercado, mas também sobre o ordenamento jurídico. Para aplicar tal sistema normativo, é preciso atentar também para a *lex mercatoria*.

Por isso, o monopólio do Estado de ordenar a vida social está hoje em crise, com a proliferação e a fragmentação de fontes produtivas de ordenações eficazes sobre a vida diária.

A queda do muro de Berlim marcou a tendência do afastamento do Estado da gestão da economia e a prevalência do fator econômico, assim como preconizado pela Escola de Chicago. O próprio contrato teve alterada a sua concepção, pois deixou de ser um instrumento de conservação e transferência da propriedade, para se transformar no modo pelo qual se busca fundamentalmente o lucro, o que impõe ao juiz o dever de intervir nessa relação. Daí o continuado aumento das ações revisionais, fenômeno inexistente antes dos anos oitenta.

No Brasil, houve substancial redução da presença do Estado na vida econômica, que se desfez de empresas e reduziu órgãos estatais, além de desaparelhar a Administração Pública, o que implicou alteração na atuação do juiz, que deve também fiscalizar os negócios celebrados por essas entidades.

A massificação do relacionamento entre as pessoas nos campos privado e público instituiu um modelo de padronização, uniformizando regras e condutas e despersonalizando a relação. O instrumento processual para o tratamento dessas demandas é absolutamente diverso do que se pode dispensar ao litígio entre duas pessoas, e ainda não é aceito com facilidade o uso das ações coletivas.

A informação passou a ser um componente obrigatório na atuação dos entes administrativos e nas relações entre as pessoas. A Internet introduziu na nossa vida um meio virtual de comunicação, ao mesmo tempo individual e de massa, praticamente instantâneo, sobre todas as coisas, de todos os lugares, para todas as pessoas, e a respeito de qualquer uma. Cresceu o espectro da informação, mas aumentou o "lixo" informativo.

4. A par disso, houve uma sucessiva transformação do constitucionalismo, que passou de uma doutrina defensora dos direitos do cidadão frente

ao Estado (direitos fundamentais de primeira geração), para a proteção de direitos sociais (direitos de segunda geração), e, hoje, deve abarcar também uma doutrina destinada a consolidar um Estado solidário e garantir a qualidade de vida das pessoas.

5. É, então, de se perguntar como esse quadro atua sobre a função jurisdicional, que presumidamente deve ser exercida de modo compatível com a nova realidade.

Partindo do princípio do monopólio estatal para a solução dos litígios, da separação dos poderes, da especificidade da função jurisdicional (que é a de compor os litígios com definitividade), e do seu exercício exclusivo por um órgão estatal (exclusividade que apenas não existe em casos excepcionais), é fácil perceber a importância social que assume o desempenho da função jurisdicional.

6. Ao lado da importância estrutural da função, ainda deve ser considerada a conjuntura hoje vivida no Brasil, que ainda mais a realça:

a) A privatização criou uma série de relações entre as novas empresas e os indivíduos, com os antagonismos que surgem e se acentuam, sem que houvesse a previsão, na nossa estrutura estatal, de uma via de composição administrativa. Isso faz com que tudo deságüe no Judiciário;

b) a massificação multiplicou as oportunidades de reclamações e inconformidades. A mesma ofensa atinge milhares de pessoas;

c) a Constituição de 1988 outorgou direitos e lhes deu ampla proteção, tudo a ser concretizado pela via judicial.

7. Além desses aspectos (a privatização, a massificação e a constitucionalização), que influenciam a idéia que se possa fazer do conteúdo da jurisdição e das necessidades que reclamam sua atuação, é preciso ponderar sobre os fins que se queira atribuir à função judicial.

Na primeira fase do constitucionalismo a que antes me referi, o juiz era o guardião dos direitos públicos e das liberdades dos cidadãos diante do Estado. Apenas ele poderia resolver o litígio e para isso deveria cuidar para que os direitos dos cidadãos fossem respeitados. Isso fica muito claro na função atribuída ao juiz criminal: o Estado não lhe atribuiu nenhuma responsabilidade em apurar e investigar os delitos, prevenir para que não aconteçam e promover ações para reprimi-los. Tudo é da Administração e do Ministério Público. Ao juiz cabe presidir os atos processuais a fim de garantir o devido processo e, a final, proferir sentença imparcial. Não lhe toca sequer a execução das penas, a não ser para verificar a regularidade do cumprimento da sua sentença.

Jurisdição e Direitos Fundamentais

347

Hoje, porém, com a nova realidade dos direitos sociais e difusos, o juiz não existe apenas para a proteção dos direitos fundamentais de natureza política, mas para implantar e fazer atuar os direitos sociais e os difusos; não é um convidado de pedra, mas um partícipe cada vez mais presente na vida social; não se lhe atribui apenas o controle da formalidade dos atos da autoridade, mas dele se espera que aprecie o mérito das políticas públicas.

Aceitando que a ordem jurídica é um sistema aberto, com grande número de cláusulas gerais (como acontece hoje com o Código Civil e o Código de Defesa do Consumidor), e que os princípios constitucionais podem ser aplicados diretamente às relações privadas, a todo o passo surgem oportunidades para a criação de norma de conduta judicializada para o caso concreto.

Todos esses fatores exigem cada vez mais da jurisdição e que seu exercício seja feito com técnica apropriada e conhecimento amplo de todo o ordenamento, desde a Constituição, passando pelos Tratados, até as práticas comerciais individualizadas. E, mais do que isso, conhecendo a História e os valores culturais.

O papel do juiz se agigantou, disse Grossi,[2] e alguns institutos civis dos mais importantes estão hoje conformados pela inspiração pretoriana, do que é exemplo a responsabilidade civil.

8. Sendo essa a função jurisdicional, precisamos de juízes que tenham condições de compreender a complexidade da sua ação, de perceber que o direito tem suas raízes submersas em valores históricos,[3] de olhar para a causa das causas que lhes são submetidas, de se preocupar com as circunstâncias preexistentes que determinaram o surgimento do litígio, de apreender as razões que amparam as pretensões das partes, de viver a realidade presente e de refletir sobre as conseqüências concretas de seu julgamento.

São necessários juízes que se apercebam da responsabilidade da sua atividade, e que estejam imbuídos de princípios éticos que garantam um procedimento idôneo. Quanto maior o gigantismo do Executivo e dos conglomerados econômicos, mais se exige dos juízes independência e imparcialidade.

9. É nesse ponto que aparece o terceiro sujeito desta minha breve intervenção: a Escola Judicial. É ela que pode colaborar, mais do que qualquer outra instituição, para a escolha, a formação e o aperfeiçoamento dos juízes. É ela que pode, mais do que qualquer outro órgão ligado à Justiça,

---

[2] GROSSI, Paolo. La formazione del giurista e l'esigenza di un odierno ripensamento metodologico, *Quaderni Fiorentini*, v. 32, p. 45, 2003.

[3] GROSSI, *op. cit.*, p. 47.

ser o centro de estudos e pesquisas que tenham por objeto o próprio Judiciário, sua organização, funcionamento, os princípios que o regulam, as perspectivas do futuro, a função jurisdicional.

10. No que diz com a escolha, lembro que são muitos os critérios para a seleção e a nomeação dos juízes. Desde o sistema inglês – pelo qual são nomeados em livre escolha advogados experientes e conceituados, que funciona excelentemente em razão da criteriosa nomeação –, passando pelo sistema eleitoral – adotado em alguns estados norte-americanos –, pela livre nomeação – que ocorre na maioria dos países sul-americanos, em que não se tem majoritariamente o mesmo cuidado do que o inglês e, por isso, de êxito duvidoso –, até chegar ao sistema de ingresso mediante concurso público de provas e de títulos.

11. Nos países em que a nomeação recai sobre advogados experientes da vida forense e conceituados profissionais, presume-se que o nomeado já conte com a formação exigida para o bom desempenho da função; o máximo que se lhe pode agregar, para o início da investidura, é uma adaptação para o desempenho da nova função, não mais do que isso.

12. Porém, no país em que a seleção é feita mediante provas de conhecimento jurídico, a formação integral do juiz não é objeto de avaliação nem requisito de aprovação.

O aproveitamento do jovem graduado pela Faculdade de Direito é feito a partir da aferição de sua capacidade intelectual, o que deixa a descoberto uma parte da formação profissional, específica para o desempenho da função jurisdicional, isto é, uma *weltanschaung* que lhe permita a compreensão do fenômeno jurídico de que passa a ser parte fundamental, função jurisdicional que deverá desempenhar não apenas com habilidade técnica, mas presidida por princípios éticos e com responsabilidade social.

13. Cabe à Escola Judicial preencher essa lacuna, cuidando da formação dos novos juízes. Depois, continuar com a preocupação da excelência, tratando do aperfeiçoamento permanente dos magistrados, porque a vida social é dinâmica, e é tarefa do juiz fazer a constante revitalização da ordem jurídica, muito antes da mudança legislativa.

14. Os países que adotam o modelo de ingresso mediante concurso – o qual Zaffaroni denominou de "estrutura técnico-burocrática"[4] – em que

---

[4] ZAFFARONI, Eugenio Raúl. Estrutura e funcionamento do Judiciário na Argentina, *Justiça, Promessa e Realidade*, p. 112.

Jurisdição e Direitos Fundamentais

se procura o "máximo de idoneidade", no pressuposto de que o mais idôneo e mais bem preparado prestará melhor serviço – têm criado escolas judiciais destinadas a promover cursos de formação, de duração aproximada de dois anos, com a realização periódica de provas e final nomeação dos aprovados como juízes. Disso são exemplos, entre outros, França, Portugal e Espanha.

15. A formação pela escola judicial é um imperativo que será alcançado em futuro breve.

A ampliação do leque de atuação do Judiciário, a sua inelutável destinação à atividade positiva na formulação das políticas públicas, com a definição do conteúdo dos princípios constitucionais, a variedade dos temas que lhe são apresentados, com dificuldades técnicas cada vez mais visíveis, tudo isso exige do juiz um conhecimento científico que não lhe é fornecido na formação acadêmica. E o juiz, de um modo geral, não é um especialista, é um generalista que se vê assoberbado com questões intrincadas de diferentes origens, a exigir conhecimentos cada vez mais profundos a respeito de uma infinidade enorme de assuntos. Ele passa por varas cíveis e criminais, de direito de família e de direito público – e é bom que seja assim, para dispor de uma experiência da totalidade do universo forense, – mas tudo isso exige dele redobrado esforço e cada vez maior conhecimento.

Uma formação humanística deve acompanhar o seu trabalho, porque só conhecendo os valores culturais da sociedade para a qual serve terá legitimidade para atuar. O conhecimento desses valores é pressuposto para a apreensão da causa que lhe é submetida a julgamento. E não basta estudar: o direito, disse Couture, se aprende pensando.

O mundo contemporâneo necessita do juiz-jurista (o técnico com boa formação profissional, capaz de resolver a causa com propriedade e adequação), do juiz-cidadão (com percepção do mundo que o circunda, de onde veio a causa que vai julgar e para onde retornarão os efeitos da sua decisão), do juiz-moral (com a idéia de que a preservação dos valores éticos é indispensável para a legitimidade de sua ação), do juiz-administrador (que deve dar efetividade aos procedimentos em que está envolvido, com supervisão escalonada sobre os assuntos da sua vara, do foro, do tribunal, dos serviços judiciários como um todo).

Quem pode prestar esse serviço de formação de juízes para o mundo contemporâneo? A Escola Judicial.

16. E esse é o primeiro ponto a atacar para a melhoria do Poder Judiciário. Para fazer frente aos seus problemas, é preciso qualificar as pessoas. Aperfeiçoando o homem, melhoramos a instituição. Formando bons juízes, temos um bom Judiciário.

17. E qual a escola que queremos?

Em primeiro lugar, é preciso definir a sua finalidade.

a) Se apenas destinada ao aperfeiçoamento de quem já é juiz, contará com cursos mais ou menos permanentes, de curta duração;

b) se o objetivo é o de garantir a formação dos novos juízes, deverá organizar um curso de longa duração, com aproximadamente dois anos;

c) se o que se pretende é incluir esse curso de formação como uma etapa da seleção dos juízes, assim como acontece na França, os cursistas deverão ser submetidos a provas de conhecimento como fase de avaliação do candidato. Talvez este seja o melhor, porque permite a avaliação da aptidão para o desempenho da função;

d) se, além do ensino, também se pretende instituir um centro de pesquisa, estudo, debate e reflexão, deverá a Escola contar com departamento destinado a esse fim.

18. A Escola que hoje está comemorando 25 anos, pioneira no Brasil, nasceu da experiência dos cursos de preparação ao concurso de juiz mantidos pela AJURIS. Daí decorrem suas características: é uma entidade de direito privado, mantida pela Associação, com receita própria oriunda das anuidades que cobra dos seus alunos, recebendo recursos públicos para cobertura das despesas com os cursos destinados exclusivamente a magistrados ou a servidores; tem como atividade contínua mais importante a manutenção dos cursos de preparação ao concurso e cursos de aperfeiçoamento de juízes e de servidores. A sua vinculação com o Tribunal se dá no momento da escolha do Diretor da Escola, ato de nomeação dependente da concordância do Presidente do Tribunal.

Chegou ao estado de prestígio de que goza, graças à dedicação dos seus servidores (e peço licença para referir por todos os nomes de Manoela Castro e Rosaura Garcia), de seus professores (e lembro os falecidos Mario Boa Nova Rosa, Alaor Terra, Ladislau Röhnelt e Cristiano Graeff), de seus diretores, Cristóvam Daiello Moreira, Milton dos Santos Martins, Eládio Luiz da Silva Lecey, Antônio Janyr Dall'Agnol Júnior, Antônio Guilherme Tanger Jardim, Cláudio Caldeira Antunes, Wilson Carlos Rodycz, José Antônio Paganella Boschi, Edith Salete Prando Nepomuceno e Eugênio Facchini Neto, sendo que este último reúne exemplarmente, por todos e mais que todos, as condições de intelectual, acadêmico e magistrado.

19. A atividade da Escola atualmente também se insere no concurso de seleção dos novos juízes, porquanto uma fase se desenvolve em suas instalações, com a ministração de curso notadamente instituído para avaliar

Jurisdição e Direitos Fundamentais

a aptidão do candidato ao desempenho das funções do cargo. A novidade foi introduzida como um meio de fugir do concurso que seleciona os candidatos a partir da sua capacidade de memorização. Esse óbice somente será vencido quando se instituir uma forma de avaliação que permita apreciar o candidato pela sua capacidade de refletir sobre a norma, e não apenas de repeti-la ("mais testa, menos texto"), demonstrando na prática a sua capacidade de decidir.

20. Neste quartel de século, a Escola adquiriu renome nacional, serviu de modelo para muitos Estados, e prestou auxílio inestimável para a preparação e o aperfeiçoamento dos nossos juízes. E não apenas para juízes, pois as suas portas estão abertas a todos os que desejam se aperfeiçoar, especialmente aos que pretendem se submeter a concurso público na área jurídica.

Foi também o lugar de debate e reflexão dos graves problemas da justiça e da jurisdição. Aqui se fez pesquisa sobre os Juizados Especiais, e aqui presentemente funciona um curso de pós-graduação em administração judicial.

21. Esse tempo histórico era necessário para a consolidação de uma idéia: a da necessidade de uma Escola Judicial.

Agora, é tempo de um passo à frente: mantendo as suas características, a Escola pode se transformar em centro de formação dos novos juízes, com curso de longa duração, seja como fase do concurso – que me parece a melhor, uma vez que aperfeiçoa o sistema de seleção – seja como primeira atividade depois da nomeação.

Para isso, não precisará de alteração substancial, uma vez que a estrutura já está montada, com corpo docente do melhor nível, que poderá ser completado mediante convênio com universidades e outras instituições de ensino, como está acontecendo com o curso de Mestrado em Administração da Justiça, em boa hora instalado mediante convênio com a Fundação Getúlio Vargas.

22. A Escola que em breve surgirá, acredito que continuará a ser, e cada vez com maior intensidade, um lugar que contribua para o pensamento e a discussão dos problemas do Judiciário, colaborando com o Tribunal e com o legislador para o aperfeiçoamento do sistema.

Poderá desenvolver estudos para formular uma teoria judicial. Setor do conhecimento científico que apenas esporadicamente é versado, por um ou outro estudioso (cito José Renato Nalini,[5] Caetano Lagrasta Neto,[6] Sálvio de Figueiredo Teixeira[7]), está a merecer um tratamento abrangente, para formar 'as bases de um conhecimento que inclua: (a) o Judiciário como Poder de Estado; (b) a função jurisdicional em todos os seus aspectos, desde o assento constitucional até a prática diária do foro; (c) a técnica judicial própria e diferente para cada tipo de norma a aplicar; (d) os critérios e os métodos de escolha, formação e aperfeiçoamento dos juízes.

Essa Escola dedicar-se-á ao estudo de novas alternativas para a prestação jurisdicional, como amparo teórico às iniciativas e experiências, como, por exemplo, à justiça restaurativa e aos juizados especiais. Precisamos urgentemente cuidar disso, antes que as soluções conduzam as demandas para fora do Judiciário, com inegável perda de justiça.

A entidade de ensino deverá manter a mesma idéia de pluralismo e liberdade intelectual que até agora preservou e é apanágio dos seus cursos, sem patrulhamento ideológico, que só se explica nos fracos de espírito, intolerantes e arrogantes donos da verdade.

A Escola não tem servido e continuará não se prestando a ser instrumento de conformação da mentalidade dos juízes, pois é exatamente isso que não se quer, mas que aqui recebam os seus alunos o instrumental amplo e abrangente, necessário para as próprias opções.

A sua atuação deve ser o resultado de uma refletida e debatida definição da política de formação judicial, que responderá à pergunta: qual o juiz que a Nação reclama?

Lembro a importante reforma introduzida no art. 93, II, da Constituição: a aferição do merecimento não será feita pelos critérios da presteza e segurança, como constava na redação original, mas pelos critérios objetivos da produtividade e presteza, pois a sociedade exige resultados, e a solução do litígio é o serviço que o Judiciário pode oferecer. Quando se acrescenta a produtividade à presteza, reforça-se o princípio constitucional da eficiência da Administração Pública.[8]

---

[5] NALINI, José Renato. Ética e Direito na formação do juiz, *Doutrina do Superior Tribunal de Justiça*: edição comemorativa: 15 anos. Brasília: STJ, p. 221-234, 2005. Veja, também, NALINI, José Renato; SANTOS, Nildo Nery dos. O Judiciário italiano e o recrutamento de juízes. In: TEIXEIRA, Sálvio de Figueiredo. *O juiz*: seleção e formação do magistrado no mundo contemporâneo. Belo Horizonte: Del Rey, p. 269-283, 1999; NALINI, José Renato. O sistema espanhol de recrutamento e formação de juízes e magistrados. In: TEIXEIRA, Sálvio de Figueiredo. *O juiz*: seleção e formação do magistrado no mundo contemporâneo. Belo Horizonte: Del Rey, p. 283-326, 1999; NALINI, José Renato. The Legal Training and Research Institute of Japan. In: TEIXEIRA, Sálvio de Figueiredo. *O juiz*: seleção e formação do magistrado no mundo contemporâneo. Belo Horizonte: Del Rey, p. 349-357, 1999.

[6] LAGRASTA NETO, Caetano. As Escolas de Advocacia, da Magistratura e do Ministério Público e o Ensino Jurídico Profissional, *Cadernos Jurídicos*. São Paulo, ano 5, n. 19, p. 107-111, jan./fev. 2004.

[7] TEIXEIRA, Sálvio de Figueiredo. *O juiz*: seleção e formação do magistrado no mundo contemporâneo. Belo Horizonte: Del Rey, 1999.

[8] NALINI, José Renato. Ética e Direito na formação do juiz, *Doutrina do Superior Tribunal de Justiça*: edição comemorativa: 15 anos. Brasília: STJ, p. 225, 2005.

Jurisdição e Direitos Fundamentais

A Escola deve contribuir para a explicação do nosso mundo e da ordem jurídica formal e da informal, diferença que não pode ser desconhecida depois dos estudos de Boaventura de Sousa Santos,[9] uma vez que o nosso trabalho atinge a uma parte, a menos numerosa da nossa população, apenas aquela que tem acesso aos serviços do Estado, entre eles os da Justiça.

Será sempre proveitoso o relacionamento com outros centros de formação, no Brasil e no exterior, com a troca de experiências que engrandece e abre horizontes.

23. Faço esse prognóstico para o futuro, porque a tanto fui induzido pelo título sugerido para esta intervenção: o papel da Escola Judicial. Examinando qual seja esse papel, não posso deixar de mencionar qual será no futuro próximo.

Para uma instituição de ensino que tem um passado que a todos nós orgulha, por termos cada um dado uma parcela de contribuição, que tem um presente tão rico e pleno de realizações, somente poderemos augurar um futuro ainda mais brilhante, com novas e importantes funções, porque a sociedade de hoje lhe impõe esse destino.

A recente reforma constitucional criou a Escola Nacional da Magistratura, junto ao Superior Tribunal de Justiça. É nossa esperança que essa nova entidade – e, quando a ela me refiro, não posso deixar de lembrar a figura de Sálvio de Figueiredo Teixeira – sirva de local para o aprofundamento do estudo da organização das escolas e desempenho de suas atividades acadêmicas, promotora de pesquisas e divulgadora de análises, programas, planos e conclusões, com o que auxiliará eficazmente as escolas estaduais e federais na sua trajetória.

Mas que não se transforme também em um órgão legislativo, a ditar normas e traçar condutas, limitando, inibindo, desconhecendo a realidade das muitas e diferentes escolas que já existem e prestam bons serviços, e cuja existência serviu, inclusive, de estímulo para a nova previsão constitucional.

24. Em conclusão, muito foi feito e muito resta por fazer, com enormes e previsíveis dificuldades de ordem política e econômica a serem suplanta-

---

[9] SANTOS, Boaventura de Sousa. *Pela mão de Alice*: o social e o político na pós-modernidade. São Paulo: Cortez, 2005. Veja, também, SANTOS, Boaventura de Sousa. *Para um novo senso comum*: a ciência, o direito e a política na transição paradigmática. São Paulo: Cortez, 2001. v. 1: A crítica da razão indolente: contra o desperdício da experiência. Do mesmo modo, FARIA, José Eduardo; SANTOS, Boaventura de Sousa [*et al.*]. *Direito e justiça*: a função social do Judiciário. São Paulo: Ática, 1989. Igualmente, SANTOS, Boaventura de Sousa. As tensões da modernidade, *Cidadania e Justiça*, v. 5, n. 10, p. 74-90, jan./jun. 2001. Ainda, SANTOS, Boaventura de Sousa. O Estado e o direito na transição pós-moderna para um novo senso comum, *Humanidades*, v. 7, n. 3, p. 267-282, 1991. Por fim, SANTOS, Boaventura de Sousa. *O discurso e o poder*: ensaio sobre a sociologia da retórica jurídica. Porto Alegre: Sergio Antonio Fabris, 1988.

das, mas que certamente serão vencidas a cada vez, pelos atuais e futuros dirigentes do Tribunal de Justiça, da nossa entidade de classe e da Escola.

A verdade é que hoje todos estamos de parabéns: o Tribunal, por ter permitido e auxiliado a Escola a se criar e a se desenvolver; a AJURIS, pela atenção que sempre lhe dispensou e por ter contribuído eficazmente para a sua manutenção (cito um exemplo: quando do convênio com o Ministério da Justiça para a implantação da prestação dos serviços à comunidade, com a escassez dos recursos federais, foi a Ajuris, que sustentou o programa até o seu final); enfim, está de parabéns a Escola, pela resposta que soube dar à expectativa social.

Jurisdição e Direitos Fundamentais

Impressão:
Evangraf
Rua Waldomiro Schapke, 77 - P. Alegre, RS
Fone: (51) 3336.2466 - Fax: (51) 3336.0422
E-mail: evangraf.adm@terra.com.br